# Diversity and Networked

New Trends of board of directors governance

# 多样性与网络化
## 董事会治理新趋势

郝云宏 曲 亮 等著

浙江工商大学出版社
ZHEJIANG GONGSHANG UNIVERSITY PRESS
·杭州·

**图书在版编目(CIP)数据**

多样性与网络化：董事会治理新趋势 / 郝云宏等著
. —杭州：浙江工商大学出版社，2020.8
ISBN 978-7-5178-3639-1

Ⅰ. ①多… Ⅱ. ①郝… Ⅲ. ①董事会－管理体制－研
究 Ⅳ. ①F271

中国版本图书馆 CIP 数据核字(2020)第 001600 号

多样性与网络化：董事会治理新趋势
**DUOYANGXING YU WANGLUOHUA：DONGSHIHUI ZHILI XIN QUSHI**
郝云宏　曲　亮　等著

| | | |
|---|---|---|
| **责任编辑** | 谭娟娟 | |
| **封面设计** | 林朦朦 | |
| **责任印制** | 包建辉 | |
| **出版发行** | 浙江工商大学出版社 | |
| | （杭州市教工路 198 号　邮政编码 310012） | |
| | （E-mail：zjgsupress@163.com） | |
| | （网址：http://www.zjgsupress.com） | |
| | 电话：0571－88904980,88831806(传真) | |
| **排　　版** | 杭州朝曦图文设计有限公司 | |
| **印　　刷** | 杭州高腾印务有限公司 | |
| **开　　本** | 710mm×1000mm　1/16 | |
| **印　　张** | 18.75 | |
| **字　　数** | 337 千 | |
| **版 印 次** | 2020 年 8 月第 1 版　2020 年 8 月第 1 次印刷 | |
| **书　　号** | ISBN 978-7-5178-3639-1 | |
| **定　　价** | 65.00 元 | |

本书为浙江省社会科学规划项目"合规治理、家族控制、长远战略:代际传承背景下浙江家族企业董事会治理有效性问题研究"(批准号:15JDZS01Z)的研究成果。

# 前　言

　　董事会作为企业的核心决策机构,主要职责在于制定公司战略、任命高管及控制经营风险。由于董事会成员的构成受公司资本结构影响,不同的出资人要通过董事会体现自身的利益取向,就必须分析董事会的行为特征,厘清资本结构、内部成员特征及成因与外部联系对董事会构成的影响过程。由于涉及群体决策,具体的董事会包含了内部和外部不同的董事会成员,董事之间如何形成有利于企业发展的决策是董事会内部治理的重要微观机理。本书在以往董事会研究积淀的基础上,通过剖析董事会内外治理的运行特征总结出董事会发展的两大重要趋势和特征,即多样性与网络化,并以此作为研究切入点,展开了具体的多维度分析和多层次分析。

　　从研究结论而言,本书在以往研究董事会特征和结构对董事会多样性影响的基础上,重点基于组织与团队多样性的视角进行理论构建。多样性特点决定了团队成员对团队的内外环境、团队面临的问题及如何改善团队运行状况等方面的认识存在差异,这些差异既可以提供多种解决问题的视角,也会给沟通和协调增加难度,团队多样性对团队绩效的影响是一个具有争议的话题。事实上,立足多样性视角,本研究发现,董事会在企业财务管理绩效、大股东监督及多元化战略方面都产生了巨大的影响。多样性的董事会团队,能够在权力配置、知识组合、经验获取及信息传递多方面对现有的制度设计产生双向作用:一方面,为团队带来多元化的视角,拓宽团队视野,增强合作与沟通,提高决策质量;另一方面,可能引起冲突,阻碍沟通交流,降低凝聚力,降低决策效率。

　　本研究在多样性分析的基础上,进一步拓展了董事会研究的边界,将董事会成员与公司高层管理团队相结合,聚焦于公司实际管理层的决策过程,并将单个企业的董事会研究置于高管连锁网络视角进行进一步的分析。高层管理团队(Top Management Team,TMT)是由在组织中承担制定战略决策职责的高层管理者组成的团队,其通过战略决策影响企业发展和企业绩效。TMT研究是团队多样性研究中的特殊形式。董事会团队成员的多样性会影响董事会的决策效率和效果,进而影响企业绩效。面对国有企业改革中部分企业效率低下的现状,通过对董事会成员特征的研究,优化董事会成员配置,提出最有治理效率的董事会成员结构,可以为国有企业改革提供动力。董事会团队作为TMT的核心机构,决定着企业的发展方向和发展步伐。企业绩效受内部董事会成员影响的同时,也受外部环境的影响,董事、监事和高管兼职形成的连锁网络成为外部治理的新常态,企业之间因为共同的高层管理者形成企业网络,处于网络中间位置的企业之间进行资源和信息的交流更为频繁,企业之间形成的战略联盟会影响公司治理的效率,从而影响企业绩效。

从董事网络到高管连锁网络,在目前的公司治理研究中,网络特征越来越突出。遵从价值投资规律,股东的投资应该有一个合理的回报,从而激励股东持续性地投入,这是资本市场的一个合理趋势,那么,在相对复杂的网络特征下,企业的现有股东政策是否实现了该目的?基于此,在网络化视角下重新审视董事会治理的有效性就成为本书的一个重要探索内容。就董事会的激励机制而言,高管连锁网络确实对传统的董事会治理效率产生了很大的影响,中国管理情境下"圈子"的治理效应也较为清晰地显现。从短期角度而言,股东对股利攀比的利益诉求,使相互之间的高管圈子可能会加剧这种攀比效应,他们将通过抬高股价或其他财务指标等方式引发财富攀比效应;从长期角度而言,股东对企业的价值增值的价值诉求,将促使企业持续提升研发投入,注重长期的能力建设和企业核心竞争力的培养,从而引发知识竞赛效应。上述结论让基于网络视角下的董事会治理研究形成了中国管理情境下的独有结论。

从研究方法而言,本书主要立足中国上市公司样本数据,采用面板数据的实证研究方法,通过计量经济学的分析范式,围绕不同命题进行了研究。作为一个重要的尝试,本研究构建了中国上市公司的高管连锁网络数据库及中国上市公司董事会多样性数据库,为社会网络理论和团队多样性理论运用到董事会治理研究奠定了数据支撑。本研究也指出了未来研究的进一步趋势,公司治理从制度化向行为化转变、企业网络化向平台化演进的趋势已然呈现,这必将把公司治理研究,特别是董事会研究不断向前推进。

# 目 录 Contents

# 第一章

## 研究问题的提出

### 一、企业实践中的突出问题

现代组织中,工作、学习和生产多以团队的形式开展,团队被认为是组织学习的基本单位和核心。团队由多样性的成员组成,他们主要表现在性别、年龄、学历、工作经验等人口统计学特征和价值观、信念等深层特征上的不同。多样性的团队成员对团队的内外环境、所面临问题的认识及解决问题的方式等存在差异,这些差异既可以提供解决问题的多种视角,也会给沟通和协调增加难度,团队多样性对团队绩效的影响是一个具有争议的话题。

TMT 是由在组织中承担制定战略决策职责的高层管理者组成的团队,其通过战略决策影响企业发展和企业绩效,对其多样性的研究是团队多样性研究中的特殊形式。董事会团队成员的多样性会影响董事会的决策效率和效果,进而影响企业绩效。面对国有企业改革中部分国有企业效率低下的现状,通过对董事会成员特征的研究,优化董事会成员配置,提出最有效率的董事会成员结构,可以为国有企业改革提供动力。董事会团队作为 TMT 的核心机构,决定着企业的发展方向和发展步伐,企业绩效受内部董事会成员影响的同时,也受外部环境的影响,董事、监事和高管兼职形成的连锁网络成为外部治理的新常态,企业之间因为拥有共同的高层管理者形成企业网络,处于网络中间位置的企业之间进行资源和信息的交流更为频繁,企业之间形成的战略联盟影响公司治理的效率,从而影响企业绩效。

调整管理团队人员结构对企业的发展至关重要,其中以董事会为公司治理的核心机构。国有企业改革会引发管理层和治理层结构的调整和变化,管理团队人员结构的变化同时也会影响改革的效率和进程,组织的结构形式是集权还是分权,董事会享有公司分红权的大小,以及董事会成员的学习与职业经历等一系列问题都会影响企业经营绩效的实现。近年来,万科的控制权之争给上市公司敲了一记警钟,控制权的旁落不仅让内部的治理结构严重混乱,为企业内部的舞弊提供了机会,同时也损害了广大中小股东的利益。董事会作为公司治理的核心机构,其人员配置的有效性对企业运行效率的提升具有重大影响。现实中董事会的多样性和网络化会影响企业实践的多方面,比如国有企业的绩效、大股东掏空、战略转移、创新及股东激励。

### (一)国有企业的绩效问题

国有企业改革的中心环节和核心内容是建立现代企业制度,增强国有企业活力,提高国有企业经济效益。作为企业经营和管理核心的董事会,在提高国有企业经营效率和经济效益中发挥着重要作用。从证监会 2001 年颁布的《关于在上市公司建立独立董事制度的指导意见》提出上市公司应建立独立董事制度以来,董事会的人员配置一直是学界研究的热点问题。如何通过优化董事会人员结构提高董事会运作效率,从而加快国有企业改革进程,提升国有企业运行效率,是非常值得探讨的问题。

商业型国有企业和公益型国有企业的目的和营利性不同,其分别以提升国有资本运行效率和提升公共服务效率为目标,因此其对董事会治理结构的要求也存在差异。董事会成员之间的差异主要表现为内部和外部差异,内部差异以价值观等心理学特征为衡量指标,外部差异以人口统计学特征为衡量指标,由于内部差异难以量化,国内外学者多使用外部差异衡量董事会的多样性。本书使用 Harrison(2007)提出的多样性分类方法,对传统的人口统计学变量进行补充:第一类是团队成员的职业分离程度,即成员的两职合一和交叉任职情况;第二类是团队成员经历和背景的差异,表现在团队成员个人信息、知识背景和职业背景等方面;第三类是拥有社会资本的集中程度的差异,表现在团队资源由所有人共享或仅由一个成员拥有。

企业运行效率由绩效指标衡量,绩效指标按其特点可分为长期和短期两类。企业绩效的衡量方法多种多样,包括从财务报表出发的历史指标分析、以企业当前市场状况为出发点的现状分析及基于现金流量预测的未来发展情况分析,可反映企业的短期和长期绩效。治理结构的调整对企业绩效的影响是迅速的还是滞后的,也是值得关注的问题。对董事会成员乃至 TMT 构成的网络对治理结构和企业绩效的影响程度的研究,对企业制定发展战略有很好的参考意义,比如是多进行人员交流以促进创新思维的碰撞,还是少进行人员交流以保持企业优势资源,顺应国有企业分类治理的总体要求,能从公司治理的角度为国有企业改革提供思路。以前的研究多关注某一地区或某一行业内的上市公司,对于国有企业的研究很少,尤其是缺少分类治理对企业绩效的影响研究,那么我们可否将企业绩效分为长期绩效和短期绩效,分别研究董事会多样性对其的影响呢?

### (二)大股东掏空问题

LLS(1999)指出,上市公司大股东与小股东之间的代理问题较第一类代理问题更为突出。大股东掏空是由第二类代理问题带来的现象,在我国"一股独大"的特殊境况下,掏空的情况更为严重。大股东掏空企业不仅侵占了中小股东的权益,也由于占用、挪用企业资金,影响企业的现金流,进而影响到企业的生存和发展;对社会来说,资源配置无法得到优化,市场规则被破坏。在大股东掏空行为产生之前识别掏空、掏空开始之时阻止掏空行为、掏空之后惩罚掏空者都是至关重要的。

### (三)战略多元化问题

连锁高管普遍存在,网络研究逐渐兴起。在全球化不断加快的今天,任何一家企业都不可能单独存在与发展。关于企业能力和发展及企业资源等方面的研究,已经有越来越多的学者将研究视角从企业内部延伸到了企业间网络。早在 1998 年,Keister 就发现在 40 家大型企业中有 40％ 的企业存在连锁董事,并且平均每家企业有 15.9％ 的董事是连锁董事。任兵等(2001)对 1988 年和 1999 年沪深两市的上市公司进行研究,发现有超过 1/3 的企业拥有连锁董事。1999—2007 年,我国 A 股上市公司中拥有连锁董事的企业从 46.34％ 增加到 84.32％,这意味着全部 A 股上市公司的董事会已经因为连锁董事而形成一个网络(卢昌崇等,2009)。

企业间联结使得公司治理机遇与挑战并存。一方面,连锁董事的存在使得企业与企业之间形成一种非正式的合作形式,担任联结的个体是企业获取外部资源和异质信息的重要渠道;另一方面,个体拥有丰富的资源和异质信息,但这种非正式合作目前还未形成规范的管理制度,个体可能会利用组织内外的资源和异质信息谋取个人利益,尤其是互相联系的企业高层管理者具有相似的职业背景、共同的管理目标,并且面临相同的问题时,他们往往容易凝聚成一个精英阶层(Burt,1980),若这种特殊阶层或利益团体利用组织来促进个人或团体目的的实现,公司就会变成管理层获取自身利益的工具。

连锁董事的普遍性和重要性已经引起西方学者的广泛关注,其在理论和实证上均取得了较好的研究成果,而对连锁董事的研究在我国才刚刚起步。

中国是一个有着五千年文明的古国,自古以来,关系就深深根植于制度文化中。特别是改革开放以后,中国成为一个处于转型时期的特殊经济体,非正式的连锁网络关系在公司治理中非常重要。国内外对于连锁董事的有效性研究虽形成了广泛讨论,但是结论仍存在诸多争议,且其忽略了连锁网络作用于企业的机理和实现路径,因此本研究引入多元化战略和董事会多样性两大因素,对相关议题做进一步探讨,以期从微观层面为企业的战略选择提供一定的参考。

### (四)创新问题

创新已经成为城市发展及国家竞争力提高的关键推动力,企业是创新的主体,研发活动是企业创新的重要手段。近年来,越来越多的学者开始关注企业的研发活动,研究的方向涵盖企业研发投入、企业研发产出及企业研发效率等。刘小元等(2012)通过实证研究发现,董事会成员人数、董事会持股比例与创业企业创新研发强度显著正相关。何强等(2012)研究发现,董事会规模和董事会会议次数对企业通过研发投入提升企业绩效的能力具有调节作用。在李克强总理提出推动"大众创业、万众创新"之后,创新已然成为国家战略。在2015年《政府工作报告》中,"创新"二字被提到38次,"创业"被提及13次,还有2次专门提到"大众创业、万众创新",可见创新已经上升为国家战略。

创新研发活动作为一项复杂的企业活动,受到诸多因素的影响。董事会作为企业重要的治理机制,直接制定企业的创新研发战略,决定企业的创新研发投入。即便如此,仍然有众多学者将研究的重心置于其监督职能上,以Niamh(2006)为例,其认为董事会是一种重要的公司治理机制,应该重视其监督职能,并把公司绩效作为公司治理机制的函数。然而董事会的职能不只局限在防范消极的管理行为上,更重要的是鼓励积极的管理行为,董事会应该具有多重职能。因此,从董事会的战略决策职能切入分析企业的创新活动十分必要。

### (五)战略转移问题

在转型经济和后金融危机时期,公司治理和战略不匹配引发的问题日益突出。公司治理的核心是董事会治理,董事会担负着制定和监督实施企业战略的使命。董事会多样性已经成为现有公司治理的常态,其一方面可以加强对董事会的监督,另一方面可以为董事会引入更多的资源。那么,多样性的董事会是否有助于企业形成为适应外界环境变化而进行的战略转移?

随着全球经济一体化的推进,企业外部的环境正在发生日新月异的变化,竞争也变得更加激烈。与此同时,随着企业自身的发展,在其生命周期的不同时期,其战略重点、关注的经营和管理内容也有一定的不同。企业在成长中遇到的机会或者危机都是重要的拐点,关乎企业的生死存亡。每到这个时候,董事会成员就更应该敏锐地发现问题,审慎地收集信息,并且获取资源,帮助企业及时地做出适当的战略转移决策。

以往的董事会研究主要基于委托代理理论,主要的研究方向是什么样的董事会结构能够增强董事会的监督控制能力。然而,除了监督控制外,董事会还肩负着制定战略决策的职责。研究结果表明,公司战略本身的优势和劣势是无法评估的,但是公司治理结构能否与企业战略相匹配是企业价值实现的重要保障(Yin et al.,2004)。因此,董事会作为战略决策团队,针对其基于战略决策的治理进行研究就十分必要了。

Hillman et al.(2003)指出,对董事会的研究应强调该团体在战略决策中的重要作用,重视"资源依赖理论"。董事会作为特殊的团队,面临着比其他团队更为复杂的决策情境,研究表明,团队的多样性能助其更好地处理复杂的组织环境变化(Hambrick et al.,1996),因此将对团队多样性的研究放在对董事会团体的研究中,研究其多样性如何影响企业战略决策成了公司治理组织研究者及实践者共同关注的重要课题。

### (六)股东激励有效性问题

从董事网络到高管连锁网络,在目前对公司治理的研究中,网络特征越来越突出。遵从价值投资规律,股东的投资应该有一个合理的回报,激励股东愿意做持续性的投入,这是资本市场的一个合理趋势。然而,在相对复杂的网络特征下,企业的现有股东政策是否实现了该目的,值得进一步探讨。因此,本书从股东长期和短期激励有效性角度研究高管连锁网络的调节效应。针对单独的内外环节,现有的研究已经很普遍。但对于在复杂的社会网络结构下,网络的调节效应如何,以及这种网络特征对传统的公司治理理论将产生怎样的冲击和影响,目前的研究很少,所以值得深入研究。

企业之间由董事、监事、高管兼职形成的连锁网络已经成为外部治理的新常态,这对现有股东和高管关系的研究提出了挑战。圈子现象在当前企业中越来越明显,卢昌崇等(2009)发现,2008年超过80%的中国上市公司有连锁董事,这意味着中国上市公司的董事会已经因为连锁董事而形成一个网络,而且连锁的人员已经从董事延伸到了监事和高管,一个覆盖中国上市公司的"圈子"已经形成。2014年的数据表明,2738家沪深上市公司中,仅有12家企业没有被纳入该网络。这种常态化的网络结构不仅为企业之间传递信息、知识、资本提供了变量，同时也为大股东掏空、高管败德提供了温床，甚至容易导致窝案、串案，给投资者和整个制度设计带来冲击。

# 二、公司治理呈现的发展趋势

公司治理制度是现代企业法人治理体系的核心，董事会制度则是公司治理制度的关键。董事会发端于英国中世纪的商人公会，其选举"业主"（相当于当今的"经理"）来治理公会，之后被设立于 16 世纪和 17 世纪的英国贸易公司所继承，并成为公司永久性的管理机构。我国的公司董事会制度是 19 世纪初外国商人在我国创办公司时引入的。现代的董事会制度则是第二次世界大战后发展起来的。董事会是为了缓和经营者与股东的利益冲突而设立的重要的公司内部治理机制，董事会治理水平是整个公司法人治理结构水平的缩影。董事会作为公司治理的最高层次，在公司治理中显示出独特的地位。

纵观国内外有关董事会治理的研究理论，一般都是围绕着以下两大问题展开的：一类是董事会的存在问题；另一类是董事会的运作问题。这两类问题过去曾受制于公司理论，没有得到充分的解释。董事会治理理论的发展是伴随着公司治理理论的发展而不断发展的。公司作为社会基本的经济组织，规模不断扩大、股权高度分散，职业经理人市场形成，股东已经没有能力也没有兴趣直接对公司进行管理，其完全可以在证券市场上通过股票的买卖来"用脚投票"，由此导致"所有权与经营权相分离"的趋势，这方面的理论已经成为"委托代理理论"的一个分支。针对第二类问题的研究，则是深入董事会内部考察其运作特征及效率，强调董事会是一个处理各方冲突的控制体系和决策机制，这类研究是当前对董事会理论研究的热点。董事会治理涉及多个参与者，如股东、外部董事、内部董事和 CEO，如何将多个参与者各自的利益体现于模型中让其进行博弈成为难点。与传统的委托代理关系不同，作为代理人的 CEO 拥有一定的交涉力，可以影响作为委托人的董事会的结构；随着时间的推移，董事会的成员构成发生变化，其偏好和效用也发生变化，而这种变化不能为传统的委托代理模型所捕捉。对董事会内部运行机制的研究是现今国内外学者研究的主流。

## （一）董事会治理的理论基础

基于对董事会制度的多年研究得出，关于董事会的研究基本涉及 3 个学科领域：经济学领域，主要涉及委托代理理论、利益相关者理论、博弈论和资源依赖理论;管理学领域,主要涉及现代管家理论、替代性假说、现代组织理论和经理层霸权理论;社会学领域,涉及阶级霸权理论。

### 1. 委托代理理论

委托代理理论在关于董事会的研究中,主要焦点在于上市公司的股东和经理人的关系。委托代理理论认为,董事是股东的代理人,为股东利益最大化而工作。董事会的作用是监督管理者的行为,具体来说,是评价 CEO 和整个公司的经营业绩,挑选、解聘及奖励 CEO,并监督公司的战略决策与执行。董事会的独立性水平或董事会成员对当前 CEO 或组织的依赖程度是董事会实施监督的首要激励。

### 2. 利益相关者理论

利益相关者理论认为,董事会不仅要关心股东利益,还要关注股东之外的其他利益相关者的利益。比如,从雇员的角度来讲,他们通常希望公司能够保障他们一生的工作机会,或者能够经常给他们提升劳动报酬、改善工作条件等。公司的顾客、供应商和市场上的其他关系单位也希望和公司维持一个比较好的合作关系,顾客希望公司能够提供持续的售后服务,供应商和市场上的其他关系单位期望董事会能够监督公司的经营班子按时实施双方已达成的协议。政府部门希望公司能够尽可能多地承担社会责任,至少能够履行一些社会义务。社区则希望区内公司能够为社区内部居民创造更多的就业机会,为社区的公共事务做出更多的贡献。围绕这些问题,西方甚至产生了"董事会与公司的社会责任"的研究话题。

### 3. 博弈论

博弈论主要从董事会替换 CEO 和董事会的监督功能等方面进行研究。博弈论认为,董事会是否替换 CEO,在于董事会与 CEO 的讨价还价博弈及董事会中外部董事之间的博弈选择。Hermalin et al. (1995)提出了一个董事会替换 CEO 的讨价还价博弈模型,该模型指出,董事会的选择是其相对于 CEO 的独立性函数,董事会的独立性取决于董事会和 CEO 之间的讨价还价博弈。

### 4. 资源依赖理论

资源依赖理论萌芽于 20 世纪 40 年代,在 70 年代以后被广泛应用到组织关系研究中。资源依赖理论共提出 4 个重要假设:①组织最关心的问题是生存;②组织的生存需要一定的资源,但是组织往往不能自己生产这些资源,只能通过各种途径和方法获得;③组织需要不断与其赖以生存的外部环境及组织内部的环境进行互动;④组织对于内、外部环境的控制力决定了组织能否生存。

资源依赖理论认为，没有一个企业是可以自给所有需要的资源的，且很多资源是无价的，无法通过定价交易完成，企业只有通过与它所依赖的环境中的资源的互动，才能完成发展目标，形成长期的竞争优势，所以，组织会对资源具有依赖性。而在本书中，在外部环境发生变化时，董事会会组织协调董事会个体带来的资源和组织内部本身的资源，以应对环境变化而做出战略决策，这即为本书重点研究的战略转移问题。

### 5. 现代管家理论

现代管家理论是在委托代理理论的基础上发展起来的，它从委托代理理论的对立角度揭示出经理人和委托人之间的另一种关系，在一定程度上弥补了委托代理理论的不足。该理论认为，在经营者自律的基础上，企业的经营者与股东和其他利益相关者之间的利益是一致的。其主要研究 3 个问题：经理人是个人主义还是集体主义；是增加外部或独立董事来加强对经理层的监督，还是董事会与 CEO 两职合一，以加强对经理层的激励；管家理论与委托代理理论之间的相关关系如何。现代管家理论认为治理机制的关键是给予经理人充分的权力，促使其发挥任职积极性和企业家的创新性，以适应市场变化，最终提升企业绩效。该理论提出企业的"管家"型经理人概念。

作为董事会领导结构两职合一的支持者，Donaldson(1991)提出，经营者的自我成就感会促使其努力工作，经营者的利益与企业总体利益一致。Yang et al. (2014)认为，两职合一能提高企业决策效率，确定企业的领导核心权力。汪爱娥等(2004)指出，中国企业中董事长和总经理的两职合一程度会降低沟通协调成本，有利于实现企业绩效。陈仲常等(2009)分析了上市公司的董事会后得出了相同的结论。支持现代管家理论的学者认为，企业面对所处的内、外部环境进行决策时，最有效的结构为只存在一个权威的发言者。

### 6. 替代性假说

替代性假说突破了不同的治理机制在解决股东与代理人代理问题上是相互独立的假设，认为不同的治理机制之间是互相关联的。替代性假说从两个方面阐述了各公司治理机制之间的关系：第一，从理论上看，公司绩效应依赖于一系列治理机制在控制代理问题上的效率性，而不是依赖于任何单一的机制；第二，不同公司的治理手段可以相互替代。

### 7. 现代组织理论

现代组织理论把董事会当作一个工作组，战略决策是其工作的核心，董事会的作用主要是参与战略决策和监督经理人员。Demb et al. (1992)认为，董事会可被看作一个决策工作组，应该从目标清楚、职责清楚、关系明确、规模适度、领导权清晰等方面对董事会进行评价,任何环节出错,都难以保证董事会战略决策的科学性。

### 8.经理层霸权理论

经理层霸权理论认为,公司董事会实际上是一个法律虚拟体,而不是事实上的治理团体,董事会被经理层所支配,经理层的统治使董事会不能发挥其应有的作用,造成董事会在解决代理问题方面的无效。该理论认为,股权分散导致股东控制力减弱,从而加强了提供给经理层的控制公司的决策权,经理人的机会主义行为使他们只追求自己的目标,经理层通过控制董事会成员的选择程序来实际获取选择董事的权力。

### 9.阶级霸权理论

阶级霸权理论最初来源于马克思主义阶级理论,后来葛兰西进一步发展了这个理论。阶级霸权理论强调统治群体的支配地位,这个群体(它可能代表一个特定经济阶级的利益)会尽力保证它的连续统治。阶级霸权理论认为,董事会应基于社会地位和影响来选择合适的董事,而且应寻求方法使统治精英的权力永续存在,并通过交叉任职的董事会来使之得到强化。

### (二)董事会治理的基本研究框架

#### 1.董事会规模

我国《公司法》规定:规模较小或者股东人数少的有限责任公司可以不设董事会,若设董事会人数限定在 3—13 人;股份有限公司必须设立董事会,人数限定在 5—19 人。南开大学公司治理研究中心在 2002 年基于中国 931 家上市公司的调查发现,董事会的平均人数为 11 人。董事会人数与公司的规模、财务状况、所处行业等因素有关。Lipton et al.(1992)、Jensen et al.(1993)、Yermack(1996)和 Gertner(1996)等学者研究发现,董事会人数规模与企业绩效负相关,规模大的董事会不如规模小的董事会有效。Singh et al.(2003)等通过实证研究发现,小规模董事会与公司绩效呈正相关关系。王一羽(2015)以中航工业 18 家上市公司为分析对象的研究发现,公司董事会规模越大,公司绩效越好。

#### 2.董事会内部构成

董事会内部包括执行董事和非执行董事。执行董事执行业务并对内部进行管理,非执行董事具有丰富的知识经验和独立的判断力。一些学者认为,外部董事对公司绩效起正向作用。Mace(1971)认为,外部董事拥有更丰富的经验,保持相对的独立性,能够促进公司绩效。Fama(1980)、Jensen(1983)认为,外部董事的监督作用可以约束董事会的行为。

也有一些学者反对上述观点。Yermack(1996)研究发现,外部董事规模与公司绩效之间并无显著关系。Kline(1999)研究了外部董事是否会影响公司绩效,未发现两者之间存在显著关系。

董事会内部设有审计委员会、薪酬委员会、提名委员会等专业委员会,专业委员会减轻了董事会缺少时间开会造成的不良影响。而 Mace(1986)、Lorsch et al.(1989)指出,在美国 CEO 享有任免外部董事的权力,这就导致一些委员会在做专业性决策时缺少独立性。

### 3. 董事会领导结构

我国《公司法》规定:董事会设一名董事长,可以根据需要设立副董事长。董事长负责股东会会议的主持与召集,检查相关决议的实施情况,等等。在中国,大多数公司的董事长兼任总经理,为何如此是多数研究董事会领导机构的学者所关心的问题。Jensen(1993)认为,董事会的监督职能会随着两职合一而弱化。Mallette 和 Fowler 在相关论文中指出,两职合一行为与公司绩效具有较弱的正相关性。Boyd 研究得出,在弱动态性行业中,两职合一行为与公司绩效呈负相关关系。于东智等(2002)基于 22 个行业的 1083 家公司 1997—2000 年这 4 年的财务数据研究发现,领导权结构与公司绩效之间并不存在显著的线性关系,并且环境变量也未调和上述两者之间的关系。蒲自立等(2004)采用 EVA 和托宾 Q 评价体系分析董事会领导权结构与公司绩效之间的关系时发现,两职合一对公司绩效产生了负面影响。

### 4. 董事会行为

董事会行为包括董事会会议举行频率、董事持股比例、董事股权激励等报酬计划。Shliefer et al.(1998)研究发现,存在使托宾 Q 值达到最高的董事持股比例。高雷等(2007)针对上市公司 2000—2004 年这 5 年的面板数据研究发现,董事的持股比例与公司绩效呈显著正相关关系。Morck(1998)研究发现,董事成员持股比例不到 5% 时,公司绩效逐渐上升;在 5%—25% 之间,公司绩效逐渐下降;超过 25% 之后,公司绩效又逐渐上升。这与 5%、25% 这两个数值有关,持股比例超过 5% 就会对公司决策产生影响,超过 25% 后就会有较大影响,超过 30% 就形成相对控股。

董事会会议频率是指董事会一年内召开的会议次数,包括定期会议和临时会议。我国《公司法》规定,股份有限公司每年至少召开两次董事会会议,但其对有限公司的召开次数未做具体规定。Vafeas(2000)研究发现,董事会会议次数与公司绩效呈负相关关系。Nikos(1999)研究了董事会会议次数与公司绩效之间的关系,发现董事会行为强度是与公司价值具有相关性的董事会特征。

### 5.中介机构

董事会在公司治理体系中处于核心地位,在连接公司所有者和经营者之间发挥了重要的作用。董事会的重要作用使得对董事会治理进行评价研究成为实践的迫切要求。近年来,除了相关领域学者对董事会进行研究外,各国的研究机构也展开了对董事会治理评价的研究,以定量研究深入、综合全面地考察对董事会治理存在影响的因素。

纵观国外董事会及对其评价的发展历程,可以发现其中最重要的一点就是制定科学的、合理的评价标准。如美国标准普尔(Standard & Poor's)以公司治理为准则,建立了一套标准的体系,其对董事会的评价内容主要体现在董事会的结构与运作上,具体包括董事会的结构和组成、董事会的职能和有效性、外部董事的职能和独立性、董事和高层管理人员的薪酬评价和任免政策等,并相应地确定了关键分析要素和标准,如董事会的结构和组成的标准是应当确保全体股东的利益被公平、客观地代表,关键分析要素为董事会的人员数量和组成、董事会的领导和委员会、有投票权人的代表等。欧洲戴米诺公司(Deminor)主要从独立董事和董事会主席与 CEO 的关系、董事会的选举、董事酬金、董事会委员会的运作与权力等几个方面,对董事会的结构和功能进行评价。亚洲里昂证券(CLSA)在 2000 年对 25 个新兴市场国家的 495 家上市公司进行公司治理评价时,对于董事会行为的评价主要是从董事会的独立性和问责性两个方面进行的。

### (三)董事会治理的进一步研究思路及建议

#### 1.董事会治理多样化

作为公司治理研究的重要内容,董事会特征和结构向来是公司治理研究学者们关注的焦点,比如董事会中独立董事的比例、女性董事的比例、董事会的年龄结构、前几大股东的持股比例、股东的专业背景等。除此之外,有些学者对董事会成员的特征进行组合,将其界定为董事会多样性,比如汪波等(2012)从人口特征角度界定董事会的多样性,认为其具体表现为年龄多样性、受教育程度多样性、职能背景多样性和来源多样性等。类似的概念还有董事会异质性、董事会断裂带等,随着董事会多样性越来越受到学者们的关注,相关的概念越来越多地出现在研究文献中。

多样性特点决定了团队成员对团队的内外环境、面临的问题的认识及解决问题的方法等方面的看法上存在差异,这些差异既可以提供多种解决问题的视角,也会给沟通和协调增加难度,团队多样性对团队绩效的影响是一个具有争议的话题。

董事会团队成员的多样性会影响董事会的决策效率和效果,进而影响企业绩效。面对国有企业改革中部分企业效率低下的现状,通过对董事会成员特征的研究,优化董事会成员配置,提出最有效率的董事会成员结构,可以为国有企业改革提供动力。董事会团队作为 TMT 的核心机构,决定着企业的发展方向和发展步伐,企业绩效受内部董事会成员影响的同时,也受外部环境的影响,董事、监事和高管兼职形成的连锁网络成为外部治理的新常态,企业之间因为共同的高层管理者形成企业网络,处于网络中间位置的企业之间进行资源和信息的交流更为频繁,企业之间形成的战略联盟影响公司治理的效率,从而影响企业绩效。

董事会多样性对于战略选择的影响不容忽视。董事会作为公司的核心治理团队,是企业中做出战略决策的重要部门,董事会的有效运作是企业有效运行的保障。董事会团队的治理结构对于战略选择至关重要,当企业在高管连锁网络中占据有利位置,能够获得丰富的信息与资源时,高效的董事会团队能够帮助企业进行战略选择。多样性既会为团队带来多元化的视角,拓宽团队视野,增强团队内外间的合作与沟通,提高决策质量,也可能引起冲突,阻碍沟通交流,降低凝聚力,降低决策效率。

## 2. 董事会治理网络化

社会网络范式被引入公司治理研究领域相对较晚,近年来公司治理领域研究的重要进展之一是从社会网络视角对公司治理问题进行研究,并获得了一个新的研究范式。董事之间的关系是一种在公司治理领域不可忽视的社会网络关系,现有公司治理文献中对于董事会特征、董事治理效果的研究结果不统一,学界对董事的具体治理行为也知之甚少(Barnea et al.,2009;Adams et al.,2007)。在传统的企业内部的纷争和格局中,当网络结构出现时,不仅企业内部所有人与控制人之间博弈的代理成本问题会发生变化,已经形成的契约关系也有可能发生变化。在网络视角下,可能会得出一些新的结论和建议。

从董事网络到连锁高管网络,在目前的公司治理的研究中,网络的特征特别突出。遵从价值投资规律,股东的投资应该有一个合理的回报,从而激励股东做持续性的投入,这是资本市场的一个合理趋势,然而,在相对复杂的网络特征下,企业的现有股东政策是否实现了该目的,值得进一步探讨。

# 三、董事会治理多样性与网络化

## （一）董事会多样性

### 1.董事会多样性的理论基础

1984年，Hambrick与Manon首次明确提出高阶理论，并认为管理团队中存在的认知基础、价值取向等特征是战略决策与企业利润水平重要的决定因素。高阶理论的成立是以两个理论为前提的：一是高管团队的心理认知对战略决策会产生影响；二是高管团队的人口统计特征能够代表心理认知。因此，高阶理论常常用人口统计学特征来测量TMT的价值取向、认知水平等心理特征。

该理论认为，决策是一个十分重要且复杂的过程，包含多种行为因素。首先，决策者所处的环境是动态变化的，单独一个决策者无法准确观察和理解组织内、外部的方方面面，不同的选择偏好会让个人对所观察的环境有不同的选择性理解，这些因素使得决策者在进行战略决策时存在一定局限性。而团队可以帮助突破这些限制，因此，进行研究时应当考虑整个团队的影响。其次，战略制定受决策者的影响。管理者的战略决策是在"弱环境"中进行的，这样的决策通常是复杂的、模棱两可的（Mischel，1977），内、外环境的复杂性和视野的局限性，导致管理者对事物的选择性观察，他们对相关信息的解读能力是由个体的认知层次决定的（Hambrick et al.，1984），也就是说，在这样的环境中，决策者的个体选择存在一定的局限性，往往带有他们自身特点的烙印。管理者的既定认知架构和价值观决定了其对相关信息的理解力，团队的认知水平、感知能力和价值观等心理因素决定了战略决策的过程和相应的绩效表现（Zhu，2015）。

### 2.董事会多样性的概念界定

作为公司治理研究的重要内容，董事会特征和结构向来是公司治理学者们关注的焦点，比如董事会中独立董事的比例、女性董事的比例、董事会的年龄结构、前几大股东的持股比例、股东的专业背景等。除此之外，有些学者对董事会成员的特征进行组合，将其界定为董事会多样性，比如汪波等（2012）从人口特征角度界定董事会的多样性，认为其具体表现为年龄多样性、受教育程度多样性、职能背景多样性和来源多样性等。类似的概念还有董事会异质性、董事会断裂带等，随着董事会多样性越来越受到学者们的关注，相关的概念越来越多地出现在研究文献中。然而,综观董事会多样性研究能够发现,董事会多样性的概念并没有得到清晰的界定。通过整理近十年来董事会多样性研究文献可知,董事会多样性的概念并没有得到学者们的普遍认同,如表 1-1 所示。

表 1-1　董事会多样性的定义

| 概念 | 作者(年份) | 定义 |
| --- | --- | --- |
| 董事会群体断裂带 | 李小青等(2014) | 董事会群体断裂带受到结构维度和认知维度的影响,是基于董事会成员的法定来源、职能背景、受教育程度和任期等特征,把董事会划分为若干子群体的假想的分割线 |
| 董事会多样性 | Anderso et al.(2011) | 指董事会成员在种族、年龄、性别、职业背景、个性、情感、价值观等方面的差异,一般可以分为人口统计特征层面可观察的多样性和认知层面不可观察的多样性 |
| 董事会职能背景多样性 | 李国栋等(2013) | 董事会成员职能背景的差异,意味着团队拥有更加多样化的价值观、经验和信念 |
| 董事会认知资源差异性 | 唐清泉(2009) | 可以通过以下几个方面解释董事会认知资源差异:①董事会成员已有的知识、观念与相关的信息;②董事会成员在不同行业和不同公司的决策经历、经验和相关的知识 |
| 董事会人口统计特征多样性 | 汪波等(2012) | 从人口特征角度界定董事会的多样性,具体表现为年龄多样性、受教育程度多样性、职能背景多样性和来源多样性等 |

资料来源:作者整理。

现期公司治理中对董事会多样性的研究多停留在董事会某一属性的多样性与企业绩效的实证分析上,尚未全面地考虑董事会多样性的分类,以便更为完整、清晰地呈现董事会多样性的面貌。本书认为,董事会作为一个特殊的高阶团队,董事会多样性本质上是团队多样性的一种特殊表现。根据已有的团队多样性理论,本书将董事会多样性定义为董事会成员在某一特征属性上的分布情况和差异化程度。

3. 董事会多样性的分类

本书主要借鉴 Harrison (2007)对多样性的划分方法(详见表 1-2),将董事会多样性划分为 3 个维度,分别是:①董事会治理结构多样性(Separation)。董事会成员之间的关系与普通的团队相比存在一定的差异,主要表现为董事会成员目标和动机不一致更为突出,且其相互之间存在监督的关系,以及董事会成员代表的权力地位差异较大等方面。所谓目标和动机不一致是由董事所处的职位决定的,如果董事在股东单位任职,其会更倾向于股东单位的利益而忽视其他股东的利益。由于董事会成员之间的目标和动机不一致,董事会内部会出现相似-分类的情况,董事会内部相同属性的成员会相互结合形成小的群体,团队在做出决策时就能够关注不同的声音而非轻易否定。②董事会知识经验多样性(Variety)。由于董事会成员的专业背景、经验经历、职业背景等的多样化,董事覆盖的渠道较广,方便获取更加丰富的信息,联系广泛的社会资源,这样能够提高团队的创造力,提高决策质量。③董事会权力层级多样性(Disparity)。当企业的各利益相关方(股东、高管、职工、社会公众等)在董事会中都能够有一席之地时,董事会的来源分布较为分散,这时我们认为董事会来源多样性强,董事会内部有不同的声音,能够避免"一言堂"的现象。而当董事会中权力分布不均衡时,容易出现绝对的权力中心和权威的状况。董事会中如果存在绝对的权力中心和权威,那么我们认为其董事会权力层级多样性强,处于权威位置和权力中心的董事容易控制其他董事,进而操纵董事会决策;在董事会投票决策程序中,一人一票,因此各股东在董事会中的力量表现为其所能控制的董事人数,由此可见,董事会中的权力层级实际上对应着股权的分布状况。

表 1-2　Harrison(2007)对团队多样性的分类

| 多样性分类 | 多样性内容 | 多样性强的表现 | 举例说明 | 作用机理 | 预测结果 | 计算方法 |
|---|---|---|---|---|---|---|
| Separation | 某种原因导致团队内成员形成小圈子、小团体 | 团队内两极分化,出现完全对立的小团体 | 目标、动机、观点、价值观、信仰等 | 相似吸引与社会分裂(ASA) | 导致团队的冲突,降低凝聚力 | $SD$: $\sqrt{\sum(S_i - Smean)^2/n}$ |
| Variety | 由知识、经历等带来的信息共享、知识转移 | 团队成员具有不同的知识和背景等 | 专业知识、职业经历、行业背景等 | 信息搜集和决策支持 | 增强创造性,提高决策质量 | Blau's Index: $1 - \sum P_k^2$ |
| Disparity | 由资源占有不均衡带来的层级分布 | 团队内存在少数的权威或权力中心 | 社会地位、特权、权力、权威等 | 社会层级、正义与公平 | 团队内部竞争增强和恶性的异常行为增多,产出降低 | $CV$: $\sqrt{[\sum(D_i - Dmean)^2/n]}/Dmean$ |

## (二)董事会网络化

### 1.董事会网络化的理论基础

(1)社会网络理论。

社会网络理论(Social Network Theory)起始于 20 世纪 30 年代,由英国人类学家 R. 布朗提出,现在的理论研究普遍使用 Wellman(1988)提出的观点,即社会网络是由某些个体间的社会关系构成的相对稳定的系统。网络被视作由一系列社会联系或社会关系构成的相对稳定的系统,系统中的节点可以是一个人,也可以是一个企业,与企业学习知识和取得信息资源等息息相关。网络中的成员有差别地占有各种稀缺资源,关系的数量、方向、密度,行动者在网络中的位置等因素影响资源的流动和传递的效率。简言之,社会网络即由社会关系构成的网络,既代表一种结构关系,也可以通过网络反映节点之间的社会关系,其构成要素主要有行动者(即网络中的节点)、关系纽带、二人组、三人组、子群和群体。

社会网络三大核心理论分别为弱联结优势理论、社会资本理论和结构洞理论,3 个理论互相补充,共同印证。

①弱联结优势理论。联结强度的概念由美国社会学家 Granovetter 于 1973 年提出,其将联结定义为人与人、组织与组织之间因为发生交流和接触而存在的一种纽带关系,并将关系分为强联结和弱联结,从而提出了联结强度的概念。在性别、年龄、职业身份、教育程度、收入水平等相似的个体之间发展起来的是强联结,在社会经济特征不同的个体之间容易发展弱联结。弱联结与强联结相比更易于充当跨越社会界限获得信息、知识和其他资源的纽带,也更容易将群体内部的重要信息传递给不属于该群体的其他个体。因为群体内部相似性高的行动者对事物的认识往往是相似的,因此其依赖于强联结所获取的信息的同质性和冗余性相对较高,而弱联结的分布范围比较广,在相似性低的行动者之间发生。弱联结在群体、组织之间建立了桥梁关系,传递着信息,所以弱联结关系会比较"强";而强联结往往在群体内部发挥维系组织内部关系的作用。

②社会资本理论。法国社会学家 Bourdieu 首次提出"社会资本"这一概念,即个人拥有的表现为社会结构资源的资本财产,企业的竞争力来源即其持有的稀缺资源。Putnam(1993)认为,社会资本由规范、信任和社会网络这 3 种要素构成,并将社会资本定义为"能够通过推动协调的行动来提高经济效益的社会网络、信任和规范"。在社会网络背景中考虑社会资本,即所获取的资源是通过占据战略网络位置和重要组织结构位置的社会关系而获得的,这是 Lin(2002)的观点。林南(2005)认为,社会资本是嵌入社会网络的结构资源,Fang et al. (2012)研究得出,网络节点所拥有的社会资源存在异质性,这种社会资源的差异会影响网络节点获取竞争优势的能力。社会资本同时也能为网络中的各节点提供优势资源。

③结构洞理论。结构洞理论发展至今才 20 多年,是由美国社会学家 Burt (1991)提出的,其认为个人和组织的社会网络有 2 种表现形式:一是无洞结构

网络,二是有洞结构网络。在无结构洞的网络中,联结关系存在于任何两个个体之间,网络中的关系间断现象不存在于任何两个个体之间;在有结构洞的网络中,某个个体与某些个体有直接联结关系,同时与其他的一些个体不发生直接联结,因此关系间断现象出现在个体之间,从整体网络来看,网络中好像出现了洞穴,就是所谓"结构洞"。在关系稠密的网络中存在大量的冗余性信息,每个个体获得的信息基本相同;而在关系稀疏的网络中存在大量异质性信息,因为结构洞的存在,处于结构洞地带的行动者能获得不同于关系稠密地带的处于结构洞两端的信息,从而帮助行动者利用这些差异化的信息取得先行优势和主导地位。张进华(2010)认为,资源交换网络中关系缺失的"洞穴"可以为节点带来非冗余的社会资本。因此,充满结构洞的稀疏网络比无结构洞的稠密网络更具有优势。结构洞理论认为,社会网络可以作为信息获取和传递的工具,结构洞的数量随着网络规模的扩大而增加,获取优势资源的可能性也随之更高。结构洞理论作为资本交换理论的补充,提出开放和闭合网络对社会资本的交互作用,占据结构洞网络有利地位的个体能控制和获取优势信息。

(2)连锁董事(高管)网络的成因分析。

从20世纪90年代开始,社会网络理论被广泛应用于企业研究领域,本书选择企业高管作为网络节点。高管决策的效率受到其在网络中的位置的影响,处于网络中心位置的高管拥有更容易获得知识经验、沟通更加便利及信息传递更为迅速等优势。TMT网络以高管为节点,促进知识传递和信息交流,为企业发展研究提供新思路。

关于连锁董事(高管)的成因,学界从经济学、社会学、企业组织、个人行为等视角进行了分析和讨论,并综合为几种典型的理论解释。归纳起来,可将其划分为2种:一是将连锁董事(高管)看作组织间的关系,为组织目的而服务,如资源依赖理论、管理控制理论等;二是将连锁董事(高管)看作个体之间的关系,为个人目的而存在,如职业生涯推进理论和阶层领导理论。

①组织层面。组织层面认为,资源稀缺性和环境不确定性是组织间互相依赖从而形成连锁董事(高管)的重要原因(Pfeffer et al.,1978)。连锁董事(高管)的联结关系是组织之间进行协调和信息传递并且达到经济目的的有用工具,连锁董事(高管)有助于组织冲破传统的市场约束(Burt,1983),增强组织间的合作(Useem,1984),促进组织之间的相互学习和信息互换(Shropshire,2010)。从组织关系视角来看连锁董事(高管)的形成,主要包括6种典型的解释:资源依赖理论、共谋理论、监督控制理论、金融控制理论、管理控制理论及互惠理论。

其一,资源依赖理论(The Resource Dependence Theory)。资源依赖理论

是最具有影响力、最为广泛运用的理论之一，该理论认为资源是决定企业能否获得长期发展的一个关键因素，特别是某些稀缺资源更是决定企业是否拥有核心竞争力的关键（Penrose，1993）。连锁董事（高管）的形成反映了组织在不确定环境下获取资源的必要性（Mizruchi，1996）。在网络中，资源丰富的企业往往会占据优势，有较强的控制力，为了减少不确定性和限制，其他企业特别是资源匮乏的企业会主动与拥有丰富资源的企业形成联结关系（任兵等，2001）。而连锁董事（高管）网络是企业获得外部资源的重要方式，企业为了自身发展必然会与其他企业形成连锁董事（高管）网络（Burt，1983）。

Mizruchi（1996）认为，连锁董事（高管）源于资源的路径依赖，相比于资源匮乏的企业，资源丰富的企业在网络中更加能够通过控制其他企业而占据有利位置，而资源稀缺的企业也会比较主动地与其他企业建立联系，以获取企业发展所需的资源。连锁董事（高管）作为网络中的联结点为企业传递网络中的社会资本和有利的资源与信息，通过这种方式来实现连锁董事（高管）网络的价值。建立连锁董事（高管）网络，有利于企业得到有价值的资源和信息，进而影响企业的经营活动和决策。企业可以通过连锁董事（高管）联结，共享其外部资源，调节组织间资本、信息、市场等，实现资源互换，并且可以通过观察商业动态和共享战略决策意见来帮助解决战略决策过程中的复杂性和不确定性，降低经营风险，实现资本积累及企业的可持续发展，提高经营效率和企业价值（Burt，1983；Mizruchi，1983）。

其二，共谋理论（The Collusion Theory）。共谋理论主要表现为两家及两家以上企业联合对市场的控制作用方面，指的是相互竞争的企业通过建立某种联系，来控制产品的生产、定价和销售，排斥竞争者，限制供应商的权利等，从而达到抑制竞争的目的（Mizruchi，1996）。Pennings（1981）发现，互相竞争并且具有连锁关系的企业能够通过协商产品的定价而产生超额利润。美国相同行业内的企业之间共享董事是十分普遍的现象，1914年以前，美国国家银行和纽约的很多家银行都拥有互派董事，而1914年《克雷顿法案》（The Clayton Act）出台后，美国的连锁董事（高管）现象大大减少。共谋理论将连锁董事（高管）网络看成企业之间的联盟，因为连锁董事（高管）使得企业之间的协商变得更加容易。

其三，监督控制理论（The Control Theory）。监督控制理论指出，企业可以派驻董事到对方企业，通过连锁董事（高管）对对方企业进行监督和控制，比如银行为保证资金安全，会向相关企业派驻董事以进行监督和控制（Mizruchi，1996；Maman，1999），母公司也可通过向子公司派驻董事来加强与各个子公司之间的联系，这种行为能够增强母公司对子公司的控制力（Maman，1999）。因此监督控制的目的是连锁董事(高管)现象出现的原因之一,当企业需要进行监督与控制的时候,往往就会选择派驻董事,同一个董事同时在多家单位兼职时,就形成了连锁董事(高管)。

其四,金融控制理论(Financial Control Theory)。金融控制理论是一种特殊的管理控制理论,它特指银行等金融机构在企业利益相关者中的重要地位,金融机构位于连锁董事(高管)网络的核心位置,有较高的集中度,金融控制理论由此而来。从企业的角度来讲,企业的发展离不开资金,特别是当企业处于债务困境中而产生强烈的资金需求时,会对金融机构产生依赖,为了更方便地筹措资金,企业会接受金融机构派驻董事;从银行等金融机构的角度来讲,一方面,其需要派驻董事到相关企业进行监督,以充分了解对方企业的财务状况,从而降低信息不对称程度,保障资金安全;另一方面,派驻董事到企业可以获取可靠的贷款商,从而促进自身业务的发展(Dooley,1969)。

其五,管理控制理论(The Management Control Theory)。管理控制理论认为,高层管理者可以决定企业重要的业务决策,在很大程度上左右着董事会。两权分离加上股权较分散,使得中小股东对企业的影响较小,高管人员可以根据自己的意愿来聘任董事,董事会无法影响企业的运营,并且他们赞同管理控制理论(Dooley,1969;Richardson,1987)。该理论指出,董事会成员缺乏经验、专业水平较低,加上董事会会议召开不频繁、会前准备不充分且出勤率低,因此董事会成员也被称为"橡皮图章"。相比之下,管理者可以决定将哪些信息传递给董事,对董事会确定的政策有选择地实施,高管团队的决断力比董事会要强,因此连锁董事对企业经营活动的影响十分微弱(Koening et al.,1979)。该理论认为,连锁董事(高管)的产生是由于董事的个人特质,如个人自尊(Dooley,1969)。

其六,互惠理论(The Reciprocity Theory)。互惠理论认为,连锁董事(高管)的形成可以帮助企业取得资源,其强调两家或者两家以上单位通过建设连锁董事(高管)而获得利益。该理论建立在理性决策的基础之上,企业会考虑是否进行连锁董事联结(Dooley,1969;Koening et al.,1979)。该理论强调在双方都能获利的情况下设立连锁董事(高管),在交易过程中,交易双方必须通过增加对对方的信任及提升透明度来促成互惠交易,互派董事就是能够满足这种需要的重要方式,连锁董事(高管)在其中充当了互惠交易的"交易协调人"角色。企业之间主要可以通过4种方法达成共赢:一是同一竞争领域内企业之间的同市场水平的协调;二是同一产业链上下游企业之间的垂直协调;三是联结的企业之间通过连锁董事(高管)得到关键资源和信息;四是企业通过连锁董事(高管)的联结获得某些特权(Schoorman,1981)。

②个人层面。个人层面将连锁董事(高管)看作个体之间的关系,董事(高管)为了实现个人目的而在多家企业任职,从而产生互相连接的连锁董事(高管),连锁董事(高管)联结为有知识和技能的社会精英人士提供了联系和交往的空间,这有助于精英人士加强自身控制权。个人关系视角理论主要包括职业生涯推进理论和阶层领导理论。

其一,职业生涯推进理论(The Career Advancement Theory)。职业生涯推进理论指出,个人为了提高自己的声誉和社会地位、增加物质报酬、累积经验、扩充人脉等个人目的而在多家企业兼职,进而形成连锁董事(高管)(Mizruchi,1996)。职业生涯推进理论强调连锁关系是因董事个体的行为选择而形成的。Stockman(1988)对荷兰企业进行研究后发现,企业会因为较丰富的经验和较高的专业水平而任命新董事。精英阶层会为了自身的专业发展和地位提升接受不同单位的邀请,从而同时兼职数家单位形成连锁董事(高管)。

其二,阶层领导理论(The Class Hegemony Theory)。阶层领导理论认为,企业的董事属于社会精英阶层,为了达到自己的目的,维护个体及团体利益,这些精英会邀请其他精英担任自己团队的董事会成员,从而形成利益集团(Mace,1971)。每个国家和地区都有由企业精英组成的正式或非正式的社会组织或团体,这些团体成员具有相似的背景,有相近的管理目标,所以较易产生具有凝聚力的社会管理网络(Burt,1980)。团体中的成员可以经由网络传递个人经验、价值观、情感等诸多因素,通过互相影响形成一致的道德规范和行为准则,他们可能利用这样的关系来达成个人及团体的目标,使企业变成管理阶层实现个人利益的工具(Burt,1980)。因此,连锁董事(高管)关系也代表了上层管理者之间的社会联系(Mizruchi,1996),他们会在促进阶层利益实现的同时实现个人利益。

### 2. 连锁董事(高管)网络的概念界定

(1)连锁董事(高管)的概念。

作为最重要的一种企业间的网络关系和企业社会资本的重要表现,连锁董事(高管)是指董事个体成员同时在两家或者两家以上企业的董事会任职及由此而形成的企业间的关联关系(Mizruchi,1988)。连锁董事(高管)的存在是企业之间连锁董事(高管)网络互相联结的重要条件,因为假设任何两家企业的董事会之间都不存在连锁董事,那么董事会的网络就会变成一个个孤立的点集。

连锁董事(高管)可以依据形成的方向分为直接连锁董事与间接连锁董事。比如 A 公司的董事甲被指派到 B 公司和 C 公司兼任董事,则 A 公司分别与 B 公司和 C 公司形成直接连锁关系,而 B 公司和 C 公司则因为共同享有 A 公司的董事而形成间接连锁关系,如图 1-1 所示(Stokman et al.,1985)。Stokman et al.(1985)研究后认为,连锁董事(高管)形成的方向隐含的是连锁董事形成的动机和目的,比如,机构投资者经常指派其董事会成员进入其重点投资公司的董事会之中,从而监督其战略决策的制定与执行。当然,也有文献将直接连锁关系定义为两家上市公司通过 1 步距离建立的联结关系,将间接连锁关系定义为两家上市公司通过 2 步及以上距离建立的联结关系(马超等,2012)。Stokman et al.(1985)在其研究中讨论了连锁董事(高管)形成的方向,并将连锁董事(高管)分为直接连锁董事与间接连锁董事。他们研究后认为,连锁董事(高管)联结的两方之间存在主动方与被动方,而区分主动方和被动方的依据在于其赋予该关联关系的目的。比如,银行常常因为与公司有业务来往而将其董事派往相应公司监督其运营状况,此时银行为主动寻求连锁的一方。又比如,公司面临资金短缺时会因为对外部资本的依赖而主动寻求与金融机构的连锁关系,此时公司则成为主动的一方。

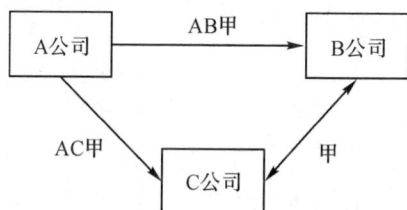

图 1-1　直接董事和间接董事示意图
来源:Stokman et al.(1985)。

按照组织间对关系的依赖性的不同,连锁也可以分为水平连锁(Horizontal Interlocking)和垂直连锁(Vertical Interlocking)。前者指在同一行业内所形成的企业连锁,而后者指那些存在上下游关系的行业之间的连锁(张祥建等,2014)。

(2)连锁董事网络的概念。

连锁董事网络(Board Network)是指公司董事会的董事个体成员及董事与董事之间通过至少在一个董事会同时任职而构成的直接和间接联结关系的集合(Kiduff et al.,2003;谢德仁等,2012)。连锁董事因涉及企业间的关系而导致企业间产生连锁关系,网络形态的连锁董事通过连锁关系把若干家公司联结在一起。节点是董事网络中的单个董事,连带为董事之间的联结关系,当两个董事同时在至少一个董事会任职时,两个董事之间是相联结的。董事网络有两个重要特征:第一,董事作为独立的个体本身;第二,董事相互间的联结关系因至少在同一个董事会任职而存在。

（3）连锁高管网络的概念。

随着对连锁董事研究的深入，开始有学者关注到在现实中企业的信息和资源不仅仅局限在由连锁董事构成的网络中。事实上，一个企业的董事可能在另一企业担任董事之外的职务，如总经理或者监事，这种任职同样也会形成一种连带关系。部分学者对连锁董事的定义包含了董事、监事和高管，如陈仕华（2009）定义连锁董事为某家企业的董事、监事或高管成员同时担任另一家（多家）企业的董事、监事或高管成员；还有学者指出，现有关于企业间连锁关系网络的研究很少涉及监督与管理层，并将董事网络延伸至高管网络（陈雅娜，2014；俞俊利等，2015）；蒋德权等（2016）研究后认为，由上市公司董事、监事、总经理及其他高管构成的高管网络团队才更符合实践；张功富等（2017）同样认可高管社会网络应包括董事、监事、高管的社会网络关系；邓新明等（2017）研究后认为，TMT 网络分为内部网络和外部网络，其中内部网络为 TMT 成员之间的网络，外部网络则为 TMT 与外界环境的关系网，如商业网络、政治网络等。

本书在连锁董事的基础上进行了延伸，对连锁高管做出如下定义：一个企业的董事、监事或者高管同时在另外一个或多个企业的董事会任职董事、监事或者高管，这样的高管叫作连锁高管。在谢德仁和陈运森对董事网络的定义的基础上，本书对连锁高管网络做出如下定义：公司董事会中的董事、监事或者高管成员通过至少在一个董事会同时任职而建立的联结关系的集合。这里的高管包含了企业中的董事（包括独立董事）、监事和经理等高级管理人员。连锁高管网络也同样具有董事网络的特征。如图 1-2 所示，整个连锁高管网络中，圆形代表企业，三角形代表连锁高管，01 高管同时在 A 公司与 E 公司任职，因此 A 公司与 E 公司形成了联结关系，02 高管同时在 A 公司和 B 公司任职，A、B 两个公司就形成了联结关系，03 高管同时在 B、C、D、E 这 4 家公司任

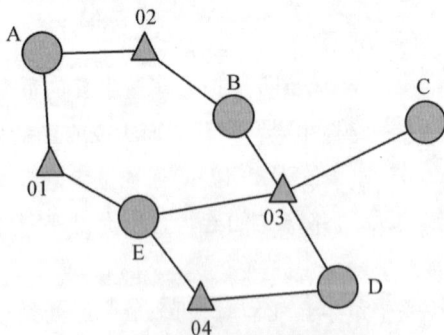

图 1-2　连锁高管网络联结图

职,这4家公司就因为03高管的存在而产生联结关系,其中D公司和E公司还可以通过04高管产生联结关系,因此,01、02、03、04高管充当了联结企业的节点,被称作连锁高管,图中节点与联结关系的集合形成了连锁高管网络。

**3. 连锁董事(高管)网络的特征**

企业在连锁董事(高管)网络中的位置情况代表了节点在连锁网络中的位置情况,即节点在其网络中的地位和优势,以及企业与企业间相对稳固的关系模式(White,1992)。网络位置会在一定程度上影响企业获取资源的能力,网络位置越好,企业就越有机会获取更多的技术、管理经验、资金等重要资源,网络位置是提升组织获取外部资源能力的不可或缺的因素,企业要想在越来越激烈的竞争中取得优势,需要重视自己在所在网络中的位置(罗家德,2010)。

目前对于企业在连锁董事(高管)网络中的位置的研究存在两种模式:第一种主要是对网络中心度的研究,对网络中心度的研究是从企业获益的角度来考虑的,越位于中心位置的企业越能够全面掌握网络的整体信息,越能更快地学习新知识,获得稀缺资源,在网络中有着更高的可见度和更大的吸引力(Powell et al.,1996),从而可以提高自身的优越性和社会声望。第二种是基于结构洞理论,强调网络中介位置的优势。基于结构洞的研究主要从企业机会获取的角度考虑,认为占据中介位置的企业可以获得非冗余信息、多样化的信息、差异化的资源及对信息流的控制,从而发现有利的市场机会。结构洞指标与中心度指标的区别在于侧重点不同,中心度侧重的是与自我发生直接联系的特征,而结构洞更侧重的是与自我发生联系的企业与企业间的关系模式。总之,两种位置研究模式既有不同又互相联系,大大促进了有关研究的发展,会一直成为企业网络位置研究的重点和趋势。

(1)网络中心度。

中心度方法是社会网络分析中较为重要且常用的研究方法之一。社会网络分析者最早的想法是探讨网络中的节点在社会网络中处于什么样的中心地位,具有怎样的权力(刘军,2014)。中心度方法在组织行为学、心理学、社会学等学科中有着较为广泛的运用,但在公司治理领域的运用起步较晚,正逐渐引起学者们的重视。

网络中心度从节点所处的网络位置和网络环境来刻画连锁董事对组织的影响,这代表节点在网络中占据位置的有利程度(Wasserman et al.,1994;Whittington et al.,2009)。中心度是企业竞争能力的重要组成部分,网络中心度高的行动者处于有优势的位置(Koka et al.,2008)。节点在网络中的中心度越高,越可以接触到丰富的资源和多元的信息,组织在连锁董事(高管)网络中的位置的好坏,关系到组织通过连锁董事(高管)网络进行信息交流的规模和渠道、资源获得的多少及成本的大小(Shropshire,2010)。研究连锁董事(高管)网络的中心度要运用社会网络分析方法,除此之外,西方学者还提出多种方法,其中常用的定量化工具主要有程度中心度、中介中心度、接近中心度、特征向量中心度这 4 种(Freeman,1979;Wasserman et al.,1994;谢德仁等,2012)。

①程度中心度(Degree)。节点的程度中心度,也叫度数中心度,简称为度,代表行动者在其所处的网络中通过组织联系进而拥有的直接联系的总数,如果某高管直接与其他很多高管产生联系,那么我们就认为该高管具有较高的度数中心度。国内外学者对中心度的测量也有所涉及,该指标反映了节点在网络中交流的活跃程度。任兵等(2004)从公司角度计算了程度中心度,段海艳(2009)以董事与其他董事发生直接联系的个数来测量董事的中心度,均取得了较好的研究成果。程度中心度指标的特点是简单直观、计算方便、时间复杂度低,因此运用较为广泛。

②中介中心度(Betweenness)。中介中心度也叫中间中心度,代表节点处于其他点与点之间快捷方式的程度,该指标代表了行动者对资源的控制程度,因为占据这种位置的高管如果拒绝做媒介,其他高管就不能进行沟通从而获取信息。中介中心度越高,起到的中介作用就越大。点的中心度测量的是点对其他个体之间交往的控制度,若值为 0,代表该点位于网络边缘,无法控制其他行动者;若值为 1,代表该点位于核心位置,控制信息能力强。在连锁董事(高管)网络中,中介中心度表示某个董事作为中间人使其他董事进行交往的重要程度(Freeman,1979)。该指标的缺点是测算较为复杂,针对大型网络的测算较为困难。

③接近中心度(Closeness)。接近中心度的测量是一种不受他人控制的方法,其衡量的是点与点的距离(Freeman,1979),假如某节点与其他节点的距离都很小,那么该节点具有较高的接近中心度;反之,则具有较低的接近中心度。接近中心度的值越小,表明该节点与中心点的距离越大,其在信息、资源、权力、声望等方面的影响力也越弱。Joanne et al.(2009)指出,接近中心度测量的是个体与他人的亲密程度,在网络中,个体与其他个体的距离越短,个体之间的亲密度越大,对这个个体来说,信息传输的途径越少,传递速度越快,信息越有精准性和稳定性,个体越容易获取信息并监控信息的传递。若信息传递需要经过一系列中介,信息质量就会下降(Baker et al.,1992)。

④特征向量中心度(Eigenvector)。特征向量中心度是另一个重要的衡量

节点位置的指标。在社会网络中,可以获取丰富且多样信息的节点是相对有价值的信息源,该中心度就是用于找出处在最核心地位的节点。与前3种中心度的概念不同,特征向量中心度的度是在一个二维空间里测量节点的值,将节点视为平等节点,但是在现实中,节点是否处于中心位置与邻近节点的重要性相关,若某节点的邻近节点十分重要,则会对该节点产生较大影响,使该节点处于中心位置;相反,若邻居节点不重要,即使邻居节点再多,度数再大,该节点所处的位置也未必重要。因此,该指标的计算是通过将邻居节点的重要性进行线性叠加,来刻画连锁董事(高管)的网络关系质量,其中侧重关注交流过程中传递的信息等资源的质量。

以上4种中心度指标从不同方面测度了连锁高管网络的特征,学者们往往选取其中的几种单独或者综合起来加以运用,除此之外学者们还运用其他测量网络特征的指标,均取得了一定的研究成果。曲亮等(2014)采用度数中心度、程度中心度和接近中心度的乘积表示数量中心度,用特征向量中心度来代表质量中心度,研究得出了相反的结论。田高良等(2011)选择居中中心性和中间中心性来代表连锁董事数量,选择特征向量中心性表示连锁董事质量。Stephenson et al.(1989)认为,在现实的网络中,节点间的信息传递和流动、董事与董事的交流并不完全是以最短路径来计算的,也会有间接交流,因而提出了信息中心度,并指出信息中心度包含所有可能的路径,其能够更加全面地解释网络作用机制。段海艳等(2012)采用程度中心度、居中中心度及核心—边缘3个指标来测量连锁董事的网络特征。陈仕华(2009)利用网络集中度、联结企业的治理水平及连锁董事占比来衡量连锁董事指标。本书认为,4种网络中心度指标均在一定程度上反映了连锁高管网络的位置特征,学者们应当根据自身的研究侧重点及研究的背景,合理选择适合自身研究的指标来进行实证研究。

(2)网络的中介度。

常用的描述网络位置的指标除了上述4种中心度指标,还有一个衡量企业连锁董事网络的中介位置的特殊指标,就是结构洞。结构洞指标的计算比较复杂,常用的指标有4个:有效规模(Effective Size)、效率(Efficiency)、限制度(Constraint)和等级度(Hierarchy)。有效规模就是网络中的非冗余要素。效率是指某个节点的有效规模与实际规模的比。限制度也叫网络约束系数(Network Constraint Index),描述了节点在所处的网络中得到的运用结构洞的能力。等级度指的是限制度集中在某节点上的程度(刘军,2014)。以上4个指标中最重要也是最常用的指标就是限制度。

## 四、研究内容与研究框架

在理解以上内容后,本书在剖析董事会治理多样性和网络化视角的基础上,将前述问题置于企业实践及公司治理发展的新趋势之中,并试图基于多样性和网络化交互视角研究董事会的治理机制。

本书先对董事会多样性和网络化研究做了综合性的回顾,在总结以往研究的基础上寻找新的突破口;再从多样性的视角出发分别研究了董事会治理对企业财务绩效的影响,对大股东掏空的影响及对战略转移的影响。在研究董事会治理对企业财务绩效的影响中,本书选用国有企业为研究对象,党的十九大将国有企业分类治理作为国有企业改革亟待解决的重点问题,董事会作为股东的代理人和经理层的委托人,是现代公司治理的核心机构,其运行和决策效率是国有企业改革时应重点关注的问题。TMT 连锁网络普遍存在于国有企业中,网络位置影响着企业进行信息交换和决策及公司治理的效率。根据《中共中央关于全面深化改革若干重大问题的决定》中提出的国有企业分类方法,本书将研究对象进一步细分为 426 家商业型国有企业和 77 家公益型国有企业,分别研究董事会多样性对其绩效的影响,并分析 TMT 连锁网络在董事会多样性与企业绩效之间的调节作用。其中,将企业绩效分为以报表项目衡量的短期绩效(总资产收益率)和以企业现实及未来发展状况衡量的长期绩效(托宾 Q 值)。将董事会多样性分为治理结构多样性、知识经验多样性和权力层级多样性。在研究多样化视角下董事会治理对大股东掏空的影响中,本书将组织行为学中的团队多样性理论运用于公司治理领域,通过设置董事会多样性变量,在董事会的绩效与董事会成员的个体特征之间建立联系。依据团队多样性分类方法,本书建立了董事会多样性的分类体系,即将董事会多样性分为董事会来源多样性、董事会知识经验多样性和董事会权力层级多样性 3 类,并分析这 3 类多样性作用于大股东掏空的不同机制,且采用董事会成员的个人特征指标计算得出董事会多样性指标,分析董事会多样性对大股东掏空的影响,同时考察企业绩效作为情境变量的调节效应。在分析多样化视角下董事会治理对战略转移的影响中,本书着重分析了多样性的董事会是否有助于企业实施适应外界环境变化的战略转移,特别是在不同的运行状态下能否使企业适应环境外获得新的竞争优势。本书将董事会多样性分为董事会治理结构多样性、董事会知识经验多样性与董事会权力层级多样性 3 个维度分别进行研究,企业战略转移也根据其核心测量指标分为营销导向型战略转移、研发导向型战略转移、投资导向型战略转移、管理导向型战略转移、产品导向型战略转移及财务导向型战略转移,并且加入企业绩效作为调节变量,研究其在企业不同的经营状况之下是否会对多样性与战略转移的关系产生影响。

随后本书进一步分析了网络化视角下董事会治理对创新效率、多元化战略的影响,并探讨了在网络化视角下董事会的激励机制异化问题。在研究网络化视角下董事会治理对创新效率的影响中,区别于以往对于董事会多样性的研究多从董事会成员的人口统计学变量出发,并且未能系统地研究董事会多样性的治理作用,本书借鉴了 David 构建的关于多样性的框架(Sepration-Variety-Disparity)将董事会成员的来源、知识经验、权力层级作为研究董事会多样性的 3 个维度,并将连锁高管网络作为公司外部信息资源的多样性纳入董事会多样性的研究框架中,同时创造性地分析了董事会多样性在企业创新成果的产出及绩效转化阶段的调节作用,对企业的创新活动具有重要的指导作用。由于国内外对于连锁董事的有效性研究虽形成了广泛讨论,但是结论仍存在诸多争议,且忽略了连锁网络作用于企业的机理和实现路径,本书在研究网络化视角下董事会治理对企业多元化战略的影响中引入多元化战略和董事会多样性两大因素,从社会网络视角出发,以资源依赖理论为基础,构建连锁高管网络与多元化战略关系的理论模型,同时引入高阶理论,检验董事会多样性对该关系的调节作用。遵从价值投资规律,股东的投资应该有一个合理的回报,从而激励股东持续性地投入,这是资本市场的一个合理趋势,那么,在相对复杂的网络特征下,企业的现有股东政策是否实现了该目的? 基于此,本书在网络化视角下从股东长期和短期激励的有效性角度分别研究了连锁高管网络的调节效应。在社会网络视角下,TMT 连锁网络(高管圈子)对股东激励的有效性可能会带来两种不同的效应:一是短期内股东对股利攀比的利益诉求,可能使相互之间的高管圈子加剧这种攀比效应,他们将通过抬高股价或其他财务指标等方式引发财富攀比效应;二是从长期角度而言,股东对企业的价值增值的价值诉求,将促使企业将股利分红投入研发环节,注重长期的能力建设和核心竞争力的培养,从而引发知识竞赛效应,相互之间的高管圈子会加剧这种竞赛效应。本书从股利政策和研发投入角度分别研究了股东激励的有效性并分析了 TMT 连锁网络对股东激励有效性的调节作用。

本书在多样性和网络化的视角下,研究了董事会治理前沿相关问题。整体研究框架如下。

第一章"研究问题的提出"。本章首先通过描述研究的背景提出研究主题,并对此研究的理论意义和现实意义进行论述;其次,介绍本书的研究思路、内容和方法;最后,提出本书的创新之处。

第二章"相关研究回溯"。本章主要对国内外有关董事会网络多样性和网络化的文献进行梳理。首先，对董事会治理的概念和理论进行梳理；其次，对不同视角下的董事会治理研究进行回顾梳理。

第三章"多样性视角下董事会治理对企业财务绩效的影响研究：机理与实证"。本章着眼于优化国有企业董事会人员配置，提升国有企业治理有效性，构建了董事会多样性指标体系，综合评价董事会治理结构的有效性；针对回归结果具有显著性影响的长期绩效，进一步研究治理结构多样性和知识经验多样性指标中各解释变量对企业长期绩效的影响，得出关于董事会结构优化的具体意见。将国有企业进行分类研究，针对董事会多样性对两类国有企业的长期和短期绩效的影响之间存在的差异，分别提出两类国有企业进行董事会结构调整的建议。

第四章"多样性视角下董事会治理对大股东掏空的影响研究：机理与实证"。本章通过文献梳理与回顾、理论分析、实证检验，探讨董事会多样性对大股东掏空的影响，同时考察企业绩效作为情境变量的调节效应。结果显示，企业绩效在大多数情况下能够加强董事会多样性对大股东掏空的抑制作用，或者削弱董事会多样性对大股东掏空的支持作用。本书的创新之处在于提出了一个针对董事会多样性的分类方式，并努力尝试进行组织行为学与公司治理的交叉组合，并能够在一定程度上为上市公司甄选董事做参考。

第五章"多样性视角下董事会治理对战略转移的影响研究：机理与实证"。本章通过回顾高层梯队理论、资源依赖理论、董事会治理与企业战略转移的相关研究理论，将董事会个体提升至团体层面，提炼董事会多样性和企业战略转移的测量维度和指标，并提出董事会多样性与企业战略转移决策的关系假设；通过使用上市公司样本进行大样本实证检验，厘清董事会多样性对企业战略转移决策的影响机理，分析企业绩效对董事会多样性和企业战略转移的调节效果，对董事会多样性、企业战略转移决策与企业经营绩效三者的关系做出新的解释，站在董事会治理与战略转移的最新视角下为企业战略转移实践提供理论支持。

第六章"网络化视角下董事会治理对创新效率的影响研究：机理与实证"。本章通过实证研究证实连锁董事（高管）网络有助于信息在董事会之间的传递，其具有促进企业研发创新行为的正向作用。尽管如此，董事会内部的认知基础及董事会外部的网络结构通常被作为两个不同的命题进行研究，极少有研究将其纳入统一研究框架共同讨论其对于企业创新战略及研发效率的影响。本章将主要依据知识吸收理论及资源依赖理论对二者在企业战略制定及绩效转化中的作用进行探讨；并对企业设置合理的董事会多样性和创新网络位置提出建议,进而提高企业的创新研发效率。

第七章"网络化视角下董事会治理对企业多元化的影响研究:机理与实证"。本章针对当前连锁高管网络兴起面临的挑战,聚焦于连锁高管网络与企业战略选择的关系;遵循"理论分析—实证检验—对策建议"的研究思路,在梳理了国内外最新的连锁高管、多元化战略和董事会多样性的研究成果的基础上,结合我国的特色经济市场环境,探讨连锁高管网络的网络特征对企业多元化战略选择的影响,以及董事会多样性对连锁高管网络与多元化的关系的调节作用。

第八章"连锁高管网络对股东激励有效性的调节效应研究"。本章在社会网络视角下研究 TMT 连锁网络对股东长期和短期激励有效性的调节作用。最后针对研究结论提出政策建议,以期能够为改善我国 A 股生物医药上市公司的资源配置和股东激励有效性产生一定的作用。股东作为企业的投资人应该有一个合理的回报,从而激励股东做持续性的投入,这是资本市场的合理趋势,企业之间由于董事、监事、高管兼职形成的连锁网络已经成为外部治理的新常态,对当前公司治理的效率产生了巨大影响。股东作为企业的投资人,在相对复杂的网络特征下,企业的现有股东政策是否实现了该目的,值得进一步探讨。

第九章"TMT 网络视角下管理层权力与高管薪酬"。本章选取了 2010—2014 年的 A 股上市公司数据为样本,结合管理层权力理论与社会网络理论,分析并验证了管理层权力对高管薪酬的影响,以及 TMT 网络对管理层权力与高管薪酬之间关系的调节效应。该研究对于我国上市公司抑制管理层权力、完善高管薪酬激励制度、规范高管之间的连锁和兼任行为有着重要的启示。

第十章"网络治理视角下管理者过度自信与非效率投资关系"。本章采用我国 A 股上市公司 2007—2014 年间的数据,基于企业非效率投资视角,理论分析并实证检验了董事网络对管理者过度自信的治理作用,还从董事会层面和连锁董事个体层面剖析了董事网络的治理路径。该研究对于企业完善董事网络治理机制、提高投资效率具有重要启示。

## 五、研究结论与研究创新

面对企业实践面临的问题及当前公司治理呈现的趋势,本书从董事会治理的多样性和网络化角度来分析企业的董事会治理,探讨董事会治理对企业财务绩效、大股东掏空、战略转移、创新效率、企业多元化、激励机制异化等的影响机理及实证研究。本书后续内容安排如下：

第二章梳理了董事会多样性和网络化的相关研究，了解当前董事会多样性和网络化研究的现状和不足，以便更好地开展后文的相关讨论。

第三章首先从多样性视角探讨董事会治理对企业财务绩效的影响。文章选择 2010—2014 年 503 家沪深 A 股国有上市公司为研究对象，根据《中共中央关于全面深化改革若干重大问题的决定》中提出的国有企业分类方法将研究对象进一步细分为 426 家商业型国有企业和 77 家公益型国有企业，分别研究其董事会多样性对企业绩效的影响。其次，分析 TMT 连锁网络在董事会多样性与企业绩效之间的调节作用。其中，将企业绩效分为以报表项目衡量的短期绩效（总资产收益率）和以企业现实与未来发展状况衡量的长期绩效（托宾 Q 值）。将董事会多样性分为知识经验多样性、董事会治理结构多样性和权力层级多样性，选取具有代表性的测量指标，用 Blau 指数衡量其多样性水平。实证研究结果表明：第一，提升董事会成员多样性正向影响国有企业短期和长期绩效；第二，董事会治理结构多样性正向影响商业型国有企业的长期绩效，负向影响公益型国有企业的长期绩效，对公益型国有企业的短期绩效的影响不显著；第三，董事会知识经验多样性正向影响商业型和公益型国有企业的长期绩效，对商业型和公益型国有企业的短期绩效影响不显著；第四，董事会权力层级多样性负向影响商业型国有企业的长期和短期绩效，负向影响公益型国有企业的短期绩效，对公益型国有企业的长期绩效的影响不显著；第五，TMT 连锁网络对企业长期绩效的调节效应显著，对短期绩效的调节效应不显著，其中对商业型国有企业长期绩效的调节效应的显著程度高于公益型国有企业。最后，根据实证研究结果提出董事会人员配置优化的政策建议。本章着眼于优化国有企业董事会人员配置，提升国有企业治理有效性，构建董事会多样性指标体系，综合评价董事会治理结构的有效性；针对回归结果具有显著性影响的长期绩效，进一步研究董事会治理结构多样性和知识经验多样性指标中各解释变量对其的影响，得出关于董事会结构优化的具体意见。将国有企业进行分类研究，针对董事会多样性对两类国有企业的长期和短期绩效的影响之间存在的差异，分别提出两类国有企业进行董事会结构调整的建议，是本书研究的创新点和未来研究重点关注的方向。

第四章从多样性视角探讨董事会治理对大股东掏空的影响。本章将组织行为学中的团队多样性理论运用于公司治理领域，通过设置董事会多样性变量，在董事会的绩效与董事会成员的个体特征之间建立联系。依据团队多样性分类方法，本章建立了董事会多样性的分类体系，即将董事会多样性分为董事会来源多样性、董事会知识经验多样性和董事会权力层级多样性 3 类,并分析 3 类多样性作用于大股东掏空的不同机制,且采用董事会成员的个人特征指标计算得出董事会多样性指标。本章的基本思路为:通过文献梳理与回顾、理论分析、实证检验,探讨董事会多样性对大股东掏空的影响,同时考察企业绩效作为情境变量的调节效应。本章实证结果表明,董事会来源多样性在各样本中均会对大股东掏空产生显著影响,而董事会知识经验多样性和董事会权力层级多样性在全样本和民营企业样本中会支持大股东掏空,这说明董事会多样性不可一概而论,需要根据多样性的作用机制区分对待。在实证研究部分考察了企业绩效的调节作用,结果显示,企业绩效在大多数情况下能够加强董事会多样性对大股东掏空的抑制作用,或者削弱董事会多样性对大股东掏空的支持作用。本章的创新之处在于提出了一个董事会多样性的分类方式,并努力尝试进行组织行为学与公司治理的交叉组合。本章得出的结论能够在一定程度上为上市公司甄选董事做参考。

第五章探讨多样性视角下董事会治理对战略转移的影响。高阶梯队理论和资源依赖理论是本书研究的理论基础,为了探讨董事会多样性与战略转移的关系,本章将董事会多样性分为董事会治理结构多样性、董事会知识经验多样性与董事会权力层级多样性 3 个维度分别进行研究,企业战略转移也根据其核心测量指标分为营销导向型战略转移、研发导向型战略转移、投资导向型战略转移、管理导向型战略转移、产品导向型战略转移及财务导向型战略转移,并且加入企业绩效作为调节变量,研究其在企业不同的经营状况之下是否会对多样性与战略转移的关系产生影响。本章选择 2011—2015 年的 910 家中国 A 股上市公司作为研究样本,利用 STATA 12.0 软件进行数据分析与假设验证,结果表明,董事会治理结构多样性对企业战略转移的影响不显著,但是企业经营绩效越好,越能加强董事会治理结构多样性对于企业财务导向型战略转移的负向影响;董事会知识经验多样性能显著正向影响企业营销导向型、研发导向型、管理导向型、财务导向型战略转移,且企业绩效越好,越能削弱董事会知识经验多样性对于企业财务导向型战略转移的影响;董事会权力层级多样性能显著负向影响企业研发导向型和管理导向型战略转移,企业绩效好时有助于促进董事会权力层级多样性对于企业营销导向型战略转移的正向作用。因此,研究董事会治理时应关注多维度治理效应,尤其是董事会多样性对企业战略转移决策可能产生的影响,从董事会团队多样性角度出发,逐渐构建从单纯追逐合规到能够发挥战略决策效能的多样性董事会,提升董事会战略危机意识,保证战略决策的最大效能,充分发挥多样性人力资本在董事会中的专家咨询作用。本章的创新之处在于将对董事会治理的维度重新进行划分,并构建起董事会治理多维度的统一体系,借此打开董事会多样性作用机理的"黑箱";将组织行为学领域的团队多样性应用于公司治理领域;厘清董事会多样性对于战略决策的影响机制,并用理论和实证进一步探究。

第六章从网络化视角探讨董事会治理对创新效率的影响。本章借鉴David 构建的关于多样性的框架(Sepration-Variety-Disparity),将董事会成员的来源、知识经验、权力层级作为研究董事会多样性的 3 个维度,并将连锁高管网络作为公司外部信息资源的多样性纳入董事会多样性的研究框架中。本章研究董事会多样性在企业创新成果的产出中及绩效转化阶段的调节作用,对企业的创新活动具有重要的指导作用。本章利用 A 股上市公司高管信息构建了连锁高管网络,再利用 A 股上市公司 2010—2013 年的面板数据,实证检验了董事会多样性在企业创新成果的产出中及绩效转化阶段的调节作用。研究发现,在不区分专利的创新程度时,董事会内部多样性在创新成果的产出阶段及创新成果的绩效转化阶段的调节作用均不显著;但是在考虑专利的创新程度之后可以发现,董事会权力层级多样性在发明专利的产出阶段具有正向的调节作用,而董事会知识经验多样性对发明专利的绩效转化有负向调节作用,董事会权力层级多样性对实用新型专利的绩效转化有负向调节作用。就连锁高管网络而言,其在创新成果的产出阶段有正向调节作用,而在创新成果的绩效转化阶段则存在负向调节作用。研究结论证明了决策时效在企业创新活动中的重要作用,以及企业股权结构及连锁高管网络在创新活动的探索及利用阶段的"双刃剑"作用,为企业设置合理的决策机制和监督机制提供了参考依据。本章的创新之处在于将连锁董事网络扩展至连锁高管网络,更加符合企业实践的现实情况,同时将董事会来源、知识经验及权力层级共同纳入董事会多样性的研究范围。本章的研究结果对企业创新活动的成果产出及绩效转化、董事会结构的设置及连锁高管在商业网络中的行为规范均具有现实意义。

第七章从网络化视角探讨董事会治理对企业多元化的影响。本章从社会网络视角出发,以资源依赖理论为基础,利用全部 A 股 1761 家上市公司2010—2014 年间的数据,构建连锁高管网络与多元化战略关系的理论模型,同时引入高阶理论,检验董事会多样性对连锁高管网络与多元化战略关系的调节作用。实证结果显示,连锁高管网络中心度和结构洞均能促进企业的多元化,网络中心度越高,企业的多元化水平越高,同时企业的结构洞越多,多元化水平越高,而董事会的多样性水平能够对连锁高管网络与多元化战略的关系起到正向调节作用。本章的创新之处在于,以往对于连锁董事、董事网络的研究只考虑董事之间的联系,而没有将监事和高管纳入研究范畴,也有学者将连锁董事网络定义为董事、监事、高管的兼任形成的网络，但是名称仍为董事网络，本章拓展延伸了董事网络的定义，并清晰地将连锁高管网络定义为公司董事会中的高管通过至少在一个董事会同时任职而建立的联结关系的集合，这里的高管包含了企业中的董事(包括独立董事)、监事和经理等高级管理人员，这样有利于学者们对连锁高管网络的进一步认识及日后的深入研究。另外，现有的关于连锁董事的相关研究主要聚焦于连锁董事的有效性，往往选择企业绩效指标来进行研究，检验连锁网络是否能够提升企业价值，而忽略了连锁网络如何对企业产生影响，即忽略了连锁网络作用于企业的情况和实现路径。本章将战略选择纳入研究框架，构建了"连锁高管网络—企业多元化战略"的模型，实证检验了连锁高管网络对于企业多元化战略的影响，从微观层面研究了连锁高管网络对于企业的战略选择的影响，给连锁高管网络研究及战略研究提供了新思路；同时，将董事会多样性引入研究框架，研究董事会多样性带来的团队冲突或者团队的凝聚力对于连锁高管网络与多元化的调节作用，将组织外部的资源获取与组织内部的资源利用相结合，既丰富了对连锁高管网络的研究，也扩展了对多元化动因理论的研究。

第八章探讨网络化视角下董事会激励机制异化的影响。本章在社会网络视角下，实证检验 TMT 连锁网络(高管圈子)对股东激励有效性的影响。TMT 连锁网络(高管圈子)对股东激励的有效性可能会带来两种不同的效应：一是短期内股东对股利攀比的利益诉求，相互之间的高管圈子可能会加剧这种攀比效应，并通过抬高股价或其他财务指标等方式引发财富攀比效应；二是从长期角度而言，股东对企业的价值增值的价值诉求，将促使企业将股利分红投入研发环节，注重长期的能力建设和核心竞争力的培养，从而引发知识竞赛效应，相互之间的高管圈子会加剧这种竞赛效应。

本章在前人研究的基础上，基于股利政策角度研究股东短期激励有效性，基于研发投入角度研究股东长期激励有效性，分析 TMT 连锁网络对股东激励有效性的调节作用，并以此为基础构建理论模型和数理模型，以模型为基础提出研究假设，然后基于 A 股生物医药上市公司的 2012—2014 年的面板数据对研究假设进行检验。主要研究结论如下：第一，股东短期激励有效性显著；第二，TMT 连锁网络中心度对股东短期激励有效性具有正向调节作用；第三，股东长期激励有效性显著；第四，TMT 连锁网络中心度对股东长期激励有效性具有负向调节作用。TMT 连锁网络与公司治理间的关系，不仅仅体现在企业外部治理结构网络化对公司治理的影响上，还体现在公司治理机制动态地影响网络结构，进而再次对公司治理绩效产生影响的动态演化过程上。首先，本章定量识别、理解二元网络分析框架下的 TMT 连锁网络对公司治理机制产生的影响,将为深入理解中国资本市场公司治理行为的特殊性提供一个新的重要研究视角,可以从更深层次上解释中国公司治理转型过程中企业决策所面临的外部治理环境,突破只见"圈子"不见"网络"的研究困境。其次,关于连锁董事网络与公司治理行为的研究,虽然已有一些文献涉及,但其更多的是从网络结构、政治关联、资源依赖等视角展开,尚缺乏对连锁网络与公司治理的作用机制的研究,特别是缺乏对微观的传导作用机制的严谨和系统的理论与实证分析。更重要的是,本章并不是简单照搬国外的相关研究思路和方法,然后套上中国的数据。本章的创新之处在于揭开 TMT 连锁网络与股东激励有效性之间的"黑箱";深化公司治理领域中的网络因素,本章所研究的 TMT 连锁网络拓展了以往对连锁董事的关注范围,并且将其分解为个体的人际网络与企业间的网络两个层面,通过对跨层的交互效应的分析,解析其形成和动态演进的内在机理,并通过计量方式进行定量度量,构建机理分析的数量基础。生物医药行业的 TMT 连锁网络数据也为同行研究提供了坚实的实证资源。

# 第二章

## 相关研究回溯

## 一、董事会多样性研究回溯

针对董事会多样性的研究以国外文献为主,国内学者更关注单个董事会的特征。对董事会多样性的研究可大致分为两类,即对表层多样性的研究和对深层多样性的研究。进一步地,本章还梳理了年龄、性别、任期、教育背景、职能背景和综合指标多样性的相关研究。

David et al. (2015)在其文章《外部 CEO 继任者为何绩效更优? 外部 CEO 曾在董事会多样性较强的环境中工作的经验起到的作用》中探讨了继任 CEO 所在的董事会多样性的变化程度对 CEO 的产出、董事产出、企业绩效的影响。其用来衡量董事会多样性的指标为年龄、性别、种族、学历背景等表层的人口统计指标,该研究最终得出结论:继任 CEO 若在董事会多样性较强的董事会中工作,则能够更好地处理与新团队的关系,并快速进入工作状态,提升企业绩效。

任兵等(2011)采用年龄多样性、教育水平多样性、职能背景多样性和工作经验多样性作为自变量,以 TMT 政府网络联系、TMT 企业网络联系和 TMT 合作型决策作为中介,探索 TMT 多样性对组织创新的影响。张书元等(2017)分别计算了年龄的布劳指数和性别的指数,并用两者之和作为董事会多样性的指标。

Ashforth et al. (1996)认为,董事在多样性弱的董事会中任职遇到的冲突较小,一旦环境变化等导致董事会多样性的程度加深,董事会成员之间的相处难度就会增大,冲突会增加,沟通也会变得困难。Westphal et al. (2000)在对董事会进行研究的过程中发现,曾在高多样性的董事会任职的董事更倾向于支持多样性程度更高的董事会。Finkelstein et al.(2009)也提出充足的证据表明董事、CEO做的决策会在很大程度上受到其过去经历的影响。

David et al.(2014)讨论了董事会成员经历与CEO经历的相似性对两者之间关系的影响。在该文中,两位学者除了以人口统计特征变量来衡量董事会成员经历与CEO经历的相似程度之外,还对董事和CEO的理念、信仰等做了统计分析,这部分分析较人口统计特征更加深入,能够更为清晰和完整地描述董事会成员的全貌。

任兵等(2011)通过向586家企业发放调查问卷获得高管团队多样性的样本,采用布劳指数计算得出最终的数据,其中包括工作经验多样性,具体是以是否拥有在国外、外资企业或其他私营企业任职及工作的经验来衡量,使用LISREA 8.50软件分析得出结论:高管团队工作经验多样性负向影响政府网络,但是其对组织创新绩效没有显著影响。

### (一)年龄多样性的相关研究

关于年龄多样性的影响是积极的还是消极的,学者们还未得出统一结论。许多学者认为,年龄多样性会降低团队满意度和凝聚力,减少内部沟通交流,造成内部冲突(Stephan,1985;Bantel et al.,1989),从而降低企业绩效(Jackson et al.,1991;肖挺等,2013)。Zenger et al.(1989)证实了年龄异质性程度越高,技术组成员交流越少的结论。Wiersema et al.(1993)通过研究高管团队的年龄多样性对人员替换的作用,发现年龄差异对团队成员更替有促进作用,因为年龄差距小的团体更能够激发团队的吸引力,进而更容易保留团体成员,在做决策时更容易达成一致。国内有学者研究后认为,我国正处于经济转轨时期,企业面临的环境日趋复杂,高管团队年龄的差异越大越不能够快速做出决策,而且会产生较高的决策成本(胡蓓等,2007)。

也有学者认为,年龄多样性对企业的影响是积极的,因为年龄差异大的团队成员拥有的知识结构不同,信息覆盖面广,会提高团队的决策质量,促进企业绩效提升(Jehn,1997)。国内学者魏立群等(2002)以114家公司为样本,研究发现,年龄异质性越大,越有利于提升企业价值。陈忠卫等(2009)采用问卷的方式,研究了任期异质性及年龄异质性对绩效的作用,发现年龄异质性与绩效正相关,而任期异质性与绩效负相关。

还有学者认为,年龄多样性与企业价值是二次曲线的关系,当年龄多样性水平较低时,团体内部没有冲突,年龄多样性与价值正相关;当年龄多样性水平增高时,内部冲突增加,决策效率和质量下降,多样性与企业价值负相关。

### （二）性别多样性的相关研究

性别会影响团队的认知风格、团队和谐和管理风格（Krishnan et al., 2005；任颋等，2010）。性别多样性有利于团队的内部沟通（姚振华等，2010），当性别比例协调时，人们的表现欲会增强，工作积极性会提高，从而改善绩效（Litz et al., 2002）。美国非营利组织 Catalyst（2004；2007）以 353 家《财富》500 强公司为样本，研究发现，高管团队性别多样性有利于提高股东权益回报率。团队中女性比例较低时，绩效会下降（Kanter, 1977）。性别多样性也会影响企业战略。杨林（2013）研究发现，年龄和性别多样性会促进创业战略导向。在投资活动中，男性比女性更加有积极性，更能承担风险（郭敏华等，2005），而女性企业家经营的公司比男性企业家经营的公司运作更加稳定（Boden et al., 2000），因为性别差异会导致战略关注点和风险偏好不同，并且性别不同会追求不同的成就感。陈传明等（2008）采用多元化的业务数量代表多元化，研究证明了企业家性别与多元化有相关性，男性比例大，多元化水平高。黄旭等（2013）构建了 TMT 异质性对战略选择的影响模型，发现女性高管不利于企业并购行为，女性高管与战略变革程度成反比关系。但是也有学者研究发现，女性管理者更希望有战略突破（Park et al., 2005），如曾萍等（2012）研究后发现，女性高管对于组织的技术创新有积极作用。

### （三）任期多样性的相关研究

不同任期的成员具有不同程度的社会经验和工作经验，能够帮助团队形成多样化的观点（Smith, 1994），从而有利于团队做出正确决策。任期多样性有助于高管团队突破组织原来的管理模式，重新制定企业战略，任期多样性水平高的企业更倾向于变革（Mooney, 2001）。任期多样性水平高的团队，在企业开拓国际市场时，能提供更多的战略方案，提高决策水平（Athanassion, 1999）。另外，成员任期多样性水平越高，越容易造成冲突，使得决策效率变低且成本变高。孙海法（2008）研究发现，高管任期多样性水平越高，团队内部冲突越严重，从而造成绩效下降。古家军等（2008）研究了高管团队的任期多样性对战略决策的作用，发现任期多样性对决策效率有消极作用，对决策成本有积极作用。

### （四）教育背景多样性的相关研究

个体的受教育水平往往可以反映自身的认知能力和认知技巧，所以个体的受教育水平与灵活应变能力、处理信息的能力呈正相关关系（Smith et al., 1994；Wiersema et al., 1993）。团队的受教育水平多样性表现为两个互相矛盾的作用。一方面,受教育水平多样性提供了多元信息,成员可以从不同角度分析复杂问题,提出更多建设性意见,这提高了组织对于现象的深层次理解,进而提高战略决策的质量(Smith,1994;Amason et al.,1997)。也就是说,有多元化专业背景的管理团队有着更加广泛的战略思想和更多的备选方案,多样性水平越高,越有利于企业吸收多元化的信息、技能和观念(Wiersema,1993)。Bantel et al.(1989)也证明了高管团队人员的教育和专业背景异质性与决策质量正相关。多样性对创新决策有促进作用(Smith,1994),并且有利于开展跨国业务,帮助企业实行全球化的竞争战略(Carpenter,2002)。薛有志等(2009)研究证明团队受教育程度多样性能够有力促进企业的国际化水平,并且这种正向促进作用随着业绩水平的提高而更加明显。另一方面,有学者认为受教育水平多样性带来的是负面影响,如贺远琼等(2010)研究发现,高管团队受教育水平多样性对企业多元化战略具有消极影响。因为团队成员受教育水平的差别越大越容易产生矛盾,在制订目标、战略计划时意见越不统一(Knight,1999),从而降低了决策的准确性和制订速度,拉高了决策成本(古家军等,2008)。

### (五)职能背景多样性的相关研究

由不同职能背景人员组成的团队对于组织外部环境更加敏感,并且可以提出对事件的不同看法。这样的团队所获得的信息量和决策方案比同一性团队要多很多,从而有助于提高决策质量(Amason et al.,1997)。组织成员背景差异化可以有效保障组织拥有更多经验,能够有效引导企业进入海外市场,而且能帮助企业有效应对因扩张所面临问题的广度和复杂性(Tihanyi et al.,2000)。另外,职能背景多样性使得团队对外部机会的识别能力下降,多样性内生的创新性和冲突性在面对多元化业务的扩张时的协调变得更加困难,造成团队成员的沟通障碍,导致团队冲突(Sutcliffe,1994)。

### (六)综合指标多样性的相关研究

Barney(1986)研究认为,团队成员间人口统计特征的多样性可以产生"互补竞争力"。相比同质化团队,多样性团队在应对复杂多变的商业环境时能力更强(Kamm,1990),当企业面临复杂的问题时,团队成员多样化的经验、知识及观点能帮助组织考虑到问题的方方面面,产生更多潜在的解决方案,最终提高决策质量(Bantel et al.,1989)。个体年龄不同,所处的成长环境和接受的教育方式等会存在明显差异,而这会影响他们的行为和思考问题的方式,造成他们对企业的经营战略存有不同的偏好。Tihanyi et al.(2000)指出,团队异质性的价值观、经验和观念可以帮助企业扩展国际业务,并且帮助其解决业务拓展时面临的各种复杂问题;同时指出,多样性还会直接或者间接地影响企业的价值(Elron,1997;Haleblian et al.,1993)。Sambharya(1996)经过实证研究证明了跨国企业的国际化水平对团队成员海外就职经历的均值、多样性及有过海外任职经验的人数的占比有明显的积极影响。也有学者认为,多样性并不能带来积极影响,如陈运森等(2012)发现,如果独立董事的背景差异不大,外部连锁董事网络的嵌入有利于其履职单位在较低成本下获得声誉、信息、知识及战略资源这4种资源,从而向组织提供有价值的资源和信息。还有研究发现,多样性的影响是消极的,如 Jehn et al.(1997)研究发现,显性人口学特征会增加成员冲突,团队成员对团队的认同度低使得个体倾向于脱离组织,从而削弱了企业绩效。Hambrick et al.(1996)检验了团队多样性对组织竞争策略的影响,Boeker(1997)检验了高管团队特征对于绩效及企业战略的影响,其研究结果均证明相对于同一性团队,多样性水平高的团队在面对竞争者时反应较慢。

上述团队多样性的部分研究汇总如表2-1所示。

表 2-1　团队多样性的部分研究汇总表

| 维度 | 影响 | 人物 | 评价 |
|---|---|---|---|
| 年龄 | 积极 | 杨林,2013 | 年龄多样性会促进创业战略导向 |
| | 消极 | Stephan,1985;Bantel et al.,1989 | 降低团队满意度和凝聚力,减少内部沟通交流,造成内部冲突 |
| | | Moreland,1985;Jackson et al.,1991;肖挺等,2013 | 降低企业绩效 |
| | | Zenger et al.,1989 | 技术组成员交流越少 |
| | | Wiersema et al.,1993 | 不利于团队成员的保留,带来较低的凝聚力 |
| | | 胡蓓等,2007 | 差异越大,决策效率越低,决策成本越高 |
| 性别 | 积极 | Litz et al.,2002 | 当性别比例协调时,人们表现欲增强,工作积极性提高,从而改善绩效 |
| | | Catalyst,2004;2007 | 对股东权益回报率有积极影响 |
| | | Park et al.,2005 | 女性管理者更希望有战略突破 |
| | | 曾萍等,2012 | 团队成员中女性高管对企业技术创新有积极作用 |
| | | Kanter,1977 | 团队中女性比例较低时,绩效会下降 |
| | | Boden et al.,2000;胡荣等,2007 | 由女性企业家经营的企业的运作更加稳定 |

续　表

| 维度 | 影响 | 人物 | 评价 |
|---|---|---|---|
| 性别 | 消极 | 郭敏华等,2005 | 在投资交易中,男性比女性表现得更加积极,更能承担风险 |
| | | 陈传明等,2008 | 男性比例大,多元化程度高 |
| | | 黄旭等,2013 | 女性高管会抑制并购,战略变革程度较低 |
| 任期 | 积极 | Smith,1994 | 有利于形成多样化的观点 |
| | | Mooney,2001 | 任期多样性水平高的企业更倾向于变革 |
| | | Athanassion,1999 | 能提升决策质量 |
| | 消极 | 孙海法,2008 | 造成团队冲突,降低绩效 |
| | | 古家军等,2008 | 降低决策效率,提高决策成本 |
| 教育背景 | 积极 | Smith et al.,1994;Amason et al.,1997 | 提供了多元信息,成员可以从不同角度分析复杂问题,提出更多建设性意见,提高了组织的理解能力,提高了战略决策的质量 |
| | | Wiersema,1993 | 多元化团队有更加广泛的战略思想和备选方案,有利于企业吸收多元化信息、技能和观念 |
| | | Bantel et al.,1989 | 有利于提高决策质量 |
| | | Smith,1994 | 对创新决策有促进作用 |
| | | Carpenter,2002 | 有利于开展跨国业务,帮助企业实行全球化的竞争战略 |
| | | 薛有志等,2009 | 多样性与国际化程度呈正相关关系,并且这种正相关关系会随着业绩水平的提高而更加显著 |
| | 消极 | Knight,1999 | 容易产生冲突,在制订目标、战略计划时的分歧也会越大 |
| | | 古家军等,2008 | 降低了决策的准确性和制订速度,拉高了决策成本 |
| | | 贺远琼等,2010 | 受教育水平多样性与多元化战略负相关 |
| 职业背景 | 积极 | Amason et al.,1997 | 有助于提高决策质量,因为团队可以从不同角度分析复杂问题 |
| | | Tihanyi et al.,2000 | 有利于引导企业进入海外市场,有效应对扩张所面临的问题的广度和复杂性 |
| | 消极 | Sutcliffe,1994 | 造成团队成员的沟通障碍,导致团队冲突 |

## 二、董事网络的相关研究

从社会网络视角研究上市公司不同的治理行为,是最近几年的新兴话题和研究热点。国外研究起步较早,Xin et al. (1996)提出,关系是公司治理中决定治理效果的关键因素,也正是因为关系的存在,不同公司能够互相提供更多的直接和间接的影响及帮助。Park et al. (2001)将研究重点放在中国的企业上,提出了关系作为重要的文化和社会元素,在现代企业治理中所扮演的角色。可见,关于董事的研究已经由简单的、直接的、结构化的组织方向向复杂的、变化的、非正式的层级研究转变。

在我国上市公司所披露的信息中,并没有翔实的有关董事的具体治理行为的信息,其是一个"黑匣子",因此大部分研究只有通过董事会成员的独立性、专业性、参与董事会的频次等来表征和区别董事个人的治理行为。但是事实上,董事是社会网络中的一分子,其行为不仅受到个人层面特征的影响,更受限于社会网络的作用。不同的网络位置代表了不同的信息接收和传播程度,决定了董事个人在网络中的影响力大小,进而这种不同的社会网络位置给不同的董事个人带来了隐性的决策权力和职能,也必然影响董事自身的治理行为(陈运森等,2011)。

### (一)董事网络对董事发挥监督作用的影响

董事网络对于企业自身的治理过程究竟起到什么样的作用,是阻碍还是促进,目前仍然缺乏系统具体的理论研究。但是,不少学者在研究董事网络与董事个人薪酬的影响关系,以及董事网络存在的成因中,提出了一些观点和态度。Larcker et al. (2013)在研究中提出,处于董事网络中的每个个体董事都存在相互依赖的倾向,因此,董事之间的社会关系降低了董事的独立性,董事在履行自身监督职能的过程中,难免受到负向影响;他们运用网络分析方法构建了董事网络,分析董事之间的联结关系,以及相互的交流渠道,结果表明,在董事网络中联结数量越多的董事,或者是联结路径越短的企业董事,利用社会关系谋取个人利益的证据越加充分,由此得出董事网络中心程度越高的董事,利用自身资源谋取利益的倾向越严重,相应地,其履行监督职能的水平就越低的结论。Fracassi et al. (2012)通过对 1500 家公司的 CEO 和外部董事间的社会关系联结进行研究,指出 CEO 在任职公司掌握的权力越大,他们任用具有亲近关系人员作为公司董事的可能性越高。那么,被任用的董事基于回馈的心理,在公司的治理过程中会给管理层投出更多的赞成票。这样,在董事网络中的个体由于复杂的社会关系,并不能利用自身的优势,相反,还阻碍了本身监督职责的落实。同时,董事需要建立及经营与其他董事之间的关系,从而更好地获取人力资本,那么,他们在监督治理的过程中所花费的时间和精力就会被缩减,这样来看,"忙碌连锁董事"并不会提升监督效果(Fich et al.,2006)。

但是,Ferris et al.(2003)提出,连锁董事不会刻意回避应该承担的监督职能,尤其是在参与董事会议方面。董事的监督治理程度取决于董事的信息获取量,同时,董事的独立性在很大程度上也与信息的接收量存在着密切的关系。Adams et al.(2007)指出,董事与管理层之间存在着严重的信息不对称情况,高管为了阻碍董事的监督和限制,往往并不会将全部的治理信息传达给董事,或者是将不完全的部分信息、非欺骗性的误导信息甚至是虚假信息传递给董事。董事们通过自身嵌入的社会网络,汲取有效的、及时的、更为全面的治理信息(陈仕华等,2011)。通过董事社会网络获取信息成了董事参与企业治理活动的有效途径,这也是最新的通过社会网络视角研究董事治理行为的领域。董事网络中的连锁董事,由于兼职关系加强了与在其他企业任职的董事之间的联络,这也自然而然地拓宽了董事自身获得信息的渠道,增加了自身掌握的信息量,拓宽了董事进行监督和限制的范围,那么,其对管理层的监督效果也会得到相应的提高(陈运森等,2012)。另外,谭劲松(2009)指出,能够在企业当中担任董事这一职务的人员,大部分是在某一专业领域具有较强的专业背景和知识储备的人才或者是在任职的过程中取得了卓越成绩的人。在董事人才市场拥有的高能人才储备越加丰富时,董事个人声誉的考量在监督治理的选择过程中,越会被高程度放大,此时,拥有董事职务的人才会格外关注影响自身声誉的行为,从而更好地执行监督职能。在我国,董事的供给市场发展并不完善,主要依靠非正式的约束,也就是由董事社会网络来充当正式的制度对董事的行为进行约束和限制。董事网络的社会资本是董事个人声誉机制的一种表现,也就是说,处于董事网络当中的董事会更加在意自身镶嵌在网络中所产生的声望(陈运森,2012)。根据资源依赖理论,Fama et al.(1983)提出外部劳动市场的研究角度,正是在不完备的市场中,董事才需要维护其在市场中的良好表现纪录和个人声誉,这些都成了激励董事完成监督职能的动机。这也是学者所提出的声誉假说的概念。还有研究认为,董事网络中心强度较高的董事个人拥有更多的社会资源,因此其相对于管理层讨价还价的能力也更强,也就是说,这些董事在参与企业的监督活动时,不必受制于管理层的要挟,也不必担心管理层可能采取的报复手段,基于此,有学者提出讨价还价能力假说,表明连锁董事不必担心日后的职业生涯发展,可以更好地行使监督职能(陈运森等,2012)。因此,有学者研究后提出了董事网络与董事监督管理层治理工作存在正向的关系。

### (二)董事网络对董事参与企业政策制定的影响

在企业中,不同的董事不仅仅履行监督管理层的职责,也同时对所在企业的经营活动有重要的建议权和决策权。现有的部分研究也将重点放在这一方面。学者们研究了董事网络对公司的股票期权倒签、会计选择、会计政策选择、盈余管理、投资决策、关键资源获取及董事自身职业生涯等方面的影响。

董事网络作为一种基于董事兼职关系而产生的特殊网络,不仅帮助不同企业的董事产生了密切程度不同的联系,更为董事们的信息和知识传递搭建了有效的平台,使得不同企业的政策信息在董事网络中传播开来(王振铁,2009)。Davis et al.(1997)通过比较两种创新型治理方案(毒丸计划和金降落伞计划)的扩散效应,指出,董事网络的结构特点能够决定治理方式的传播速度。治理方式的传播,增强了处于董事社会网络中的企业之间的学习,同时董事们处理和决策的情感也在网络中进行传递(Stevenson et al.,2015)。Bizjak et al.(2009)研究了处于董事社会网络中的连锁董事是如何影响不同时间和不同公司之间企业层面决策知识扩散的问题,并将研究决策扩散的重点锁定于股票期权倒签的实践上,得出了如果企业中的连锁董事以前存在这种行为,那么其现在就职企业发生股票期权倒签的可能性就会大幅度提升的结论。关于企业的会计政策选择方面,Kang et al.(2008)从董事网络视角进行了研究。他们认为,股票期权授予的基于自愿基础上的费用是受到传递董事网络之间的社会影响因素和学习驱动的。如果某企业是由于董事网络而与其他某些采取过相似行为的企业产生连锁关系,或者是与某些有过财务报告舞弊的企业存在网络联结,那么这个企业决定采取相同或者相似的行为的可能性将提高。有关会计政策的选择,韩鹤(2014)在研究中首先肯定了董事网络对于企业会计政策选择存在影响,并进一步指出,若处在网络中的企业有具体的某种会计政策选择行为,由于羊群效应,企业并不会继续遵循常规的过程,而是直接从连锁董事处获得信息,并做出决定。Krishnan et al.(2011)主要针对CEO和CFO的社会网络联结关系,研究其与盈余管理之间的关系。他们首先验证了CEO和CFO的社会网络联结关系对于盈余管理有着正向的促进作用,原因在于CEO和CFO具有更广泛和更可靠的关系网来获得信息从而规避风险,选择进行盈余管理的操作。接着,他们研究了《萨班斯法案》推行之后的时间段内两者之间的关系,指出企业选择风险规避的倾向越发明显。同时,陈雅娜(2014)提出,在特定时期内,企业由于拥有一定数量的连锁董事,而在有关盈余管理决策上显示出趋同性，并且，当连锁董事担任企业独立董事或者企业监事会成员时，这种决策上的趋同性会被加强。在有关企业的投资决策方面，拥有连锁董事的企业选择过度投资也具有一定的趋同性，当企业治理结构相似时，企业内部连锁董事的数量与过度投资选择具有正相关性，进一步地，如果连锁董事是处于公司正式治理较高层级的，那么这种倾向会更加明显（刘勇，2015）。Dowell et al. (2008)指出，高管董事网络中心度有利于帮助企业获取信息和资源，使得企业在交易过程中产生的决策成本大大降低。对于董事网络影响董事个人决策方面，Flickinger et al. (2016)指出，当企业处于高管网络中心位置时，企业的 CEO 在企业整体绩效水平较低的时候选择离职的概率加大；但是当企业的 CEO 与连锁董事之间的关系较强时，这种概率会有效地降低。可见，现有关于董事网络对于董事发挥参与决策作用的研究，已经深入董事及管理层层面和企业层面，具有广泛的、显著的影响。

### （三）董事网络对企业并购的影响

Bruner(2004)通过研究发现，并购公司在寻找目标的时候往往需要几个月或者更长的时间。在这个寻找和发现的过程中，任何影响寻找成本及调查成本的因素都是具有经济效益的。关于目标公司与并购公司之间的关系，韩洁等(2014)基于 2000—2012 年并购公司与目标公司均为中国上市公司的配对样本进行 Probit 回归检验发现，若两者之间存在由于连锁董事产生的联结关系，那么潜在目标公司成为真正的并购目标公司的概率较大。陈仕华等(2013)检验了并购行为双方的董事联结关系对并购目标公司的选择和并购绩效的影响，指出，当企业与存在并购意愿的企业具有董事联结关系时，该企业更容易成为目标；同时验证了并购企业与目标企业存在董事联结关系对短期并购绩效并无影响，而从长期来看，并购绩效相对较好。Cai et al. (2012)在研究中将并购公司间的连锁关系进行分层，第一层是目标公司与并购公司之间拥有一个及一个以上的共同董事，第二层是并购公司与目标公司之间的连锁董事在第三方公司也同样拥有董事职务；经过对 1664 个并购样本进行实证分析，他们得出不论是哪一个层次的董事网络联结关系，都对公司的并购绩效存在正向作用的结论。田高良(2013)利用事件研究法，采用累计异常收益率来衡量企业的并购绩效，他在研究中分析道，由于连锁董事在并购双方的企业中均有任职，这样的情况为董事自身牟利创造了天然的条件，加剧了代理冲突，使得并购绩效降低。综上可见，董事网络与并购绩效的关系取决于信息有效沟通和代理冲突的共同作用。

### (四)对董事网络基于角色的研究

国外很多学者通过研究发现,连锁董事对企业的影响很多时候是通过扮演资源供给的角色实现的。连锁董事作为网络中的节点,可以为企业传递网络中的社会资本和其他有利的资源,从而实现连锁董事网络的价值(段海艳等,2008)。如 Kim(2005)以韩国的上市公司为样本,发现企业在聘任独立董事时更关注其个人声誉而非个人能力,并且兼职企业越多的独立董事越拥有高声誉和更多的社会资源,并且在网络中心的企业能够借助连锁董事来避免外来竞争者的恶性收购等有损企业发展的活动(Davis,1991)。

连锁董事的引进也能在一定程度上起到监督职能,抑制内部人控制现象的发生。Yermack(2004)研究发现,位于连锁董事网络中心的连锁董事能够更有效地对经理人进行监督,避免经理人做出有损企业绩效的投资行为。段云(2012)指出,连锁董事以企业的监督人的身份嵌入企业的网络,产生了高度信任的联结。而在这种信任关系的基础上,处于连锁董事网络中的独立董事有着较高的嵌入性,能够为履职企业提供其真正所需的社会网络信息与资源。毛成林等(2005)从社会镶嵌的视角深入研究了连锁董事在连锁董事网络影响下的行为,发现连锁董事在网络中发挥了社会监督、网络寻租和注重集体忽视个体的作用。

### (五)董事网络对企业价值和绩效的影响

在董事网络与企业价值的关系方面,Sitthipongpanich et al. (2014)选取了2001—2005 年泰国上市公司连锁董事的数据,研究董事多样性和董事网络对企业价值的影响,得出董事网络与企业价值存在正向关系,但是背景过于多样化的董事会造成交流缺乏、决策斗争等情况,带来成本消耗,因此会削弱这种正相关性的结论。Omer et al. (2014)基于社会网络角度计算董事网络中心度,发现其对于企业价值存在显著影响,有利于企业价值的提升。在我国的相关研究中,比较突出的是田高良等(2011)的研究,他们利用社会网络分析和图论理论,分别计算表示连锁董事数量和质量的变量,发现公司能够有效地利用董事网络关系带来的长期增长优势,以及董事网络作为企业无形资产和实物期权的价值。虽然学者选择的研究变量有所差异,但是目前的研究整体表明,董事网络与企业价值和成长性存在正相关关系。Feyen(2015)提出,董事网络中心度对公司调整风险后的股票收益具有促进作用,Larcker et al. (2013)收集了 2000—2007 年来自年收益超过 10 亿元的不同企业的近 115 411 个董事的资料与其任职企业的股票收益进行实证研究,得出了相同的结论。Lu

(2013)进一步研究发现,在企业中,连锁董事的比例要保持在适当的水平,这样才能发挥其对企业股票收益的正向促进作用,一旦超过这个比例,连锁董事将显得过于"忙碌",反而会对企业股票收益有负向作用。Ahn et al. (2010)首先对相关数据进行回归检验,发现董事网络与股票收益并没有线性关系,但是将连锁董事比例控制在特定范围内,就产生了不同结果,与Lu(2013)的研究结果相似。Hochberg et al. (2007)以美国企业为研究样本,考察基于连锁董事存在而导致投资公司与提供投资组合的公司产生联结关系对于投资绩效的影响。王营等(2014)基于信息特性和资源特性研究董事网络与融资决策的束缚解除关系,同时采用中心度和结构洞两种方法来衡量企业董事网络的位置,指出董事网络中心度越高,企业越容易产生投资过度和投资不足的行为,从而降低企业的投资绩效;但是处于结构洞位置的企业能够有效抑制这两种行为,提高企业的投资效率。

关于连锁董事治理的有效性研究,很多学者关注连锁董事对企业价值产生的影响,然而关于连锁董事对企业绩效的影响,还没有得出统一的研究结论。有些学者认为,连锁董事促进了企业价值的提高。国外学者 Pennings (1981)较早地研究了连锁董事对于企业价值的影响,研究发现,连锁董事对于企业绩效有促进作用。Moore(2002)研究发现,连锁董事对企业价值有正向作用,甚至能够推动国民经济的发展。Kim(2005)从社会网络的视角出发,研究发现,董事外部的社会资本和精英校园(Elite School)网络对于企业价值有促进作用。Farina(2009)发现,网络中的银行业董事是网络的关键节点,企业的银行业连锁董事的数量与企业价值正相关。Peng et al. (2000)研究了中国经理人的社会联系与企业绩效之间的关系,发现经理人与行业内其他经理人的联系对企业绩效有正向作用。Larcker et al. (2010)采用中心度指标作为衡量连锁董事网络的指标,结果发现,连锁董事网络的中心度指标越高,未来股票回报和ROA也越大。我国学界对于连锁董事网络与绩效的讨论才刚刚开始,很多学者研究发现,连锁董事网络与企业绩效正相关。彭正银等(2008)选取连锁董事网络规模、网络中心度、连锁董事所兼任的董事会数量为自变量,发现连锁网络对企业价值有正向的促进作用。田高良等(2011)和曲亮等(2014)均采用了中心度指标来衡量连锁董事网络,发现连锁董事与绩效是正相关的。陈运森(2015)采用了中介度网络结构洞指标进行研究,也得出了同样的结论。

有些学者认为,连锁董事网络对企业价值的影响是负向的(Fligstein et al., 1992;Fich et al.,2006;卢昌崇等,2006)。当连锁董事中出现繁忙董事,那么企业绩效就会降低(Non et al.,2007)。国内学者发现,连锁董事的网络中心度对企业价值有负向作用,连锁董事网络中心度越高,企业绩效表现得越不好(任兵等,2007;刘涛等,2009)。曲亮等(2014)发现除特征向量中心度以外,其他3种中心度均对绩效有消极作用。陈运森等(2012)通过梳理连锁董事网络关系与公司治理的国内外文献,认为连锁董事网络是一种负面机制,不利于董事治理职能的发挥,网络中的董事往往会互相照顾以取得职业生涯的保障,董事会付出时间来维护网络,由此削弱对管理层的监督。连锁董事只注重个人利益,从而削弱了企业价值(段海艳,2009)。

也有学者认为,连锁董事对企业绩效没有影响。国外学者Rosenstein et al.(1990)发现,连锁董事网络对金融类和非金融类公司都不产生影响。Pichard et al.(2000)研究发现,高度连锁的企业也许会延长经理人员的任期,但这对企业绩效没有产生影响。段海燕等(2007)以中国上市企业为样本进行研究,认为连锁董事与企业价值之间没有相关性。也有学者发现,连锁董事对企业绩效的作用是不确定的,既可能是正向的,也有可能是负向的(Silva et al.,2006)。

上述连锁董事网络对企业绩效的影响研究汇总如表2-2所示。

**表2-2 连锁董事网络对企业绩效的影响研究汇总**

| 关系 | 时间 | 代表人物 | 结论 |
|---|---|---|---|
| 正相关 | 1981 | Pennings | 连锁董事有利于绩效的提升 |
| | 2002 | Moore | 连锁董事对企业价值有积极的影响,甚至对国民经济的发展等产生促进作用 |
| | 2005 | Kim | 董事外部的社会资本和精英校园网络对企业价值有促进作用 |
| | 2009 | Farina | 银行业连锁董事的数量与企业绩效成正比 |
| | 2000 | Peng et al. | 经理人与行业内其他经理人的联系对企业绩效有正向作用 |
| | 2008 | 彭正银等 | 以企业所处连锁董事网络规模、企业的网络中心度、连锁董事所兼任的董事会数量为自变量,发现连锁董事网络与企业价值之间是正向相关的 |
| | 2009 | 陈仕华 | 一般来说,处在网络中心的公司的治理结构较好,网络集中度对公司治理有显著促进作用 |
| | 2010 | Larcker et al. | 网络中心度越高,未来股票回报和ROA也越高 |
| | 2011 | 陈运森等 | 独立董事中心度越高,公司治理效果越好,企业投资效率越高 |
| | 2011 | 田高良等 | 连锁关系中心度指标能促进托宾Q值的增长 |

续　表

| 关系 | 时间 | 代表人物 | 结论 |
|---|---|---|---|
| | 2014 | 曲亮等 | 连锁董事网络的特征向量中心度与企业绩效正相关 |
| | 2015 | 陈运森 | 连锁董事结构洞对企业经营效率有促进作用 |
| 负相关 | 1992 | Fligstein et al. | 连锁董事与企业绩效负相关 |
| | 2006 | 卢昌崇等 | 连锁董事数量对企业绩效有负向影响 |
| | 2006 | Fich et al. | 连锁董事使公司治理恶化，从而降低企业价值 |
| | 2007 | Non et al. | 若存在繁忙的连锁董事，那么企业绩效会降低 |
| | 2007 | 任兵等 | 连锁董事网络中心度越高，企业绩效表现得越不好 |
| | 2009 | 刘涛等 | 高动态环境下，连锁董事的网络中心度与企业价值呈负相关关系 |
| | 2009 | 段海艳 | 连锁董事对企业绩效有负向作用，因为他们只注重个人利益 |
| | 2012 | 陈运森等 | 连锁董事网络对董事治理行为有消极影响 |
| | 2014 | 曲亮等 | 连锁董事网络的度数中心度、中间中心度、接近中心度均与绩效负相关 |
| 不相关 | 1990 | Rosenstein et al. | 连锁董事网络对金融类和非金融类公司都不产生影响 |
| | 2000 | Pichard et al. | 高度连锁的企业可能会延长经理人员的任期，但这对企业绩效没有产生影响 |
| | 2007 | 段海燕等 | 连锁董事与企业价值之间没有显著相关性 |

　　本书认为，连锁董事现象对企业绩效的影响研究至今未能达成统一结论，原因是多样的。第一，就这些实证研究本身来说，研究中所涉及的样本选取的不同，国家、行业、时间段及测量方法的差异和变量选取的差异等都会影响实证结果，从而产生不同结论(陈运森等，2012)；第二，直接关注连锁董事对绩效的影响，忽略了连锁网络作用于企业的机理和实现路径，也会造成结论的不一致。因此，关于连锁董事现象的研究还需要深入探讨。

## 三、研究述评

　　纵观以上研究，关于连锁董事网络、多元化经营和董事会多样性，国内外实务界和理论界都进行了广泛研究，提供了坚实的理论基础。但是连锁董事网络理论仍处于快速发展阶段，尚未成熟。根据对现有文献的梳理，连锁董事网络的现象及影响仍有待深入研究,连锁董事网络的企业战略之间的关系及董事会多样性的影响机制尚不清晰,现有研究仍然有待深化和明确。

### (一)董事会多样性研究述评

正如本章第一节中所陈述的那样,对董事会多样性的研究存在已有研究的结论并未统一,过分关注团队单一维度的多样性与绩效的关系,仍拘泥于团队异质性与绩效的线性关系,缺乏对调节关系的研究等一系列问题。

另外,关于团队多样性已有较为丰富深入的研究探索,但是多限于组织行为学方向,并未踏足公司治理领域;关于董事会特征、异质性的研究较多,但是涉及董事会多样性的研究寥寥无几。学界普遍认为:团队差异性、特征、异质性关注某一属性上团队成员的不同之处,而团队多样性是指组织成员在某一属性上的分布特征及差异化程度。因此两者的定义和概念是不同的,包含的内容也不一致。这就促使本书对多样化的议题做进一步探析。

董事会的决策职能越来越重要,连锁董事的战略学习能力也逐渐得到重视,然而多样性既可能为团队带来多元化的视角,拓宽团队视野,增强合作与沟通,提高决策质量,也可能引起冲突,阻碍沟通交流,降低凝聚力,降低决策效率。在研究连锁高管网络给企业带来的丰富的网络资源时,结合董事会多样性的冲突或者凝聚力对于外部资源的转化利用能力及团队的多元视角、团队的凝聚力、决策效率和质量的影响,将董事会多样性纳入研究视野,既丰富了对连锁高管网络对战略决策的影响研究,也为相关议题的讨论提供了新的思路与基础。

综上所述,本书接下来将进一步研究董事会多样性与战略转移、企业财务绩效及大股东掏空行为之间的关系,阐述尚未被证明或者研究结论没有统一的机理。

### (二)董事会网络化研究述评

首先,西方国家的研究已较为成熟,新兴体制国家对连锁高管网络的研究仍待深入。对于连锁董事的研究,西方发达国家已经有二三十年的理论与实证成果,但是在我国还有待深入验证其作用。事实上,学者们已对连锁董事的相关研究从西方发达国家向发展中国家转移达成共识。相较于西方发达国家,发展中国家的经济体制还不健全,市场处于低效阶段,连锁董事现象与运用更加普遍。中国作为发展最快的新兴经济体国家,有着特殊的经济背景和制度背景,关于连锁董事的研究近几年才开始,对于企业间的连锁关系网络对企业的发展有什么影响及如何产生影响等问题,需要用针对性的方法和思路全面分析。

其次，对连锁网络有效性的研究结论尚未统一，连锁关系网络发挥作用的中间过程有待探析。已有的关于连锁网络的研究往往关注连锁董事网络是否有利于企业绩效的提升，在实证研究中选择企业绩效作为最终的产出变量，如企业的托宾 Q 值、总资产收益率等，得出的结果存在很大分歧，究其原因，在于连锁网络与绩效之间建立的直接联结是有缺陷的，其忽视了战略决策的中间步骤。连锁高管网络作为战略制定者的社会网络，从逻辑上来讲，会先影响到组织的战略制定，然后通过战略选择的不同对企业最终的财务表现产生影响。本书将连锁高管网络对企业战略的影响纳入研究框架，聚焦于企业多元化战略选择过程，从微观视角为连锁高管网络研究提供了新的思路。

最后，立足社会网络视角研究连锁高管网络对企业战略选择的作用是未来可行的研究方向。我国自古以来就注重关系，组织的战略选择不仅受到内部资源的影响，还受到组织所在的社会网络资源的约束，随着高管兼任的现象越来越普遍，企业必须意识到连锁高管网络在战略决策中的重要作用。连锁高管不仅利用个人掌握的资源，包括人脉、专业知识及丰富的经营经验来帮助经营公司，连锁高管网络带来的企业间网络也将成为一个利益集团为企业提供服务。连锁高管网络包含多元化战略所需的重要的资源与信息，对多元化有促进作用，可以使多元化更加协同。另外，以往关于战略选择的讨论往往聚焦于组织内部的异质性资源，而很少关注组织外部的资源。接下来本书将运用社会网络理论与资源依赖理论，研究连锁高管网络对企业多元化战略选择的影响，这是对主流战略管理研究做出的重要补充。此外，本书也将从网络化的视角来阐述连锁高管网络对企业创新效率、企业多元化及股东激励的影响。

# 第三章

# 多样性视角下董事会治理对企业财务绩效的影响研究：机理与实证

## 一、问题提出

随着我国体制的改革及开放程度的加深,经济有了很大的发展,如每年有数以万计的大学生出国深造,他们之中有很大一部分学成归来后加入各种公司,参与公司的各项治理,其中不乏许许多多的董事。他们的教育背景、知识结构与在国内受教育的董事有着很大的差别。他们一方面带来了新的管理方法、知识技术,促进董事会的高效决策;另一方面,如教育背景和知识结构的差异也可能导致冲突甚至产生严重的分歧,进而引起董事会治理的低效甚至无效,从而影响企业绩效。那么,除了教育背景、知识结构以外,董事的性别、职业背景、社会资本等其他方面的差异是否会影响董事会治理,从而影响到企业绩效? 这些指标又有何种影响?

在讨论董事会的多样性指标之前,先说明董事会对企业绩效的重要性。在现代企业制度背景下,董事会受股东的委托管理公司,股东赋予了董事会较大的权力。在我国,《公司法》规定董事会行使以下职权:①召集股东会会议,并向股东会报告工作;②执行股东会的决议;③决定公司的经营计划和投资方案;④制订公司的年度财务预算方案、决算方案;⑤制订公司的利润分配方案和弥补亏损方案;⑥制订公司增加或者减少注册资本及发行公司债券的方案;⑦制订公司合并、分立、解散或者变更公司形式的方案;⑧决定公司内部管理机构的设置;⑨决定聘任或者解聘公司经理及其报酬事项,并根据经理的提名决定聘任或者解聘公司副经理、财务负责人及其报酬事项;⑩制订公司的基本管理制度;⑪公司章程规定的其他职权。以上职权可归结为董事会的战略决策与监督两大职能,这两大职能对企业的绩效产生至关重要的影响。

综上所述，本章通过 3 个方面来衡量多样性对企业绩效的影响。第一个方面是团队成员的职业分离程度；第二个方面是团队成员经历和背景的差异，表现在团队成员个人信息、知识背景和职业背景等方面；第三个方面是社会资本的集中程度的差异。

## 二、董事会多样性对企业财务绩效的影响机理研究

### (一)治理结构多样性对企业绩效的影响

近年来，由于董事会治理结构特征指标值的可测量化，引起了众多学者的重视。张耀伟(2010)将董事会治理结构分为广义和狭义两种。从狭义角度来看，董事会治理结构专门指对董事会特征进行量化的描述，如董事会规模、独立董事占比、董事长与 CEO 两职合一等。国外研究的主要内容为董事长与 CEO 两职合一的程度，Goyal et al. (2002)认为，董事长和 CEO 两职合一时，企业绩效对 CEO 职位接替的影响会大大降低，能有效提升企业绩效。本书通过董事成员是否同时是独立董事、高管团队成员、CEO 和股东大会成员 4 个方面的指标来衡量其治理结构多样性。

钱德勒在 1962 年出版的《战略与结构：美国工商企业成长的若干篇章》一书中提出组织结构跟随战略的理论，指出组织战略的前导性和结构的滞后性，由于结构变化较为缓慢，企业绩效对组织结构变化的反应是否存在滞后作用尚需研究。商业型国有企业和公益型国有企业都需要避免内部人治理的问题，从长期角度来看，治理结构多样性与企业绩效正向相关；董事会成员结构调整短期内会影响决策效率，对沟通分歧的处理效果尚待协调，在短期内负向影响企业绩效。据此提出以下假设：

H1a：商业型国有企业治理结构多样性正向影响企业短期绩效。

H1b：商业型国有企业治理结构多样性负向影响企业长期绩效。

H1c：公益型国有企业治理结构多样性正向影响企业短期绩效。

H1d：公益型国有企业治理结构多样性负向影响企业长期绩效。

### (二)知识经验多样性对企业绩效的影响

在对董事会成员多样性特征的综合研究中，Zhu(2014)通过研究《财富》500 强公司中新上任 CEO 与多样性程度较高的董事会共事的经历，得出新上任的 CEO 与多样性程度高的董事会成员的共事经历能够提升企业财务绩效

的结论。他在同年的另一篇文献里提出，新任董事以前共事的 CEO 与现任 CEO 的相似程度高，对企业绩效有正向影响。衡量董事会多样性和 CEO 相似程度使用 Blau 指数，选取性别、年龄、种族、教育程度及是否具有"常春藤"背景和以前的工作经历等 7 个指标进行综合衡量。董事会多样性程度对 CEO 影响企业绩效的能力产生正向影响。Machold et al.（2012）对美国上市公司的研究结果表明，董事长知识经验的多样性程度与企业绩效正向相关。综合以上研究，董事会多样性通过影响与董事共事的 CEO，进而影响企业绩效。本书基于此提出假设：多样性与企业绩效之间存在直接的正相关关系。结合我国实际情况调整衡量多样性的指标，对董事会成员的能力或经历的衡量分为对学历程度、海外背景、金融专业背景及政府工作背景的衡量，将其设定为董事会知识经验多样性指标。

根据《指导意见》的分类标准，商业型国有企业对企业创新和竞争力的要求较高，如前文所述，知识结构的多样性能促进创新和思维碰撞，有利于企业适应高强度的竞争状况，在长期内可增强企业资源获取能力，所以知识经验多样性对企业绩效具有正向影响；公益型国有企业强调人员的社会奉献精神和监管意识，对内部价值观的要求较高，受知识经验的影响较小，从长远角度来看可促进企业增效。短期内由于学历和职业背景的差异性，企业决策时沟通协调困难，难以达成一致意见，会抑制企业绩效，据此提出以下假设：

H2a：商业型国有企业知识经验多样性负向影响企业短期绩效。

H2b：商业型国有企业知识经验多样性正向影响企业长期绩效。

H2c：公益型国有企业知识经验多样性负向影响企业短期绩效。

H2d：公益型国有企业知识经验多样性正向影响企业长期绩效。

### （三）权力层级多样性对企业绩效的影响

董事会成员的特征对企业绩效的影响机制一直是学界关注的焦点，国内外的研究多为对董事会成员特征和企业绩效之间关系的探究。国外学者对二者之间关系的研究从董事会结构、成员特征、影响机制和决策效率等方面展开。关于股权集中度对绩效影响的研究，Meckling（1976）指出，因为董事长和 CEO 是直接控制企业股份的股东，所以他们的利益与股东的利益更加一致。Grossman et al.（1980）通过实证分析表明，企业的股权被大股东所拥有有利于董事会对高管的监管职能的发挥，可以通过降低第一类代理成本来提高企业绩效。

对董事会持股比例的研究集中于对持股比例的总和与企业绩效之间的关系的研究，国外学者对此进行了详细的研究。Morck et al.（1988）研究证实，董事会成员的持股比例保持在一定的水平之内,对提高企业绩效具有正向影响。董事会成员适当的持股比例对减少代理问题具有明显的作用,能加强对公司治理的监督,使董事会成员的利益与企业的总体利益一致,但是董事会成员过高的持股比例会带来内部人治理问题,抑制企业绩效的实现,即董事会持股比例与企业绩效之间存在倒"U"形关系。

商业型国有企业以提高经营绩效为主要目标,因此对经理人损害股东利益的第一类代理问题的防范尤为重要,对董事会、经理层及监事会的职责分离与相互监督和制衡的要求较为迫切,董事会成员持股比例过高时委托代理问题不能得到有效的防范,权力层级与企业的短期绩效之间存在负向相关关系。随着运行时间的增加,具有决策权的董事的存在会提升企业决策的效率,正向影响企业的长期绩效。公益型国有企业以保障民生为目的,为防止内部人利用职务之便损害企业利益,形成制衡的治理结构同样十分重要。董事会持股比例多样性水平高则董事会内部存在持有股权比例较高的董事,此时委托代理问题负向影响企业绩效,长期决策时该负向作用被消除,从而对绩效产生正向影响。据此提出以下假设:

H3a:商业型国有企业权力层级多样性负向影响企业短期绩效。

H3b:商业型国有企业权力层级多样性正向影响企业长期绩效。

H3c:公益型国有企业权力层级多样性负向影响企业短期绩效。

H3d:公益型国有企业权力层级多样性正向影响企业长期绩效。

## (四)TMT网络的调节作用

董事会成员多样性程度高,即团队成员背景丰富,在其他企业担任高管的可能性更大。综上,得出各多样性指标与企业绩效之间的关系后,将TMT网络作为调节变量,研究在网络位置的影响下,董事会多样性与企业绩效之间正向或负向关系的改变情况。Yeo(2003)研究提出,董事同时在多家企业任职有助于提升企业绩效,Tang et al.(2009)通过实证研究中国国有企业得出相同的结论,Fligstein(1992)则得出网络位置与负向影响的关系。国内学者卫力等(2016)通过研究网络位置对企业战略的影响,发现网络中心度和结构洞对企业的战略绩效具有显著正向影响。任兵等(2007)通过研究中国上市公司发现,在经济转型中,连锁董事为了自身利益损害企业绩效。曲亮等(2014)通过实证研究发现,TMT网络中质心度正向影响企业绩效,量中心度负向影响企业绩效。国内外对于网络位置与企业绩效之间的影响关系,尚未得出统一的结论。

商业型国有企业注重效益和营利性,TMT网络高管成员由于任职多家企业,根据前文所述,对于解决突发事件和做出有效的决策具有优势,处于网络中间位置能提高管理层决策效率,降低沟通协调成本,获取外部资源的效率提升,有利于提升企业长期和短期绩效;公益型国有企业以保障民生为目的,董事在多家公司任职一方面能提升企业创新性,另一方面可能存在因追求个人效益而损害公司绩效的行为,从而负向影响企业绩效,且公益型国有企业受国家调控的程度较深,所以网络对处于不同行业和地区的企业的经营绩效的影响不确定。据此提出以下假设:

H4a:TMT 网络正向调节董事会多样性和企业长期绩效之间的关系。

H4b:TMT 网络正向调节董事会多样性和企业短期绩效之间的关系。

### (五)理论模型构建

董事会多样性如何影响国有企业绩效是学界研究的热点问题,多样化的董事会成员一方面增强企业之间的资源依赖性,正向影响企业绩效;另一方面,影响企业决策效率,降低企业风险规避水平,负向影响企业绩效。企业内部资源整合引起企业绩效的变化需要一定的作用时间,通过提高资源依赖性水平提升企业的长期绩效,Machold et al. (2012)对美国上市公司的研究结果表明,董事长背景多样性的水平正向影响企业绩效;董事会人员多样性水平提高在短期内会引发资源整合的障碍,降低决策效率,所以董事会多样性负向影响企业的短期绩效,国外的研究证实了这一结果。Haleblian et al. (1992)的研究表明,董事会的集权程度和企业绩效负向相关。

企业所处的网络位置影响企业获取资源的难易程度,处于网络中心位置的企业之间资源交换频繁,获取资源的成本较低,网络位置可能对董事会多样性与企业长期绩效之间的关系具有正向调节作用,这表明 TMT 网络可影响企业通过资源依赖性提升长期绩效的效果。国外有研究支持这一观点,Yeo(2003)研究提出,董事同时在多家企业任职有助于提升企业绩效,Tang et al. (2009)通过实证研究中国国有企业得出董事会成员形成连锁网络能促进企业经营效益提升的结论。董事会之间形成连锁网络在短期内可能影响企业经营决策效率,对董事会多样性与企业短期绩效之间的关系起到正向调节作用。Fligstein(1992)则得出网络位置与负向影响的关系,证实了该观点。

董事会多样性在长期能增强企业资源获取能力,对企业长期绩效具有正向影响,TMT 网络对企业长期绩效调节作用的显著性表现为,增强资源获取能力对企业长期绩效的正向影响;董事会多样性在短期会影响企业的决策效率,负向影响企业短期绩效,TMT 网络对企业短期绩效调节作用的显著性表现为,处于网络中心位置增强决策效率对企业短期绩效的抑制作用。董事会多样性对企业绩效的影响模型如图 3-1 所示。

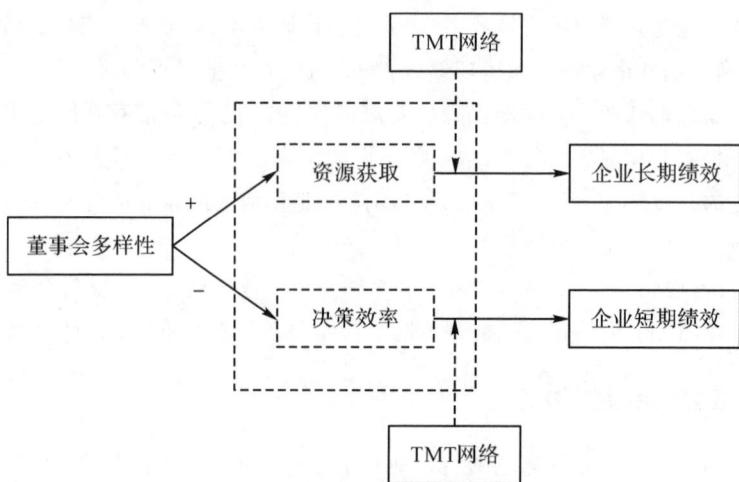

图 3-1　本章的理论模型

# 三、董事会多样性对企业财务绩效的实证研究

本节依据对国有企业的研究,提出研究的变量,并进行说明,建立研究的回归模型,并说明研究所依据的数据和数据剔除依据,为导入统计分析软件验证模型结果提供数据支持。

## (一)研究设计

本书建立回归模型实证分析治理结构多样性、知识经验多样性、权力层级多样性 3 个维度的指标分别对商业型和公益型国有企业长期和短期绩效的影响,验证其通过影响资源获取能力和决策效率两条路径对企业绩效的影响效果。随后加入对企业所处的网络位置对影响效果的调节作用分析,结合企业所处的生命周期阶段选择有助于提升企业绩效的连锁董事网络构建策略。

### 1.样本和数据来源

本书选取 2010—2014 年沪、深两市上市公司中的国有企业为研究样本,数据来源主要有两个途径:一是国泰安信息技术有限公司(GTA)数据库;二是从企业年报中获取,并通过手工计算。样本筛选按照以下标准:

其一,剔除在 A 股、B 股和 H 股同时上市的企业,原因为不同地区的上市市场监管环境不同而使用不同的上市和监管标准;

其二,剔除被 ST、* ST 及 PT 的公司;

其三,剔除金融类上市公司,由于金融行业会计制度具有特殊性,不便与传统制造业对比;

其四,剔除资料不可获得、财务数据不完整,以及多样性指标缺失3个以上的公司 。

最终样本中包括503家公司5年的面板数据,共包含2012个有效样本观测点。

最后按照《指导意见》指出的方法对国有企业进行分类,将石油石化、电网通信服务及供水供气和公共交通等行业企业划归为公益型国有企业,剩余的企业包括共同类(兼有商业型和公益型特质)企业均划归为商业型国有企业。样本中选取的503家国有企业包括77家公益型国有企业和426家商业型国有企业。

### 2.变量定义与测量

在构建模型的基础上定义各变量:解释董事会多样性的3个维度——治理结构多样性、知识经验多样性和权力层级多样性的衡量测算方法;将企业绩效分为长期绩效和短期绩效,分别用Tq和ROA表示;TMT网络所采用的指标定义,3个中心度指标说明;控制变量的说明,对持股比例、企业规模、偿债能力等方面进行控制。具体变量说明如表3-1所示。

**表3-1　变量说明表**

| 类型 | 变量 | 代码 | 含义 |
|---|---|---|---|
| 被解释变量 | 企业绩效 | Tq(长期) | 托宾 Q 值 |
| | | ROA(短期) | 总资产收益率 |
| 解释变量 | 董事会多样性 | S | 治理结构多样性 |
| | | V | 知识经验多样性 |
| | | D | 权力层级多样性 |
| 控制变量 | 股权分散度 | Top1 | 第一大股东持股比例 |
| | 营业规模 | Bi | 营业收入 |
| | 企业规模 | Alog | 总资产对数 |
| | 财务杠杆 | dr | 资产负债率 |
| 调节变量 | TMT网络 | Scen | 治理结构多样性中心度 |
| | | Vcen | 知识经验多样性中心度 |
| | | Dcen | 权力层级多样性中心度 |

(1)解释变量。

本章使用 Harrison(2007)提出的分类方法,通过 3 个维度来衡量多样性,3 个维度的表现形式、选用情况、测算方法和可能会出现的结果都有很大的差异。第一类是团队成员的职业分离程度,即成员的两职合一和交叉任职情况,主要表现在工作岗位或意见和建议上的差异,反映出态度和价值观的不同;第二类是团队成员经历和背景的差异,表现在团队成员个人信息、知识背景和职业背景等方面;第三类是拥有社会资本的集中程度的差异,表现在团队资源由所有人共享或仅由一个成员拥有上。结合国有企业董事会结构特征指标对以上 3 个维度进行调整。

解释变量通过一系列计算得到,权力层级多样性用前十大股东持股比例的变异系数衡量,治理结构多样性选取每个董事其他职务的兼任情况这一指标的标准差的值求和衡量,知识经验多样性选取学术背景、职业背景、海外经历等 5 个维度测算,计算其 Blau 指数并求和,划分维度如表 3-2 所示。

表 3-2  董事会多样性测算

| 指标维度 | 变量名称 | 变量类型 | 含义 |
|---|---|---|---|
| 治理结构多样性<br>S | 是否独立董事 | 类别 | 在企业多重<br>任职情况 |
| | 是否高管团队成员 | 类别 | |
| | 是否兼任董事长或 CEO | 类别 | |
| | 是否兼任股东大会成员 | 类别 | |
| 权力层级多样性<br>D | 董事会持股 | 连续 | 董事会成员持股<br>比例变异系数 |
| 知识经验多样性<br>V | 学术背景 | 类别 | 董事学术背景、职业<br>背景和海外经历等 |
| | 职业背景 | 类别 | |
| | 海外经历 | 类别 | |
| | 金融背景 | 类别 | |
| | 政府背景 | 类别 | |

类别变量为有序分类变量,在治理结构多样性中为各项指标的标准差,在知识经验多样性中为各项指标的 Blau 指数值,计算公式如下:

$$\text{Blau} = 1 - \sum_{i=1}^{n} P_i^2 \qquad (3\text{-}1)$$

式中,$P_i$ 在类别变量中表示董事会成员中第 $i$ 类的比例,指数值越大则多样性程度越高,在连续变量中表示企业中董事会成员指标的方差,均表示董事会的多样性程度,且取值越大,多样性程度越高。

①治理结构多样性。国有上市公司的常设机构为董事会、股东(大)会和监事会,《公司法》规定董事会成员不能兼任监事,所以董事会成员可以兼任高管团队成员、董事长、CEO 等职位。董事可以分为内部董事和外部董事:内部董事又称执行董事,其在企业内部任职并享有经营决策权;外部董事为非执行董事,主要负责对执行董事的监督,并检查其工作。《公司法》规定上市公司董事会中外部董事的比例要超过三分之一,通过查阅上市公司年报,主要表现为独立董事。据此选取 4 个指标:是否独立董事,是否高管团队成员,是否兼任董事长或 CEO,是否兼任股东(大)会成员。指标均为类别变量。

在此以是否独立董事为例进行指标测算,具体步骤如下。

第一步:从数据库中导出上市公司董事会成员信息,董事会成员属于高管团队成员的记为“1”,不属于高管团队成员的记为“0”。

第二步:计算本公司所有董事会成员的指标使用 Blau 指数,即“是否高管团队成员”指标,对于每一个公司按照同样的方法进行计算,计算结果如图 3-2 所示。

由于董事会成员兼任 CEO 或高管团队成员的情况并非每个企业都存在,Blau 指数会出现等于 0 的情况,为提高回归结果的准确性,以 4 个指标的和来表示董事会治理结构多样性。

| | A | B | C | D | E | F | G |
|---|---|---|---|---|---|---|---|
| 1 | 证券代码 | 年份 | 是否独立董事blau's | 是否高管E | 是否兼任董事s | 是否在股 | 和1 |
| 3 | 000002 | 2010 | 0.42 | 0.32 | 0 | 0.18 | 0.92 |
| 4 | 000005 | 2010 | 0.444444444 | 0.231111 | 0 | 0.231111 | 0.906667 |
| 5 | 000006 | 2010 | 0.46875 | 0.375 | 0 | 0.21875 | 1.0625 |
| 6 | 000007 | 2010 | 0.444444444 | 0.345679 | 0 | 0.345679 | 1.135802 |
| 7 | 000008 | 2010 | 0.5 | 0.444444 | 0 | 0 | 0.944444 |
| 8 | 000009 | 2010 | 0.444444444 | 0.444444 | 0.197530864 | 0.197531 | 1.283951 |
| 9 | 000011 | 2010 | 0.46875 | 0.21875 | 0 | 0.375 | 1.0625 |
| 10 | 000012 | 2010 | 0.444444444 | 0.345679 | 0.197530864 | 0.444444 | 1.432099 |
| 11 | 000014 | 2010 | 0.49382716 | 0 | 0 | 0.493827 | 0.987654 |
| 12 | 000016 | 2010 | 0.489795918 | 0 | 0 | 0.489796 | 0.979592 |
| 13 | 000018 | 2010 | 0.444444444 | 0.345679 | 0.197530864 | 0.493827 | 1.481481 |
| 15 | 000020 | 2010 | 0.489795918 | 0.408163 | 0.244897959 | 0.408163 | 1.55102 |
| 16 | 000021 | 2010 | 0.46875 | 0.21875 | 0 | 0.5 | 1.1875 |
| 17 | 000022 | 2010 | 0.444444444 | 0.345679 | 0.197530864 | 0.493827 | 1.481481 |
| 18 | 000023 | 2010 | 0.396694215 | 0.396694 | 0 | 0.495868 | 1.289256 |
| 19 | 000024 | 2010 | 0.462809917 | 0.297521 | 0.165289256 | 0.46281 | 1.38843 |
| 20 | 000025 | 2010 | 0.46875 | 0.21875 | 0 | 0.375 | 1.0625 |
| 21 | 000026 | 2010 | 0.444444444 | 0.197531 | 0 | 0.444444 | 1.08642 |
| 22 | 000027 | 2010 | 0.444444444 | 0.197531 | 0 | 0.493827 | 1.135802 |
| 23 | 000028 | 2010 | 0.444444444 | 0.197531 | 0 | 0.493827 | 1.135802 |
| 24 | 000029 | 2010 | 0.495867769 | 0.165289 | 0 | 0 | 0.661157 |

**图 3-2　治理结构多样性指标计算**

第三步:进行样本的筛选,将最终算出的结果为 0 的样本剔除,出现 0 的原因可能为公司披露不充分或公司经营效益较差。

其他指标的测算方法与之相同，本章中所用的治理结构多样性(S)指标值为 4 个指标值之和，指标值越大，说明董事会成员交叉任职的情况越多，治理结构的多样性程度越高；反之则表示多样性程度较低。

②权力层级多样性。权力层级多样性即国有企业的股权集中度，国有企业由于国有资本持股比例较大，经营活动受到国家的干预程度较高，企业内部行政化程度较高，对企业绩效产生影响，其中国有资本持股比例越大则政府干预程度越强。国内外的研究结果倾向于减少大股东一股独大的现象，国外对于企业集权和分权的研究更倾向于进行分权管理。Jesen et al. (1982)的研究指出，董事会成员出于保护自身职位的本能而做出的行为是与公司的利益相悖的，股权的集中程度越高，高管更容易玩忽职守，即股权集中不利于对高管的监管。Haleblian et al. (1992)在研究中得出在动荡的环境中董事会的集权程度和企业绩效负向相关的结论。国内学者对于股权集中的研究尚未有统一结论，张汉飞等(2005)认为，将股权集中于少数大股东，能从很大程度上激发大股东监督管理者的潜力，股权集中有助于企业发展，实现企业绩效。国有企业较商业型企业股权更为集中，决策的实施受到国家的调控和限制，股权分散程度对企业绩效的影响不同于其他竞争类企业。

本书选取的指标为前十大股东持股比例的变异系数，该指标为连续变量，系数越大表明企业董事会成员之间持股比例的差异越大，即国有资本控股比例越高，国有企业的行政化色彩越浓，权力层级多样性(D)程度越高。

③知识经验多样性。国有企业董事会成员与传统企业董事会成员背景的重大差异表现为，其具有政府背景的董事会成员比例较高。由于国有企业受国家或地方政府控制，与国家行政机关之间的联系较紧密，本书在传统的学术与职业背景指标的基础上增加政府背景作为知识经验多样性指标，即共选取 5 个维度的指标：学术背景(是否为 985 或 211 院校的学生)、职业背景、海外经历、金融背景和政府背景。指标也均为类别变量。

在此以学术背景指标的测算为例，具体步骤如下。

第一步：导出董事会成员数据，将董事会团队成员中有 985 或 211 背景的记为"1"，没有 985 或 211 背景的记为"0"。

第二步：分别计算每个企业董事会所有成员的 Blau 指数，以计算出的结果来表示"学术背景"指标，指标值越大，说明企业选任董事会成员时层次化越明显，多样性程度越高。部分计算结果如图 3-3 所示。

第三步：对 5 个维度的指标值求和，以综合指标 V 来表示知识经验多样性。

其他指标的测算方法与之相同，最后所用知识经验多样性指标为 5 个指标之和，值越大说明董事会成员的任职经历越丰富，知识经验多样性(V)程度

| | A | B | K | L | M | N | O | P |
|---|---|---|---|---|---|---|---|---|
| 1 | 证券代码 | 年份 | 学术背景 | 职业背景 | 海外经历 | 金融背景 | 政府背景 | 和3 |
| 3 | 000002 | 2010 | 0.512397 | 0.65625 | 0.625 | 0.711111 | 0.18 | 2.684758 |
| 4 | 000005 | 2010 | 0.124444 | 0.728889 | 0 | 0.346667 | 0.231111 | 1.431111 |
| 5 | 000006 | 2010 | 0.53125 | 0.773438 | 0 | 0.66 | 0.21875 | 2.183438 |
| 6 | 000007 | 2010 | 0.493827 | 0.754325 | 0.197531 | 0.197531 | 0.345679 | 1.988893 |
| 7 | 000008 | 2010 | 0.244898 | 0.65625 | 0 | 0 | 0 | 0.901148 |
| 8 | 000009 | 2010 | 0.493827 | 0.627219 | 0.197531 | 0 | 0.197531 | 1.516108 |
| 9 | 000011 | 2010 | 0.37037 | 0.765625 | 0 | 0.518519 | 0.375 | 2.029514 |
| 10 | 000012 | 2010 | 0.197531 | 0.673469 | 0 | 0.694444 | 0.444444 | 2.009889 |
| 11 | 000014 | 2010 | 0.691358 | 0.698225 | 0.444444 | 0.694444 | 0.493827 | 3.022299 |
| 12 | 000016 | 2010 | 0 | 0.740741 | 0.53125 | 0 | 0.489796 | 1.761787 |
| 13 | 000018 | 2010 | 0 | 0.744898 | 0.34 | 0.34 | 0.493827 | 1.918725 |
| 15 | 000020 | 2010 | 0.40625 | 0.72449 | 0 | 0.5625 | 0.408163 | 2.101403 |
| 16 | 000021 | 2010 | 0.375 | 0.622449 | 0.21875 | 0.37037 | 0.5 | 2.086569 |
| 17 | 000022 | 2010 | 0.18 | 0.622449 | 0 | 0.48 | 0.493827 | 1.776276 |
| 18 | 000023 | 2010 | 0.165289 | 0.71875 | 0.165289 | 0.31405 | 0.495868 | 1.859246 |
| 19 | 000024 | 2010 | 0.528926 | 0.654321 | 0.46281 | 0.545455 | 0.46281 | 2.654321 |
| 20 | 000025 | 2010 | 0.59375 | 0.684444 | 0.21875 | 0 | 0.375 | 1.871944 |
| 21 | 000026 | 2010 | 0.58 | 0.650519 | 0 | 0.37037 | 0.444444 | 2.045334 |
| 22 | 000027 | 2010 | 0.541667 | 0.747922 | 0 | 0.197531 | 0.493827 | 1.980947 |
| 23 | 000028 | 2010 | 0.429752 | 0.666667 | 0 | 0 | 0.493827 | 1.590246 |

图 3-3　董事会学术背景指标计算

越高。

(2)被解释变量。

总资产收益率(ROA)：利润与资产总额的比值，采用财务报表净利润和总资产的平均值计算，结合利润表和资产负债表科目，综合反映企业历史获利能力，用来衡量企业短期绩效。

托宾 Q 值(Tq)：公司的市场价值与资产的重置成本比值，即公司两种估计价值之比，企业的市场价值相对于重置成本提高则企业资本增加，估值以现在和未来的市场为基础，用来衡量企业长期绩效。

(3)调节变量。

Nahapiet et al. (1998)提出的网络特征测算方法为，将网络成员之间的联系表示为成员之间是否存在网络联系及如何进行联系，通过密度、连接性和层级 3 个维度来测算。Siu et al. (2009)提出，将中心性和网络规模作为网络特征的 2 个评价维度，其中中心性被广泛地用于企业管理研究领域。Wong (2014)研究 TMT 网络时，通过网络的稀疏性和中心性 2 个维度来衡量网络特征，指出处于网络中心位置的企业具有更强的创新性。该研究中提出的网络稀疏性和中心性分别为 2 个独立的维度，从不同的方面反映网络特征，研究中通常选择其中的一个维度。本章主要研究企业所处的网络位置对多样性和企业绩效之间关系的影响，选取以下 3 个中心度指标的平均值来表示企业所处的网络位置。

一是点度中心度(dc)，即网络中到达该节点的路径数和总路径数的比值，衡量网络中每个成员和其他成员进行信息传递的能力，比值越大，与其他成员发生的交互关系越多，在网络中越处于中间的位置。

二是中介中心度(bc)，即网络中每个成员被经过的次数与总路径的比值，衡量网络中每个成员作为联结其他成员的中介的能力，比值越大说明占据的中介位置越多，可以认为在网络中的位置越靠近中间。

三是接近中心度(cc)，即网络中成员与总体网络的接近程度，指两个成员之间进行交流需要经过的成员数多少，距离越接近，接近中心度的值越大，在网络中的位置越靠近中间。

TMT网络是企业的董事会、股东(大)会、监事会及经理层成员交叉任职形成的企业网络。首先，将每个企业的高管信息导入EXCEL表格，以姓名为其标识特征，通过表格筛选出重名的成员，对其添加编号进行区分，使每个高管成员具有唯一的识别特征；其次，以企业为横轴和纵轴建立矩阵图，其中对角线上的坐标数值为本企业高管人数，其他坐标数值表示两个不同的企业之间拥有的共同高管人数。最后，矩阵筛选完毕后将矩阵导入UCINET软件绘制连锁高管网络图。

(4)控制变量。

第一大股东持股比例(Top1)，即企业最大股东的持股比例，是衡量企业股权分散程度的指标，值越大表示企业股权越集中。

营业收入(Bi)，即企业在一个会计期间内从事销售商品、提供劳务和让渡资产使用权等日常经营业务过程中所形成的经济利益的总流入，是企业的主要经营成果和实现企业财务目标的重要手段，营业收入等于主营业务收入与其他业务收入之和。

总资产对数(Alog)，即衡量公司规模的指标，使用资产指标能够适当降低劳动密集型行业对结果的影响，值越大表示公司规模越大。

资产负债率(dr)，即企业的平均总负债与平均总资产的比值。资产负债率与企业绩效密切相关，用来衡量企业的长期偿债能力，表示企业中借债筹资的比例，值越大表示企业的长期偿债能力越弱。

根据获取的指标，本书构建以下回归模型：

$$
\begin{aligned}
ROA_{i,j} &= \partial_{ij} + \beta_1 S_i + \beta_2 Scen_i + \beta_3\,controls + \varepsilon; \\
ROA_{i,j} &= \partial_{ij} + \beta_1 V_i + \beta_2 Vcen_i + \beta_3\,controls + \varepsilon; \\
ROA_{i,j} &= \partial_{ij} + \beta_1 D_i + \beta_2 Dcen_{ij} + \beta_3\,controls + \varepsilon; \\
Tq_{i,j} &= \partial_{ij} + \beta_1 S_i + \beta_2 Scen_i + \beta_3\,controls + \varepsilon; \\
Tq_{i,j} &= \partial_{ij} + \beta_1 V_i + \beta_2 Vcen_i + \beta_3\,controls + \varepsilon; \\
Tq_{i,j} &= \partial_{ij} + \beta_1 D_i + \beta_2 Dcen_{ij} + \beta_3\,controls + \varepsilon.
\end{aligned}
$$

(3-2)

式中,$i$ 表示商业型或公益型国有企业;$j$ 表示 3 种董事会多样性指标;controls 表示模型的 4 个控制变量。

### (二)实证分析

第一步:对模型使用的数据进行描述性统计分析,根据最大值、最小值和方差初步判断数据的差异性,以及数据选择的代表性。第二步:进行指标的相关性检验,在回归分析之前确保所选用的指标之间不具有多重共线性问题,对其分析具有理论意义。第三步:进行 Hausman 检验,确定回归的方式,选择固定效应或随机效应模型。第四步:进行解释变量和被解释变量的回归分析,分别对商业型国有企业与公益型国有企业的长期和短期绩效及董事会治理结构多样性、知识经验多样性和权力层级多样性 3 个指标进行回归分析。第五步:加入 TMT 网络作为调节变量,分析对前一个步骤回归结果的影响。第六步:进行模型稳健性检验,验证当指标的选择发生变化时该模型的适用性。第七步:根据多样性二级指标的回归结果选择对企业绩效具有显著影响的指标,分析衡量该指标的各三级指标对企业绩效的影响程度,为董事会结构调整提出更具体的建议。

#### 1. 描述性统计分析

对全样本国有企业 2010—2014 年的解释与被解释变量和调节变量的描述性统计分析如表 3-3 所示,被解释变量 Tq 的最大值为 92.11,最小值为 0.0826,极差为 92.0274,标准差为 3.243,可见不同的企业之间长期绩效的差异较大;ROA 最大值为 22.01,最小值为 −0.214,极差为 22.224,标准差为 1.44,说明企业之间短期绩效的差异也较大,但是与长期绩效差异相比较小。该结论与实际情况较为一致,企业长期绩效的变化程度比短期大。

对于解释变量治理结构多样性、知识经验多样性、权力层级多样性,极差分别为 1.425、2.951、2.587,指标之间的差异百分比较大,说明董事会多样性程度在不同的企业之间差异较明显,研究有对比的意义。

调节变量分别为中心度指标和董事会 3 种多样性指标的乘积,企业网络交互项调节后的指标差异变小,TMT 网络之间的联系呈逐渐紧密的趋势。

表 3-3　全样本描述性统计分析表

| 变量 | Tq | ROA | S | V | D | Scen | Vcen | Dcen |
|---|---|---|---|---|---|---|---|---|
| 最大值 | 92.11 | 22.01 | 1.888 | 3.431 | 3.145 | 0.697 | 1.452 | 1.25 |
| 最小值 | 0.0826 | −0.214 | 0.463 | 0.48 | 0.558 | 0 | 0 | 0 |
| 标准差 | 3.243 | 1.44 | 0.191 | 0.417 | 0.538 | 0.115 | 0.173 | 0.245 |

续 表

| 变量 | Tq | ROA | S | V | D | Scen | Vcen | Dcen |
|---|---|---|---|---|---|---|---|---|
| 平均值 | 1.346 | 0.0468 | 1.19 | 1.788 | 2.304 | 0.211 | 0.314 | 0.412 |
| 样本量 | 2130 | 2130 | 2130 | 2130 | 2130 | 2130 | 2130 | 2130 |

## 2.相关性分析

如表 3-4 为 Pearson 相关系数检验表,检验指标之间的多重共线性,由表中结果可知,相关系数在 10% 的置信度水平上显著,且变量之间的相关系数均小于 0.5,故不存在多重共线性问题。

由图中长期绩效(Tq)和短期绩效(ROA)的相关关系可知,治理结构多样性(S)与企业长期绩效正向相关,与企业短期绩效负向相关;治理结构多样性持续的时间越长,对企业绩效的正向影响越明显,证实了假设 H1 中企业治理结构对长期绩效影响较显著的结论;知识经验多样性(V)与企业的长期绩效和短期绩效之间均为正向相关关系,而权力层级多样性(D)和企业绩效呈负向相关关系,初步验证了假设 H2 和假设 H3 的结论。

TMT 网络的交互项影响为,网络与治理结构多样性和权力层级多样性之间显著的正向相关关系,说明网络位置会影响董事会交叉任职情况和权力的获取情况,处于网络中间位置的企业更易于获取与企业经营管理相关的经验。控制变量中总资产对数与企业长期绩效和短期绩效显著负向相关,与治理结构多样性和知识经验多样性显著负向相关,说明企业规模在一定程度上会促进企业绩效的实现,但是超过一定范围后又会对企业增长产生不利影响;企业资产规模越大越倾向于董事会成员的交叉任职,以及选用拥有多元化背景的董事会团队。从资产负债率与治理结构多样性和知识经验多样性之间呈现的显著正向关系可知,企业举债能力越强越倾向于选用拥有多元化背景的董事会成员。

## 3.回归结果分析

在进行回归分析之前,要进行模型类型的确定,确定是使用随机效应模型还是固定效应模型,本书使用 Hausman 检验。如表 3-5 所示为全部模型的检验结果,得出的结论为 Prob>chi2<0.05,即在 5% 的显著性水平上,因此拒绝原假设,即随机影响模型中个体影响与解释变量不相关的假设,所以使用固定效应模型进行回归分析。

表 3-4　Pearson 相关系数检验表

| | Tq | ROA | S | V | D | Scen | Vcen | Dcen | Top1 | Bi | Alog | dr |
|---|---|---|---|---|---|---|---|---|---|---|---|---|
| Tq | 1 | | | | | | | | | | | |
| ROA | 0.279* | 1 | | | | | | | | | | |
| S | 0.001 | -0.0028 | 1 | | | | | | | | | |
| V | 0.0156 | 0.0421 | 0.209* | 1 | | | | | | | | |
| D | -0.0757 | -0.0368 | 0.0303 | -0.0537 | 1 | | | | | | | |
| Scen | 0.28* | 0.0185 | 0.322* | -0.0118 | 0.0751 | 1 | | | | | | |
| Vcen | 0.174* | 0.097* | 0.109* | 0.366 | 0.0407 | 0.352* | 1 | | | | | |
| Dcen | -0.0022 | -0.0032 | 0.0315 | -0.0882 | 0.452* | 0.45* | 0.274* | 1 | | | | |
| Top1 | -0.0509 | -0.0144 | 0.0101 | 0.0501 | 0.568* | 0.0552 | 0.0622 | 0.273* | 1 | | | |
| Bi | -0.0458 | -0.0012 | 0.0122 | 0.0992 | 0.032 | 0.0154 | 0.0553 | 0.0183 | 0.123* | 1 | | |
| Alog | -0.221* | -0.0722 | 0.109* | 0.168* | 0.0157 | -0.0404 | 0.0078 | -0.0637 | 0.212* | 0.183* | 1 | |
| dr | -0.711 | -0.0559 | 0.182* | 0.151* | 0.0034 | 0.0465 | 0.0642 | -0.007 | 0.0331 | 0.0197 | 0.146* | 1 |

注:*表示在 10% 的水平上显著。

表 3-5　回归模型 Hausman 检验表

| 模型 | Hausman 检验结果 | 模型 |
|---|---|---|
| 模型 1a | Prob>chi2=0.0001 | 固定效应模型(fe) |
| 模型 1b | Prob>chi2=0.0000 | 固定效应模型(fe) |
| 模型 2a | Prob>chi2=0.0003 | 固定效应模型(fe) |
| 模型 2b | Prob>chi2=0.0017 | 固定效应模型(fe) |
| 模型 3a | Prob>chi2=0.0002 | 固定效应模型(fe) |
| 模型 3b | Prob>chi2=0.0022 | 固定效应模型(fe) |
| 模型 4a | Prob>chi2=0.0001 | 固定效应模型(fe) |
| 模型 4b | Prob>chi2=0.0000 | 固定效应模型(fe) |

(1)商业型国有企业回归结果分析。

用 STATA 11.0 对商业型国有企业的数据进行回归分析,结果如表 3-6 所示。由表 3-6 可知,董事会治理结构多样性与企业长期绩效在 1% 的置信水平上显著正相关,对企业短期绩效无显著影响;董事会知识经验多样性与企业长期绩效在 1% 的置信水平上显著正相关,对短期绩效无显著影响;董事会权力层级多样性对企业长期绩效具有在 1% 置信水平上的显著负向影响,对企业短期绩效具有在 5% 置信水平上的显著负向影响。

表 3-6　商业型国有企业回归分析结果

| 变量 | (1) Tq | (2) ROA | (3) Tq | (4) ROA | (5) Tq | (6) ROA |
|---|---|---|---|---|---|---|
| S | 2.266*** (0.197) | 0.0217 (0.0579) | | | | |
| Scen | −0.0305* (0.299) | 0.0719 (0.0946) | | | | |
| V | | | 0.781*** (0.0959) | −0.0352 (0.0270) | | |
| Vcen | | | 0.161** (0.208) | 0.0113* (0.0642) | | |
| D | | | | | −0.525*** (0.0951) | −0.0549** (0.0256) |
| Dcen | | | | | 0.0784** (0.156) | 0.0232* (0.0472) |
| Top1 | 3.55e-05 (0.00255) | −7.18e-05 (0.000687) | 0.000213 (0.00257) | −7.53e-05 (0.000686) | 0.00726** (0.00292) | 0.000997 (0.000847) |
| Bi | −0 (0) | 0 (0) | −0** (0) | 0 (0) | −0 (0) | 0 (0) |

续　表

| 变量 | (1)<br>Tq | (2)<br>ROA | (3)<br>Tq | (4)<br>ROA | (5)<br>Tq | (6)<br>ROA |
|---|---|---|---|---|---|---|
| Alog | −0.209***<br>(0.0560) | −0.0570***<br>(0.0186) | −0.164***<br>(0.0565) | −0.0529***<br>(0.0186) | −0.158***<br>(0.0576) | −0.0616***<br>(0.0186) |
| dr | −3.550***<br>(0.0681) | −0.0505**<br>(0.0229) | −3.489***<br>(0.0685) | −0.0448**<br>(0.0228) | −3.413***<br>(0.0687) | −0.0482**<br>(0.0226) |
| Constant | 1.413**<br>(0.549) | 0.580***<br>(0.183) | 2.202***<br>(0.551) | 0.639***<br>(0.178) | 4.466***<br>(0.596) | 0.739***<br>(0.187) |
| Observations | 2130 | 2130 | 2130 | 2130 | 2130 | 2130 |

注:括号内为标准误差,\*\*\* 表示在1%的水平上显著,\*\* 表示在5%的水平上显著,\* 表示在10%的水平上显著,下同。

商业型国有企业治理层级多样性(S)对企业长期绩效具有显著正向影响,说明董事会成员交叉任职或董事长和CEO两职合一程度越高,对企业长期发展越有利,与企业短期绩效无显著相关关系,证实了战略结构和企业绩效的调整之间存在滞后问题,组织中管理层任职情况的调整通常不能迅速对应企业的绩效变化,需要在运行中进行调整和改进。因治理结构多样性与短期绩效之间不具有显著正向相关关系,而与长期绩效之间正向相关,故假设 H1a 不成立,假设 H1b 成立。

知识经验多样性(V)对商业型国有企业长期绩效具有显著的正向影响,对短期绩效无显著影响,短期绩效(ROA)与知识经验多样性之间的相关系数为负数,故假设 H2b 成立,而假设 H2a 不能得到验证。造成这种结果的原因可能是,任用具有不同经验背景的董事会产生差异,如教育背景不同会带来知识结构方面的差异,海外经历不同会产生地域和文化差异,职业背景不同会产生处事方式上的差异,这些差异需要时间来磨合,在短时间内会产生难以协调的冲突从而不利于增加企业绩效,但从长期来看,这种冲突是可以得到协调的。商业型国有企业为了实现更长远的发展应当选用更多元化的董事会团队成员。

权力层级多样性(D)与企业长期绩效和短期绩效均显著负相关,说明董事会成员持股比例的差异越大对企业绩效的影响越不利,持股比例差异大表明董事会成员持股比例较高,与现在企业结构的发展变化一致,由传统的集权向分权的结构发展。过去的管理模式为企业规模增加时增加管理层次,增强企业领导层的权力,而随着企业之间联结增加,更有效的方法是增加管理幅度,管理层级呈现"扁平化"的发展趋势,管理层次增加会加深国有企业行政化程度,对企业绩效具有抑制作用。分权的组织形式是现代企业组织中为发挥低层组织的主动性和创造性,将管理决策权分给下属组织的一种形式。该形式一方面能提高员工的工作积极性,可以激发员工的创新意识,使员工将企业目标与个人目标更好地进行统一;另一方面,能将企业的管理层从琐碎的日常工作中抽离出来,使其能够将更多的精力放在对企业至关重要的战略制定工作上。综上所述,假设 H3a 成立,假设 H3b 不成立。

(2)公益型国有企业回归结果分析。

对 77 家公益型国有企业回归结果的分析如表 3-7 所示,董事会治理结构多样性对公益型国有企业的短期绩效具有在 5% 置信水平上的显著负向影响,对企业的长期绩效具有在 10% 置信水平上的显著正向影响;知识经验多样性对企业的长期绩效具有在 10% 置信水平上的显著正向影响,对短期绩效无显著影响;权力层级多样性对企业的短期绩效具有在 10% 置信水平上的显著负向影响,对长期绩效的影响不显著。经与商业型国有企业对比可知,多样性对商业型国有企业的影响程度较公益型国有企业显著。

对公益型国有企业董事会多样性回归结果的分析表明,董事的任职经历对企业的长期绩效和短期绩效的影响方向不同,董事会治理结构多样性正向影响企业长期绩效,负向影响企业短期绩效。可能的原因为公益型国有企业以保障民生,提供公共产品和服务为主要目的,交叉任职在短期内会使董事会成员难以集中精力处理和本职工作相关的事务,但对企业的长期发展有利,故假设 H1c 和 H1d 均不成立。

董事会知识经验多样性显著正向影响企业长期绩效,董事会成员背景和工作经验对企业绩效的影响与商业型国有企业的结论一致,说明在公益型国有企业中,拥有不同经验背景的董事会成员在经过适当的磨合后能促进企业绩效的增长。因此,假设 H2c 不成立,假设 H2d 成立。

董事会权力层级多样性负向显著影响企业的短期绩效,但是对长期绩效无显著影响,说明董事会持股比例的差异在公益型国有企业内能产生短期成效,但是从长远来看不会影响企业绩效,可能的原因为公益型企业包括石油石化等行业的企业,国有资本占比较大,控股权较为集中,所以从长远来看董事会持股比例的差异对企业绩效的影响较小,各企业之间大股东持股比例差异较小。对于公益型国有企业,行政化程度对企业绩效的影响程度的显著性低于商业型国有企业,由此可得假设 H3c 成立,假设 H3d 不成立。

表 3-7　公益型国有企业回归分析结果

| 显著 | (1)<br>Tq | (2)<br>ROA | (3)<br>Tq | (4)<br>ROA | (5)<br>Tq | (6)<br>ROA |
|---|---|---|---|---|---|---|
| S | 0.322*<br>(0.183) | −0.0250**<br>(0.0100) | | | | |
| Scen | 0.0282<br>(0.216) | −0.00414<br>(0.0117) | | | | |
| V | | | 0.117*<br>(0.0791) | 0.00182<br>(0.00434) | | |
| Vcen | | | 0.0523*<br>(0.140) | −0.0507<br>(0.0766) | | |
| D | | | | | −0.0737<br>(0.0782) | −0.0100**<br>(0.00426) |
| Dcen | | | | | 0.0259<br>(0.104) | −0.00385<br>(0.00567) |
| Top1 | −0.00265<br>(0.00225) | 0.000319***<br>(0.000124) | −0.00267<br>(0.00227) | 0.000315**<br>(0.000125) | −0.00182<br>(0.00246) | 0.000455***<br>(0.000134) |
| Bi | −0***<br>(0) | −0<br>(0) | −0***<br>(0) | −0<br>(0) | −0***<br>(0) | −0<br>(0) |
| Alog | −0.164***<br>(0.0458) | −0.00566**<br>(0.00248) | −0.157***<br>(0.0458) | −0.00619**<br>(0.00251) | −0.155***<br>(0.0455) | −0.00646***<br>(0.00249) |
| dr | 0.0615<br>(0.109) | 0.0280***<br>(0.00592) | 0.176*<br>(0.0962) | 0.0188***<br>(0.00528) | 0.174*<br>(0.0902) | 0.0187***<br>(0.00493) |
| Constant | 2.291***<br>(0.483) | 0.107***<br>(0.0262) | 2.582***<br>(0.469) | 0.0815***<br>(0.0257) | 2.698***<br>(0.480) | 0.105***<br>(0.0262) |
| Observations | 385 | 385 | 385 | 385 | 385 | 385 |

综上所述,对比商业型和公益型国有企业的回归结果,治理结构多样性对两类国有企业的长期绩效的影响一致,对短期绩效的影响不同,对商业型国有企业的短期绩效影响不显著,对公益型国有企业的短期绩效具有负向影响,可能的原因为公益型国有企业的国有资本占比较大,经营范围受到的限制较多,董事会成员兼任其他职务存在不熟悉岗位规则情形而对企业短期绩效造成不利影响;知识经验多样性对两类国有企业绩效的影响一致,但对商业型国有企业的正向影响显著程度明显高于公益型国有企业,可能的原因为商业型国有企业对于优化资源配置和整合与研发的要求更高,企业发展对于多元化人才的需求更高,不同的知识背景有利于发挥更高的效率;权力层级多样性对商业型国有企业的长期绩效存在显著负向影响,而对公益型国有企业的长期绩效的影响不显著,存在着企业性质的固有限制对持股分散程度的影响,商业型国有企业以市场为导向的控制权较为分散,多样性程度高,表明董事会行政化程度

较高,董事会持股带来的委托代理问题的严重程度越小。而公益型国有企业更多的是因为为国家和民众生活服务而受到的限制较多,控股权较为集中,企业行政化程度较高,因此会导致权力分散程度差异较小,对企业绩效影响不显著。

(3)知识经验多样性与企业长期绩效。

通过对以上研究结果的分析可知,董事会知识经验多样性为影响企业长期绩效最显著的指标,本书测算该指标时选用了 5 个指标进行综合衡量,现对知识经验多样性的每个指标建立以下回归模型:

$$Tq = \partial_{ij} + \beta_1 X_{21} + \beta_2 X_{22} + \beta_3 X_{23} + \beta_4 X_{24} + \beta_5 X_{25} + \varepsilon \qquad (3\text{-}3)$$

式中,$X_{21}$—$X_{25}$ 分别表示学术背景、职业背景、海外经历、金融背景和政府背景,不加入控制变量进行回归分析。

回归结果如表 3-8 所示。从表 3-8 可以看出,董事会成员的学术背景多样性在 1% 的水平上显著正向影响企业长期绩效,职业背景多样性在 5% 的水平上显著正向影响企业长期绩效,政府背景多样性在 1% 的水平上显著负向影响企业长期绩效,而海外经历和金融背景多样性对企业长期绩效无显著影响。可能的原因为术业有专攻,学术和职业背景可以很好地衡量管理者的综合素质,具有相关背景的董事间的思维碰撞使企业更高效地运转,而具有政府背景的人员可能不适应企业的运行和决策机制。

上述分析结果可以为董事会成员的任用提供决策依据,打破常规思维中企业的管理团队全部由高学历的董事会成员担任,或一些家族企业的高管大部分存在血缘关系的现象,应该制订严格的董事会成员选用机制,发掘在某一方面具有独特优势的人才,形成多元化的具有创新意识的董事会团队。海外经历和金融背景对企业长期绩效无显著影响,国有企业在进行人员选择时可以不予以优先考虑。具有金融背景的董事对传统行业的运行并无显著影响,可能原因为,金融企业和非金融企业在运营和管理方式上存在差异,这些差异很难进行融合进而发生效用。

表 3-8 知识经验多样性回归分析结果

| 变量 | (1) $X_{21}$ | (1) $X_{22}$ | (1) $X_{23}$ | (1) $X_{24}$ | (1) $X_{25}$ |
|---|---|---|---|---|---|
| Tq | 0.638*** (0.225) | 1.179** (0.561) | −0.411 (0.480) | −0.353 (0.240) | −1.261*** (0.417) |
| Constant | 1.184*** (0.143) | 0.561 (0.375) | 1.361*** (0.0595) | 1.441*** (0.0878) | 1.837*** (0.173) |
| Observations | 2515 | 2515 | 2515 | 2515 | 2515 |
| Number of sc | 535 | 0.002 | 0 | 0.001 | 0.005 |

(4)治理结构多样性与企业长期绩效。

由以上回归结果可知,董事会治理结构多样性对企业的长期绩效具有显著的正向影响,因此建立回归模型,研究治理结构多样性下的 4 个三级指标对企业绩效的影响,分析各维度对长期运行效率的影响方向,模型如下:

$$Tq = \partial_{ij} + \beta_1 X_{11} + \beta_2 X_{12} + \beta_3 X_{13} + \beta_4 X_{14} + \varepsilon \qquad (3\text{-}4)$$

式中, $X_{11}$—$X_{14}$ 分别表示该成员是否为独立董事,是否为高管团队成员,是否兼任董事长或 CEO,是否兼任股东(大)会成员。回归结果如表 3-9 所示。

由回归结果可知,该成员为独立董事或该成员为高管团队成员,其比例不会影响企业的长期绩效,该成员兼任董事长或 CEO 对企业的长期绩效存在显著正向影响,而兼任股东(大)会成员则对长期绩效存在显著负向影响。董事和 CEO 是企业经营决策者,股东则为公司的所有者,说明有效的公司治理机制应当有效地实行两职分离,让所有者和经营者之间形成有效的制衡。让董事会成员担任公司 CEO,能够提高决策效率,避免不必要的信息交流和沟通障碍。

关于独立董事对企业绩效的影响,国内外学者的研究已较为成熟,主要观点为适当比例的独立董事能完善企业的监督机制,促进企业更好地发展,但是对国有企业分类研究的较少。本模型对国有上市公司全样本数据进行分析,结果不显著,后续研究可加入控制变量,对商业型国有企业和公益型国有企业进行分类研究。可能的原因为,大部分国有企业为国家绝对控股,独立董事没有发挥其应有的作用,不能保证其独立地位进而做出决策。以我国目前的情况来看,独立董事多为“花瓶董事”,提升国有企业绩效可以从提升独立董事的独立性方面入手。董事会成员为高管团队成员对企业绩效的影响不显著,可能的原因为国有企业董事会和高管团队之间的区分不明确,董事会团队不具有多样性。

表 3-9　治理结构多样性回归分析结果

| 变量 | (1)<br>$X_{11}$ | (1)<br>$X_{12}$ | (1)<br>$X_{13}$ | (1)<br>$X_{14}$ |
|---|---|---|---|---|
| Tq | 0.490<br>(0.381) | 0.0904<br>(0.0866) | 0.672***<br>(0.184) | −0.221***<br>(0.0837) |
| Constant | −0.172<br>(0.174) | 0.0256<br>(0.0267) | 0.0377***<br>(0.0115) | 0.138***<br>(0.0347) |
| Observations | 2515 | 2515 | 2515 | 2515 |
| R-squared | 0.001 | 0.001 | 0.007 | 0.003 |

(5)TMT 网络的调节效应。

全样本回归结果如表 3-10 所示。由表 3-10 可知,全样本国有企业治理结构多样性和企业的长期绩效呈显著正相关关系,TMT 网络在 1% 的水平下减弱了治理结构对长期绩效的正向影响,说明处于网络中心位置抑制董事会成员交叉任职现象对企业的经营效果,网络位置对企业的短期绩效主效应不显著,调节效应也不显著;国有上市公司董事会知识经验多样性对企业长期绩效存在正向影响,而处于网络中心位置加强了正向影响的效果,知识经验多样性中心度在 5% 的置信水平上促进了知识经验多样性对企业长期绩效的影响,表明越处于网络中心位置的企业,对于经营或管理的交流越频繁,知识经验多样性对长期绩效的促进作用也越强;权力层级多样性与企业长期绩效、短期绩效之间存在显著负向关系,并且处于网络中心位置的企业的这种负向影响的效果会增强,处于网络中心位置的企业一般规模较大,说明规模大的企业应该给予员工更多的权利,而不是将股份都集中于少数几个大股东手中。因此,假设 H4a 成立,假设 H4b 不成立。

表 3-10　全样本回归分析结果

| 变量 | (1)<br>Tq | (2)<br>ROA | (3)<br>Tq | (4)<br>ROA | (5)<br>Tq | (6)<br>ROA |
|---|---|---|---|---|---|---|
| S | 2.340***<br>(0.1750) | 0.0192<br>(0.0496) | | | | |
| Scen | 0.0274*<br>(0.2620) | 0.0583<br>(0.0809) | | | | |
| V | | | 0.745***<br>(0.0853) | −0.0287<br>(0.0231) | | |
| Vcen | | | 0.200**<br>(0.182) | 0.0691<br>(0.0546) | | |
| D | | | | | −0.459***<br>(0.0833) | −0.0475**<br>(0.0214) |
| Dcen | | | | | 0.0916**<br>(0.137) | 0.0166*<br>(0.0402) |
| Top1 | −0.000696<br>(0.00223) | −2.44e-05<br>(0.000581) | −0.00184<br>(0.00226) | 2.64e-06<br>(0.000580) | 0.00477*<br>(0.00256) | 0.000899<br>(0.000710) |
| Bi | −0<br>(0) | 0<br>(0) | −0*<br>(0) | 0<br>(0) | −0<br>(0) | 0<br>(0) |
| Alog | −0.249***<br>(0.0494) | −0.0507***<br>(0.0158) | −0.205***<br>(0.0502) | −0.0481***<br>(0.0159) | −0.197***<br>(0.0511) | −0.0547***<br>(0.0159) |
| dr | −3.406***<br>(0.0636) | −0.0491**<br>(0.0206) | −3.317***<br>(0.0641) | −0.0434**<br>(0.0205) | −3.229***<br>(0.0642) | −0.0469**<br>(0.0203) |

| 变量 | (1)<br>Tq | (2)<br>ROA | (3)<br>Tq | (4)<br>ROA | (5)<br>Tq | (6)<br>ROA |
|---|---|---|---|---|---|---|
| Constant | 1.638***<br>(0.493) | 0.521***<br>(0.158) | 2.632***<br>(0.496) | 0.577***<br>(0.153) | 4.684***<br>(0.530) | 0.660***<br>(0.159) |
| Observations | 2515 | 2515 | 2515 | 2515 | 2515 | 2515 |

网络位置对企业的长期绩效影响显著,对企业的短期绩效影响不显著,可能的原因为,企业在处于网络中心位置的初始阶段中,由于高管的交叉任职,会产生交流和信息沟通方面的障碍,在带来便利的同时产生负向影响,正向影响和负向影响相抵消导致总体调节效应不显著。随着管理者对不同公司的经营模式的熟悉和经验的积累,交流和信息沟通的障碍得以克服,经营决策效率提升,有利于企业结合所处的外部环境做出更有利于企业长期发展的决策。所以调节网络位置可以作为企业发展的一项长期战略。

TMT 网络对 R 种多样性与长期绩效之间关系的调节效应均显著,将 3 种多样性与绩效之间,包括调节效应与不包括调节效应的回归结果进行对比,根据回归系数和常数项,TMT 网络对治理结构多样性、知识经验多样性和权力层级多样性均具有正向调节作用;随着中心度指标值逐渐增大,治理结构多样性和知识经验多样性与长期绩效之间的回归系数逐渐增加(见图 3-4、图3-5);随着中心度指标值逐渐增大,权力层级多样性与长期绩效之间的回归系数绝对值逐渐增加(见图 3-6)。

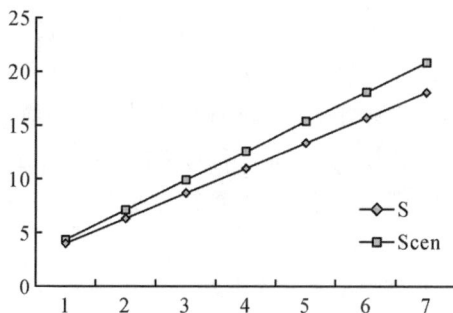

图 3-4　对治理结构多样性与长期绩效关系的调节效应对比图

①对商业型国有企业的调节效应。商业型国有企业 TMT 网络调节效应的分析结果如表 3-6 所示。商业型国有企业的董事会治理结构多样性中心度的调节作用为在 10％水平上的显著抑制作用;董事会知识经验多样性中心度的调节作用为在 5％水平上的正向调节,越处于网络中心位置的企业的知识经验的正向影响越大;董事会权力层级多样性中心度的调节作用为在 5％水平上

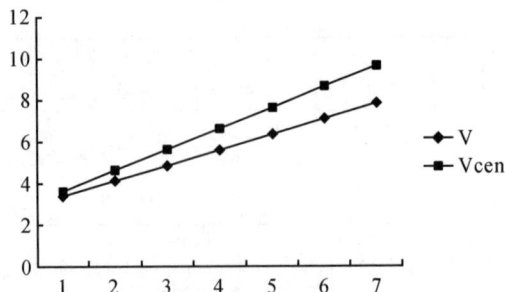

图 3-5　对知识经验多样性与长期绩效关系的调节效应对比图

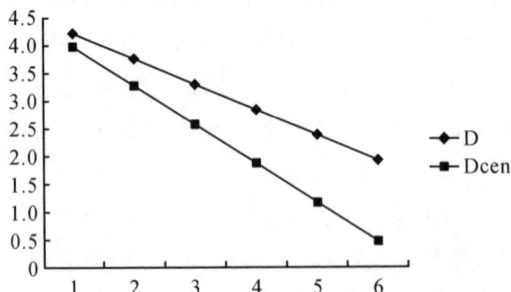

图 3-6　对权力层级多样性与长期绩效关系的调节效应对比图

的正向调节,处于网络中心位置的企业适合采用分权的组织形式。商业型国有企业以营利为目的,在经济全球化发展的时代,企业之间建立的战略联盟关系越来越紧密,同时在多家公司任职的高管提供了企业之间交流和沟通信息的桥梁,因交叉任职带来的弱联系在长期内有助于企业绩效的实现。

②对公益型国有企业的调节效应。公益型国有企业 TMT 网络调节效应的分析结果如表 3-7 所示。网络位置对公益型国有企业董事会多样性 3 个指标的调节效应均不显著,说明公益型国有企业对于与其他企业进行信息沟通的要求较小,这与公益型国有企业非营利的性质相关,公益型国有企业以保障民生和提供公共产品和服务为目的,高管在企业之间交叉任职对经营目的的实现无显著影响。

比较 TMT 网络对商业型国有企业和公益型国有企业的调节效应可知,网络位置对商业型国有企业的影响较公益型国有企业更为显著,商业型国有企业对技术交流和信息传递的需求较高,所以商业型国有企业应争取处于网络中心位置。对比 TMT 网络对商业型和公益型国有企业的调节效应可知(见图 3-7),知识经验多样性中心度对两类国有企业的长期绩效均有正向调节作用,两类调节效应的对比如图 3-7 所示。

由实证结果结合图形走势可知,对于商业型国有企业,中心度指标值增加使直线斜率增加的幅度高于公益型国有企业,由此可得 TMT 网络对商业型

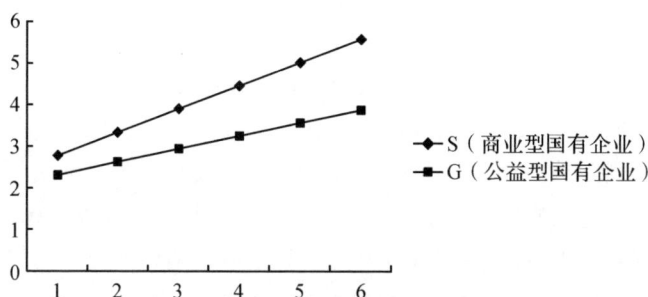

**图 3-7　对两类国有企业长期绩效的调节效应对比图**

企业长期绩效的调节效应较公益型国有企业显著,又因商业型国有企业对于资源获取的影响较大,即商业型国有企业可以通过网络中心位置提高信息交换和优势资源获取的程度。网络中心位置同样影响公益型国有企业的资源获取效率。两类国有企业在成长期均需要提高在 TMT 网络中的连锁董事成员比例。同理分析 TMT 网络对权力层级多样性的调节效应,两类国有企业在稳定期均应降低连锁董事比例。

结合对指标之间关系及调节效应的验证情况,实证分析结果对假设的验证情况如表 3-11 所示。

**表 3-11　假设验证情况汇总表**

| 编号 | 内容 | 验证结果 |
| --- | --- | --- |
| H1a | 商业型国有企业治理结构多样性正向影响企业短期绩效 | 不成立 |
| H1b | 商业型国有企业治理结构多样性负向影响企业长期绩效 | 成立 |
| H1c | 公益型国有企业治理结构多样性正向影响企业短期绩效 | 不成立 |
| H1d | 公益型国有企业治理结构多样性负向影响企业长期绩效 | 不成立 |
| H2a | 商业型国有企业知识经验多样性负向影响企业短期绩效 | 不成立 |
| H2b | 商业型国有企业知识经验多样性正向影响企业长期绩效 | 成立 |
| H2c | 公益型国有企业知识经验多样性负向影响企业短期绩效 | 不成立 |
| H2d | 公益型国有企业知识经验多样性正向影响企业长期绩效 | 成立 |
| H3a | 商业型国有企业权力层级多样性负向影响企业短期绩效 | 成立 |
| H3b | 商业型国有企业权力层级多样性正向影响企业长期绩效 | 不成立 |
| H3c | 公益型国有企业权力层级多样性负向影响企业短期绩效 | 成立 |
| H3d | 公益型国有企业权力层级多样性正向影响企业长期绩效 | 不成立 |
| H4a | TMT 网络正向调节董事会多样性和企业长期绩效之间的关系 | 成立 |
| H4b | TMT 网络正向调节董事会多样性和企业短期绩效之间的关系 | 不成立 |

### 4.稳健性检验

为考察评价方法的解释能力,改变参数评价方法的一致性,验证改变模型中的变量原模型是否仍具有解释作用,对模型进行稳健性检验。本书分别对解释变量、控制变量和调节变量进行替换检验,将短期绩效指标换成净资产收益率(ROE)所得到的结果与模型结果一致。将网络指标换成结构洞,在控制变量中加入每股收益指标进行回归分析,与原模型结果保持一致。将国有企业按照控制机构的不同分为中央企业与地方企业,分别对它们进行回归分析,得到与全样本一致的结果。对商业型和公益型国有企业分别采用随机效应模型进行检验,结果如表 3-12 所示。

在回归结果中选取主效应和调节效应的部分进行验证,比较可得回归结果与固定效应模型一致。

表 3-12 随机效应模型

| 变量 | | Tq | ROA | Tq | ROA | Tq | ROA |
|---|---|---|---|---|---|---|---|
| 商业型国有企业 | S | 1.596***(0.194) | 0.0217(0.0579) | | | | |
| | Scen | 0.188*(0.316) | 0.0719(0.0946) | | | | |
| | V | | | 0.605***(0.0904) | −0.0352(0.0270) | | |
| | Vcen | | | 0.321***(0.215) | 0.0113*(0.0642) | | |
| | D | | | | | −0.583***(0.0861) | −0.0549**(0.0256) |
| | Dcen | | | | | 0.184**(0.159) | 0.0232(0.0472) |
| 公益型国有企业 | S | 0.621***(0.191) | 0.000989(0.0100) | | | | |
| | Scen | 0.0952(0.286) | −0.0238(0.0151) | | | | |
| | V | | | 0.0187(0.0875) | 0.0112**(0.00449) | | |
| | Vcen | | | 0.0689(0.190) | −0.0176*(0.00977) | | |
| | D | | | | | 0.0189(0.0762) | −0.0103***(0.00390) |
| | Dcen | | | | | 0.136(0.142) | −0.00876(0.00726) |

# 四、研究结论与启示

## (一)研究结论与启示

本书以 2010—2014 年 5 年间国有上市公司为研究对象,探讨了治理结构、知识经验和权力层级 3 个方面的多样性给企业带来的影响,并且比较了多样性中三级指标对绩效的影响程度,为多样性董事会治理提出具体应对措施。

### 1.进一步优化国有企业董事会构成

调整董事会人员结构,适当选用具有不同背景的董事会成员,是提升国有企业绩效的一条有效的路径。国有企业通过两个方面影响企业绩效,在长期内根据资源依赖理论,提升企业长期发展实力;但是在短期内会增加决策过程中的不确定性从而降低决策效率,使民众决策仅停留在政策层面,影响企业短期绩效。企业外部形成的 TMT 连锁网络会加剧对国有企业绩效两方面影响的作用,提升董事会多样性对企业绩效的影响程度。

第一,从总体上来看,适当地选用多样化的董事会成员,不论对企业的短期绩效还是长期绩效均表现为促进作用,这种影响对于企业的长期绩效即托宾 Q 值的影响更显著,在商业型国企中更为突出。这为本书提供了进一步研究的方向,多样化的董事会通过影响企业在网络中所处的位置来影响企业绩效,存在较长时间的作用机制。

第二,董事会治理结构多样性,即董事会成员兼任独立董事、高管团队成员、CEO 和股东(大)会成员,对商业型和公益型国有企业的长期绩效均有显著的正向影响,因此增加董事会成员的任职范围可以作为企业长期发展规划;而短期内交叉任职情况负向影响公益型国有企业绩效,因此在任职前需要进行充分的职务交接和岗前培训,明确相应责任;从董事会治理结构的三级指标出发,董事会成员同时兼任 CEO 对绩效产生正向影响,兼任股东(大)会成员则对绩效产生负向影响,这两个指标对商业型和公益型国有企业的影响相同。上述结果表明,董事会成员和 CEO 的两职合一程度越高,越能促进企业实现更高的绩效,而董事会成员同时兼任公司股东(大)会成员则对企业绩效产生负向影响。所以在商业型和公益型国有企业中均应提升董事长和 CEO 的两职合一程度,避免董事会成员同时兼任股东(大)会成员的情况。独立董事不独立是国有上市公司存在的一个较为严重的问题,为了解决此问题需要构建更严格的独立董事资格审查制度,增强独立董事在董事会中的表决权,对于企业超过总资产30%的投资等重大事项实行事先的独立表决。

第三,对于商业型国有企业而言,董事会知识经验多样性会影响企业的长期绩效,从企业长远发展的角度来看,应适当地选取来自不同地区、学校、专业、受教育程度和行业的人员进入董事会,其中学术背景多样性和职业背景多样性对绩效的正向影响显著,具有政府背景多样性的董事会成员会对企业绩效产生负向影响。商业型国有企业应选用学术和职业经历不同的董事会成员,同时要减少具有政府背景的成员,减缓董事会成员的更替速度;公益型国有企业应选用学术背景多样性的董事会成员及任用具有政府背景的人员,选定合适的董事会轮转周期,加快人员更替速度。对选用的人员实行岗前培训制度,建立与绩效相关的个人考评制度,让董事会成员更快熟悉其岗位职责,并且要监督其有效地履行职务,对评价不合格的管理者进行再培训或转岗,提高企业 TMT 决策效率,引领企业走向正确的道路。

第四,董事会权力层级多样性对商业型国有企业的长期绩效、短期绩效和公益型国有企业的短期绩效产生负向影响,即减少董事会成员持股比例之间的差异,降低持股比例会在一定程度上提升国有企业绩效,同时国有企业内部治理结构应当实行"去行政化"。也就是说,持股比例高的股东不参与企业的日常经营,企业控制权和经营权分离并形成制衡,让员工参与企业的日常经营管理能提高员工的工作积极性,激发员工的创新精神,降低第一类代理成本,从而有利于提升企业绩效。实证研究表明,公益型和商业型国有企业均应减少董事会成员的持股比例,这可在长期和短期内显著影响商业型国有企业的绩效,在长期内这种影响将更加显著;股权分散程度对公益型国有企业的影响主要表现为影响其短期财务绩效,对长期绩效的影响不显著。综上所述,限制董事会成员持股比例对商业型国有企业的效率提升有更强的促进作用,产生这种差异的原因为企业经营目的的差异;国有企业应当在保持国有资本绝对控股地位的前提下,引入足够数量的中小股东,保持国有资本的活力。

### 2.两类国有企业分类治理对策

综上所述,应积极推进国有企业分类治理,针对性地优化不同类型的国有企业。对两类企业的董事会治理结构进行优化,分析各自的经营目标,在此基础上结合董事会多样性这一企业内部指标和网络位置这一外部指标的实证研究结果,分别提出治理和改进建议。

商业型国有企业要按照市场决定资源配置的要求,加大公司制和股份制改革力度,加快完善现代企业制度,成为充满生机和活力的市场主体。对其的发展要求包括保持国有资本控股地位,支持非国有资本参股。处于自然垄断行业的商业型国有企业,以"政企分开、政资分开、特许经营、政府监管"为原则积极推进改革,根据不同行业的特点实行网运分开、放开竞争性业务,促进公共资源配置市场化。结合商业型国有企业发展的特点,为实现其市场化保持竞争优势,应适当扩大董事会成员选取范围,选用具有不同知识背景的成员,将股权更多地分配给中小股东。商业型国有企业还应争取在企业网络中占据中间位置,与各企业结成战略联盟,实行横向一体化与纵向一体化战略,对资源进行充分整合与利用。

公益型国有企业一般采用国有独资形式,也可以通过购买服务、特许经营等方式让非国有企业参与经营。对于这一类国有企业,保证国有资本的比重十分重要,应根据社会发展的要求提高公共服务的质量和效率。国有资本对商业型固有企业的调控作用明显,严格限定其经营范围,加强主业管理,为更好地保证民生及为国民提供更好的公共产品和公共服务。结合公益型国有企业国有资本占比高的特点,多样化的董事会团队能让国有资本发挥更积极的作用,但企业在网络中所处的位置对企业绩效的影响较小,公益型国有企业以自主经营为主,此时构建高效的董事会团队至关重要。

### 3.防范董事会多样性的负面影响

特别要防范董事会多样性对决策效率的负面影响,提高决策效率,防止决策误区。企业的发展战略是一定时期内决定企业发展方向、目标和发展能力的重大选择和策略,具有长期性。根据本书的研究结果,董事会多样性的各维度指标对企业长期绩效的影响较短期绩效更显著,因此优化董事会成员结构可以作为企业战略决策中的一项任务。

决策之前进行充分的沟通,充分发挥董事会秘书的作用,提高决策效率。随着跨国公司的兴起和经济全球化的日渐深入,大多数企业选择多元化战略,即向新的市场推出新产品,这为企业带来了更多的发展机会,但也伴随着更大的经营风险,因此对管理层团队的要求更加强调多样性,不再局限于传统的对性别、年龄和学历等指标的考核。多样性带来沟通协调方面的问题,影响决策的效率和效果。董事会成员知识经验多样性对企业的长期绩效具有显著正向影响,且对于处于网络中心位置的企业来说,该正向影响更显著,所以企业在发展时需要加强与其他企业之间的协作,形成战略联盟,缩短与网络中心位置的距离,构建多元化的企业 TMT,制定长远的发展战略。

为决策提供数据支持,数据包括企业大部分信息。在决策前对企业所处的环境和预期实现的目标进行定量分析,有助于企业制定具有针对性的对策。同时,决策时要防止外部信息的渗入,结合数据分析结果控制企业 TMT 比例。董事会成员兼任 CEO、股东(大)会成员会影响企业长期绩效,且董事会成员兼任股东(大)会成员的比例过高会造成内部人控制问题,不能形成所有权和经营权的有效制衡。董事会兼任情况可能与企业长期绩效之间存在倒"U"形关系,企业应根据自身的发展特点,找出使企业绩效最大的交叉任职比例,实现企业效益最大化,实现企业的长远发展。

国有企业的权力层级多样性程度较高,企业内部行政化现象严重,政府过多地参与企业的决策会对企业的自主经营和决策产生不利影响,因此负向影响企业绩效。商业型和公益型国有企业均需要适当降低第一大股东持股比例,增强企业自主经营决策权。

### 4.根据企业所处阶段选择 TMT 比例

由于 TMT 网络对治理结构和知识经验多样性的正向调节作用及对权力层级多样性的负向调节作用均存在加强的效果,要根据企业的发展阶段和决策机制选择 TMT 连锁董事的比例,使连锁董事的结构处于最有利于企业发展的水平。

当企业处于发展阶段,对资源扩充需求较大时,可以构建较为紧密的董事会连锁网络进行信息和资源的交换,频繁的人员交流能提高决策效率,进而促进企业绩效的增长;当企业处于战略稳定阶段时,资源规划处于较为合理的时期,企业管理层主要进行日常事务的常规决策,对资源和创新思维的需求程度有所降低,因此适当降低连锁董事比例有助于防止决策过程中外部信息涌入降低决策效率,有助于提升企业绩效。所以企业要根据自身发展情况的变化及时调整自己的发展战略。

## (二)研究不足与展望

本章基于国有上市公司 5 年的数据研究了董事会多样性对企业长期绩效和短期绩效的影响,由于时间和自身研究能力的限制,存在以下几点不足之处。

首先,在样本的选择和分类方面。本章选择的样本为国有上市公司,由于数据的可获得性的限制,更多的非上市公司没有被纳入研究范围;在国有企业的分类上,将非公益类国有企业归为商业型,结果表明两类企业存在差异,在商业型企业中没有进行进一步细分。应当将商业型国有企业中与政府投融资平台或国有资本投资运营有关的公司及重要资源开发、重大基础设施建设领域的企业划分为功能类,该类企业以完成战略任务或重大专项任务为主要目标,兼顾经济效益。

其次,在指标测算和选择方面。针对董事会权力层级多样性指标选用董事会持股比例进行衡量,但企业董事会权力的大小不能仅通过持股比例来衡量,还需要不定期地结合特定企业董事会的表决方式来研究,要从财报中选取更具有代表性的指标来衡量。经济绩效指标对公益型国有企业的影响不显著,针对公益型国有企业应选择与社会民生的保障程度有关的指标进行绩效评价,如选用对公共服务的提供及公民的满意程度等指标。

最后,在研究深度方面。知识经验多样性和治理结构多样性指标具有较高的综合性,本章对具体三级指标的影响程度的比较分析不完善,只对知识经验多样性的 5 个维度指标和治理结构多样性的 4 个维度指标对企业长期绩效的影响进行了分析,未来可以建立回归模型研究各维度对企业绩效的影响程度。

## 第四章 | 多样性视角下董事会治理对大股东掏空的影响研究：机理与实证

## 一、问题提出

### (一)研究背景

现代公司的内部治理结构正经历着由"股东大会中心主义"向"董事会中心主义"的变迁，董事会是公司治理的核心机构，所以关注董事会是大势所趋。2001 年证监会发布的《关于在上市公司建立独立董事制度的指导意见》规定：上市公司董事会成员中独立董事的比例不能低于 1/3，且至少包括 1 名会计专业人士。2003 年，挪威颁布法律规定：在 OSE(奥斯陆证券交易所)上市的公司必须在两年内将董事会的女性比例提高到 40％。类似地，意大利政府也通过一项法律，要求到 2015 年，上市公司的董事会中要有 1/3 的成员为女性。而克兰菲尔德管理学院的调查显示，在过去的 10 年中，FTSE 100(富时 100 指数)公司中女性董事的比例由 6.0％上升至 12.5％。董事会多样性对企业产出的影响已经得到各国政府和立法机构的关注。绝大部分学者和机构认为，董事会多样性能够拓宽董事会的信息搜集渠道，由此提高决策和监督效率，进而提高企业绩效，维护董事会中弱者的权益。但是董事会多样性究竟是如何影响大股东掏空的呢？暂时少有学者对此进行全面系统的分析，因此需要进一步将多样性按照其不同的作用机理进行分类，并结合中国公司治理的实际情况进行分析。

### (二)大股东掏空的问题

大股东分为绝对控股股东和相对控股股东两类，前者指的是在公司中代表着50％以上的表决权的股东,因持股比例已经让其能够控制整个决策,故称之为绝对控股股东;后者指的是股东所持有的股权和股权所代表的表决权在绝对比例上无法控制整个决策,但是由于公司股权结构过于分散,其他股东人数过多,很难达成一致行动,其相对其他股东来说具有较大的表决权,也能够控制公司董事会的行为及公司的经营发展。随着市场上股权结构日趋分散,近期文献中一般以相对控股股东作为大股东。现有的文献中存在"大股东""控股股东""第一大股东"等说法,参考 La Porta(2002)等的文献,本书将大股东定义为相对持有公司较高比例的股份,能够影响公司重大事项及经营决策的股东。

掏空是控制性股东利用职权便利等牟取私利而损害公司利益、侵占中小股东正常的利益,掏空有多种表现方式。大股东掏空不仅仅是大股东侵占中小股东的利益,也会影响企业的正常经营发展,并且不利于社会资源优化配置。

## 二、董事会多样性对大股东掏空的影响机理研究

### (一)董事会来源多样性与大股东掏空

董事会的职责十分特殊,既要进行战略决策,又有监督的职责,而在公司经营过程中,这两者很可能重合,于是便出现了董事会自己监督自己、董事会成员之间相互监督的局面。大多数国外学者都倾向于认为,董事会的独立性对大股东的掏空行为起到了一定的抑制作用(Lin et al.,2000;Dahya et al.,2008)。为了保证董事会决策的科学性和独立性,《公司法》等法律法规对董事会的结构做出了相应的规定,例如董事会的规模、独立董事的比例、董事任免程序等,这些都从制度层面上增强了董事会的独立性,提高了董事会决策的科学性,进而提高了公司治理水平,避免有利于大股东掏空的决议产生。在董事会中,董事又可区分为非独立董事和独立董事,非独立董事又存在兼职的情况,例如兼任董事和高管、在股东单位兼职、董事长和 CEO 两职合一等。这些都属于董事会的治理结构,董事所处的职位和来源对应着相应的责任,也意味着不同的利益倾向。本书认为,当代表各方利益相关者的董事力量分布较为均衡之时,董事会来源多样性越强,董事会越有可能促成一个更为公平、共益的决策,将大股东掏空的行为在战略决策之时就规避掉。基于以上分析,本章提出:

H1：董事会来源多样性会抑制大股东掏空行为。

董事会来源多样性的指标主要包括：是否独立董事、是否高管团队成员、是否兼任董事长或 CEO、是否在股东单位兼职。耿志民(2007)在探索大股东掏空上市公司的根源所在时，发现我国存在着国有控股企业的董事长同时也是大股东单位的董事长的情况，此种情况为大股东在上市公司和集团其他公司之间调配资源提供了便利，增强了掏空动机和能力。因此，本书提出预测：董事会来源多样性在国有控股企业样本中较民营企业样本和外资企业及其他企业样本更为显著。

## (二)董事会知识经验多样性与大股东掏空

赵慧群(2010)认为，董事会的重要职责就是监督和战略制定，两者都需要大量的知识、经验、专长、技能等来支撑。董事会知识经验多样性，即董事会成员的知识、专业、经历、背景等有助于拓宽信息搜集渠道和加强社会网络联系以达到监督和决策支持的作用，进而有利于提高董事执业能力。从代理视角出发，董事会知识经验多样性能够避免"代表思维"，增强董事会内部的制衡，确保决策过程更加科学。Williamson(1984)认为，内部董事和外部董事获取信息的能力会影响公司治理的效率。Guner et al.(2008)提出，当董事会成员中有一个甚至更多的金融专家时，其能够及时有效地获得金融信息，为企业融得更多资金，也能够避免融资上的失误。Agrawal et al.(2005)指出，具有财会背景的独立董事有助于发现财务舞弊现象，遏制大股东操纵财务数据，减少其机会主义行为。基于以上分析，本书提出以下假设：

H2：董事会知识经验多样性会抑制大股东掏空行为。

由前文可知，董事会知识经验多样性主要通过政府背景、金融背景、海外经历、学术背景、职业背景 5 个指标衡量。林泽炎(2003)指出，国有控股企业经营者多为"行政指派"，但已逐渐向"市场化选聘"转变，因此国有控股企业在选择董事时可能会忽略董事的背景情况和市场选择，由此本书推断董事会知识经验多样性在民营企业中程度更高。

## (三)董事会权力层级多样性与大股东掏空

董事是由股东推荐，经由股东大会决议通过产生的，因此非独立董事在很大程度上代表了其背后的股东的利益。与普通团队不一样，董事会中存在着明显的权力层级，而这种层级是由董事代表的股东的权力所决定的，而股东的权力对应的是股东持有的股权。已有很多学者研究了股权结构对大股东掏空的影响。大部分学者认为，第一大股东持股比例与大股东掏空呈倒"U"形关系。例如李增泉等(2004)认为,当第一大股东持股比例很低时大股东掏空的能力低、动机水平高;随着大股东持股比例上升,大股东掏空动机水平下降,能力增强;当掏空能力和动机水平都达到一定程度时,掏空程度最高。同时,La et al.(1999)和Wolfenzon(2000)等提出,要提高股权制衡度,通过其他股东的制衡和监督作用来抑制大股东掏空行为。本书以股权的分布来衡量董事会权力层级多样性,当股权分布较为极端时,我们认为多样性很强。本书虽然也采用股权分布来衡量董事会权力层级多样性,但是计算方法区别于传统的赫芬达尔算法或者Z指数的算法,采用前十大股东股权比例的变异系数进行衡量,当董事会的层级较为分明时,得到的系数偏大。此时说明董事会被大股东控制,董事会很可能无法再保持独立性和决策的科学性,无法公平对待所有股东的利益,更多地沦为大股东的傀儡和"发声器"。基于以上分析,本章提出如下假设:

H3:董事会权力层级多样性会强化大股东掏空行为。

### (四)企业绩效与董事会多样性和大股东掏空

企业绩效是对企业的经营情况、盈利能力、发展状况等各方面因素的总括,一般多指财务绩效,企业绩效作为一个情境变量,大股东可能会采取不同的行为应对不同状况的企业绩效。蔡苏娟(2009)总结以往的文献,并通过实证检验得到大股东有两种行为:支持行为和掏空行为。其中,掏空行为会导致企业绩效下滑。赵荣帅(2015)在其文章中也提出了类似的观点,认为大股东掏空行为会导致企业绩效下降。相反,郑国坚等(2013)认为,当企业绩效表现较差时,大股东显现出强烈的掏空动机。而李妍锦等(2016)则认为,企业绩效与大股东掏空之间是一个恶性循环的过程,企业绩效和大股东掏空互为因果;同样,王飞等(2014)也从内生性的角度出发,探讨了两者之间的关系,并采用实证方法检验并解决了两者内生性的问题。连燕玲等(2012)以企业绩效为情境背景,探讨大股东掏空在该情境下的表现,实证分析后发现,当企业处于危机中时,大股东的掏空行为会有所收敛,大股东更倾向于通过支持行为帮助企业度过困境。关于企业绩效作为情境因素对解释变量和大股东掏空之间关系的影响,学者尚未达成统一看法。以上研究都是直接考察企业绩效与大股东掏空两者之间的因果关系,即使在将企业绩效作为情境变量时,也只是简单地以企业绩效的优劣作为分类标准,比较在不同企业绩效的情况下,大股东掏空的程度。本书认为,董事会多样性作用于大股东掏空是在一定的情境之下的,且受到外界环境的影响,虽在研究中很难穷尽一切影响因素,但是企业绩效是这些因素之中极为重要的一部分,原因在于:一方面,企业绩效是企业生存发展之根基,对于上市公司来说也是投资者做出投资决策的主要依据和参考;另一方面,企业绩效是一个较为微观的指标,探索其对董事会多样性与大股东掏空之间关系的影响有助于为监管部门和投资者厘清重点,于实践更有意义。

从董事会来源多样性角度来看,当企业绩效较优时,各利益相关者皆有利可图,董事会成员也更愿意为自身所代表的利益方争取话语权和正当权益;从董事会知识经验多样性角度来看,当企业绩效较优时,董事会成员有更大的动力与意愿为董事会决策提供信息与资源;从董事会权力层级多样性角度来看,当企业绩效较优时,董事会权力中心或者权威有利可图,其他董事会成员也更有动力挑战权威,以支持企业获得更多的收益。基于以上分析,本章提出以下假设:

H4a:企业绩效会加强董事会权力层级多样性与大股东掏空之间的负向关系。

H4b:企业绩效会加强董事会知识经验多样性与大股东掏空之间的负向关系。

H4c:企业绩效会削弱董事会权力。

### (五)理论模型构建

基于前文的理论分析与逻辑推导,构建本章的模型如图 4-1 所示。

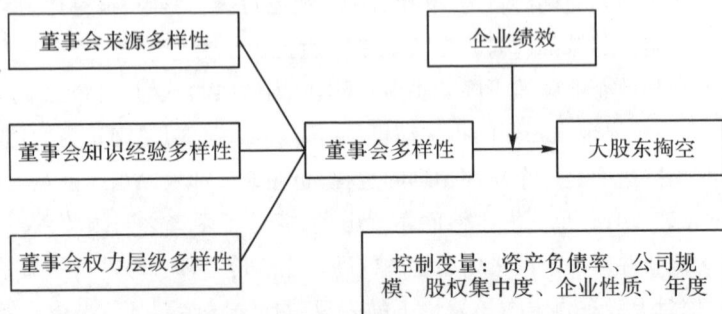

图 4-1  董事会多样性—大股东掏空模型

本书以 2010—2014 年沪深 A 股及创业板上市公司为研究对象,由于 2010—2014 年间有部分企业退市或者被 ST、PT 处理,同时也不断有企业通过 IPO 进入资本市场,本章采用的面板数据为非平衡面板数据,即各年的样本数量并非完全一致。

本章重点探索董事会中 3 类多样性对大股东掏空的影响,并根据不同的样本验证适用于不同类型企业的董事会治理方式。同时,本章还以企业绩效作为情境因素考察董事会多样性对大股东掏空的影响。

本章构建的模型如下所示:

$$Lnisam_i = \beta_{10} + \beta_{11} Separation + \beta_{12} Controlvarables_i + \varepsilon_1 \tag{4-1}$$

$$Lnisam_i = \beta_{20} + \beta_{21} Separation + \beta_{22} Controlvarables_i + \beta_{23} mod_{variables} \cdot$$
$$Separation + \varepsilon_2 \tag{4-2}$$

$$Lnisam_i = \beta_{30} + \beta_{31} Variety + \beta_{32} Controlvarables_i + \varepsilon_3 \tag{4-3}$$

$$Lnisam_i = \beta_{40} + \beta_{41} Variety + \beta_{42} Controlvarables_i + \beta_{43} mod_{variables} \cdot$$
$$Variety + \varepsilon_4 \tag{4-4}$$

$$Lnisam_i = \beta_{50} + \beta_{51} Disparity + \beta_{52} Controlvarables_i + \varepsilon_5 \tag{4-5}$$

$$Lnisam_i = \beta_{60} + \beta_{61} Disparity + \beta_{62} Controlvarables_i + \beta_{63} mod_{variables} \cdot$$
$$Disparity + \varepsilon_6 \tag{4-6}$$

$$Lnisam_i = \beta_{70} + \beta_{71} Separation + \beta_{72} Variety + \beta_{73} Disparity +$$
$$\beta_{74} Controlvarables_i + \varepsilon_7 \tag{4-7}$$

$$Lnisam_i = \beta_{80} + \beta_{81} Separation + \beta_{82} Variety + \beta_{83} Disparity + \beta_{84} mod_{variables} \cdot$$
$$Separation + \beta_{85} mod_{variables} \cdot Variety + \beta_{86} mod_{variables} \cdot Disparity +$$
$$\beta_{87} Controlvarables_i + \varepsilon_8 \tag{4-8}$$

## 三、董事会多样性对大股东掏空的实证研究

### (一)研究设计

#### 1. 样本选择

本章以深沪两市 A 股上市公司和创业板上市公司为研究对象,搜集了 2010—2014 年间的相关资料和统计数据。为了减少误差,我们对初始样本做如下处理:①剔除样本区间被 ST 或 PT 的公司;②剔除董事会成员数据缺失 4 个及以上的公司;③董事会成员数据缺失 1—3 个的使用该公司的平均值补上;④考虑到金融行业的特殊性,剔除金融类上市公司。最终遴选出 6693 个有效样本,其中国有控股企业有效样本数量为 2990 个,民营企业有效样本数量为 3487 个,外资及其他类型企业有效样本数量为 216 个;沪深 A 股上市公司有效样本数量为 6058 个,创业板上市公司有效样本数量为 635 个。

#### 2. 数据来源

本章的研究数据主要来源于国泰安 CSMAR 数据库和上市公司年报。文章中数据处理涉及的软件主要是 STATA 12.0。

## 3. 变量定义与测量

表 4-1 列出了模型的因变量、自变量、调节变量和控制变量及各变量的测量方法。

(1)因变量。

大股东掏空为本章的因变量。本章参考已有研究对大股东掏空的衡量并结合我国的实际情况,采用关联交易作为衡量大股东掏空的指标。由于关联交易数额一般比较大,为克服数量级上的巨大差异,本章取关联交易资金的自然对数来进行数据分析。

**表 4-1 变量的名称、类型、符号及定义**

| 变量名称 | 变量类型 | 变量符号 | 变量定义 |
|---|---|---|---|
| 大股东掏空 | 因变量 | Lnisam | 采用关联交易资金的对数来衡量 |
| 董事会来源多样性 | 自变量 | Separation | 采用是否独立董事、是否高管团队成员、是否兼任董事长或 CEO、是否这 4 个指标的标准偏差之和来衡量 |
| 董事会知识经验多样性 | | Variety | 采用政府背景、金融背景、海外经历、学术背景、职业背景五者的布劳指数之和来衡量 |
| 董事会权力层级多样性 | | Disparity | 采用前十大股东持股比例的变异系数来衡量 |
| 企业绩效 | 调节变量 | Tq | 托宾 Q 值 |
| | | ROA | 总资产收益率,等于当期净利润除以期末总资产 |
| 资产负债率 | | Lev1 | 期末负债/总资产 |
| 企业规模 | | Lnsize | 企业总资产的对数 |
| 股权集中度 | 控制变量 | Top1 | 第一大股东持股比例 |
| 企业性质 | | Xz | 企业性质分为 3 类:国有控股企业、民营企业、外资及其他企业 |
| 年度 | | Year | 数据期间为 2010—2014,共 5 年 |

(2)自变量。

本章主要探讨董事会多样性对大股东掏空的影响,因此自变量为董事会多样性,本章中的董事会多样性分为董事会来源多样性、董事会知识经验多样性、董事会权力层级多样性等 3 类,对应的变量符号分别为 Separation、Variety、Disparity。

(3)调节变量。

本章还探讨企业绩效对董事会多样性与大股东掏空之间关系的调节作用。该研究中的调节变量为企业绩效,分别用代表长期绩效的总资产收益率和代表市场认可度的托宾 Q 值来衡量。

(4)控制变量。

结合已有研究,本章将资产负债率、企业规模、股权集中度、企业性质、年度等作为控制变量。

Peng et al. (2011)以 Friedman et al. (2003)的理论模型为基础,研究得出结论:当上市公司财务表现好时,大股东有强烈的动机进行掏空。但也有部分学者得出截然相反的看法,因此本章将资产负债率(Lev1)作为控制变量。

企业规模越大,供大股东运作的资产也就越多,在企业经营交易中可供大股东牟取私利的机会也就越多,因此本章将企业规模作为控制变量,以企业总资产的对数表示。

黄志忠(2006)通过构建博弈模型分析了在第一大股东的持股比例不同的情况下大股东侵占上市公司利益的情况;张学洪等(2011)通过对沪市民营企业为期 3 年的面板数据进行实证分析后发现,第一大股东的持股比例与大股东掏空行为之间呈现倒“U”形关系。因此,本章将第一大股东持股比例作为控制变量。

我国沪深 A 股及创业板上市企业按照企业的性质可以分为以下 3 类:国有控股企业、民营企业、外资及其他企业。其中,国有控股企业是我国特殊国情下特有的一种企业性质,这类企业的实际控制人为国家,国有资本的股本占比较高,随着国有企业改革的推进,国有控股企业市场化程度在逐渐提高,但是由于其特性,其仍然与民营企业存在较大的差别。因此,本章将企业性质作为控制变量。本章后续还将按照企业性质分样本进行分析。

## (二)实证分析

本章实证分析的过程如下:①利用 STATA 软件进行数据的描述性统计分析和各变量间的相关性分析;②构建回归模型,依次对全样本数据、国有控股企业样本数据、民营企业样本数据和外资及其他企业数据进行回归分析;③加入自变量与调节变量的交互项,通过回归分析,验证董事会多样性对大股东掏空关系的调节作用。

### 1.描述性统计分析

为了解我国上市公司的董事会多样性现状及大股东掏空现状,区分对比不同类型企业的董事会多样性和大股东掏空概况,并分析差异形成的原因,本章采用 STATA 12.0 对样本数据进行实证分析,如表 4-2 所示为全样本数据的描述性统计分析。

表 4-2 全样本数据的描述性统计

| 变量名称 | 样本值 | 平均值 | 标准差 | 最小值 | 最大值 |
|---|---|---|---|---|---|
| Lnisam | 6693 | 19.9065 | 2.5227 | 8.5011 | 30.5260 |
| Separation | 6693 | 1.5139 | 0.4280 | 0.3361 | 3.1449 |
| Variety | 6693 | 1.8961 | 0.4739 | 0.4063 | 3.6553 |
| Disparity | 6693 | 2.0456 | 0.5931 | 0.2997 | 3.1449 |
| Tq | 6693 | 2.0449 | 6.2306 | 0.0826 | 349.0072 |
| ROA | 6693 | 0.0440 | 0.2883 | −6.7760 | 22.0051 |
| Lev1 | 6693 | 0.0513 | 1.0906 | −54.8090 | 5.5100 |
| Lnsize | 6693 | 22.0307 | 1.3341 | 15.5773 | 28.4820 |
| Top1 | 6693 | 37.3452 | 15.5340 | 2.1970 | 86.4900 |
| Year | 6693 | — | — | 2010 | 2014 |
| Xz | 6693 | — | — | 1 | 4 |

由表 4-2 可知,大股东掏空指标(Lnisam)的平均值为 19.9065,接近 20,标准差为 2.5227,最大值为 30.5260,最小值为 8.5011;最大值与最小值的差距较大,有将近 3 倍之差,平均值更接近最大值,说明我国大股东掏空是较为普遍的现象,但是不同企业之间的掏空程度存在较大的差别。对比企业规模(Lnsize)变量,其平均值和最小值都大于大股东掏空指标相应的值,但是企业规模的最大值却小于大股东掏空指标的最大值,这说明部分企业的关联交易总额甚至超过其总资产,体现出这部分企业的关联交易制度还不够完善,内控制度有待完善。

本章的解释变量,即董事会来源多样性、董事会知识经验多样性和董事会权力层级多样性是由各次级指标之和计算得出的,因此三者绝对值之间没有可比性,但是从以上 3 个解释变量的标准差可以看出,各企业之间董事会权力层级多样性的差别较大,董事会来源多样性的差异较小,董事会知识经验多样性的差异居中。

在控制变量中,股权集中度指标(Top1)的标准差是最大的,达到 15.5340,最小值为 2.1970,最大值为 86.4900,两个最值之间相差 40 余倍,说明我国上市公司的股权结构存在较大的差异;均值为 37.3452,说明我国大部分上市公司的股权结构仍较为集中。

由于国内学者较少探讨我国上市公司董事会多样性的现状,区分企业性质的描述更是不足,为了更直观地体现我国国有上市公司和民营上市公司的董事会多样性、大股东掏空、企业绩效等的现状,本章区分两种性质的企业,并对其做描述性统计,具体情况如表 4-3 所示。

表 4-3　区分企业性质的描述性统计

| 变量名称 | | 样本值 | 平均值 | 标准差 | 最小值 | 最大值 |
|---|---|---|---|---|---|---|
| 国有控股企业描述性统计 | Lnisam | 2990 | 20.9109 | 2.1124 | 9.5411 | 27.7359 |
| | Separation | 2990 | 1.5506 | 0.4571 | 0.5045 | 3.1449 |
| | Variety | 2990 | 1.8429 | 0.4603 | 0.4938 | 3.6553 |
| | Disparity | 2990 | 2.2924 | 0.5347 | 0.5579 | 3.1449 |
| | Tq | 2990 | 1.4195 | 1.4189 | 0.0826 | 18.4981 |
| | ROA | 2990 | 0.0334 | 0.1356 | −6.7760 | 0.6642 |
| | Lev1 | 2990 | 0.0489 | 0.8738 | −33.1990 | 3.1413 |
| | Lnsize | 2990 | 22.6190 | 1.4160 | 18.9630 | 28.4820 |
| | Top1 | 2990 | 41.6192 | 15.5247 | 3.6200 | 86.3500 |
| | Year | 2990 | — | — | 2010 | 2014 |
| 民营企业描述性统计 | Lnisam | 3487 | 19.0872 | 2.5413 | 8.5011 | 30.5260 |
| | Separation | 3487 | 1.4812 | 0.3986 | 0.3361 | 3.0668 |
| | Variety | 3487 | 1.9325 | 0.4776 | 0.4063 | 3.3864 |
| | Disparity | 3487 | 1.8316 | 0.5588 | 0.2997 | 3.1328 |
| | Tq | 3487 | 2.4726 | 6.1210 | 0.1500 | 235.3156 |
| | ROA | 3487 | 0.0536 | 0.3786 | −0.6519 | 22.0051 |
| | Lev1 | 3487 | 0.0522 | 1.2759 | −54.8090 | 5.5100 |
| | Lnsize | 3487 | 21.5588 | 1.0405 | 15.7152 | 25.4592 |
| | Top1 | 3487 | 33.5490 | 14.4142 | 2.1970 | 86.4900 |
| | Year | 3487 | — | — | 2010 | 2014 |

　　国有控股企业的样本数量为2990,民营企业的样本数量为3487,在样本数量上两者相差无几。由表4-3可以看出,国有控股企业的大股东掏空指标(Lnisam)的平均值大于民营企业,且标准差较民营企业小。民营企业大股东掏空指标(Lnisam)即全样本的最大值,体现出民营企业内控水平差异较大。

　　从董事会来源多样性指标(Separation)来看,国有控股企业的各项指标略高于民营企业。从董事会知识经验多样性指标(Variety)来看,民营企业的均值和标准差略高于国有控股企业的对应项目,这验证了前文中的预测:由于国有控股企业的大部分董事是通过行政任命的方式产生的,与市场结合较少,国有控股企业的董事会知识经验多样性指标略低于民营企业的该指标。同时,由于民营企业的经营和治理水平参差不齐,董事会成员任命、选拔机制不一,民营企业之间差异较大。

　　从董事会权力层级多样性指标(Disparity)来看,国有控股企业的均值大于民营企业的均值,且国有控股企业的标准差更小,这体现出国有控股企业董事会权力层级更少、更为扁平,进而也说明国有控股企业的股权分布较民营企业更为集中。

从企业绩效指标(Tq、ROA)来看,民营企业明显优于国有控股企业。国有控股企业 Tq 的均值为 1.4195,最大值为 18.4981;ROA 的均值为 0.0334,最大值为 0.6642。民营企业 Tq 的均值为 2.4726,最大值为 235.3156;ROA 的均值为 0.0536,最大值为 22.0051。

从股权集中度指标(Top1)来看,国有控股企业的均值为 41.6192,民营企业的均值为 33.5490,说明国有控股企业的股权分布较民营企业更为集中。

其余指标,由于在国有控股企业样本和民营企业样本中差别较小,在此不做分析。

### 2. 相关性分析

为了明晰各变量之间的相关关系,本章采用STATA 12.0软件进行两两变量之间的相关性分析。相关系数大于 0.9,说明这两个变量十分相关;相关系数处于 0.8—0.9 之间,说明这两个变量之间存在较强的相关关系。

从表 4-4 可以看出,控制变量企业规模(Lnsize)与被解释变量大股东掏空(Lnisam)之间的相关系数较大,为 0.669,这主要是因为本章采用关联交易金额作为大股东掏空的衡量指标,采用企业总资产作为企业规模的衡量指标,在进行数据分析时,为避免数据量级过大,取各自的自然对数作为最终指标。根据已有的文献和经验可知,企业规模越大,日常经营运转的资金越多,经营辐射范围越广,大股东进行关联交易的机会也越多,因此企业规模与大股东掏空这两个指标之间存在着实际意义上的经济相关性,相关系数较大是可以接受的。

另外,解释变量董事会权力层级多样性(Disparity)与控制变量股权集中度(Top1)之间的相关系数也较大,为 0.705,这主要是因为本章中董事会权力层级多样性的数据是由前十大股东持股比例的变异系数得出的,这其中就包含第一大股东持股比例,即股权集中度的衡量指标。综上所述,董事会权力层级多样性与股权集中度之间的相关系数较大,亦是可以接受的。

除上述两组变量之间的相关系数较大之外,本章中的其他变量,包括解释变量、被解释变量、控制变量两两之间的相关系数都是较小的,故在此不再赘述。

### 3. 回归分析与假设检验

本章前文已对样本数据进行了描述性统计和相关性分析,接下来将通过回归分析进一步探索董事会多样性和大股东掏空之间的关系。

表 4-4　相关性分析表

| | Lnisam | Separation | Variety | Disparity | Tq | ROA | Lev1 | Lnsize | Top1 | Year | Xz |
|---|---|---|---|---|---|---|---|---|---|---|---|
| Lnisam | 1 | | | | | | | | | | |
| Separation | 0.116*** | 1 | | | | | | | | | |
| Variety | 0.035*** | 0.112*** | 1 | | | | | | | | |
| Disparity | 0.284*** | 0.289*** | -0.099*** | 1 | | | | | | | |
| Tq | -0.146*** | -0.029** | 0.018 | -0.065*** | 1 | | | | | | |
| ROA | -0.057*** | -0.007 | -0.012 | -0.032*** | 0.066*** | 1 | | | | | |
| Lev1 | 0.014 | 0.002 | 0.024** | 0.005 | -0.035*** | 0.002 | 1 | | | | |
| Lnsize | 0.669*** | 0.109*** | 0.107*** | 0.231*** | -0.252*** | -0.028** | 0.049*** | 1 | | | |
| Top1 | 0.221*** | 0.208*** | 0.012 | 0.705*** | -0.050*** | 0.01 | 0.028** | 0.315*** | 1 | | |
| Year | 0.120*** | 0.434*** | 0.132*** | 0.001 | -0.030** | -0.030** | -0.002 | 0.131*** | -0.036*** | 1 | |
| Xz | -0.325*** | -0.064*** | 0.109*** | -0.319*** | 0.094*** | 0.026*** | 0.003 | -0.365*** | -0.207*** | 0.0120 | 1 |

(1)回归模型的确定。

在进行回归分析之前,应先进行 Hausman 检验,以确定样本数据适用的回归效应模型。在 STATA 中输入相关命令,结果如表 4-5 所示。

表 4-5　Hausman 检验结果输出

| | (b)<br>fe | (B)<br>re | (b−B)<br>Difference | sqrt(diag(V_b−V_B))<br>S. E. |
|---|---|---|---|---|
| Separation | −0.0428 | −0.0377 | −0.0051 | 0.0107 |
| Variety | 0.1454 | 0.0455 | 0.0999 | 0.0326 |
| Disparity | −0.0568 | −0.03984 | −0.01696 | 0.010453 |
| Lev1 | 0.15866 | 0.061133 | 0.097528 | 0.032521 |
| Lnsize | 0.308503 | 0.620083 | −0.31158 | 0.048205 |
| Top1 | 0.010389 | 0.000784 | 0.009605 | 0.003247 |
| Year | 1.178219 | 1.228114 | −0.04989 | 0.053607 |
| Xz | −0.00485 | −0.01503 | 0.010178 | 0.003646 |

系　数

Prob>chi2=0.000

由于 Prob>chi2=0.000,本章采用固定效应模型进行后续分析。

(2)全样本回归分析。

为更好地区分各个解释变量与被解释变量之间的关系,本章先进行单变量回归,即对应表 4-6 中的模型(1)、模型(2)和模型(3),最后将 3 个解释变量同时放进回归方程中进行分析,即模型(4)。

根据以上全样本数据的回归结果,做如下阐述说明:

对全样本进行去重之后的企业数量为 1556,而 2010—2014 年 5 年间共有 6693 家企业作为本章的观测样本,且模型(1)、模型(2)、模型(3)和模型(4)的 $R^2$ 分别为 0.159、0.159、0.161 和 0.162,可见董事会来源多样性、董事会知识经验多样性和董事会权力层级多样性对因变量的解释度依次递增,当 3 个解释变量同时加入模型时,模型的拟合度最高。

从表 4-6 可以看出,在单变量回归模型即模型(1)和多变量回归模型即模型(4)中,董事会来源多样性对大股东掏空的影响都不显著,假设 H1 未得到验证。在模型(2)和模型(4)中,董事会知识背景多样性与大股东掏空在 5% 的显著性水平上正相关,其代表的含义为:董事会知识经验多样性越强,大股东掏空程度越高,这与假设 H2"董事会知识经验多样性会抑制大股东掏空行为"相反,出现如此巨大反差的原因,将在后续章节中做详细分析。

表 4-6　董事会多样性与大股东掏空全样本回归分析结果

| 变量 | (1) Lnisam | (2) Lnisam | (3) Lnisam | (4) Lnisam |
|---|---|---|---|---|
| Separation | −0.024 5 (0.045 2) | | | −0.056 8 (0.045 9) |
| Variety | | 0.138** (0.060 9) | | 0.159** (0.061 8) |
| Disparity | | | 0.295*** (0.080 6) | 0.309*** (0.080 8) |
| Lev1 | 0.010 3 (0.015 3) | 0.011 2 (0.015 3) | 0.009 31 (0.015 3) | 0.010 4 (0.015 3) |
| Lnsize | 1.148*** (0.060 8) | 1.149*** (0.060 6) | 1.184*** (0.061 2) | 1.178*** (0.061 3) |
| Top1 | 0.003 96 (0.004 02) | 0.003 79 (0.004 01) | −0.004 90 (0.004 65) | −0.004 85 (0.004 65) |
| Year | 控　制 | 控　制 | 控　制 | 控　制 |
| Xz | 0.140 (0.146) | 0.142 (0.146) | 0.125 (0.146) | 0.128 (0.146) |
| Constant | −209.3*** (29.37) | −190.6*** (26.60) | −183.5*** (26.58) | −186.3*** (29.76) |
| Observations | 6 693 | 6 693 | 6 693 | 6 693 |
| $R^2$ | 0.159 | 0.159 | 0.161 | 0.162 |
| Number of sc | 1 556 | 1 556 | 1 556 | 1 556 |

从表 4-6 还可以看出,董事会权力层级多样性与大股东掏空在 1% 的显著性水平上呈现出正相关关系,这说明董事会权力层级多样性越强,董事会权力分布越不均衡,越有可能形成一个权威或者权力中心,越有利于大股东对董事会的掌控,因此大股东的掏空程度越高,在全样本下假设 H3 得到验证。

本章用 Lev1、Lnsize、Top1、Xz、Year 作为控制变量指标,从全样本回归分析来看,Lnsize、ROA、Year 这 3 个指标都在 1% 的显著性水平上与大股东掏空相关。其中,ROA 指标与大股东掏空显著负相关,即 ROA 指标越小,企业大股东掏空程度越高;Lnsize 指标与大股东掏空显著正相关,即企业规模越大,大股东掏空行为越多,这与上文中对该指标的分析相符合;年度变量(Year)也在 1% 的显著性水平上与大股东掏空相关,说明在不同年度,大股东掏空的水平差异较大。

(3)国有控股企业样本回归分析。

表 4-7 为对国有控股企业样本进行回归分析的结果。由表 4-7 可知,该样本共有 2990 个观察值,共涉及 676 家企业 2010—2014 年的数据,由于部分企业的退市和 IPO 上市,本样本数据并非平衡面板数据。

表 4-7　董事会多样性与大股东掏空国有控股企业样本回归分析结果

| 变量 | (1)<br>Lnisam | (2)<br>Lnisam | (3)<br>Lnisam | (4)<br>Lnisam |
|---|---|---|---|---|
| Separation | 0.033 2<br>(0.049 9) | | | 0.020 2<br>(0.051 9) |
| Variety | | 0.055 6<br>(0.072 8) | | 0.052 3<br>(0.075 7) |
| Disparity | | | 0.140<br>(0.098 2) | 0.141<br>(0.098 6) |
| Lev1 | 0.005 39<br>(0.022 0) | 0.005 80<br>(0.022 0) | 0.004 59<br>(0.022 0) | 0.004 47<br>(0.022 1) |
| Lnsize | 0.791***<br>(0.083 3) | 0.787***<br>(0.083 1) | 0.812***<br>(0.084 9) | 0.814***<br>(0.085 0) |
| Top1 | 0.018 2***<br>(0.004 87) | 0.018 3***<br>(0.004 86) | 0.013 7**<br>(0.005 84) | 0.013 6**<br>(0.005 84) |
| Year | 控 制 | 控 制 | 控 制 | 控 制 |
| Constant | −146.6***<br>(35.88) | −154.5***<br>(31.02) | −154.0***<br>(30.60) | −141.8***<br>(36.01) |
| Observations | 2 990 | 2 990 | 2 990 | 2 990 |
| R² | 0.121 | 0.121 | 0.122 | 0.122 |
| Number of sc | 676 | 676 | 676 | 676 |

从表 4-7 可以看出,董事会来源多样性和董事会知识经验多样性在单变量回归模型即模型(1)和模型(2)中与多变量回归模型即模型(4)中对大股东掏空的影响都不显著,即在国有控股企业样本中,假设 H1 和假设 H2 未得到验证;董事会权力层级多样性在单变量回归模型即模型(3)中和多变量回归模型即模型(4)中也未与大股东掏空有显著性关系,即假设 H3 未得到验证。

国有控股企业样本的回归结果与全样本的回归结果存在不同之处,即董事会知识经验多样性和董事会权力层级多样性对大股东掏空不存在显著影响,这是否与企业性质相关,将在以后章节详细讨论。

表 4-7 中 4 个模型的 R² 分别为 0.121、0.121、0.122 和 0.122,拟合度属面板数据的正常水平,且多变量回归模型的拟合度最高,说明模型(4)的解释度最高。

(4)民营企业样本回归分析。

表 4-8 为我国民营企业样本数据的回归分析结果,该样本共有 3487 个观测值,包含 850 家上市公司 2010—2014 年的数据,该样本数据为非平衡面板数据。

表 4-8　董事会多样性与大股东掏空民营企业样本回归分析结果

| 变量 | (1)<br>Lnisam | (2)<br>Lnisam | (3)<br>Lnisam | (4)<br>Lnisam |
|---|---|---|---|---|
| Separation | −0.016 3<br>(0.079 2) | | | −0.059 1<br>(0.080 2) |
| Variety | | 0.251***<br>(0.095 6) | | 0.261***<br>(0.096 0) |
| Disparity | | | 0.257**<br>(0.128) | 0.278**<br>(0.129) |
| Lev1 | 0.009 23<br>(0.021 0) | 0.011 4<br>(0.021 0) | 0.009 07<br>(0.021 0) | 0.011 2<br>(0.021 0) |
| Lnsize | 1.300***<br>(0.087 8) | 1.298***<br>(0.087 6) | 1.322***<br>(0.088 3) | 1.318***<br>(0.088 2) |
| Top1 | −0.004 24<br>(0.006 38) | −0.004 43<br>(0.006 36) | −0.011 4<br>(0.007 27) | −0.011 7<br>(0.007 26) |
| Year | 控制 | 控制 | 控制 | 控制 |
| Constant | −268.9***<br>(46.01) | −244.8***<br>(43.52) | −242.3***<br>(44.34) | −231.3***<br>(47.33) |
| Observations | 3 487 | 3 487 | 3 487 | 3 487 |
| $R^2$ | 0.188 | 0.190 | 0.190 | 0.192 |
| Number of sc | 850 | 850 | 850 | 850 |

由表 4-8 可知,民营企业样本中董事会来源多样性在单变量回归模型即模型(1)中和多变量回归模型即模型(4)中与大股东掏空的关系都不显著,这与全样本回归结果及国有控股企业样本回归结果一致。董事会知识经验多样性在单变量回归模型即模型(2)中和多变量回归模型即模型(4)中都在 1% 的显著性水平上与大股东掏空显著正相关,这与全样本回归结果一致,但是与假设 H2 相反,则假设 H2 未得到验证。董事会权力层级多样性在单变量回归模型即模型(3)中和多变量回归模型中都在 5% 的显著性水平上与大股东掏空呈正相关关系,这说明董事会权力层级多样性会强化大股东掏空行为。在民营企业样本中,假设 H3 得到验证。

以民营企业为样本的模型(1)—(4)的 $R^2$ 分别为 0.188、0.190、0.190 和 0.192,拟合度较高,则模型解释力度较强。

外资及其他企业样本的观察值为 216 个,共包含 67 家企业 2010—2014 年的数据,且样本为非平衡面板数据。由于该样本较小,且实际意义不大,此处仅做以下简单阐述:

在外资及其他企业样本中董事会来源多样性、董事会知识经验多样性和董事会权力层级多样性这 3 者与大股东掏空都不存在显著的相关关系,该样本中的模型(1)—(4)的 $R^2$ 分别为 0.162、0.171、0.171 和 0.190。

(5)企业绩效的调节效应分析。

以下将对企业绩效(Tq、ROA)的调节效应做分析。其中,Tq 与董事会来源多样性、董事会知识经验多样性及董事会权力层级多样性的交互项,分别以 tsTq、tvTq 和 tdTq 表示;同理,ROA 与上述 3 个自变量的交互项分别以 tsROA、tvROA 和 tdROA 表示。

表 4-9 和表 4-10 为在全样本下企业绩效作为调节变量的输出结果。当 Tq 作为调节变量时,在单变量模型中 Tq 对董事会知识经验多样性及董事会权力层级多样性与大股东掏空之间的正向关系有削弱作用,且显著性水平分别为 5% 和 1%;在多变量回归模型中,Tq 对董事会权力层级多样性与大股东掏空之间的正向关系有削弱作用。在 ROA 作为调节变量的回归结果中(见表 4-10),可以看到 ROA 对董事会知识经验多样性与大股东掏空之间的正向关系有削弱作用,显著性水平为 5%。由以上结论可以看出,在全样本中假设 H4a、假设 H4b 未得到验证,假设 H4c 得到验证。

表 4-9　全样本下 Tq 对董事会多样性与大股东掏空之间关系的调节作用

| 变量 | (1)<br>Lnisam | (2)<br>Lnisam | (3)<br>Lnisam | (4)<br>Lnisam |
|---|---|---|---|---|
| Separation | −0.061 2<br>(0.049 5) | | | −0.065 7<br>(0.052 1) |
| Variety | | 0.170***<br>(0.064 1) | | 0.140*<br>(0.072 7) |
| Disparity | | | 0.405***<br>(0.084 3) | 0.424***<br>(0.086 3) |
| Tq | 0.009 68<br>(0.013 2) | 0.077 7***<br>(0.027 2) | 0.114***<br>(0.025 4) | 0.116**<br>(0.047 4) |
| tsTq | 0.015 9<br>(0.010 7) | | | −0.001 91<br>(0.014 7) |
| tvTq | | −0.022 4**<br>(0.010 5) | | 0.003 11<br>(0.019 1) |
| tdTq | | | −0.035 5***<br>(0.009 65) | −0.038 8***<br>(0.015 0) |
| Lev1 | 0.013 3<br>(0.015 3) | 0.015 1<br>(0.015 3) | 0.016 3<br>(0.015 3) | 0.017 4<br>(0.015 3) |
| Lnsize | 1.213***<br>(0.064 1) | 1.227***<br>(0.064 9) | 1.293***<br>(0.065 5) | 1.284***<br>(0.065 9) |
| Top1 | 0.003 80<br>(0.004 02) | 0.003 41<br>(0.004 01) | −0.006 46<br>(0.004 66) | −0.006 28<br>(0.004 66) |
| Year | 控制 | 控制 | 控制 | 控制 |

续　表

| 变量 | (1)<br>Lnisam | (2)<br>Lnisam | (3)<br>Lnisam | (4)<br>Lnisam |
|---|---|---|---|---|
| Xz | 0.121<br>(0.146) | 0.140<br>(0.146) | 0.127<br>(0.146) | 0.129<br>(0.146) |
| Constant | −205.7***<br>(29.38) | −183.2***<br>(26.66) | −169.8***<br>(26.69) | −177.6***<br>(29.77) |
| Observations | 6693 | 6693 | 6693 | 6693 |
| $R^2$ | 0.160 | 0.161 | 0.165 | 0.166 |
| Number of sc | 1556 | 1556 | 1556 | 1556 |

表 4-10　全样本下 ROA 对董事会多样性与大股东掏空之间关系的调节作用

| 变量 | (1)<br>Lnisam | (2)<br>Lnisam | (3)<br>Lnisam | (4)<br>Lnisam |
|---|---|---|---|---|
| Separation | 0.003 44<br>(0.049 7) | | | −0.021 3<br>(0.050 3) |
| Variety | | 0.146**<br>(0.061 4) | | 0.184***<br>(0.063 5) |
| Disparity | | | 0.296***<br>(0.080 8) | 0.284***<br>(0.082 0) |
| ROA | 0.794<br>(0.881) | 0.0211<br>(0.174) | −0.076 3<br>(0.310) | 0.608<br>(0.942) |
| tsROA | −0.741<br>(0.627) | | | −0.783<br>(0.627) |
| tvROA | | −0.305<br>(0.190) | | −0.785**<br>(0.378) |
| tdROA | | | −0.110<br>(0.202) | 0.614<br>(0.401) |
| Lev1 | 0.015 9<br>(0.015 3) | 0.016 2<br>(0.015 3) | 0.014 2<br>(0.015 3) | 0.017 2<br>(0.015 4) |
| Lnsize | 1.144***<br>(0.060 7) | 1.159***<br>(0.061 2) | 1.182***<br>(0.061 6) | 1.190***<br>(0.061 9) |
| Top1 | 0.004 19<br>(0.004 02) | 0.004 10<br>(0.004 00) | −0.004 64<br>(0.004 65) | −0.004 17<br>(0.004 65) |
| Year | 控制 | 控制 | 控制 | 控制 |
| Xz | 0.139<br>(0.146) | 0.140<br>(0.146) | 0.125<br>(0.146) | 0.122<br>(0.145) |
| Constant | −206.1***<br>(29.34) | −181.9***<br>(26.90) | −179.9***<br>(26.68) | −172.8***<br>(30.17) |
| Observations | 6693 | 6693 | 6693 | 6693 |
| $R^2$ | 0.162 | 0.162 | 0.163 | 0.166 |
| Number of sc | 1556 | 1556 | 1556 | 1556 |

　　表 4-11 和表 4-12 为在国有控股企业样本中分别以 Tq 和 ROA 作为调节变量的回归分析结果。Tq 作为调节变量,在单变量回归模型中对董事会知识经验多样性与大股东掏空之间的负向关系有加强作用,显著性水平为 10%;在其他情况下,调节效应不显著。ROA 作为调节变量,在本章所有模型中的作用都不显著。在国有控股企业样本中,假设 H4a、假设 H4b 和假设 H4c 都未得到验证。

**表 4-11　国有控股企业样本中 Tq 对董事会多样性与大股东掏空之间关系的调节作用**

| 变量 | (1)<br>Lnisam | (2)<br>Lnisam | (3)<br>Lnisam | (4)<br>Lnisam |
|---|---|---|---|---|
| Separation | −0.046 6<br>(0.070 3) | | | −0.043 2<br>(0.073 4) |
| Variety | | −0.063 2<br>(0.093 8) | | −0.036 0<br>(0.098 8) |
| Disparity | | | 0.250**<br>(0.110) | 0.243**<br>(0.111) |
| Tq | 0.001 43<br>(0.058 9) | −0.069 0<br>(0.080 2) | 0.169**<br>(0.082 2) | 0.004 55<br>(0.128) |
| tsTq | 0.042 5<br>(0.037 6) | | | 0.034 3<br>(0.039 1) |
| tvTq | | 0.070 3*<br>(0.041 1) | | 0.053 3<br>(0.043 7) |
| tdTq | | | −0.046 8<br>(0.037 4) | −0.039 3<br>(0.038 8) |
| Lev1 | 0.003 64<br>(0.022 0) | 0.004 44<br>(0.022 0) | 0.002 06<br>(0.022 0) | 0.002 31<br>(0.022 0) |
| Lnsize | 0.859***<br>(0.087 7) | 0.854***<br>(0.087 7) | 0.891***<br>(0.091 1) | 0.888***<br>(0.091 2) |
| Top1 | 0.017 9***<br>(0.004 86) | 0.018 0***<br>(0.004 86) | 0.011 6**<br>(0.005 88) | 0.011 6**<br>(0.005 88) |
| Year | 控制 | 控制 | 控制 | 控制 |
| Constant | −155.4***<br>(36.17) | −155.9***<br>(31.02) | −155.0***<br>(30.56) | −147.6***<br>(36.29) |
| Observations | 2 990 | 2 990 | 2 990 | 2 990 |
| $R^2$ | 0.124 | 0.125 | 0.126 | 0.127 |
| Number of sc | 676 | 676 | 676 | 676 |

表 4-12　国有控股企业样本中 ROA 对董事会多样性与大股东掏空之间关系的调节作用

| 变量 | (1)<br>Lnisam | (2)<br>Lnisam | (3)<br>Lnisam | (4)<br>Lnisam |
|---|---|---|---|---|
| Separation | 0.042 7<br>(0.054 8) | | | 0.037 8<br>(0.057 8) |
| Variety | | 0.065 4<br>(0.079 6) | | 0.047 0<br>(0.083 7) |
| Disparity | | | 0.113<br>(0.103) | 0.110<br>(0.104) |
| ROA | 0.237<br>(1.127) | 0.359<br>(1.584) | −2.578<br>(2.349) | −2.547<br>(3.280) |
| tsROA | −0.279<br>(0.826) | | | −0.374<br>(0.864) |
| tvROA | | −0.299<br>(0.957) | | 0.113<br>(1.033) |
| tdROA | | | 1.032<br>(0.993) | 1.153<br>(1.042) |
| Lev1 | 0.003 75<br>(0.022 1) | 0.004 59<br>(0.022 2) | −0.001 78<br>(0.022 6) | −0.002 64<br>(0.022 8) |
| Lnsize | 0.810***<br>(0.086 0) | 0.803***<br>(0.085 4) | 0.829***<br>(0.087 3) | 0.835***<br>(0.087 9) |
| Top1 | 0.018 2***<br>(0.004 87) | 0.018 3***<br>(0.004 86) | 0.013 8**<br>(0.005 84) | 0.013 7**<br>(0.005 85) |
| Year | 控制 | 控制 | 控制 | 控制 |
| Constant | −139.6***<br>(36.71) | −148.4***<br>(31.81) | −146.4***<br>(31.38) | −130.5***<br>(37.03) |
| Observations | 2 990 | 2 990 | 2 990 | 2 990 |
| $R^2$ | 0.121 | 0.122 | 0.122 | 0.123 |
| Number of sc | 676 | 676 | 676 | 676 |

表 4-13 和表 4-14 分别为在民营企业样本中 Tq 和 ROA 对董事会多样性和大股东掏空之间关系的调节作用的回归结果。由表 4-13 和表 4-14 可知,在单变量回归模型和多变量回归模型中,Tq 对董事会权力层级多样性和大股东掏空之间的正向关系起到削弱作用;ROA 对董事会知识经验多样性和大股东掏空之间的正向关系起到削弱作用;Tq 和 ROA 在其他模型中的调节效应并不显著。综上所述,假设 H4c 得到部分验证,假设 H4a 和假设 H4b 未得到验证。

表 4-13　民营企业样本中 Tq 对董事会多样性与大股东掏空之间关系的调节作用

| 变量 | (1) Lnisam | (2) Lnisam | (3) Lnisam | (4) Lnisam |
|---|---|---|---|---|
| Separation | −0.013 0 (0.087 0) | | | −0.068 2 (0.090 3) |
| Variety | | 0.198* (0.113) | | 0.204* (0.120) |
| Disparity | | | 0.446*** (0.144) | 0.483*** (0.146) |
| Tq | 0.083 8*** (0.027 6) | 0.047 5 (0.043 7) | 0.163*** (0.052 3) | 0.155** (0.078 0) |
| tsTq | −0.011 3 (0.016 1) | | | −0.005 45 (0.019 1) |
| tvTq | | 0.009 92 (0.023 4) | | 0.014 4 (0.028 6) |
| tdTq | | | −0.057 4* (0.031 7) | −0.064 4** (0.032 6) |
| Lev1 | 0.018 7 (0.021 0) | 0.020 0 (0.021 0) | 0.022 1 (0.021 1) | 0.024 0 (0.021 1) |
| Lnsize | 1.469*** (0.096 1) | 1.461*** (0.096 1) | 1.497*** (0.097 4) | 1.486*** (0.097 5) |
| Top1 | −0.004 76 (0.006 37) | −0.005 03 (0.006 35) | −0.013 6* (0.007 27) | −0.013 5* (0.007 27) |
| Year | 控制 | 控制 | 控制 | 控制 |
| Constant | −250.5*** (46.07) | −226.1*** (43.80) | −213.1*** (44.71) | −211.0*** (47.54) |
| Observations | 3 487 | 3 487 | 3 487 | 3 487 |
| $R^2$ | 0.194 | 0.196 | 0.197 | 0.199 |
| Number of sc | 850 | 850 | 850 | 850 |

表 4-14　民营企业样本中 ROA 对董事会多样性与大股东掏空之间关系的调节作用

| 变量 | (1) Lnisam | (2) Lnisam | (3) Lnisam | (4) Lnisam |
|---|---|---|---|---|
| Separation | 0.032 8 (0.088 1) | | | −0.002 51 (0.093 8) |
| Variety | | 0.292*** (0.097 2) | | 0.309*** (0.098 8) |
| Disparity | | | 0.272** (0.128) | 0.236* (0.132) |
| ROA | 1.283 (1.332) | 0.533* (0.294) | 0.924 (0.791) | 1.010 (1.361) |

续　表

| 变量 | (1)<br>Lnisam | (2)<br>Lnisam | (3)<br>Lnisam | (4)<br>Lnisam |
|---|---|---|---|---|
| tsROA | −1.078<br>(0.946) | | | −0.919<br>(1.131) |
| tvROA | | −0.982***<br>(0.367) | | −1.146**<br>(0.538) |
| tdROA | | | −0.815<br>(0.556) | 0.666<br>(0.915) |
| Lev1 | 0.017 9<br>(0.021 1) | 0.025 2<br>(0.021 2) | 0.018 6<br>(0.021 1) | 0.025 1<br>(0.021 2) |
| Lnsize | 1.275***<br>(0.088 0) | 1.290***<br>(0.087 9) | 1.290***<br>(0.088 6) | 1.316***<br>(0.089 6) |
| Top1 | −0.003 76<br>(0.006 37) | −0.003 11<br>(0.006 35) | −0.010 3<br>(0.007 27) | −0.010 1<br>(0.007 27) |
| Year | 控制 | 控制 | 控制 | 控制 |
| Constant | −271.5***<br>(45.93) | −236.1***<br>(43.65) | −247.8***<br>(44.30) | −217.8***<br>(48.07) |
| Observations | 3 487 | 3 487 | 3 487 | 3 487 |
| $R^2$ | 0.192 | 0.196 | 0.193 | 0.197 |
| Number of sc | 850 | 850 | 850 | 850 |

本书对外资及其他企业样本所做的调节效应分析结果显示,企业绩效指标 Tq 和 ROA 并没有起到显著的调节效应。本书认为可能是该部分企业样本量过小所致,且该样本并非市场上的主流企业,不具有代表性,故不在正文中列示回归分析输出的结果。

# 四、研究结论与启示

## (一)研究结论

本章基于沪深 A 股上市公司和创业板上市公司的非平衡面板数据,以及团队多样性的理论,并参考 Harrison(2007)关于团队多样性类型的研究,将董事会多样性分为董事会来源多样性、董事会知识经验多样性、董事会权力层级多样性等 3 类,分别采用标准差、布劳指数和变异系数计算得出对应的指标,采用关联交易金额作为大股东掏空的衡量指标,采用企业绩效作为调节变量,采用 STATA 12.0 进行相关性分析和回归分析等,并考虑企业绩效做调节变量的效果。

研究结果表明，董事会多样性与大股东掏空之间存在着显著的相关关系，不同类型的多样性与大股东掏空之间存在着不同的线性关系。首先，根据上文中的回归分析结果，在所有样本中，董事会来源多样性对大股东掏空都不存在显著性影响，假设 H1 未得到验证，在全样本和民营企业样本中，董事会知识经验多样性正向影响大股东掏空；在国有控股企业样本和外资及其他企业样本中，董事会权力层级多样性与大股东掏空之间没有显著关系，假设 H2 未得到验证。在全样本和民营企业样本中，董事会权力层级多样性正向影响大股东掏空，在其他样本中，两者之间没有显著关系，假设 H3 在部分样本中得到验证。就企业绩效的调节作用来说，假设 H4a 未得到验证，假设 H4c 在全样本和民营企业样本中得到验证，假设 H4b 是建立在假设 H2 的基础之上的，但是在部分样本中主效应的回归结果与假设相反，因此假设 H4b 未得到验证。下文将对各个回归结果做具体分析。

在单变量回归模型和多变量回归模型中，董事会来源多样性对大股东掏空的影响都不显著，假设 H1 未得到验证。本章选用是否独立董事、是否高管团队成员、是否兼任董事长或 CEO 和是否在股东单位兼职这 4 个指标来衡量董事会来源多样性，并认为当董事会成员的来源越多样化时，董事会中的声音越多样化，利益出发点也越多样，因此董事会来源多样性会抑制大股东掏空行为，结果并未得证。黄志忠（2009）对我国高管薪酬制度的合理性进行研究后认为，高管薪酬水平与其独立性相关，因此董事会成员是否领取薪酬极有可能影响其专业性与独立性。例如，在股东单位任职的董事若在股东单位领取薪酬则其更可能代表股东单位的利益；反之，其若在上市公司领取薪酬，那么该董事决策的出发点和目标可能因此改变。黄志忠（2009）的观点在一定程度上可以解释董事会来源多样性与大股东掏空之间不存在显著关系的结论。

董事会知识背景多样性与大股东掏空在全样本和民营企业样本中分别在5%和1%的显著性水平上正相关，这与假设 H2 相悖，这可能是由我国上市公司较为集中的股权结构导致的。由前文的描述性统计结果可知，样本中第一大股东持股比例的均值为 37.3452%，而最大值达到了 86.49%，因此在企业中很可能形成"一股独大"的情况，董事会亦可能因此被大股东控制。根据知识决策理论，当董事会成员的知识经验多样性强时，董事会成员的学术背景、职业背景、海外经历、金融背景和政府背景较为全面，董事会成员所能够涉及的领域较广，拥有的渠道较多，能够联系更多的资源，能够接触更为全面和核心的信息。当董事会为所有股东服务时，逻辑上是有利于企业的经营发展的，但是当董事会被第一大股东控制时，董事会成员所能联系的资源、渠道、信息等将沦为股东掏空上市公司、为自身牟取私利的工具和渠道。由此导致在本章样本中,董事会知识经验多样性与大股东掏空呈显著正相关关系。

在全样本中,董事会权力层级多样性与大股东掏空在1%的显著性水平上呈现出正相关关系,即假设 H3 得证。董事会权力层级多样性溯及根源是由股权决定的,当股权较为集中时,权力层级多样性较强,该股东能够派遣和任命更多的董事,对董事会席位有相应的决断权,其所任命的董事即该董事会的权力核心。若其他董事无力反抗该权力核心,那么董事会极易被权力核心所控制,进而为其所服务的股东进行掏空提供便利。

本章选取 Tq 和 ROA 作为企业绩效的衡量指标,这两个指标在大部分样本中都具有同样的效果,除了以下两处:其一,Tq 在国有控股企业样本中能在10%的显著性水平上加强董事会知识经验多样性与大股东掏空之间的负向关系,而 ROA 的调节作用并不显著;其二,在全样本中,Tq 能在 1%的显著性水平上削弱董事会权力层级多样性与大股东掏空之间的正向关系,而 ROA 对两者关系的调节作用却不显著。这可能是因为 Tq 与 ROA 所侧重的点略有不同,Tq 更多地体现了市场价值,说明了投资者的认可程度,而 ROA 则更好地说明了企业的长期发展能力。前者说明国有控股企业的董事会更注重企业的市场反应,在市场表现较好的情况下,更有动力做出科学、优质的决策。后者说明董事会成员可能受到声誉、形象等外在非货币方面的压力,在市场表现较好的情况下更加谨言慎行,为企业塑造平等、民主的形象。

在全样本和民营企业样本中,Tq 对董事会权力层级多样性和大股东掏空之间的正向关系有削弱作用,说明在企业市场表现较好的情况下,董事会的权威碍于企业形象、公众形象、媒体监督、投资者看法而减少,假设 H4c 部分得证。在全样本和民营企业样本中,ROA 对董事会权力层级多样性和大股东掏空之间的正向关系有削弱作用,说明在企业绩效较好,能够合理预期将持续稳定发展的情况下,董事会成员更有动力集合各类信息、资源进行决策,同时通过各种渠道防范大股东掏空行为。

### (二)研究启示

大股东掏空是公司治理领域一个经典难题,已有的研究从股权结构、董事会特征、两权分离度等方面进行了深入细致的剖析。本章基于团队多样性理论,以董事会多样性为解释变量进行分析与探讨,并考察企业绩效对董事会多样性与大股东掏空之间关系的调节作用。本章参考团队多样性的分类方法,将董事会多样性分为 3 种类型,即董事会来源多样性、董事会知识经验多样性和董事会权力层级多样性。

一般认为董事会来源多样性越强，越能够给董事会带来不同的声音，因此得以平衡各方利益，但是当董事会成员代表的利益方过于分散时，有可能让各方产生"搭便车"的心理，结果导致低效率、低质量的决策，无法较好地抑制大股东掏空行为。

董事会知识经验多样性是迄今为止备受国内外学者关注的一个方面，董事会成员的知识背景、技术专长、经历经验、资源渠道等都是他决策时所依赖的大前提。根据信息决策理论，一般认为董事会成员的知识经验多样性越强，其获取信息的渠道越多，因此能够更好地支持决策。然而，在我国"股权高度集中"的现实情境下，以上逻辑并未得到证实，主要是因为我国股权结构较为集中，董事会成员中有一定比例的董事为大股东任命或者派遣，该部分董事会成员所带来的背景资源、渠道、专业知识等并未被为全体股东利益所进行的高质量决策所用，而是为大股东掏空上市公司提供了便利与支持，特别是在民营企业上市公司中，董事会知识经验多样性更多地为大股东所用，且为其牟取不当利益提供了巨大的支持。

董事会权力层级多样性是从股权带来的非正式权力角度进行定义的，董事会权力层级多样性对大股东掏空有显著的支持效应。当董事会中出现明显的权力中心或者权威时，其他董事会成员很难继续保持其独立性，而不得不去附和权力中心或权威的意见。一方面是因为其他董事会成员无力对抗身为权力中心或权威的董事；另一方面是因为其他董事会成员也存在着"搭便车"的心理，对抗权力中心或权威董事的意愿并不强烈。总的来说，在董事会中，决定董事会成员之间地位水平的最根本因素还是其背后所代表的股权大小。

企业绩效作为情境变量，在本章部分模型中起到了调节作用。当董事会、股东等各利益相关方关注到企业绩效的作用时，各方从其利益最大化的角度出发，会做出相应的反应与行动。当企业绩效表现较优时，一方面说明企业未来可持续盈利能力与发展方向是值得肯定的；另一方面，投资者关注到这一现象，将会在未来做出增加投资的行动，那么企业将有更充足的资金进行后续的经营，从而形成良性循环。受到较大的利益驱动，董事会中的权力中心或权威董事会减少支持掏空的行为，董事会中其他成员会更加关注企业的经营管理，即企业绩效较好地削弱了董事会权力层级多样性对大股东掏空的正向影响。

### （三）研究展望

现代企业的运转不仅需要高效的董事会团队，如董事会成员大部分由高学历、有海外和名企背景的人员构成，而且团队成员之间的和谐相处成为影响团队有效运作的重要条件，董事会选任机制的多样化在一定程度上促进了董事会成员的多样性,董事会成员在性别、学历和经历等方面的差异对企业绩效有促进作用。这种影响在国有企业中十分显著,调整国有企业董事会结构可以成为未来工作的重点。

本章构建了董事会多样性的综合评价体系,并且对国有企业进行分类研究,并以企业在网络中的位置作为调节,得出的结论能支持大部分假设,证实了董事会多样性对企业绩效有显著影响。之后的研究应旨在探究其产生影响的内在机理,这种内在机理在商业型国有企业中会发挥更大的作用。后续研究值得进行主要有两种原因:第一种是董事会成员多样性指标不是直接影响企业绩效的,成员的多样性经历形成了企业之间联系更紧密的网络,多样性程度越高则企业所处的网络位置就越接近中心,通过改变企业在社会网络中所处的位置可提升企业绩效;第二种是多样性造成企业决策的多元化,从而增强创新性,进而提升企业竞争力。

综合对商业型国有企业和公益型国有企业的实证分析可知,董事会成员的多样性对企业发展有正向作用,最显著的作用在于能聘用具有不同学历及不同任职经历的董事,其次为能避免将股权集中于几个大股东的情况。另外,企业在网络中的位置对企业绩效具有促进作用。综合以上研究结论可以为国有上市公司的人员选聘提供借鉴思路:应选任具有不同学历和不同工作经验的董事,适当延长董事会成员任期,同时也要减小性别的差异程度,即多选用女董事,年龄的差异也不能过大;选用有较大差异的董事能够带来董事会知识经验的多样性,这有助于构建完整的企业高管知识体系,有助于基于具有不同的知识和经验的董事会成员制定合理的薪酬和激励政策,使董事会成员能尽到各自的职责,充分发挥董事会多样性带来的正向效益;在保持国有资本控股的前提下,不断改进国有企业董事会人员配置,提升治理绩效,让国有企业在新一轮的改革中焕发光彩。

# 第五章 | 多样性视角下董事会治理对战略转移的影响研究：机理与实证

## 一、问题提出

### （一）现实背景

随着全球经济一体化进程的日益加快，中国已经进入经济转型时期，环境的巨变、竞争周期的不断缩短（D'Avene,1994），迫使企业必须适时地做出战略转移决策，从而更好地在变化的外部环境下生存和发展。历史表明，通过实施战略转移决策，很多企业不仅成功地躲过了危机，甚至还得到了更好的发展机会（Read et al.,1994）。针对影响企业战略转移的因素，学术界已经展开丰富的研究，也得出了一定的研究成果。研究者经常从外部环境、企业领导结构、企业组织架构、企业资源等多角度进行影响因素分析，其中公司治理机制备受关注。Yin 和 Zajac 在 2004 年的研究中指出，实现企业价值的关键在于公司的治理结构是否能够和企业战略相匹配，而董事会治理作为公司治理机制的关键要素，负有协调资源、监督管理、推进战略实施等重任，自然而然就成了公司治理和战略管理研究的重点。缺乏科学的董事会治理，不仅难以驱动战略转移，且会影响战略转移的实施，因此，本章选取董事会治理的研究视角，借鉴组织行为学在团队研究领域的成熟理论，将董事会作为一个特殊团队进行分析，研究董事会团队多样性对企业的战略转移决策会起到什么影响和作用，以及是否能够发挥其战略决策职能。

随着全球经济一体化的推进，企业外部的环境正在发生日新月异的变化，竞争也变得更加激烈。与此同时，随着企业自身的发展，在其生命周期的不同时期，其战略重点、关注的经营和管理内容也有一定的不同。企业在成长中遇到的机会或者危机都是重要的拐点，关乎企业的生死存亡。每到这个时候，董事会成员更应该敏锐地发觉问题，审慎地收集信息和获取资源，帮助企业及时地做出适当的战略转移决策。

### (二)理论困境

李业等(2000)认为，企业战略转移是企业在成长过程中某一时期所采取的重大战略行动，即企业基于长远的发展目标，整合资源对企业的经营产品、经营方式、发展方向等进行调整，期望通过调整资源与外界环境相匹配，形成持续的竞争优势，并基于新的战略模式获得更好的发展。然而并不是所有的战略转移都可以获得好的结果，很多时候这也是企业走下坡路的开始。

企业战略转移不是目的，它是企业内部不断进行调整的动态过程，其对于董事会成员也是巨大的考验，只有当企业的战略能够与企业外部环境、内部环境相匹配时，企业才能保持长久的，甚至是新的竞争优势，实现企业价值的最大化。作为企业决策核心，多样性的董事会有助于信息与资源的引入。过往的董事会研究基础主要是委托代理理论，主要的研究方向是什么样的董事会结构能够增强董事会的监督控制能力。然而，除了监督控制外，董事会还肩负着制定战略决策的职能。研究结果表明，公司战略本身的优势和劣势是无法评估的，但是公司治理结构能否与企业战略相匹配是企业价值实现的重要保障(Yin et al.,2004)。因此，董事会作为战略决策团队，针对其治理与战略决策的研究就十分重要了。董事会资源提供功能是基于 Pfeffer et al. (1978)的资源依赖理论，该理论指出，为组织提供资源是董事会的主要职能，合理分配资源能够使企业在应对外部环境不确定性时减少对外部环境的依赖。董事会作为公司与环境沟通的渠道，帮助企业制定战略(Pfeffera et al.,1978)，直接影响组织过程和战略成果(Eisenhardt et al.,1990;Daily et al.,1993)。根据《公司法》对董事会成员构成及独立董事成员的引入的规定，我国董事会呈现出明显的多样性特征，且这一特征已成为常态，在研究领域被广泛关注。作为企业决策核心，多样性的董事会有助于信息与资源的引入，那么具有何种团体特征的董事会，才能更快、更好地发现环境中的机遇和挑战，并利用自身所拥有的信息和资源，做出战略转移决策呢？这是本书所关注的核心问题。针对多样性的董事会能否在不同的时期促使企业适时适当地进行战略转移，Hillman et al.(2003)指出，针对董事会的研究应强调该团体在战略决策中的重要作用，重视资源依赖理论。董事会作为特殊的团队，面临着比其他团队更为复杂的决策情境，研究结果表明，团队多样性能更好地应对复杂的组织环境(Hambrick et al.,1996)，将对团队多样性的研究放在董事会团体情境中，研究其多样性如何影响企业战略决策成了公司治理组织研究者及实践者共同关注的重要问题。与此同时,本章关注在企业不同时期、企业绩效不同的情况下,董事会多样性对于企业战略转移的影响,即是促进还是抑制企业进行战略转移。

综上所述,本章将借鉴组织行为学对于团队多样性的成熟研究成果,根据董事会的特殊性,将其团队多样性按情境合理划分,具体研究董事会多样性在复杂多变的外部环境中如何影响董事会的战略转移决策。以往的董事会治理研究主要集中于某个单一维度对于企业实践的影响,但是影响企业实践的因素往往是多维且复杂的,基于一个复合维度进行综合考量的文献是十分欠缺的,尤其是把董事会作为一个决策团体进行研究的文献更是寥寥无几。本章将对董事会治理的维度重新进行划分,并构建起董事会治理多维度的统一体系,借此打开董事会多样性作用机理的"黑箱"。对团队多样性的研究在国内目前多用于组织行为学领域,而对于董事会这个特殊团队在公司治理及战略管理中发挥的作用的研究极少,本章将在相关研究领域进行研究拓展。董事会多样性已经成为公司治理中的常态,而董事会作为特殊的团队,其战略决策的优劣往往决定着公司发展的好坏,因此,厘清董事会多样性对战略决策的影响机制,并充分利用多样性,将有助于企业在外部环境剧烈变化的情境下更好地找到企业新的竞争优势。该机制的厘清需要理论研究和实证研究的共同进步,本章将在该领域进行深入研究,尤其是在企业经营绩效不同的情况下,董事会多样性是如何影响企业战略转移决策的,将作为一个重点进行探究。

## 二、董事会多样性对企业战略转移的影响机理研究

### (一)权力层级多样性与企业战略转移

权力层级多样性衡量股权分散程度,即企业是否被大股东所控制,采用前十大股东持股比例的变异系数测量,讨论的是社会资本、资源分布不均导致团队内开始划分权力层级和形成权力中心的情况。当团队内出现一个或者极少数的权威时,直接加深了其利益与企业捆绑的程度,影响了董事会的自主决策能力,降低了战略决策的科学性,权力中心为了保护自身的利益不受侵害,往往不愿意改变现有企业的利益分配情况,所以也就难以促进企业进行战略转移。基于以上分析,本章提出如下假设:

H1:董事会权力层级多样性会抑制企业进行战略转移。

战略转移维度包含 6 个度量指标,即广告费用率、研发费用率、固定资产费用率、非生产费用率、存货率、资产负债率,分别代表着企业的资源配置情况,描述了不同导向的战略转移,分别为营销导向型战略转移、研发导向型战略转移、投资导向型战略转移、管理导向型战略转移、产品导向型战略转移和财务导向型战略转移。由此,可以提出以下 6 项子研究假设:

H1a:董事会权力层级多样性会抑制企业进行营销导向型战略转移。

H1b:董事会权力层级多样性会抑制企业进行研发导向型战略转移。

H1c:董事会权力层级多样性会抑制企业进行投资导向型战略转移。

H1d:董事会权力层级多样性会抑制企业进行管理导向型战略转移。

H1e:董事会权力层级多样性会抑制企业进行产品导向型战略转移。

H1f:董事会权力层级多样性会抑制企业进行财务导向型战略转移。

### (二)治理结构多样性与企业战略转移

治理结构多样性衡量的是董事会成员是否为独立董事,是否为高管团队成员,是否兼任董事长或 CEO,是否兼任股东(大)会成员,展现了董事会成员的职业分离程度,主要体现在董事所处的职位对应的责任和不同的利益倾向,代表的是不同的小团体。治理结构多样性强,董事会监督职能将会加强,董事会的监督职能的加强会促使企业在现有框架下稳定经营,但不利于企业内部资源和利益的重新分配,因此,董事会治理结构多样性不利于企业的战略转移。基于以上分析,本章提出如下假设:

H2:董事会治理结构多样性会抑制企业进行战略转移。

由此,可以提出以下 6 项子研究假设:

H2a:董事会治理结构多样性会抑制企业进行营销导向型战略转移。

H2b:董事会治理结构多样性会抑制企业进行研发导向型战略转移。

H2c:董事会治理结构多样性会抑制企业进行投资导向型战略转移。

H2d:董事会治理结构多样性会抑制企业进行管理导向型战略转移。

H2e:董事会治理结构多样性会抑制企业进行产品导向型战略转移。

H2f:董事会治理结构多样性会抑制企业进行财务导向型负债转移。

### (三)知识经验多样性与企业战略转移

知识经验多样性衡量的是董事会成员的经历和背景的多样性。作为董事会成员,其需要大量的知识、经验、技能和专长,这有助于拓宽董事会信息搜集的渠道,加强董事会的外部网络联系,使董事会获取更多的资源。本章通过董事会成员的任职、教育、海外、金融、政府等方面的背景来体现董事会知识经验多样性。个体的知识经验很大程度上可以决定其在未来的行为表现，其多样性造就的结果也是多样性的，因此，在董事会进行战略决策讨论时，董事们会根据自己过往的经验背景，提出意见和建议，使得整个讨论变得更为丰富，决策质量通常也更高。该多样性越强，企业获取信息和决策支持方面资源的能力越强，越能更好地促进企业进行战略转移。基于以上分析，本章提出如下假设：

H3：董事会知识经验多样性会促进企业进行战略转移。

由此，可以提出以下 6 项子研究假设：

H3a：董事会知识经验多样性会促进企业进行营销导向型战略转移。

H3b：董事会知识经验多样性会促进企业进行研发导向型战略转移。

H3c：董事会知识经验多样性会促进企业进行投资导向型战略转移。

H3d：董事会知识经验多样性会促进企业进行管理导向型战略转移。

H3e：董事会知识经验多样性会促进企业进行产品导向型战略转移。

H3f：董事会知识经验多样性会促进企业进行财务导向型战略转移。

### （四）企业经营绩效对董事会多样性影响企业战略转移的调节作用

企业每隔一段时间就会对自身价值链上的各关键活动的资源进行整合和重新配置，以实现与外部环境的良好匹配，并通过战略转移获得竞争优势以延续可持续发展的竞争力。企业经营绩效的好坏，对于董事会进行战略决策会有一定的影响。

无论制定何种企业战略决策，董事会成员都希望能够获得较好的企业业绩，但是当战略决策带来的结果是企业业绩下降时，董事会成员会更加清晰地认识到目前企业战略决策的问题，并且为了改变目前糟糕的情形，会选择重新审视战略环境，通过整个董事会团体所掌控的资源和信息，重新思考适应外部环境变化的战略转变，从而促进企业的战略转移。反之，在企业绩效较好的情况下，董事会成员会偏向于默认目前的战略决策是正确的、较好的，因而很难会主动进行创新，改变现有战略策略，即使有，也会偏于保守，相对来说难以推进战略转移。

因此，本章假设企业经营绩效将负向调节董事会多样性对企业战略转移的影响。由此，可以提出以下研究假设：

H4：企业经营绩效将正向调节董事会权力层级多样性对企业战略转移的影响。

H4a:企业经营绩效将正向调节董事会权力层级多样性对企业营销导向型战略转移的影响。

H4b:企业经营绩效将正向调节董事会权力层级多样性对企业研发导向型战略转移的影响。

H4c:企业经营绩效将正向调节董事会权力层级多样性对企业投资导向型战略转移的影响。

H4d:企业经营绩效将正向调节董事会权力层级多样性对企业管理导向型战略转移的影响。

H4e:企业经营绩效将正向调节董事会权力层级多样性对企业产品导向型战略转移的影响。

H4f:企业经营绩效将正向调节董事会权力层级多样性对企业财务导向型战略转移的影响。

H5:企业经营绩效将正向调节董事会治理结构多样性对企业战略转移的影响。

H5a:企业经营绩效将正向调节董事会治理结构多样性对企业营销导向型战略转移的影响。

H5b:企业经营绩效将正向调节董事会治理结构多样性对企业研发导向型战略转移的影响。

H5c:企业经营绩效将正向调节董事会治理结构多样性对企业投资导向型战略转移的影响。

H5d:企业经营绩效将正向调节董事会治理结构多样性对企业管理导向型战略转移的影响。

H5e:企业经营绩效将正向调节董事会治理结构多样性对企业产品导向型战略转移的影响。

H5f:企业经营绩效将正向调节董事会治理结构多样性对企业财务导向型战略转移的影响。

H6:企业经营绩效将负向调节董事会知识经验多样性对企业战略转移的影响。

H6a:企业经营绩效将负向调节董事会知识经验多样性对企业营销导向型战略转移的影响。

H6b:企业经营绩效将负向调节董事会知识经验多样性对企业研发导向型战略转移的影响。

H6c:企业经营绩效将负向调节董事会知识经验多样性对企业投资导向型战略转移的影响。

H6d:企业经营绩效将负向调节董事会知识经验多样性对企业管理导向型战略转移的影响。

H6e:企业经营绩效将负向调节董事会知识经验多样性对企业产品导向型战略转移的影响。

H6f:企业经营绩效将负向调节董事会知识经验多样性对企业财务导向型战略转移的影响。

### (五)理论模型构建

根据 Harrison(2007)提出的分类方法,团队多样性分为"Separation""Variety""Disparity"3种,它们有着不一样的理论机制、分布样式和影响方式。"Separation"是指团队成员在价值观和态度等方面存在立场的不同,该指标水平高,说明该团队被分成多个立场不同的小团体,各个小团体内存在身份认同问题,但各个小团体之间几乎没有什么关联。董事会作为特殊的团队,由于其成员的兼职背景,如董事在股东单位任职、董事兼任高管、董事长兼任 CEO 及独立董事等背景差异,形成了利益不同的小团体,因此,本书通过对其职位背景进行研究提取出董事会团队的第一个多样性指标,并将其命名为董事会治理结构多样性。"Variety"是指团队成员因为不同的教育背景、培训经历等而存在的信息差别,该指标水平高,表明团队成员对团队不同的观念持有相对开放的态度,因而团队可以受益于多样性所带来的有利影响。由于董事会中各个董事成员的学术背景、职业背景、海外经历、金融背景、政府背景等的多样性,可以带来资源和知识的多样性,从而帮助企业获取信息和决策支持方面的资源,本书将该多样性命名为董事会知识经验多样性。"Disparity"是指团队成员占有的各不相同的具有巨大价值的资源,disparity 程度越高,说明团队中拥有绝对地位的人越少。但如果形成了一定的权威,权威成员对有价值的资源的绝对掌控地位可能会让其他团队成员产生被控制感,从而造成从众行为。在董事会中,股权形成的权力中心造就了董事会多样性,本书将其命名为董事会权力层级多样性。综上所述,依据 Harrison 的研究及对于董事会团队特定情境的具体解读和分析,董事会多样性被分为董事会治理结构多样性、董事会知识经验多样性及董事会权力层级多样性。

本章根据 Carpenter(2002)对于战略转移 6 个维度的分析发现,6 个维度分别代表着企业不同的资源配置,展现的是不同导向的战略转移,它们可能是单独表现出的战略转移现象,也可能是复合的战略转移行为。根据 Carpenter 测量指标的选取,本书认为,企业采用的广告投放变化率代表企业营销导向型战略转移,研发投入变化率代表企业研发导向型战略转移,固定资产费用变化率代表企业投资导向型战略转移,非生产费用变化率代表企业管理导向型战略转移,存货变化率代表企业产品导向型战略转移,资产负债变化率代表企业财务导向型战略转移。

　　研究模型如图 5-1 所示,研究指标测量方法见后文中的变量定义与测量部分。

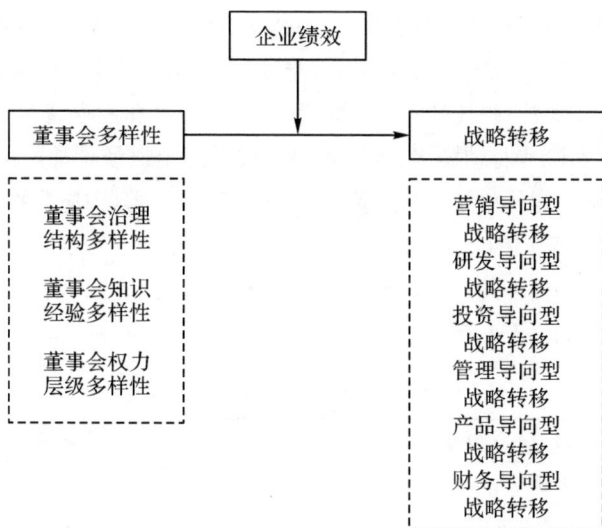

**图 5-1　研究模型**

## 三、董事会多样性对战略转移的实证研究

### (一)研究设计

#### 1.数据来源与样本选择

　　根据需要,本书从国泰安 CSMAR 数据库、Wind 数据库及上市公司年报中摘录了深沪两市 A 股上市公司 2011—2015 年的相关指标数据,采用STATA 12.0 数据处理软件进行分析。为了减少研究误差,本书对所获得的样本根据以下原则进行筛选:①剔除被 ST 或 PT 的样本企业;②考虑到金融行业的特殊性,剔除金融类上市样本企业;③剔除数据缺失的样本。筛选后获得的最终研究样本包括 910 家上市公司共 2034 个样本数据。

2. 变量定义与测量

(1) 自变量——董事会多样性。

董事会多样性根据 Harrison(2007) 提出的分类方法，结合国内实际情况进行定义，分别对应董事会权力层级多样性(D)、董事会知识经验多样性(V)及董事会治理结构多样性(S)。董事会权力层级多样性使用前十大股东持股比例的变异系数测量，指标值越大，表明企业的股份被少数股东掌控的程度越深，权力层级分明，形成了权力中心，多样性强；董事会知识经验多样性由董事会成员的学术背景、职业背景、海外经历、金融背景和政府背景 5 个指标的 Blau 指数和表示，指标值越大，表明董事会成员的知识经验背景越多元化；董事会治理结构多样性由是否独立董事、是否高管团队成员、是否兼任董事长或 CEO 和是否兼任股东(大)会成员 4 个指标的标准偏差之和表示，指标值越大，表明治理结构多样性越强。对 S、D、V 多样性计算方法的说明如表 5-1 所示，指标定义说明如表 5-2 所示。

表 5-1　董事会多样性指标说明

| 指标维度 | 变量名称 | 计算方法 | 变量类型 | 含　义 |
|---|---|---|---|---|
| 董事会治理结构多样性(S) | 是否独立董事 | $\sqrt{\left[\sum (S_i - S_{mean})^2/2\right]}$ | 类别 | 企业多重任职情况 |
| | 是否高管团队成员 | | 类别 | |
| | 是否兼任董事长或 CEO | | 类别 | |
| | 是否兼任股东(大)会成员 | | 类别 | |
| 董事会权力层级多样性(D) | 董事会持股 | $\sqrt{\left[\sum (D_i - D_{mean})^2/2\right]/D_{mean}}$ | 连续 | 前十大股东持股比例变异系数 |
| 董事会知识经验多样性(V) | 学术背景 | $1-\sum p_k^2$ | 类别 | 董事学术背景、职业背景和海外经历等 |
| | 职业背景 | | 类别 | |
| | 海外经历 | | 类别 | |
| | 金融背景 | | 类别 | |
| | 政府背景 | | 类别 | |

表 5-2　董事会多样性指标定义说明

| 多样性类型 | 变量名称 | 变量定义 |
|---|---|---|
| 董事会治理结构多样性 | 是否独立董事 | 是设为类型 1,否设为类型 2;采用标准差计算得出该值 |
| | 是否高管团队成员 | 是设为类型 1,否设为类型 2;采用标准差计算得出该值 |
| | 是否兼任董事长或 CEO | 是设为类型 1,否设为类型 2;采用标准差计算得出该值 |
| | 是否兼任股东(大)会成员 | 是设为类型 1,否设为类型 2;采用标准差计算得出该值 |

续　表

| 多样性类型 | 变量名称 | 变量定义 |
|---|---|---|
| 董事会知识经验多样性 | 学术背景 | 令1＝高校任教,2＝在科研机构从事研究工作,3＝在协会从事研究工作,4＝无学术研究背景,采用 Blau 指数方法计算得出该值 |
| | 职业背景 | 令1＝生产,2＝研发,3＝设计,4＝人力资源,5＝管理,6＝市场,7＝金融,8＝财务,9＝法律,99＝其他或不明确方向,采用 Blau 指数方法计算得出该值 |
| | 海外经历 | 令1＝海外任职,2＝海外求学,3＝无海外求学和任职背景,采用 Blau 指数方法计算得出该值 |
| | 金融背景 | 令1＝监管部门,2＝政策性银行,3＝商业银行,4＝保险公司,5＝证券公司,6＝基金管理公司,7＝证券登记结算公司,8＝期货公司,9＝投资银行,10＝信托公司,11＝投资管理公司,12＝交易所,99＝其他,采用 Blau 指数方法计算得出该值 |
| | 政府背景 | 令1＝国家级正职,2＝国家级副职,3＝省部级正职,4＝省部级副职,5＝厅局级正职,6＝厅局级副职,7＝县处级正职,8＝县处级副职,9＝乡科级正职,10＝乡科级副职,11＝巡视员,12＝副巡视员,13＝调研员,14＝副调研员,15＝主任科员,16＝副主任科员,17＝科员,18＝办事员(若为人大代表、党代表等,则1＝国家级,3＝省级,5＝市级,7＝县级,9＝乡级),98＝无法确定职务级别,99＝无政府背景,采用 Blau 指数方法计算得出该值 |

(2)因变量——战略转移。

本书通过企业战略转移的关键资源变化来衡量企业的战略转移程度(Finkelstein,1990;Carpenter,2002;Zhang,2006;黎传国等,2014;连燕玲等,2014;连燕玲等,2015)。这是通过对一系列指标赋值从而得出综合性的指标来衡量战略转移的方法。该方法认为,如果企业战略发生转移,该企业的战略关键配置资源会相应发生变化,也就是说,企业一旦发生战略转移,就会在关键资源上体现出来。因而,通过测度关键资源的变化程度,就可以捕获企业的战略转移程度。其中,具体的衡量指标包括研发费用率、广告费用率、非生产费用率、存货率、固定资产费用率、资产负债比等。

对指标数据的处理:①计算各指标相比于前一年度变动百分比的绝对值。例如:Δ(研发费用/营业收入 2011)＝|研发费用/营业收入 2011－研发费用/营业收入 2010|/(研发费用/营业收入 2010)。②6 个指标的赋权。本书选择客观赋值法,该原理认为,在所有的指标中,某个指标与其他指标的相关性程度越低,其能够提供的信息量越大,所以应该赋予其更高的权重。具体操作为:首先,将各个指标分别与所有的指标进行回归分析,分别得到调整后的拟合优度 $R^2$;其次,计算 $1/R^2$,并将其进行权重归一化,就获得了各个指标的权重(俞立平,

2010)。③将各指标数值按年度分别加权平均,得到各年度的战略调整幅度。

(3)调节变量——企业经营绩效。

企业经营绩效是衡量企业经营成果的重要指标,相关研究提供了大量可供选择的研究指标。通常情况下,研究者会依照其研究内容、研究目的,甚至研究对象的差异而选择差异化的衡量办法进行研究,研究者常用的度量指标有每股收益、净资产收益率、总资产报酬率等。

不同的绩效度量指标有不同的衡量侧重点。每股收益(EPS)通常计量某一时期普通股每股的盈利能力,其是综合反映企业盈利能力的重要指标。但由于我国股票市场在信息披露的完整性、真实性和时效性等方面相比于西方发达国家仍存在缺陷,股票价格受国家政策及人为因素的影响较大,我国上市企业的股价未必能准确地反映公司的经营业绩,国内学者很少采用每股收益作为企业绩效变化的度量指标。净资产收益率(ROE)反映股东的投资回报率,但仅表示企业自有资本的运作效率,无法反映资金运作的整体情况。总资产报酬率(ROA)衡量每单位资金所创造的净利润,侧重反映企业全部资本的收益能力。Brealey et al.(2004)认为,总资产报酬率不易出现波动,出现管理者盈余管理的短期行为的可能性较低,因此选用通过企业税前利润与企业总资产计算得出的 ROA 来衡量企业经营绩效状况相比于销售增长等其他指标要更加充分及稳定。而且 ROA 对公司规模的变化具有较强的敏感性,并且允许与先前的研究相对比(Hoskisson,1987)。除此之外,企业 ROA 数据比较容易获取(张冀等,2005),在有关管理文献研究中被广泛采用(Ramanujam et al.,1989),因此,本书通过 ROA 指标对企业经营绩效进行数据分析和研究。

(4)控制变量。

借鉴以前文献(Zajac et al.,1993),本书选取公司规模(Lnsize)、前一年年度绩效($ROA_{n-1}$)、股权性质、前三大股东持股比例(Top3)、公司年龄(Age)、年度(Year)作为控制变量。本书所有变量如表 5-3 所示。

表 5-3　研究变量一览表

| 变量类型 | 变量名 | | 变量符号 | 度量方法 |
|---|---|---|---|---|
| 因变量 | 战略转移(Zlzy) | 营销导向型 | AD | Δ广告费用率＝Δ广告投入/营业收入 |
| | | 研发导向型 | R&D | Δ研发费用率＝Δ研发费用/营业收入 |
| | | 投资导向型 | Assets | Δ固定资产费用率＝Δ固定资产/营业收入 |
| | | 产品导向型 | Inventory | Δ存货率＝Δ存货净额/营业收入 |
| | | 财务导向型 | Debt | Δ负债率＝Δ总负债/总资产 |
| | | 管理导向型 | Non-productive | Δ非生产费用率＝(销售费用＋管理费用＋财务费用)/营业收入 |

续　表

| 变量类型 | 变量名 | 变量符号 | 度量方法 |
|---|---|---|---|
| 自变量 | 董事会治理结构多样性 | Separation | $\sqrt{\sum(S_t - S_{mean})^2/n}$ |
| | 董事会知识经验多样性 | Variety | $1 - \sum P_j^2$ |
| | 董事会权力层级多样性 | Disparity | $\sqrt{\left[\sum(D_t - D_{mean})^2/n\right]/D_{mean}}$ |
| 调节变量 | 企业经营绩效 | ROA | 总资产报酬率 |
| 控制变量 | 公司规模 | Lnsize | 上市公司总资产的自然对数 |
| | 股权集中度 | Top3 | 前三大股东持股比例之和 |
| | 前一年年度绩效 | $ROA_{n-1}$ | 前一年度的总资产报酬率 |
| | 公司年龄 | Age | 公司成立至各年度的时间 |
| | 股权性质 | OS | 分为国有企业与非国有企业 |
| | 年度虚拟变量 | Year | 哑变量 |

### (二)董事会多样性对战略转移的实证研究

#### 1. 实证分析结果

(1)描述性统计。

本书用 STATA 12.0 软件对样本数据进行分析,描述性统计结果如表 5-4 所示。

表 5-4　全样本描述性统计结果

| 变量 | 样本数 | 均值 | 标准差 | 最小值 | 最大值 |
|---|---|---|---|---|---|
| Separation | 910 | 1.321 | 0.234 | 0.500 | 1.990 |
| Variety | 910 | 1.796 | 0.453 | 0.494 | 3.240 |
| Disparity | 910 | 1.826 | 0.524 | 0.269 | 3.120 |
| AD | 910 | 0.011 | 0.029 | 0 | 0.485 |
| R&D | 910 | 0.038 | 0.051 | 0 | 0.984 |
| Assets | 910 | 0.457 | 0.472 | 0.006 | 4.335 |
| Non-productive | 910 | 0.197 | 0.132 | −0.012 | 1.337 |
| Inventory | 910 | 0.334 | 0.417 | 0 | 4.219 |
| Debt | 910 | 1.280 | 6.292 | 0.008 | 186.114 |
| ROA | 910 | 0.045 | 0.059 | −0.523 | 0.494 |
| Zlzy | 910 | 0.616 | 2.805 | 0.015 | 64.998 |

| 变量 | 样本数 | 均值 | 标准差 | 最小值 | 最大值 |
|------|--------|------|--------|--------|--------|
| Lnsize | 910 | 21.308 | 1.039 | 16.300 | 25.610 |
| Age | 910 | 8.554 | 6.304 | 0.501 | 24.778 |
| $ROA_{n-1}$ | 910 | 0.047 | 0.055 | −0.257 | 0.378 |
| Top3 | 910 | 48.661 | 15.641 | 2.672 | 97.520 |
| OS | 910 | 0.213 | 0.410 | 0 | 1.000 |

由全样本描述性统计结果可见,董事会治理结构多样性分布在 0.500—1.990 之间,均值为 1.321;董事会知识经验多样性分布在 0.494—3.240 之间,均值为 1.796;董事会权力层级多样性分布在 0.269—3.120 之间,均值为 1.826。这表明样本企业中的董事会多样性存在较大差异。战略转移均值为 0.616,标准差为 2.805,相对来说,总体战略转移程度比较小,营销导向型战略转移、研发导向型战略转移、投资导向型战略转移、管理导向型战略转移、产品导向型战略转移、财务导向型战略转移的均值分别为 0.011、0.038、0.457、0.197、0.334、1.280,以上几个战略要素中,财务导向型战略转移的表现相对较为显著。

(2)相关性分析。

为保证模型检验结果的准确性,避免变量间的多重共线性问题,本书对各个研究变量进行了 Pearson 相关分析,结果如表 5-5 所示。通过结果进行模型调整,可以看出本书使用的各变量间基本没有多重共线性问题,VIF 值均小于 2,具体数据如表 5-6 所示。

(3)回归分析。

本章选取的是样本企业 2011—2015 年的多年度面板数据,在进行 STATA 分析前,对本书的横截面数据和时间维度分别进行了定义,使用年份作为时间变量,证券代码为截面变量,该面板共有 910 个截面数据,年份包含 2011—2015 年,每个截面有 5 个观测值,面板数据结构如表 5-7 所示。

将董事会治理结构多样性、董事会知识经验多样性、董事会权力层级多样性分别与战略转移综合变量 Zlzy 及 6 个导向型战略转移进行回归,其中公司规模、股权集中度、前一年年度绩效、公司年龄、股权性质、年度为控制变量,得到的回归结果如表 5-8 所示;当加入企业经营绩效作为调节变量后,回归结果如表 5-9 所示。

表 5-5　**Pearson 相关分析**

| | Separation | Variety | Disparity | AD | R&D | Assets | Non-productive | Inventory | Debt | Zlzy | Insize | Age | ROA$_{n-1}$ | Top3 | OS |
|---|---|---|---|---|---|---|---|---|---|---|---|---|---|---|---|
| Separation | 1 | | | | | | | | | | | | | | |
| Variety | 0.0389 | 1 | | | | | | | | | | | | | |
| Disparity | 0.1640 | -0.0084 | 1 | | | | | | | | | | | | |
| AD | 0.0496 | 0.0630 | 0.0344 | 1 | | | | | | | | | | | |
| R&D | -0.0449 | 0.0563 | -0.2220 | 0.2020 | 1 | | | | | | | | | | |
| Assets | -0.0214 | -0.0502 | -0.0555 | -0.0432 | -0.0069 | 1 | | | | | | | | | |
| Non-productive | -0.0431 | 0.0265 | -0.1540 | 0.4550 | 0.4200 | 0.1990 | 1 | | | | | | | | |
| Inventory | 0.0236 | 0.0233 | 0.0564 | -0.0105 | -0.0887 | 0.0809 | 0.0568 | 1 | | | | | | | |
| Debt | 0.0010 | 0.0203 | 0.0413 | -0.0310 | -0.0723 | -0.0153 | -0.0249 | 0.0065 | 1 | | | | | | |
| Zlzy | -0.0168 | -0.0413 | -0.0005 | 0.0305 | 0.0379 | 0.0080 | 0.0264 | -0.0207 | 0.0121 | 1 | | | | | |
| Insize | 0.0132 | 0.0661 | 0.0424 | -0.0067 | -0.1100 | 0.0115 | -0.2220 | 0.0548 | -0.1550 | -0.0188 | 1 | | | | |
| Age | 0.0940 | -0.1100 | 0.2870 | 0.0220 | -0.2170 | 0.0352 | -0.0278 | 0.1110 | 0.1180 | -0.0085 | 0.1940 | 1 | | | |
| ROA$_{n-1}$ | 0.0209 | 0.0259 | -0.1090 | 0.1180 | 0.0829 | -0.1970 | 0.0506 | -0.1430 | -0.0780 | -0.0288 | 0.1590 | -0.2240 | 1 | | |
| Top3 | 0.0853 | 0.0812 | 0.2580 | 0.0665 | -0.0261 | -0.0524 | -0.1170 | -0.0413 | -0.0746 | -0.00490 | 0.1990 | -0.3260 | 0.1330 | 1 | |
| OS | 0.0652 | -0.0018 | 0.1140 | -0.0688 | -0.0453 | 0.0903 | -0.0894 | 0.0286 | 0.0830 | 0.0116 | 0.1750 | 0.0996 | -0.0675 | 0.0495 | 1 |

表 5-6  方差因子膨胀性检验

| 变量 | VIF | 1/VIF |
|---|---|---|
| Age | 1.62 | 0.616 796 |
| Disparity | 1.62 | 0.618 040 |
| Top3 | 1.53 | 0.653 630 |
| Year | 1.33 | 0.749 686 |
| Lnsize | 1.24 | 0.803 766 |
| $ROA_{n-1}$ | 1.15 | 0.871 422 |
| Separation | 1.08 | 0.922 629 |
| OS | 1.06 | 0.945 765 |
| Variety | 1.04 | 0.957 034 |
| Mean VIF | 1.30 | |

表 5-7  面板数据结构

| scyear:9,16,…,603 969 | n=910 |
|---|---|
| year:2011,2012,…,2015 | T=5 |

Delta(year)=1 unit
Span(year)=5 periods
(scyear * year uniquely identifies each observation)

表 5-8  董事会多样性与企业战略转移回归结果

| 变量 | (1)<br>Zlzy | (2)<br>AD | (3)<br>R&D | (4)<br>Assets | (5)<br>Non-productive | (6)<br>Inventory | (7)<br>Debt |
|---|---|---|---|---|---|---|---|
| Separation | −0.162<br>(0.416) | 0.005 02<br>(0.004 30) | 0.002 12<br>(0.007 27) | 0.025 2<br>(0.067 8) | 0.003 21<br>(0.018 4) | 0.040 8<br>(0.060 8) | −0.336<br>(0.904) |
| Variety | −0.253<br>(0.210) | 0.004 67**<br>(0.002 18) | 0.006 24*<br>(0.003 68) | −0.037 1<br>(0.034 3) | 0.0211**<br>(0.009 33) | 0.031 0<br>(0.030 8) | 0.794*<br>(0.458) |
| Disparity | 0.023 2<br>(0.227) | 0.0013 0<br>(0.002 34) | −0.012 6***<br>(0.003 96) | −0.029 5<br>(0.036 9) | −0.016 4*<br>(0.010 0) | 0.035 5<br>(0.033 1) | 0.134<br>(0.493) |
| Year | 0.003 48<br>(0.060 7) | 0.000 757<br>(0.000 627) | 0.002 29**<br>(0.001 06) | 0.026 9***<br>(0.009 90) | 0.013 1***<br>(0.002 69) | 0.007 21<br>(0.008 88) | 0.155<br>(0.132) |
| Lnsize | −0.026 1<br>(0.100) | −0.001 72*<br>(0.001 04) | −0.004 18**<br>(0.001 75) | 0.017 7<br>(0.016 3) | −0.031 7***<br>(0.004 44) | 0.027 6*<br>(0.014 7) | −1.282***<br>(0.218) |
| Age | −0.008 81<br>(0.018 9) | 0.000 440**<br>(0.000 195) | −0.001 31***<br>(0.000 330) | −0.002 53<br>(0.003 08) | 0.001 17<br>(0.000 836) | 0.002 87<br>(0.002 76) | 0.154***<br>(0.041 0) |
| $ROA_{n-1}$ | −1.440<br>(1.815) | 0.074 5***<br>(0.018 8) | 0.055 8*<br>(0.031 8) | −1.636***<br>(0.296) | 0.285***<br>(0.080 5) | −0.996***<br>(0.266) | 0.183<br>(3.951) |
| Top3 | −0.000 540<br>(0.007 38) | 0.000 149*<br>(7.63e−05) | −0.000 139<br>(0.000 129) | −0.001 19<br>(0.001 20) | −0.000 436<br>(0.000 327) | −0.001 05<br>(0.001 08) | 0.002 42<br>(0.016 1) |
| OS | 0.095 6<br>(0.234) | −0.004 64*<br>(0.002 42) | 0.001 34<br>(0.004 10) | 0.097 8**<br>(0.038 2) | −0.007 25<br>(0.010 4) | 0.000 656<br>(0.034 3) | 1.639***<br>(0.510) |

续　表

| 变量 | (1)<br>Zlzy | (2)<br>AD | (3)<br>R&D | (4)<br>Assets | (5)<br>Non-productive | (6)<br>Inventory | (7)<br>Debt |
|---|---|---|---|---|---|---|---|
| Constant | −5.057<br>(122.3) | −1.508<br>(1.264) | −4.468**<br>(2.140) | −53.88***<br>(19.95) | −25.48***<br>(5.426) | −14.87<br>(17.89) | −286.2<br>(266.2) |
| Observations | 910 | 910 | 910 | 910 | 910 | 910 | 910 |
| $R^2$ | 0.003 | 0.036 | 0.089 | 0.063 | 0.109 | 0.034 | 0.062 |

**表 5-9　企业经营绩效对董事会多样性与企业战略转移之间关系的调节作用**

| 变量 | (1)<br>Zlzy | (2)<br>AD | (3)<br>R&D | (4)<br>Assets | (5)<br>Non-productive | (6)<br>Inventory | (7)<br>Debt |
|---|---|---|---|---|---|---|---|
| c_Separation | −0.177<br>(0.419) | 0.005 91<br>(0.004 32) | 0.002 59<br>(0.007 32) | 0.027 8<br>(0.067 7) | 0.003 79<br>(0.018 5) | 0.043 3<br>(0.061 0) | −0.753<br>(0.877) |
| c_Variety | −0.252<br>(0.211) | 0.004 38**<br>(0.002 18) | 0.006 24*<br>(0.003 69) | −0.034 5<br>(0.034 2) | 0.0221**<br>(0.009 32) | 0.032 0<br>(0.030 8) | 0.903 x<br>(0.443) |
| c_Disparity | 0.0279<br>(0.228) | 0.001 39<br>(0.002 35) | −0.012 8***<br>(0.003 99) | −0.032 1<br>(0.036 9) | −0.016 6*<br>(0.010 1) | 0.031 0<br>(0.033 3) | −0.002 41<br>(0.478) |
| c_ROA | 0.700<br>(2.036) | 0.010 2<br>(0.021 0) | −0.047 0<br>(0.035 5) | −1.132***<br>(0.329) | −0.250***<br>(0.089 8) | −0.757**<br>(0.297) | −25.41***<br>(4.265) |
| Z1 | 1.039<br>(7.417) | −0.101<br>(0.076 5) | −0.013 7<br>(0.130) | 1.429<br>(1.200) | 0.505<br>(0.327) | 0.144<br>(1.081) | 43.57***<br>(15.54) |
| Z2 | −1.161<br>(3.941) | 0.052 7<br>(0.040 6) | 0.028 8<br>(0.068 9) | 0.189<br>(0.638) | 0.155<br>(0.174) | 0.011 5<br>(0.574) | −47.20***<br>(8.255) |
| Z3 | −0.399<br>(3.318) | 0.058 1*<br>(0.034 2) | 0.022 7<br>(0.058 0) | 0.660<br>(0.537) | 0.063 7<br>(0.146) | 0.214<br>(0.484) | 2.894<br>(6.950) |
| Year | 0.005 48<br>(0.061 6) | 0.000 756<br>(0.000 635) | 0.002 14**<br>(0.001 08) | 0.023 4**<br>(0.009 96) | 0.012 6***<br>(0.002 71) | 0.004 46<br>(0.008 97) | 0.031 9<br>(0.129) |
| Lnsize | −0.027 2<br>(0.101) | −0.001 81*<br>(0.001 04) | −0.004 11**<br>(0.001 76) | 0.020 0<br>(0.016 3) | −0.030 9***<br>(0.004 44) | 0.028 7*<br>(0.014 7) | −1.257**<br>(0.211) |
| Age | −0.008 83<br>(0.019 1) | 0.000 404**<br>(0.000 196) | −0.001 30***<br>(0.000 333) | −0.002 30<br>(0.003 08) | 0.001 19<br>(0.000 840) | 0.003 25<br>(0.002 78) | 0.180***<br>(0.039 9) |
| $ROA_{n-1}$ | −1.879<br>(2.209) | 0.068 6***<br>(0.022 8) | 0.084 9**<br>(0.038 5) | −0.937***<br>(0.357) | 0.440***<br>(0.097 4) | −0.530<br>(0.322) | 15.57***<br>(4.628) |
| Top3 | −0.000 669<br>(0.007 44) | 0.000 138*<br>(7.67e-5) | −0.000 130<br>(0.000 130) | −0.001 01<br>(0.001 20) | −0.000 395<br>(0.000 328) | −0.000 867<br>(0.001 09) | 0.009 83<br>(0.015 6) |
| OS | 0.103<br>(0.236) | −0.004 52*<br>(0.002 43) | 0.000 934<br>(0.004 12) | 0.090 2**<br>(0.038 1) | −0.009 30<br>(0.010 4) | −0.005 32<br>(0.034 3) | 1.530***<br>(0.494) |
| Constant | −9.661<br>(123.8) | −1.485<br>(1.276) | −4.164*<br>(2.164) | −46.99**<br>(20.03) | −24.52***<br>(5.456) | −9.213<br>(18.04) | −39.12<br>(259.3) |
| Observations | 910 | 910 | 910 | 910 | 910 | 910 | 910 |
| $R^2$ | 0.004 | 0.042 | 0.091 | 0.078 | 0.120 | 0.041 | 0.131 |

①董事会多样性与企业战略转移。从上述回归分析结果可以看出，董事会权力层级多样性与战略转移正向相关，而假设 H1 认为团队出现了权威后，会使得权力中心为了保障自身的既得利益不轻易驱动战略转移，从而抑制企业战略转移，但是反过来说，团队中权威的存在也使其具有更强的话语权，当

企业需要战略转移时，权威对于战略转移的推动性更强，更容易达成战略转移，因而造成回归结果与原假设 H1 不符。董事会治理结构多样性与战略转移负向相关，治理结构多样性描述的是董事会成员由于自身所处的利益团体不同而寻求不同的利益，利益制衡使得董事会的战略决策偏向稳定，不利于资源的重新分配，因此与假设 H2 相符。董事会知识经验多样性能够为董事会带来更多的信息和资源，让董事会成员在进行战略转移决策时考虑得更为全面，能使决策质量较好，能够有效促进企业战略转移，这是原假设。但是研究结果显示，董事会知识经验多样性会抑制企业战略转移，因为除了信息共享带来的好处，其实大量的信息和背景往往会造成董事之间更难达成共识，从而要耗费更长的时间达成战略转移，从而抑制了战略转移，因此与假设 H3 不符。董事会治理结构多样性、知识经验多样性、权力层级多样性与战略转移的回归结果均不显著，缘由在于：一方面，对战略转移的测量只是取了目前比较成熟的做法，其中涵盖的测度仍然不够全面；另一方面，战略转移的研究方法主要基于国外比较成熟的研究，而国内数据不全的问题也会对样本量和研究结果产生一定的影响，因此后文将拆解战略转移的 6 个指标所代表的 6 种导向型战略转移进行研究。

为验证假设 H1 的子研究，本书将董事会权力层级多样性与营销导向型战略转移、研发导向型战略转移、投资导向型战略转移、管理导向型战略转移、产品导向型战略转移及财务导向型战略转移分别进行回归分析，得到如表 5-8 所示的结果。研究结果表明，董事会权力层级多样性与研发导向型战略转移和管理导向型战略转移均表现出负向显著相关关系。这说明董事会权力层级多样性越强，研发导向型战略转移和管理导向型战略转移越少，其不利于企业研发和管理的战略转移。同时，董事会权力层级多样性与投资导向型战略转移之间也呈负向关系，即董事会权力层级多样性越强，投资导向型战略转移越相对保守。董事会权力层级多样性对营销导向型战略转移、产品导向型战略转移、财务导向型战略转移则起到一定程度的促进作用。总体来说，董事会权力层级多样性对企业战略转移的各个方面的影响不能一概而论。

为验证假设 H2 的子研究，本书将董事会治理结构多样性与营销导向型战略转移、研发导向型战略转移、投资导向型战略转移、管理导向型战略转移、产品导向型战略转移及财务导向型战略转移分别进行回归分析，结果显示，董事会治理结构多样性仅对财务导向型战略转移有负向影响，对其他战略转移均有正向影响，但是并没有显著作用，这表明董事会的圈子属性总体来说对于战略转移并没有明显的作用。

为验证假设 H3 的子研究，本书将董事会知识经验多样性与营销导向型战略转移、研发导向型战略转移、投资导向型战略转移、管理导向型战略转移、产品导向型战略转移及财务导向型战略转移分别进行回归分析,结果显示,董事会知识经验多样性与营销导向型战略转移、研发导向型战略转移、管理导向型战略转移、财务导向型战略转移均显著正向相关,因此假设 H3a、H3b、H3d、H3f 得到验证;董事会知识经验多样性与产品导向型战略转移虽然正向相关,但并不显著,与投资导向型战略转移负向相关,但同样不显著。

②企业经营绩效的调节作用。由于董事会多样性与企业战略转移之间的关系受到企业经营绩效的影响,本章用企业经营绩效作为模型当中的调节变量,用 ROA 表示。在研究中,先将自变量和调节变量都进行标准化,之后设立董事会多样性与企业经营绩效的交互项,董事会治理结构多样性与企业经营绩效的交互项表示为 Z1,董事会知识经验多样性与企业经营绩效的交互项表示为 Z2,董事会权力层级多样性与企业经营绩效的交互项表示为 Z3,回归结果如表 5-9 所示。

由上述调节作用结果可知,企业经营绩效对董事会权力层级多样性与战略转移之间的关系有负向调节作用,对董事会治理结构多样性与战略转移之间的关系有正向调节作用,对董事会知识经验多样性与战略转移之间的关系有负向调节作用,虽然三者都不显著,但是考虑到对战略转移的测量问题,下面将分别对战略转移的 6 个指标进行假设 H4 至假设 H6 的子研究分析。

从表 5-9 可以看出,首先,企业经营绩效正向显著调节董事会权力层级多样性对营销导向型战略转移的影响,即良好的企业经营绩效有助于提升董事会权力层级多样性对营销导向型战略转移的正向关系。因此处于权威位置的董事会成员,在企业经营绩效较好的时候,会更愿意进行营销导向型战略转移;在企业经营绩效不好时,则在营销策略上会相对保守,不愿意进行战略转移,从而规避风险。其次,企业经营绩效正向显著调节董事会治理结构多样性对财务导向型战略转移的影响,从前文可知董事会治理结构多样性越强,企业越不倾向于进行财务导向型战略转移,所以,当企业经营绩效较好时,显著的正向结果说明,良好的绩效水平会使企业财务与资产运作方式更加趋于稳定,相对应的各团体的利益也趋于稳定,从而抑制企业进行财务导向型战略转移。最后,企业经营绩效负向调节董事会知识经验多样性对财务导向型战略转移的影响,从前文可知董事会知识经验多样性越强,企业越倾向于进行财务导向型战略转移,但是,当企业经营绩效较好时,董事会成员会认为公司目前的财务和资产运作方式是好的,反而会抑制由多样性背景产生的转移倾向;当企业经营绩效变差时,董事会成员会将其作为一个危险信号,凭借其知识经验多样性对财务导向型战略转移的正向影响,促进其转移。

从以上结果可以看出,在营销导向型战略上,董事会权力层级多样性决定了权威中心能够利用其权威促进战略转移,而良好的绩效让权威更有动力和能力去推进营销导向型战略转移。在财务导向型战略上,无论是在董事会治理结构多样性还是在董事会知识经验多样性对该战略转移的影响中,企业经营绩效都是一个良好的信号,绩效差时,董事会将做出财务导向型战略转移决策,而绩效良好时,董事会对于进行该战略转移的动力不强,偏向于不进行战略转移。

### 2. 实证结果讨论

(1)实证结果汇总。

实证结果如表 5-10 所示。

表 5-10 研究假设验证性结果描述

| 假设 | 内容描述 | 证实情况 |
|---|---|---|
| H1 | 董事会权力层级多样性会抑制企业进行战略转移 | 相悖 |
| H1a | 董事会权力层级多样性会抑制企业进行营销导向型战略转移 | 相悖 |
| H1b | 董事会权力层级多样性会抑制企业进行研发导向型战略转移 | 证实 |
| H1c | 董事会权力层级多样性会抑制企业进行投资导向型战略转移 | 不显著 |
| H1d | 董事会权力层级多样性会抑制企业进行管理导向型战略转移 | 证实 |
| H1e | 董事会权力层级多样性会抑制企业进行产品导向型战略转移 | 相悖 |
| H1f | 董事会权力层级多样性会抑制企业进行财务导向型战略转移 | 相悖 |
| H2 | 董事会治理结构多样性会抑制企业进行战略转移 | 不显著 |
| H2a | 董事会治理结构多样性会抑制企业进行营销导向型战略转移 | 相悖 |
| H2b | 董事会治理结构多样性会抑制企业进行研发导向型战略转移 | 相悖 |
| H2c | 董事会治理结构多样性会抑制企业进行投资导向型战略转移 | 相悖 |
| H2d | 董事会治理结构多样性会抑制企业进行管理导向型战略转移 | 相悖 |
| H2e | 董事会治理结构多样性会抑制企业进行产品导向型战略转移 | 相悖 |
| H2f | 董事会治理结构多样性会抑制企业进行财务导向型战略转移 | 不显著 |
| H3 | 董事会知识经验多样性会促进企业进行战略转移 | 相悖 |
| H3a | 董事会知识经验多样性会促进企业进行营销导向型战略转移 | 证实 |
| H3b | 董事会知识经验多样性会促进企业进行研发导向型战略转移 | 证实 |
| H3c | 董事会知识经验多样性会促进企业进行投资导向型战略转移 | 相悖 |
| H3d | 董事会知识经验多样性会促进企业进行管理导向型战略转移 | 证实 |
| H3e | 董事会知识经营多样性会促进企业进行产品导向型战略转移 | 不显著 |
| H3f | 董事会知识经营多样性会促进企业进行财务导向型战略转移 | 证实 |

| 假设 | 内容描述 | 证实情况 |
|---|---|---|
| H4 | 企业经营绩效将正向调节董事会权力层级多样性对企业战略转移的影响 | 不显著 |
| H4a | 企业经营绩效将正向调节董事会权力层级多样性对企业营销导向型战略转移的影响 | 证实 |
| H4b | 企业经营绩效将正向调节董事会权力层级多样性对企业研发导向型战略转移的影响 | 不显著 |
| H4c | 企业经营绩效将正向调节董事会权力层级多样性对企业投资导向型战略转移的影响 | 不显著 |
| H4d | 企业经营绩效将正向调节董事会权力层级多样性对企业管理导向型战略转移的影响 | 不显著 |
| H4e | 企业经营绩效将正向调节董事会权力层级多样性对企业产品导向型战略转移的影响 | 不显著 |
| H4f | 企业经营绩效将正向调节董事会权力层级多样性对企业财务导向型战略转移的影响 | 不显著 |
| H5 | 企业经营绩效将正向调节董事会治理结构多样性对企业战略转移的影响 | 不显著 |
| H5a | 企业经营绩效将正向调节董事会治理结构多样性对企业营销导向型战略转移的影响 | 相悖 |
| H5b | 企业经营绩效将正向调节董事会治理结构多样性对企业研发导向型战略转移的影响 | 相悖 |
| H5c | 企业经营绩效将正向调节董事会治理结构多样性对企业投资导向型战略转移的影响 | 不显著 |
| H5d | 企业经营绩效将正向调节董事会治理结构多样性对企业管理导向型战略转移的影响 | 不显著 |
| H5e | 企业经营绩效将正向调节董事会治理结构多样性对企业产品导向型战略转移的影响 | 不显著 |
| H5f | 企业经营绩效将正向调节董事会治理结构多样性对企业财务导向型战略转移的影响 | 证实 |
| H6 | 企业经营绩效将负向调节董事会知识经验多样性对企业战略转移的影响 | 不显著 |
| H6a | 企业经营绩效将负向调节董事会知识经验多样性对企业营销导向型战略转移的影响 | 相悖 |
| H6b | 企业经营绩效将负向调节董事会知识经验多样性对企业研发导向型战略转移的影响 | 相悖 |
| H6c | 企业经营绩效将负向调节董事会知识经验多样性对企业投资导向型战略转移的影响 | 相悖 |
| H6d | 企业经营绩效将负向调节董事会知识经验多样性对企业管理导向型战略转移的影响 | 相悖 |
| H6e | 企业经营绩效将负向调节董事会知识经验多样性对企业产品导向型战略转移的影响 | 相悖 |
| H6f | 企业经营绩效将负向调节董事会知识经验多样性对企业财务导向型战略转移的影响 | 证实 |

(2)实证结果讨论。

本章基于上市公司面板数据,根据 Harrison(2007)提出的分类方法,结合国内实际情况对董事会多样性进行定义,分别对应董事会权力层级多样性(D)、董事会知识经验多样性(V)及董事会治理结构多样性(S),同时借鉴Carpenter(2002)的度量方法对上市企业战略转移进行测算,在此基础上研究两者之间的关系,并通过拆分战略转移测量要素深入分析和研究企业经营绩效对三类董事会多样性与战略转移之间关系的调节作用。

研究结果表明,董事会治理结构多样性对企业战略转移及各个战略转移指标的影响均不显著,不是其主要的影响因素,但是企业经营绩效显著正向调节董事会治理结构多样性对财务导向型战略转移的负向影响,即董事会治理结构多样性越高,小圈子特性越明显,各利益团体之间越能相互制衡、相互监督,从而难以进行财务导向型战略转移,且企业绩效越好,越正向促进该负向关系,企业越难以进行财务导向型战略转移,企业财务杠杆指标代表的财务与资产运作方式越趋于稳定。

董事会知识经验多样性对资源分配、财务与资产运作的战略转移均有显著的正向影响。从资源分配角度来说,主要体现在营销导向型战略转移、研发导向型战略转移和管理导向型战略转移上,董事会成员的知识经验多样性越强,在获取了更多数量、更多元的信息、知识和资源后,越容易进行营销导向型、研发导向型和管理导向型战略转移;同时,在财务与资产运作上也会由于资源丰富在调配上更加自如,能够进行财务导向型战略转移。但是当企业经营绩效良好时,出于对现有格局和利益的保护考虑,反而会变得束手束脚,从而抑制企业财务导向型战略转移。

董事会权力层级多样性对研发导向型战略转移和管理导向型战略转移产生显著的负向影响,董事会权威在这两项战略决策上都相对保守,对其他战略的影响不显著。但是在营销导向型战略转移上,当企业经营绩效较好时,董事会权力层级多样性对营销导向型战略转移本来微弱的正向关系会得到正向调节。对于权威来说,营销手段运用得好,可以使公司的战略成果与业绩放大化,因而不难解释企业经营绩效对该正向关系的显著正向调节作用。

综合所有对子研究的分析可以发现,无论是董事会治理结构多样性、知识经验多样性还是权力层级多样性,对于投资导向型战略转移和产品导向型战略转移的影响都非常小,并没有任何显著的影响。固定资产是企业资源中很重要的一部分,展现的主要是企业资源的分配问题,而存货率反映的是企业的生产周期和对运营资金的管理模式。前者的变革对于企业来说往往是很强势的资源调整,且变革难度大,从结果来看,董事会多样性对其影响微乎其微,企业内外部环境等其他因素的作用可能更加明显,但在本书中并不能得出相关结论。相对来说,产品生产周期和运营资金是企业长期以来在市场环境、内外部影响因素及各种竞争中形成的比较适应和成熟的模式,单纯从董事会多样性的角度进行分析,显得比较单薄,董事会多样性在此方面的主观能动性相对较差。针对这两个战略转移的影响因素,可以在未来进行更加深入的研究。

# 四、研究结论与启示

## (一)研究结论

### 1.董事会多样性、企业战略转移理论研究的结论

关于企业战略转移的驱动因素与实施保障因素的研究并不鲜见,现有的国内外部分学者从不同的角度都对其进行了研究,有从资源角度展开的,有从环境变化角度展开的,也有从公司治理角度展开的,但是由于角度的多样、研究方法的不同,一直没有形成较为统一的认知。

从公司治理角度展开的研究,多从董事会治理角度切入,且主要是在董事会个体层面上进行相关研究,几乎很少将董事会作为一个团队进行研究。针对团队的研究在组织行为学中不仅是热点,而且已经积累了丰富的研究成果,本书通过引入团队理论,将董事会看作一个特殊的团队进行研究。由于团队多样性被认为能更好地处理复杂的组织情境(Hambrick et al.,1996),本章根据 Harrison(2007)提出的分类方法,结合国内实际情况对董事会多样性进行定义,并研究董事会多样性对企业战略转移的影响,一定程度上突破了原有研究的局限,开拓了董事会治理在组织层面的研究新思路,为研究董事会对战略转移决策的影响提供了新方法。

### 2.董事会多样性对企业战略转移的影响的研究结论

多样性如何影响董事会的战略决策是组织研究者和实践者面临的重要课题,本书将董事会多样性分为董事会权力层级多样性、董事会知识经验多样性及董事会治理结构多样性分别进行研究;对战略转移的测度是根据战略性资源配置的变化来衡量战略调整的幅度(Carpenter,2002),且对营销导向型战略转移、研发导向型战略转移、投资导向型战略转移、管理导向型战略转移、财务导向型战略转移、产品导向型战略转移分别进行分析和研究。研究结果表明,董事会治理结构多样性反映的圈子代表的各利益团体多样性,对战略转移决策的影响微乎其微,而董事会知识经验多样性和董事会权力层级多样性对战

略转移决策有显著的影响;对代表战略转移的各个指标进行深入研究发现,董事会多样性对企业战略转移的影响在营销导向型战略转移、研发导向型战略转移、管理导向型战略转移及财务导向型战略转移上显著,在投资导向型战略转移和产品导向型战略转移这两个维度上不显著。

(1)董事会多样性对企业战略转移具有一定程度的驱动影响。

本章的研究带给我们很重要的启示,基于资源配置的战略测度是通过多个维度关键战略资源的变化来度量的,但是董事会多样性对于每个关键资源的战略转移的影响可能是正向的,也可能是负向的。综合而言,首先,复合的战略转移指标难以完全真实地反映企业战略转移的决策;其次,对于关键要素来说,不同的董事会多样性对其影响结果可能是完全相反的,需要具体问题具体分析;最后,战略转移数据测量指标的国内数据缺失很多,加之多年面板数据需求,造成样本量大幅减少,模型拟合度较差。这几方面都是未来在做相关研究时可以进行优化的地方。

(2)董事会多样性对企业战略转移的影响分析。

董事会知识经验多样性较强时,董事会成员的知识、专业、经验、背景等有利于企业拓宽信息搜集渠道,获得更加全面的信息和资源,规避信息不对称的风险,使得企业趋向于利用已有的信息和资源进行一些战略转移,从而应对瞬息万变的市场竞争环境。当把企业经营绩效作为调节变量时发现,相比于拥有良好业绩的企业来说,绩效衰退企业的经营环境更加动荡,企业要想获得成功,就必须紧跟动态环境的步伐调整资源分配模式,或适时创新重构它们在行业内的战略规划,对企业面对的外部环境及占有资源做合理的评估,对关键业务资源进行重新整合,只有这样才能帮助企业扭亏为盈,具备竞争优势(Prahalad et al.,1990;Barney,1991)。如果一味坚持原有的战略,企业业绩将很难扭转,实证结果也验证了这一假设:企业经营绩效越好,负向调节作用越显著;企业经营绩效越差,正向调节作用越显著。

当董事会中出现极少数的权威,权力层级多样性增强时,董事会成员在研发导向型战略转移和管理导向型战略转移决策上会较为保守。一方面,由于权威性,其本身的权力和战略推动力是强大的,相对应地,其将要承受更大的责任,为了规避风险,权威会选择较为保守的行为;另一方面,即使董事想要推动战略转移决策,权力的限制也会使其难度增大很多,因而结果显示权力层级多样性显著负向影响战略转移。当加入绩效来调节时,出现了很有意思的现象,权威趋向于推进营销导向型战略转移。当权力层级多样性强时,无论是对于企业还是个人,营销宣传都有助于提升权威的个人荣誉感,尤其是在企业经营绩效较好的时候,将显著正向促进该正向关系。

### (二)管理启示

从研究结果来看,企业的营销导向型、研发导向型、管理导向型及财务导向型战略转移受到董事会多样性的显著影响。非常值得注意的一点是,在研发导向型和管理导向型战略转移决策上,董事会知识经验多样性和董事会权力层级多样性的影响是截然不同的,董事会知识经验多样性对二者的作用均为促进作用,而董事会权力层级多样性对二者的作用均为抑制作用。从企业实践来看,董事会权力层级多样性是有绝对权威的,在做出战略决策时其会有更多的票数优势,此时,即使是董事会知识经验多样性所促进的董事会战略转移倾向也会由于少数董事会成员规避风险而趋于保守,从而导致公司难以推进战略转移,错失在动荡环境中提升竞争力的良好机会。董事会权力层级多样性不强的董事会团队相对来说更容易做出科学决策,但是这对于作为权威中心的董事会成员来说是巨大的挑战。能否将董事会团队所获取的信息、资源充分利用起来,能否避免"一言堂"现象,是决定企业是否可以做出科学战略决策的重要影响因素,需要引起董事会成员及所有公司管理者的充分注意。

另外,研究结果表明,企业经营绩效对于企业战略转移决策会起到一定的调节作用,管理团队只有清晰地认识到企业经营绩效对自身决策可能产生的影响,才能更加自如且全方位地站在董事会成员的角度去思考企业战略决策问题,而不是完全受到企业经营绩效的影响。目前结果表明,企业经营绩效好时董事往往选择保守策略。事实上,企业经营绩效好时,在动荡的外界环境变化和巨大的竞争压力下,能够进行科学决策将会帮助企业走在更好的道路上,获得与环境相匹配的持久的竞争力,所以,董事会成员应该充分利用团队的治理结构多样性、知识经验多样性及权力层级多样性,积极地进行战略考量,从而做出更加科学有效的战略决策。

第一,董事会治理应关注多维度治理效应,促使董事会成员科学行使权利和履行义务。目前,学术研究多关注董事会的监督职能,然而这只是董事会具备的众多职能之一,且过度强调监督职能会增大董事会获取成员信息和资源的难度,从战略转移角度来说,当所做的决策复杂且风险高时,如果不能充分利用董事会多样性所带来的资源和信息,将很难帮助企业在动荡的环境中做出最好的战略决策。现有各研究理论都表明,在现代企业制度下董事会想要发挥更加有效的作用,必须强化其在各个维度的作用的发挥。董事会担负着企业战略决策的重要职能,企业和学术界均应提高对相关方面的关注度,只有董事会各个维度都受到了足够的重视,才能充分发挥董事会的作用。

第二,企业应关注董事会多样性对企业战略转移策略可能产生的影响,注重企业经营绩效对董事会多样性与企业战略转移之间关系的调节作用。企业根据目前的战略转移目标需要有针对性地进行董事会治理，从董事会多样性角度考虑是一个可行的方式。截至目前，理论界的研究结果及企业实践经验表明，董事会治理没有绝对的最优或者最好的模式可以直接借鉴，但是通过本书的研究，我们可以知道，不同的董事会多样性会给企业带来不同的战略转移效果。研究表明，我们可以基于现有的董事会多样性分析其对企业战略转移决策是否已经发生了影响及发生了什么样的影响，如何促进或者规避由多样性带来的决策影响，让企业在战略决策上少走弯路，更好地应对企业所面临的内外部环境变化，保证企业的竞争优势，维持企业的长久发展。关注董事会多样性对企业战略转移策略可能产生的影响是十分必要的，否则董事会治理与企业战略转移的要求就会脱节，会导致企业战略转移无法很好地被驱动，甚至使企业战略价值无法实现，尤其是在企业不同的情境下，企业经营绩效的好坏能够在很大程度上调节二者的关系。

第三，企业要注重董事会从合规到有效的转变，发挥其战略决策的作用。研究表明，董事会治理结构多样性对于企业战略转移没有显著的影响，《公司法》及相关的政策法规针对董事会的制度性规定中，对于董事会治理的相关问题较多地局限于强调董事会的合规性建设，着重强调董事会的监督职能，以至于目前所有的企业在形式上满足了合规性的要求，这在很大程度上提高了董事会正常运作的规范性，但是从研究结果来看，董事会战略决策等其他相关的职能不能够很好地发挥作用，因而，董事会层面要思考董事会团队应如何建设才能更加有效，而立法机关也不应该有过分统一的强制规则，否则不利于董事会全方位功能的发挥。

公司运作不能仅仅依靠现有的法制约束，在合规的基础上，公司更多的是需要自治的。积极适应环境的变化，适时做出战略转移决策，将有助于董事会利用董事会团队成员的信息和资源优势，在动态的环境变化中持续地获得企业的竞争优势。

第四，企业应适度发挥董事会内部的权威力量，提升战略危机意识，保证董事会决策的最大效能。董事会成员由于大股东背景因素会形成一个或多个内部的权威，当董事会权力层级多样性较高的时候，也会形成权威。而董事会团队中的权威力量是把双刃剑；一方面作为既得利益者，权威力量倾向于保证自身的既得利益，往往不愿意改变现状，不能够及时快速地推进企业创新等革命性进程，且战略转移往往不仅伴随着机会，同时也常常伴随着风险，因此权威力量有更多的原因不愿意推进企业战略转移；另一方面，权威力量由于其权威性，对于决策的形成往往能够起到质的推进效果，可以加大决策效率，当权威有意进行战略转移时,执行效率往往是较高的。本书研究证明,权威会显著抑制企业研发导向型和管理导向型战略转移,因此,如何使用好这把双刃剑,就是非常关键的问题。董事会中的每一个成员都应该充分意识到权威力量的作用,提升战略危机意识,从而提升董事会战略决策的效能;在应对外界环境变化时,权威应避免既得利益、规避风险等问题阻碍企业在必要的时候进行适时战略转移;同时,董事会团队也应充分利用权威力量提高战略转移的效率,保证董事会决策的最大效能。

第五,企业应充分发挥多样性人力资本在董事会中的专家咨询作用,特别要注重营销、研发、管理、财务人员的软实力的提升,尤其注重独立董事的甄选与价值体现。董事会知识经验多样性主要是由董事会团队背景所决定的,不同的背景带来的专业知识也是不同的,本章的研究表明,董事会知识经验多样性可以正向显著促进企业营销导向型、研发导向型、管理导向型及财务导向型战略转移,因此董事会知识经验多样性能够促进战略转移,且董事会团队依靠这些知识和经验可以为企业在相关战略转移方式和方法上为董事会决策提供专业的建议参考,发挥专家咨询的作用。

因此,积极提升董事会知识经验多样性,对于企业战略转移决策有很重要的作用;同时,相关人员需要不断提升在专业领域的软实力,从而为企业相关战略转移提供专业咨询,尤其是独立董事,常常作为行业专家被引入董事会团队,因此独立董事的甄选将对董事会团队多样性起到重要的作用。可见董事会知识经验多样性是一个不可忽视的独立董事甄选切入角度。

### (三)研究不足与展望

本章力求在研究框架和测量方式上做到严谨和全面,初步探究了董事会多样性对于企业战略转移决策的影响,且取得了一定的研究成果,以下可成为未来进一步研究的方向。

本章以高阶梯队理论、资源依赖理论为基础,借鉴组织行为学中成熟的团队理论,将董事会作为特殊的团队进行研究,研究角度较为新颖,但是也相对缺乏前人的研究基础,对于董事会团队多样性的分类方法未来可以进行更多的尝试和验证,从而提升研究的说服力。

在战略转移的测度方面,虽然在国外已经很成熟,但是针对国内具体情境仍需特殊考虑,单纯的拿来主义会造成研究结果的不适应,未来的研究可以针对国内特殊情境进行战略转移关键资源要素的增加或者删除,从而获得更加具有国内适应性的研究结果。

本章选取的样本是全样本,取 2011—2015 年的截面数据进行研究,但是由于目前国内的数据库中关于战略转移各要素的数据严重缺失，面板数据样本量很少，模型拟合度不高。

由于董事会多样性对战略转移的影响具有滞后性，考虑到数据的可获得性，本章选择了后一年减去前一年的测度方式，如果能够更大程度地扩大滞后期，可能会更好地表现出董事会多样性对企业战略转移的影响。

本章仅考察董事会多样性对于企业业务层面战略转移的影响，而企业的战略转移是更加广泛的体系，包含更多维度和层面，例如职能层、公司层战略转移等类型，本书未将其纳入研究范围。

企业战略转移的影响因素众多，对于控制变量和调节变量可以进行更加深入和广泛的选择，从而丰富相关的研究结论。

# 第六章 | 网络化视角下董事会治理对创新效率的影响研究：机理与实证

## 一、问题提出

创新已经成为拉动城市发展及增加国家竞争力的关键推动力，企业是创新的主体，研发活动是企业创新的重要手段。近年来，越来越多的学者开始关注企业的研发活动，研究的方向涵盖企业研发投入、企业研发产出及企业研发效率等。刘小元等(2012)通过实证研究发现，董事会成员人数、董事会持股比例与创业企业创新研发强度显著正相关。何强等(2012)研究发现，董事会规模和董事会会议次数对企业通过研发投入提升企业绩效的能力具有调节作用。在李克强总理提出推动"大众创业、万众创新"之后，创新已然成为国家战略。在2015年的《政府工作报告》中，"创新"二字被提到38次，"创业"被提及13次，还有2次专门提到"大众创业、万众创新"。

创新研发活动作为一项复杂的企业活动，受到诸多因素的影响。董事会作为企业重要的治理机制，直接制定企业的创新研发战略，决定企业的创新研发投入。即便如此，也仍然有众多学者将研究的重心置于其监督职能上，以Niamh(2006)为例，其认为董事会是一种重要的公司治理机制，应该重视其监督职能，并把公司绩效作为公司治理机制的函数。然而董事会的职能不只局限在防范消极的管理行为上，更重要的是积极的管理行为，董事会应该具有多重职能。因此，从董事会的战略决策职能切入分析企业的研发创新活动十分必要。随着市场竞争的日益激烈，创新研发活动越来越成为企业的核心活动。作为一项复杂的企业活动，创新研发活动常常受到诸多因素的影响。一项新技术或新产品的研发工作旷日持久，尤以医药行业为最，一种新药从研发到上市通常需要十几年的时间。在这段漫长的时间中，企业的创新研发活动不仅需要源源不断的资金支持，还需要持续的战略重视。已有研究表明，董事会的特征和结构会影响企业战略，不同程度的董事会多样性会对企业战略产生重要影响。

董事会作为公司治理机制的核心，承担着为企业分配战略资源、提供创造性思维及与外界环境建立联系的任务。一个具备高度多样性的董事会能够为企业带来异质性的战略决策资本。已有研究表明，董事会多样性越高的企业越倾向于将资金投入创新研发活动中。内部的董事会知识和决策基础与外部的商业网络信息是创造性决策依赖的两大要素。董事会成员原有的知识、经验及背景是其认知事物并做出基本判断的先决条件，而决策者处于商业网络之中则能为其带来新的信息及知识。如今信息已成为宝贵的战略资源，企业的决策越来越离不开它。董事会内部的知识基础与外部的网络结构对董事会战略决策和公司绩效的影响已受到研究者关注。Wincent et al.（2010）及段海艳（2012）通过实证研究已经证实连锁董事网络有助于信息在董事会之间的传递，其对企业研发创新行为具有正向作用。尽管如此，董事会内部的认知基础及董事会外部的网络结构还是通常被作为两个不同的命题进行研究，极少有研究将其纳入统一研究框架共同讨论对企业创新战略及研发效率的影响。因此，在不同的网络条件下，研究董事会多样性对企业研发决策和研发效率的影响，有以下几点现实意义。

第一，创新已经成为拉动城市发展及增加国家竞争力的关键推动力，企业是创新的主体，深入研究董事会多样性与企业的研发决策和研发效率的关系，有利于指导企业建立科学完备的董事会，为企业提供科学决策的治理基础，对于企业的成长及创新能力的提升具有重要的现实价值。

第二，企业的连锁高管网络承载了资源整合和信息共享等多重功能，探讨连锁高管网络对企业研发决策和研发效率的影响机制有利于充分了解连锁高管网络的特性和优势，可以为企业制定创新发展战略提供重要的信息和参考依据。

第三，如何发挥连锁高管网络的积极作用，优化资源配置，以达到提升企业创新能力的目的，是值得关注的研究方向。由于连锁高管网络承载的多重属性，如何发挥连锁高管网络的积极作用，抑制连锁高管网络的消极作用，实现企业和社会的资源最优化配置，最终达到提升企业创新能力的目的值得深入探讨。本章将主要依据知识吸收理论及资源依赖理论对二者在企业战略制定及绩效转化中的作用进行探讨，并对企业设置合理的董事会多样性和创新网络位置提出建议，进而提高企业的创新研发效率。

## 二、连锁高管网络对创新效率的影响机理研究

### (一)研究中心:创新与董事会

创新战略是指企业为创造新产品或服务而进行的整体规划(Miller et al.,2009)。创新能力是企业的核心竞争力,创新战略已然上升到国家战略的高度。任何企业要在如今的竞争环境下取得一席之地,都必然要紧跟时代潮流,响应国家号召,更多并且更高质量地将企业的资源投入创新活动中,从而创造企业的长期价值。

冯子朔(2013)在研究中对技术创新战略进行了较为全面的整理和概括,认为企业的技术创新战略包含 6 个维度,分别为技术投资选择与组合、技术能力水准与程度、技术的来源、研发投资程度、竞争战略及研发组织与政策。

专利在创新过程中作为无形的知识产出,是一种间接的产出,虽然不能代表企业研发的全部产出,但在实际的研究中,专利数据具有较好的可获得性和体现研发活动潜在价值的功能。我国的专利制度把专利分为发明专利、实用新型专利和外观设计专利。发明是指对产品、方法或者其改进所提出的新的技术方案,可以形成具有自主知识产权的产品。实用新型是指对产品的形状、构造或者其结合所提出的适于实用的新的技术方案。外观设计是指对产品的形状、图案或其结合及色彩与形状、图案的结合所做出的富有美感并适于工业应用的新设计。朱丽等(2017)在企业创新能力的研究中将专利分为发明专利、实用新型专利和外观设计专利,按照 0.5、0.3、0.2 的比例加总后,取其自然对数为企业创新能力的衡量指标。

创新是企业发展的重中之重,对于企业创新的研究多集中于创新战略及其对最终的研发效率的影响。吴晓波等(2005)研究提出,制药企业在技术创新中往往将自身嵌入创新战略网络中,企业间的创新联系对企业的创新行为和绩效有重要的作用。彭灿等(2009)研究发现,技术能力对企业的创新战略有重要的影响,在一定技术能力的基础上,企业的创新战略对企业绩效有正向作用。雷辉等(2013)研究发现,创新投入对企业绩效有正向影响,并且创新投入在差异化竞争战略对企业绩效的影响中起到部分中介作用。王瑛等(2003)在考虑高管的情况下研究了企业的创新战略对企业绩效的影响,发现高管由于学历和任职期限不同对企业的 R&D 投入存在不同的影响。周建等(2012)通过研究董事会认知异质性对创新战略的影响发现,董事会成员的受教育程

度和董事会成员的群体断裂带程度对创新战略有积极影响。朱有为等（2006）通过实证研究发现，企业规模及市场的竞争程度对企业研发效率有正向作用。张永庆等（2011）研究发现，企业的R&D投入对企业的研发效率有正向影响，但其中政府资金补贴的部分对研发效率的影响不明显。刘和东（2011）也在研究中发现，政府支持在中长期对企业研发效率有负面影响。周立群等（2009）在研究企业所有权性质与研发效率中发现，国有企业的研发效率整体偏低。

董事会是重要的决策机构，企业创新涉及企业的重大发展方向，因此有很多文献集中于研究董事会特征与企业创新之间的关系。徐伟等（2011）及刘小元等（2012）的研究均发现，董事长持股比例及董事会规模对企业创新投入有显著的正向作用，而执行董事对企业创新投入有负面作用。周清杰等（2008）重点研究了国有独资企业的创新能力发现，由于国有独资企业无法通过产品市场衡量企业绩效，其创新能力相对落后，其经理人在创新方面受到极少的约束。赵旭峰等（2011）研究发现，董事会中独立董事的比例对企业创新投入有正向作用。李小青（2012）通过对高科技上市公司自主创新能力的研究发现，董事会职能背景异质性对企业创新战略有显著的正向影响。马连福等（2016）通过研究中国技术密集型上市公司的数据发现，董事会网络位置对企业R&D投入有显著的积极影响。曾江洪等（2015）基于内部互动视角研究发现，有技术背景的董事对企业的决策效率和创新绩效有正向影响。朱丽等（2017）研究发现：①高管学术资本对企业创新能力具有积极影响；②在高政府资本情况下，高管学术资本对企业网络"声望"和"权力"与企业创新能力之间的关系有更显著的调节作用。

综观以上研究，虽然国内外对于董事会特征与企业创新活动有较多研究，但未将董事会人力资本、董事会结构、董事会社会资本纳入统一框架中进行对企业创新决策及研发效率的分析。本章旨在整合董事会多样性的内外部视角，深入研究董事会结构、人力资本、社会资本在企业创新活动的研发阶段及绩效转化阶段对创新效率的影响，从而指导企业更加合理地分配企业资源，提高研发效率，同时更加合理地利用董事会社会资本。

## （二）研究假设

### 1. 研发投入对创新产出的影响

研发投入在创造新知识和促进经济增长等方面的重要作用一直是学术界关注的问题之一。最初的研究较多地关注创新战略对内部知识创造的影响，Cohen et al.（1989）研究发现，企业的研发投入显著促进创新的产生，同时能够发展企业的学习吸收能力。Petr et al.（2002）以278个企业为样本对企业效率与研发投入、知识、市场溢出之间的关系进行研究,结果发现,在保护知识产权的条件下的研发投入对产出有直接影响。王红霞等(2008)对 226 家在华跨国公司的研发投入和创新产出的关系进行了分析,结果发现,研发投入对创新产出具有促进作用,当企业资源利用充分时这种促进作用更为显著。Brand(2001)研究了美国 111 家大公司的研发支出与利润的关系,结果表明,研发投入对企业生产力和企业绩效的提高具有显著贡献。Hu(2004)研究发现,研发投入可以带来短期垄断收益,使企业在市场中占据优势地位。国内外学者的实证研究大多证实了研发投入对研发产出及绩效的积极作用。哈佛大学知名教授 Criliches 基于研发、专利与企业的生产效率三者的关系做了大量研究,后续很多相关研究均是在其研究的基础上发展而来的。20 世纪 80 年代中期,伴随内生增长理论的兴起,克鲁斯曼和罗摩等学者将内生增长理论和研发理论有机结合起来研究发现,有目的的研发活动是技术进步的来源,同时这些研发活动会产生市场垄断性力量。20 世纪 90 年代,越来越多的学者关注研发活动发挥的作用。Koeller(2005)以技术创新数据为研究样本,以重要创新数量为解释变量进行研究,结果显示,研发支出与创新数量之间存在着显著的正相关作用。

近些年,国内学者也开始关注研发投入和研发绩效之间的关系,并取得了较多的研究成果。按照研发过程可以将研发产出分为中间产出和最终产出:中间产出一般代表转化的直接结果,表现为知识型产出;最终产出一般代表转化的间接结果,表现为研发成果的潜在商业价值。在国内,关于这两个方面的研究一般集中在专利和新产品两个方面。目前,关于研发内生增长理论的大部分文献中,一般选择专利申请量与专利授权量作为技术创新产出的代理变量来进行实证研究。世界知识产权组织(World Intellectual Property Organization, WIPO)1999 年的报告指出,90％的研发成果包含在专利说明书中,而其中的80％并没有在学术期刊或者技术文档中公开,可见专利在测度企业的技术产出上有其独特优势。专利在创新过程中作为无形的知识产出,是一种间接的产出,虽然不能代表企业研发的全部产出,但在实际的研究中,专利数据具有较好的可获得性和体现研发活动潜在价值的功能,这也是本章选择专利作为产出指标的依据所在。

如前所述,我国的专利制度把专利分为发明专利、实用新型专利和外观设计专利。相比于发明专利,实用新型专利和外观设计专利的创造水平低,发明专利最能代表原创性水平。研发过程本身就是一种新知识的产生过程,绝大多数研究均表明,研发投入与研发产出之间存在着正相关关系。

本章认为,企业的研发投入能够正向影响企业的研发产出,并且外观设计专利和实用新型专利相较于发明专利更容易受企业研发资金投入的影响,因为高创造水平的专利除了受企业的研发资金投入影响,还受到企业其他研发投入如研发人员投入等因素的影响。由此提出本章的以下研究假设:

H1:企业研发投入正向影响企业创新产出。

H1a:企业研发投入正向影响发明数量。

H1b:企业研发投入正向影响实用新型数量。

H1c:企业研发投入正向影响外观设计数量。

### 2.创新产出对企业财务绩效的影响

在研发过程中产生的知识是技术创新的主要动力,Hu(2004)研究发现,研发可以带来短期垄断收益,使企业在市场中占据优势地位。另外,还有研究表明,研发投入对企业创新绩效存在两种不同形式的影响,一种是增强企业的技术消化吸收能力,另一种则是降低产品的边际成本。创新产出与企业绩效之间的关系研究大致集中于技术创新过程和专利申请动机两个方面:第一,专利活动对企业绩效的贡献是通过技术创新过程实现的;第二,企业申请专利的动机和企业绩效之间存在相关关系。张珊珊(2012)研究发现,不同质量的专利与我国中小企业板上市公司的不同绩效指标呈现出不同的相关性,且发明专利能有效提高企业 EPS。实证结果认为,不同质量的专利与企业 ROA 无显著相关性;而对于企业 EPS 来说,不同质量的专利却与之呈现出不同的相关性,即发明专利与企业 EPS 显著正相关,实用新型专利和外观设计专利并未与企业 EPS 表现出显著相关性。综上所述,提出本章的以下研究假设:

H2:企业创新产出正向影响企业财务绩效。

H2a:企业发明数量正向影响企业财务绩效。

H2b:企业实用新型数量正向影响企业财务绩效。

H2c:企业外观设计数量正向影响企业财务绩效。

### 3.董事会内部多样性对研发投入与创新产出之间的关系及创新产出与企业财务绩效之间关系的调节作用

Zahra et al.(2002)提出,吸收能力的两个维度在企业创新中有着不同的作用,实际吸收能力(Real Absorptive Capacity)是通过知识的应用帮助企业直接获得竞争优势,潜在吸收能力(Potential Absorptive Capacity)则是通过获取和消化外部知识来帮助企业维持竞争优势。这两个维度对创新绩效的作用既独立又互补,实际吸收能力通过产生创新绩效获得企业竞争优势,潜在吸收能力则通过增强资源的使用柔性来维持企业竞争优势。本章认为,董事会知识经验多样性与吸收能力有关,董事会成员利用已有的知识、经验,能够在与企业创新活动相关的决策中发挥作用。而董事会来源不同,代表了不同的利益诉求,各成员能够在决策过程中彼此牵制,互相监督,防止决策偏向一方利益相关者。因此,本章认为,董事会来源多样性越高,越有利于提高企业在创新成果探索阶段的效率。李维安等(2014)研究认为,在中国国情下,控股股东与董事会的监督具有互补作用,股权越集中,董事会的相对权力越大,越容易监督管理层的行为。因此本章认为,董事会权力层级多样性对企业创新成果的探索效率具有正向的调节作用。此外,李维安等(2014)还发现,股权集中度对董事会权力与产品竞争力具有正向的调节作用。由此提出本章的以下研究假设:

H3:董事会内部多样性正向调节研发投入与创新产出之间的关系。

H4:董事会内部多样性正向调节创新产出与企业财务绩效之间的关系。

**4. 董事会外部多样性对研发投入与创新产出之间的关系及创新产出与企业财务绩效之间关系的调节作用**

连锁董事网络承载了包括资源维度和信息维度在内的多种重要功能,其中信息共享和知识融合是连锁董事网络信息维度的重要功能体现。在公司连锁董事网络中,网络中心度越高,表示该公司的连锁董事与其他公司有更多的联结。从信息维度来看,各个企业通过连锁董事网络进行信息共享,连锁董事网络之间流动着诸多信息元素,本章推测此类信息的流动会在一定程度上促进知识融合,正向调节研发资本投入对研发产出的促进作用,因此提出本章的以下研究假设:

H5:企业连锁董事网络正向调节研发投入与创新产出之间的关系。

连锁董事网络承载了包括资源维度和信息维度在内的多种重要功能,其中资源整合和社会资本是连锁董事网络资源维度的重要功能体现。连锁董事网络的互惠模型表明,在连锁的双方中,只有当每一方都认为自身会通过结合的方式获得相同的利益时才会合理地做出连锁的抉择,这包括通过纵向协调、横向协调、传播知识、共享技能与声誉等方式共同获取收益。此外,企业需要从外部获取重要资源,而连锁董事可以通过增加资源的供应减少外部环境的不确定性,从而改善绩效。Scott(1992)提出的资源吸收理论、合法性理论也指出,通过与知名的人物或企业构成连锁,企业可以使自身更加满足制度要求,从而使绩效增加。从互惠模型和资源吸收理论可以知道,连锁董事可以给企业提供与研发相关的知识,提供实现研发产出市场化所需的资源,从而提升企业绩效。李莉(2008)通过研究不同的核心企业知识扩散方式对网络环境下企业知识获取绩效的差异性影响发现,专利开放方式与知识获取绩效之间具有显著的正相关关系。综上所述,连锁董事作为一种重要的网络资源,正向调节

研发产出与企业绩效之间的关系,由此提出本章的以下研究假设:

H6:企业连锁董事网络正向调节创新产出与企业财务绩效之间的关系。

5. 创新产出对研发投入和企业财务绩效的中介作用

在以往的理论及实证研究中,学者们对研发投入强度与企业绩效之间的关系持两种不同的看法。一部分学者认为,企业研发投入的强度与企业绩效之间呈正相关关系。Yamin et al. (1999)通过研究澳大利亚的制造业发现,研发投入和企业绩效之间存在显著的正相关关系,此外高绩效组织往往有更多的产品创新和流程创新。张彦等(2005)实证检验了企业的创新投入强度、资本结构及企业竞争力之间的关系发现,创新投入强度越大,企业竞争力越强。然而,也有一部分学者对此持相反的观点。例如,邱东阳(2002)通过实证研究发现,创新投入并未在企业中取得理想的效果;朱卫平等(2004)通过研究中国的高新技术企业发现,企业对人力资源的投入与企业绩效之间的关系基本没有正向影响。

本章认为,企业研发投入能否对企业绩效产生正向影响取决于企业在创新活动中有无产生具备市场价值潜力的创新成果,即专利成果。由此提出本章的以下研究假设:

H7:创新产出在研发投入对企业财务绩效的影响中起到中介作用。

根据以上研究假设,本章的理论研究模型如图 6-1 所示。

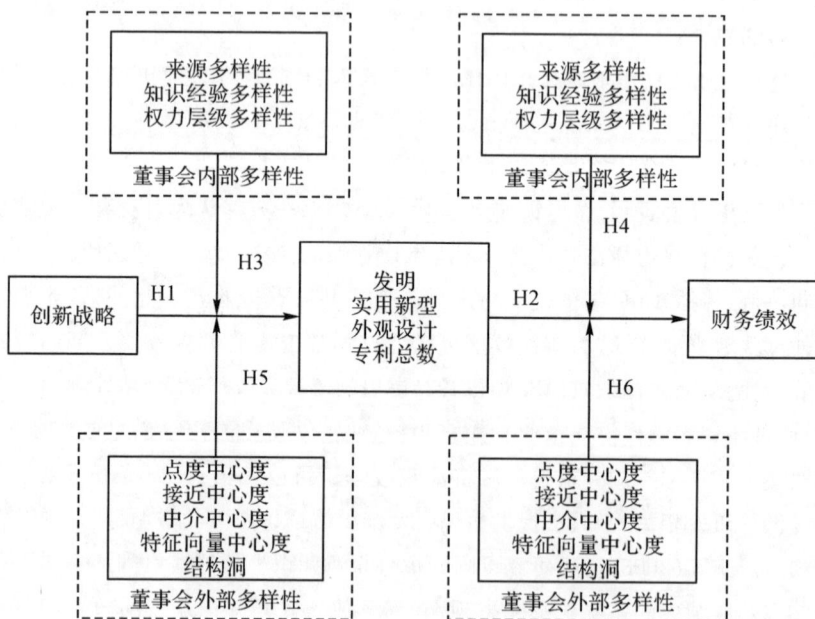

图 6-1　本章理念研究模型

## 三、连锁高管网络对创新效率的影响实证研究

### (一)研究设计

#### 1.样本选择和数据来源

本章的研究对象为全部 A 股上市公司,我们搜集了这些上市公司 2010—2013 年的统计数据及相关资料。同时,按照以下规则对样本进行筛选:

(1)剔除金融行业的公司;

(2)剔除被标识为 ST 的公司;

(3)剔除高管成员个人信息披露不完整的公司;

(4)剔除创新投入及产出披露不完整的公司;

(5)剔除财务数据披露不完整的公司。

最终获得了 1380 家上市公司的数据。

本章研究的数据主要来源于国泰安 CSMAR 数据库,其中高管成员的个人信息主要来源于其个人简历(手工收集),辅以互联网平台上的资料,以尽可能地降低由高管个人信息缺失带来的影响。本章在数据处理过程中使用的相关统计软件为 UCINET、PAJEK 及 STATA 12.0。

#### 2. 变量定义与测量

(1)解释变量——创新战略(研发投入)。

冯子朔(2013)在研究中对技术创新战略进行了较为全面的整理和概括,认为企业的技术创新战略包含 6 个维度,分别为技术投资选择与组合、技术能力水准与程度、技术来源、研发投资程度、竞争战略及研发组织与政策。其中,技术投资选择与组合包括选择投资哪些技术,运用到哪些新产品上,企业产品研究与制造的取舍及产品线的战略选择(维持现有产品、改进现有产品或发展新产品);技术能力水准与程度包括技术开发上的极限程度及技术的生命周期;技术来源则在于选择内部研发或外部引进新的技术及技术的情报价值(对外部趋势信息的技术监控成本);研发投资程度取决于企业研发投资的资金水准及研发人员的素质;竞争战略包含竞争时机,竞合战略,研发战略,引进新技术、产品及服务的时机及授权战略;研发组织与政策包括高管对技术战略的涉入程度,企业的组织结构、人才素质及研发、制造与行销的配合程度。以上研究数据的来源为个案深度访谈,数据的获取难度较高。

由于公司创新战略的数据难以获取,本章借鉴 Olson et al. (2006)的研究,

选择研发投入(主要表现为公司的研发强度)作为创新战略的代理变量。之所以这样选择，是因为研发投入反映了董事会对公司创新战略的资源配置决策，并且以往的研究已经证实研发投入是衡量公司创新战略的一个较好的代理变量(Miller et al.，2009)。

(2)中介变量——创新成果(发明数量)。

专利在创新过程中作为无形的知识产出，是一种间接的产出，虽然不能代表企业研发的全部产出，但在实际的研究中，专利数据具有较好的可获得性和体现研发活动潜在价值的功能，这也是本章选择专利作为产出指标的依据所在。本章把发明数量作为企业的创新成果。

(3)被解释变量——财务绩效。

本章选择经济利润 EVA 作为企业财务绩效的衡量指标。经济利润是指在除去所有者投入及分派给所有者方面的因素之后，期末净资产减去期初净资产的差额。国际上很多知名的跨国公司均用经济利润衡量企业当年的财务绩效。

(4)调节变量——董事会多样性。

①董事会内部多样性。本章借鉴 David(2007)对多样性的划分方法，将董事会内部多样性划分为 3 个维度，分别是董事会来源多样性(S)、董事会知识经验多样性(V)和董事会权力层级多样性(D)。董事会来源多样性(S)维度刻画的是组织成员在价值、观念方面的差异，通常通过成员在组织中的位置进行测度。就董事会而言，其成员由于法定来源不同，位置也有所不同。比如我国的独立董事制度规定，上市公司的独立董事人数必须占到董事会总人数的1/3以上，独立董事的制度假设是其监督功能，其不持有上市公司的股份，被视为代表中小股东利益的存在。因此，在独立董事做相关决策的时候，对一项决议的价值判断势必与内部董事是有差异的。类似地，还有上市公司存在董事兼任高管的情形，董事会天生扮演着监督管理层决策的角色，当董事和高管两种角色集中在同一个人身上时，其做决策时的价值判断就很值得研究。随着市场经济的发展，越来越多的机构投资者出现了，他们因为持有大量股份而成为上市公司的前几大股东，甚至进入董事会，机构投资者的利益动机可能与其他董事存在较大差异。因此，研究董事会来源多样性十分有必要。对董事会知识经验多样性(V)维度的研究相对较多，在国内研究中其通常被称作职能背景多样性。董事会成员迥然不同的政府背景、学术背景、职业背景、海外经历和金融背景，使他们形成了各自不同的知识和经验，进而影响各自的决策判断。董事会权力层级多样性(D)刻画的是组织成员在社会财富分配上的不均衡状态，通常用薪酬上的差异性来进行测度。本章认为，在董事会中，最能体

现分配不均的就是董事会成员持股比例的巨大差异。研究表明，中国是个股权高度集中的国家，通常第一大股东和第二大股东之间的持股比例都相差悬殊。因此，研究在不同的股权制度下董事会的研发决策倾向，对我国实现创新战略具有现实意义。董事会内部多样性的测量方式如表 6-1 所示。

表 6-1　董事会内部多样性测量一览表

| 二级指标 | 三级指标 | 定　义 |
|---|---|---|
| 董事会知识经验多样性 | 学术背景 | 令 1＝在高校任教，2＝在科研机构从事研究工作，3＝在协会从事研究工作，4＝无学术研究背景，采用 Blau 指数方法计算得出该值 |
| | 职业背景 | 令 1＝生产，2＝研发，3＝设计，4＝人力资源，5＝管理，6＝市场，7＝金融，8＝财务，9＝法律，99＝其他或方向不明确，采用 Blau 指数方法计算得出该值 |
| | 海外经历 | 令 1＝海外任职，2＝海外求学，3＝无海外求学和任职背景，采用 Blau 指数方法计算得出该值 |
| | 金融背景 | 令 1＝监管部门，2＝政策性银行，3＝商业银行，4＝保险公司，5＝证券公司，6＝基金管理公司，7＝证券登记结算公司，8＝期货公司，9＝投资银行，10＝信托公司，11＝投资管理公司，12＝交易所，99＝其他，采用 Blau 指数方法计算得出该值 |
| | 政府背景 | 令 1＝国家级正职，2＝国家级副职，3＝省部级正职，4＝省部级副职，5＝厅局级正职，6＝厅局级副职，7＝县处级正职，8＝县处级副职，9＝乡科级正职，10＝乡科级副职，11＝巡视员，12＝副巡视员，13＝调研员，14＝副调研员，15＝主任科员，16＝副主任科员，17＝科员，18＝办事员（若为人大代表、党代表等，则 1＝国家级，3＝省级，5＝市级，7＝县级，9＝乡级），98＝无法确定职务级别，99＝无政府背景，采用 Blau 指数方法计算得出该值 |
| 董事会来源多样性 | 独立董事 | 类型 1＝是，类型 2＝否，采用标准差计算得出该值 |
| | 担任高管 | 类型 1＝是，类型 2＝否，采用标准差计算得出该值 |
| | 兼任董事长或 CEO | 类型 1＝是，类型 2＝否，采用标准差计算得出该值 |
| | 兼任股东（大）会成员 | 类型 1＝是，类型 2＝否，采用标准差计算得出该值 |
| 董事会权力层级多样性 | 权力层级 | 采用前十大股东持股比例的变异系数来衡量 |

资料来源：作者整理。

②董事会外部多样性。根据连锁高管的定义，当一家上市公司的高管同时担任其他上市公司的高管职务时，则称其为连锁高管。因此，本章对上市公司及高管姓名进行了标记，构建了一模矩阵。当两家上市公司的高管团队存在一名及以上共有的高管成员时，则认为它们之间构成连锁关系，此时关系为1，否则为 0。值得注意的是，重名在现实生活中是非常普遍的现象，在上市公司高管团队中同样如此。极有可能存在的情况是，上市公司 A 有一名叫作张

三的董事，上市公司 B 有一名叫作张三的总经理，而这两位有很大概率不是同一个人。而这种重名的现象会极大地干扰连锁高管网络的构建，如果不排除重名的干扰，构建的连锁高管网络就会比实际情况更加密集，同时也不符合实际情况，从而影响研究结论。因此，我们在构建连锁高管一模矩阵之前先对数据进行去重名的工作，以年龄、性别、学历为筛选条件，将不同的"张三"重命名为张三 1、张三 2、张三 3 等，从而尽可能地规避重名的影响。除此之外，在构建连锁高管一模矩阵之前并未剔除金融类和被 ST 的公司，这是为了避免金融类和被 ST 的公司的剔除造成网络的割裂，从而保持上市公司最真实的连锁网络状态。

得到连锁高管网络的输出矩阵之后，用 UCINET 软件将输出矩阵转换为可以被软件计算的 net 文件，从而计算上市公司在连锁高管网络中的各个网络指标。各个网络指标的含义如下。

点度中心度（Degree）。对中心度的考察基于一种简单的观念，即信息很容易通达那些身处网络中心位置的人员；反过来说，这些人员之所以身处中心位置，是因为信息很容易通达他们。一个人拥有的资源越多，他或她就越容易获得信息。因此，社会关系成了一种资本，可以凭借这种资本来调动社会资源。

在此基础上，如果要衡量一个目标的中心度，最简单的指标就是他的邻点数量，也就是目标在简单无向网络中的点度（点度是一个顶点拥有的连线数量）。一个顶点的点度越多，可供调用的信息资源就越多，他获取信息资源的速度也就越快。

接近中心度（Closeness）。距离是社会网络分析中的一个重要概念，社会网络中的小世界问题认为世界上所有人之间的社会网络距离都很短，并且认为这个距离的最大值约为 6，即六度分隔理论。在无向网络中，两个顶点之间的距离，就是两点之间最短途径所含的连线数。距离这个概念，可以用来界定被称为接近中心度的中心度指标。顶点的接近中心度指的是以该顶点与其他所有顶点的距离的总和，总距离越大，接近度的值越小。一个顶点与其他所有顶点之间的距离越小，信息就越容易通达这个顶点，这个顶点的接近中心度也就越高。

中介中心度（Betweenness）。点度中心度和接近中心度都基于个人在网络中的可达性，即信息可以在多大程度上通达某人进行衡量。另外，还有一种计算中心度和中心势的方法，它建立在以下观念的基础上：在交流网络中，如果一个人起着重要的信息中介作用，那么他就占据着更中心的位置。衡量个人对于信息在网络中传递的作用，可以考虑一个人能在多大程度上凭借自身在交流网络中的位置控制信息的流通,可以考虑这个问题:如果某个人不再传递信息或者干脆从网络中消失,有多少条信息流通渠道将中断或有多少信息的传递将被迫绕远路? 因此,一个人在网络中的中介中心度取决于他在多大程度上参与了网络中利于信息传递的信息链。通常可以认为,一个顶点的中介中心度就是在网络中,经过该顶点的测地线(两个顶点之间的最短路径)占所有其他顶点的测地线的比例。

特征向量中心度(Eigenvector)。特征向量中心度的基本假设是,你的联系人越多,你就越处于中心位置,尤其是当这些联系人处于中心位置时,你就占据了更中心的位置。也就是说,多认识人固然重要,但更重要的是认识什么样的人,如果你认识的是有影响力的人,那么你就更有可能通过他们来施加影响力。一个顶点的特征向量中心度就是它与具有高本征矢量中心度的顶点相连的程度。

结构洞(Structural hole)。结构洞是刻画节点属性的另一种方式,即移除某个节点,就会使网络的连通分量增加,则这个点就被称为结构洞(Burt,1995)。从结构洞的角度来看,结构洞丰富的节点相比于其他节点的优越性体现在以下几个方面:①信息获取优势,结构洞丰富的节点相比于其他节点可以获取更多"圈子"的信息;②创造性放大优势,结构洞丰富的节点获取的是异质信息,得到不同的信息可能更具创造性优势;③社交把关的权力,处于结构洞的节点作为几个连通分量的连通点,几个"圈子"间信息的互通都要通过该节点,因而具有社交把关的权力。

(5)控制变量。

①董事会规模。董事会规模即董事会人数,其以往一直作为公司治理研究话题"董事会特征与企业绩效之间关系"的重要影响变量之一。虽然目前董事会规模作为自变量的研究热度有所减弱,但是其与企业绩效之间存在显著的相关关系是毋庸置疑的。钱士茹等(2016)研究发现,董事会规模与企业绩效存在显著的正相关关系,并且董事会规模在所有制结构异质性和财务绩效之间起着部分中介的作用。

②董事会独立性。董事会独立性一般采用董事会中独立董事的人数或比例及董事长是否兼任总经理来衡量。本章采用董事会中独立董事的比例来衡量董事会独立性,并用两职合一来代替董事会中独立董事的比例进行稳健性检验。

③企业性质。企业性质特指企业的所有权性质。国内已有不少研究表明,企业所有权性质与企业的决策方式息息相关,比如国有企业相比经济效益往往更注重社会效益;除此之外,国有企业和非国有企业在人事任命上的差

别,也会导致企业的高管特征与企业绩效之间存在不同的关系。因而在研究企业绩效时需充分考虑企业的所有权性质。林国琼(2014)研究发现,企业的产权性质在总经理年龄和企业绩效的关系中起着负向调节的作用:国有企业总经理随着年龄的增长,求稳保守的思想日益强烈,倾向于规避风险保持自身职业安全,因而企业的创新力将会大大下降,从而使企业错失好的发展机会。本章令国有企业=1,非国有企业=0。

④企业规模。企业规模用公司的总资产来衡量。一个企业在创新研究方面的投入除了受到创新战略方向的影响,还受到自身体量和资金实力的限制,因而需要控制企业的资产规模。

⑤区域位置。不同区域存在不同的竞争环境,不同区域的经济发展程度亦有所不同,因而本章控制了企业的区域位置。本章令长三角=1,珠三角=2,京津冀=3,其他区域=0。

综上所述,本章的所有研究变量及其含义如表6-2所示。

**表6-2 本章研究变量一览表**

| 变 量 | 变量名称 | 变量含义 |
|---|---|---|
| 被解释变量 | 经济利润 | 期末净资产减去期初净资产的差额 |
| 解释变量 | 研发投入 | 企业当期的研发投入增加值 |
| 中介变量 | 创新成果 | 企业的发明数量 |
| 调节变量 | 董事会内部多样性 | 董事会来源多样性(S)、董事会知识经验多样性(V)及董事会权力层级多样性(D) |
| | 董事会外部多样性 | 连锁高管网络的中心度及结构洞指标 |
| 控制变量 | 企业规模 | 企业总资产的对数 |
| | 企业所有权性质 | 国有企业=1,非国有企业=0 |
| | 企业区域位置 | 长三角=1,珠三角=2,京津冀=3,其他区域=0 |
| | 董事会规模 | 董事会的人数 |
| | 董事会独立性 | 独立董事的比例 |

资料来源:作者整理。

**(二)实证分析**

1.实证分析结果

(1)描述性统计分析。

首先,对研究数据进行描述性统计,以从整体上了解数据的特点,变量的描述性统计结果如表6-3所示。表6-3对企业研发投入、创新产出、财务绩效、董事会内部多样性及外部多样性等主要指标进行了描述。从企业专利数量的平均水平可以看出,研究样本的创新产出整体水平偏高,平均每家企业拥有55项专利。当然,样本由于受到披露数据的限制,不能代表全部 A 股上市公司的情况。创新的高产出势必离不开高额的研发投入,从研发投入的最大值可以看出,企业最高每年约要为其创新活动投入 23.49 万元人民币。从点度中心度指标可以看出,其最小值为1,说明研究样本中处于连锁高管网络边缘状态的企业至少与一家企业之间存在连锁高管,这侧面反映了连锁高管现象的普遍性。

表 6-3　描述性统计结果

| 变量 | (1)<br>总样本数 | (2)<br>平均值 | (3)<br>标准值 | (4)<br>最小值 | (5)<br>最大值 |
|---|---|---|---|---|---|
| Lnrd | 1 380 | 16.585 05 | 2.339 878 | 5.149 469 | 23.486 68 |
| Invention | 1 380 | 29.642 75 | 224.834 2 | 0 | 523 7 |
| Utility | 1 380 | 19.115 22 | 62.384 44 | 0 | 945 |
| Design | 1 380 | 6.063 043 | 27.875 25 | 0 | 403 |
| Patent | 1 380 | 54.821 01 | 265.68 | 1 | 5 623 |
| Degree | 1 380 | 5.416 09 | 6.380 846 | 1 | 13 |
| Closeness | 1 380 | 0.132 619 | 0.047 233 | 0 | 0.200 112 |
| Betweenness | 1 380 | 0.002 032 | 0.002 738 | 0 | 0.019 034 |
| Eigenvector | 1 380 | 19.317 39 | 8.263 911 | 5 | 55 |
| Structural hole | 1 380 | 0.410 636 | 0.280 906 | 0 | 1.180 556 |
| Sepration | 1 380 | 1.358 898 | 0.264 839 | 0.5 | 2.090 381 |
| Variety | 1 380 | 1.898 187 | 0.466 366 | 0.513 888 9 | 3.221 364 |
| Disparity | 1 380 | 1.834 401 | 0.612 558 | 0.101 255 4 | 3.102 826 |
| Lneva | 1 380 | 17.212 67 | 1.561 588 | 9.741 242 | 23.112 71 |
| Lnasset | 1 380 | 21.684 69 | 1.161 144 | 19.242 57 | 28.282 06 |
| Boardsize | 1 380 | 8.853 198 | 1.809 54 | 5 | 18 |
| Indr | 1 380 | 0.369 14 | 0.050 497 | 0.25 | 0.6 |
| Owner | 1 380 | 0.319 181 2 | 0.466 336 2 | 0 | 1 |
| Region | 1 380 | 1.095 652 | 1.150 519 | 0 | 3 |

(2)Person 相关系数分析。

对研究数据进行相关性分析,可以初步判断研究模型的合理性。本章利用STATA 12.0软件对研究的主要变量进行了相关性分析。从表6-4可以看出,变量之间的相关性较好。但是相关性分析的处理较为简单,不能说明变量之间的因果关系。为了提高研究的科学性与准确性,本章接下来要对数据进行回归分析。

表 6-4　相关性分析结果

| | Lnrd | Invention | Utility | Design | Degreee | Closeness | Betweenness | Eigenvector | Structural hole | Disparity | Sepration | Variety | Lneva | Lnasset | Boardsize | Region | Owner | Indr |
|---|---|---|---|---|---|---|---|---|---|---|---|---|---|---|---|---|---|---|
| Lnrd | 1 | | | | | | | | | | | | | | | | | |
| Invention | 0.089***<br>0.0016 | 1 | | | | | | | | | | | | | | | | |
| Utility | 0.141***<br>0 | 0.330***<br>0 | 1 | | | | | | | | | | | | | | | |
| Design | 0.154***<br>0 | 0.304***<br>0 | 0.658***<br>0 | 1 | | | | | | | | | | | | | | |
| Degreee | 0.030<br>0.2891 | 0.097***<br>0.0003 | 0.168***<br>0 | 0.223***<br>0 | 1 | | | | | | | | | | | | | |
| Closeness | -0.021<br>0.4579 | 0.047<br>0.0812 | 0.086***<br>0.0015 | 0.101***<br>0.0002 | 0.647***<br>0 | 1 | | | | | | | | | | | | |
| Betweenness | -0.104***<br>0.0002 | 0.141***<br>0 | 0.203***<br>0 | 0.260***<br>0 | 0.839***<br>0 | 0.428***<br>0 | 1 | | | | | | | | | | | |
| Eigenvector | 0.030<br>0.2856 | 0.133***<br>0 | 0.197***<br>0 | 0.235***<br>0 | 0.940***<br>0 | 0.617***<br>0 | 0.803***<br>0 | 1 | | | | | | | | | | |
| Structural hole | -0.006<br>0.8280 | 0.063**<br>0.0192 | 0.098***<br>0.0003 | 0.106***<br>0.0001 | 0.463***<br>0 | -0.032<br>0.2306 | 0.454***<br>0 | 0.434***<br>0 | 1 | | | | | | | | | |
| Disparity | 0.028<br>0.3163 | 0.029<br>0.2892 | 0.037<br>0.1708 | 0.039<br>0.1513 | 0.044<br>0.1025 | 0.048*<br>0.0761 | 0.033<br>0.2161 | 0.053**<br>0.0499 | -0.002<br>0.9301 | 1 | | | | | | | | |
| Sepration | 0.020<br>0.4937 | 0.000<br>0.9942 | -0.007<br>0.7996 | -0.004<br>0.8829 | -0.012<br>0.6597 | 0.002<br>0.9450 | 0.007<br>0.8129 | -0.012<br>0.6700 | -0.005<br>0.8605 | 0.004<br>0.8837 | 1 | | | | | | | |
| Variety | -0.001<br>0.9887 | 0.015<br>0.6769 | 0.006<br>0.8570 | 0.047<br>0.5520 | 0.047<br>0.1822 | 0.039<br>0.2713 | 0.035<br>0.3169 | 0.052<br>0.1354 | 0.021<br>0.5507 | -0.135***<br>0.0001 | -0.005<br>0.8914 | 1 | | | | | | |
| Lneva | 0.103***<br>0.0045 | 0.224***<br>0 | 0.330***<br>0 | 0.281***<br>0 | 0.210***<br>0 | 0.188***<br>0 | 0.218***<br>0 | 0.256***<br>0 | 0.091***<br>0.0088 | -0.004<br>0.9051 | -0.012<br>0.7391 | 0.038<br>0.4088 | 1 | | | | | |
| Lnasset | 0.181***<br>0 | 0.253***<br>0 | 0.440***<br>0 | 0.347***<br>0 | 0.277***<br>0 | 0.223***<br>0 | 0.268***<br>0 | 0.334***<br>0 | 0.157***<br>0 | 0.021<br>0.4269 | -0.010<br>0.7296 | -0.004<br>0.8987 | 0.647***<br>0 | 1 | | | | |
| Boardsize | 0.085***<br>0.0026 | 0.185***<br>0 | 0.226***<br>0 | 0.210***<br>0 | 0.224***<br>0 | 0.202***<br>0 | 0.240***<br>0 | 0.408***<br>0 | 0.084***<br>0.0018 | 0.067**<br>0.0123 | 0.016<br>0.5648 | 0.019<br>0.5879 | 0.225***<br>0 | 0.328***<br>0 | 1 | | | |
| Region | -0.004<br>0.8843 | 0.048*<br>0.0739 | -0.041<br>0.1289 | -0.049*<br>0.0678 | -0.015<br>0.5848 | -0.038<br>0.1620 | 0.035<br>0.1999 | -0.045*<br>0.0970 | 0.021<br>0.4354 | 0.037<br>0.1738 | -0.023<br>0.4199 | 0.002<br>0.9497 | 0.092***<br>0.0083 | -0.046*<br>0.0879 | -0.119***<br>0 | 1 | | |
| Owner | -0.002<br>0.9405 | 0.030<br>0.2727 | 0.025<br>0.3559 | -0.003<br>0.9227 | -0.008<br>0.7782 | 0.008<br>0.7822 | 0.018<br>0.5046 | 0.011<br>0.6823 | -0.027<br>0.3214 | -0.031<br>0.2553 | -0.013<br>0.6594 | -0.025<br>0.4843 | 0.064*<br>0.0707 | 0.017<br>0.5471 | 0.067**<br>0.0150 | -0.050*<br>0.0719 | 1 | |
| Indr | 0.056**<br>0.0466 | 0.004<br>0.8822 | 0.052<br>0.0547 | 0.040<br>0.1355 | -0.065*<br>0.0162 | -0.064*<br>0.0176 | -0.035<br>0.1899 | -0.133***<br>0 | 0.016<br>0.5532 | 0.020<br>0.4520 | 0.025<br>0.3765 | -0.034<br>0.3276 | 0.007<br>0.8500 | 0.022<br>0.4246 | -0.391***<br>0 | 0.033<br>0.2242 | -0.008<br>0.7610 | 1 |

(3)回归分析与假设检验。

本章的研究数据来自 A 股上市公司 2010—2013 年的面板数据,因此首先需要对数据进行面板设置。在 STATA 中的指令为 xtset(面板变量)(时间变量)。

然后需要对模型进行 Hausman 检验,以确定是采用固定效应模型还是采用随机效应模型,检验步骤如下:①估计固定效应模型并存储估计结果;②估计随机效应模型并存储估计结果;③进行 Hausman 检验,Hausman 检验的原假设为接受随机效应模型。当 Prob>chi2<0.05 时拒绝原假设,采用固定效应模型;反之,采用随机效应模型。

在加入自变量之前,先建立一个只含有因变量和控制变量的模型,然后加入自变量进行分析,接下来加入中心化之后的自变量、调节变量及二者的乘积项来验证调节变量对二者关系的调节作用。

第一,企业研发投入对创新产出的影响及董事会内部多样性和外部多样性的调节作用。

表 6-5 中的模型(1)是只含有控制变量的模型。从模型(1)可以看出,企业的资产规模和董事会规模对创新产出(专利总数)有显著的正向影响,显著性水平均为 1%,董事会的独立性、企业的所有权性质及企业所处的区域位置则对创新产出没有显著影响;模型的解释力为 0.2133。模型(2)只加入了自变量。从模型(2)可以看出,企业的研发投入在 10% 的水平上显著正向影响专利总数,假设 H1 成立。模型(3)至模型(5)分别为以董事会来源多样性、董事会知识经验多样性及董事会权力层级多样性作为调节变量的模型。从回归结果可以看到以上 3 项董事会内部多样性指标对研发投入与创新产出的关系均无显著调节作用。模型(6)至模型(10)分别为以连锁高管网络各项指标,即点度中心度、接近中心度、中介中心度、特征向量中心度及结构洞作为调节变量的模型。从回归结果可以发现,只有接近中心度和结构洞分别在 1% 和 5% 的水平上对研发投入与创新产出之间的关系有显著的正向调节作用,即假设 H5 部分成立。

表 6-6 中的模型(1)是只含有控制变量的模型。从模型(1)可以看出,企业的资产规模和董事会规模对创新产出(发明数量)有显著的正向影响,显著性水平为 1%,董事会的独立性、企业的所有权性质及企业所处的区域位置则对创新产出没有显著影响;模型的解释力为 0.1105。模型(2)只加入了自变量。从模型 2 可以看出,企业的研发投入在 10% 的水平上显著正向影响发明数量,假设 H1a 成立。模型(3)至模型(5)分别为以董事会来源多样性、董事会知识经验多样性及董事会权力层级多样性作为调节变量的模型。从回归结果

表 6-5 企业研发投入对专利总数的影响及董事会多样性的调节作用

| 变量 | (1) Patent | (2) Patent | (3) Patent | (4) Patent | (5) Patent | (6) Patent | (7) Patent | (8) Patent | (9) Patent | (10) Patent |
|---|---|---|---|---|---|---|---|---|---|---|
| Rd | | 5.9e-9* (4.05e-9) | -9.79e-9** (4.5e-9) | 5.76e-10 (2.41e-9) | 9.46e-9* (5.23e-9) | -4.40e-9 (5.93e-9) | -8.13e-9 (5.82e-9) | -1.14e-9 (5.8e-9) | -4.2e-9 (5.6e-9) | -7.67e-9 (6.4e-9) |
| Sepration | | | 3.10 (7.209) | | | | | | | |
| Rd·S | | | -2.07e-8 (1.6e-8) | | | | | | | |
| Variety | | | | -2.14 (4.04) | | | | | | |
| Rd·V | | | | -1.24e-8 (1.11e-8) | | | | | | |
| Disparity | | | | | 3.10 (4.33) | | | | | |
| Rd·D | | | | | 1.20e-08 (1.23e-08) | | | | | |
| Degree | | | | | | 0.74 (0.75) | | | | |
| Rd·deg | | | | | | 4.55e-10 (3.2e-10) | | | | |
| Closeness | | | | | | | -38.72 (74.24) | | | |
| Rd·clos | | | | | | | 5.26e-7*** (1.60e-7) | | | |
| Between | | | | | | | | 3444** (1373) | | |

续　表

| 变量 | (1) Patent | (2) Patent | (3) Patent | (4) Patent | (5) Patent | (6) Patent | (7) Patent | (8) Patent | (9) Patent | (10) Patent |
|---|---|---|---|---|---|---|---|---|---|---|
| Rd·bet | | | | | | | | 9.21e-07 (6.1e-7) | | |
| Eigenvector | | | | | | | | | 0.53 (0.54) | |
| Rd·eig | | | | | | | | | 3.40e-10 (2.2e-10) | |
| Structural hole | | | | | | | | | | 3.11 (2.96) |
| Rd·hole | | | | | | | | | | 2.51e-9** (1.3e-9) |
| Lnasset | 54.70*** (5.37) | 54.31*** (5.36) | 51.36*** (5.360) | 36.36*** (3.82) | 54.41*** (5.32) | 36.28*** (10.15) | 55.96*** (5.54) | 53.35*** (5.36) | 36.13*** (10.20) | 37.96*** (11.63) |
| Boardsize | 15.32*** (3.33) | 15.11*** (3.33) | 10.99*** (3.027) | 11.96*** (2.42) | 15.06*** (3.33) | 12.20*** (4.62) | 15.20*** (3.32) | 14.42*** (3.35) | 12.10*** (4.62) | 14.16*** (5.07) |
| Indr | 140.7 (87.9) | 136.1 (88.11) | 63.21 (74.41) | 118.7* (61.98) | 135.9 (88.52) | 50.87 (104.18) | 141.53 (87.79) | 132.17 (87.93) | 53.53 (104.2) | 42.75 (118.67) |
| Owner | 7.53 (5.16) | 7.48 (5.17) | 4.46 (4.170) | 4.16 (3.72) | 7.47 (5.23) | 6.53 (5.32) | 7.48 (5.15) | 7.90 (5.16) | 6.51 (5.31) | 7.64 (5.81) |
| Region | 5.62 (6.17) | 5.60 (6.12) | 5.98 (7.254) | 3.05 (4.71) | 5.56 (6.02) | (omitted) | 5.32 (6.13) | 5.21 (6.11) | (omitted) | 6.43 (6.18) |
| Constant | -1333*** (117.8) | -1322*** (117.7) | -1196*** (119.9) | -898*** (85.64) | -1330*** (116.9) | -877 (228.32) | -1354*** (119.63) | -1299*** (117.9) | -875*** (229.1) | -1201*** (127.41) |
| Observation | 1380 | 1380 | 1380 | 1380 | 1380 | 1380 | 1380 | 1380 | 1380 | 1380 |
| $R^2$ | 0.2133 | 0.2177 | 0.1716 | 0.2988 | 0.2211 | 0.2049 | 0.2186 | 0.2192 | 0.2041 | 0.1812 |

表6-6 企业研发投入对发明数量的影响及董事会多样性的调节作用

| 变量 | (1) Invention | (2) Invention | (3) Invention | (4) Invention | (5) Invention | (6) Invention | (7) Invention | (8) Invention | (9) Invention | (10) Invention |
|---|---|---|---|---|---|---|---|---|---|---|
| Rd | | 5.34e-9** (2.5e-9) | -3.27e-9* (1.9e-9) | -7.71e-12 (1.3e-9) | 9.16e-9*** (3.2e-9) | 4.12e-9 (3.7e-9) | -1.12e-9 (3.64e-9) | 3.36e-9 (3.6e-9) | 3.52e-9 (3.5e-9) | 5.03e-9 (3.8e-9) |
| Sepration | | | 2.63 (2.986) | | | | | | | |
| Rd·S | | | -6.01e-9 (6.52e-9) | | | | | | | |
| Variety | | | | 0.26 (2.161) | | | | | | |
| Rd·V | | | | 2.31e-9 (6.07e-9) | | | | | | |
| Disparity | | | | | -0.69 (2.687) | | | | | |
| Rd·D | | | | | 1.49e-08** (7.58e-9) | | | | | |
| Degree | | | | | | 0.12 (0.463) | | | | |
| Rd·deg | | | | | | 3.04e-11 (1.99e-10) | | | | |
| Closeness | | | | | | | -15.45 (48.097) | | | |
| Rd·clos | | | | | | | 2.43e-07** (9.95e-08) | | | |
| Betweenness | | | | | | | | 2000** (877.87) | | |

续 表

| 变量 | (1) Invention | (2) Invention | (3) Invention | (4) Invention | (5) Invention | (6) Invention | (7) Invention | (8) Invention | (9) Invention | (10) Invention |
|---|---|---|---|---|---|---|---|---|---|---|
| Rd·bet | | | | | | | | 2.32e-7 (3.79e-7) | | |
| Eigenvector | | | | | | | | | 0.07 (0.332) | |
| Rd·eig | | | | | | | | | 5.91e-11 (1.4e-10) | |
| Structural hole | | | | | | | | | | 2.04 (1.648) |
| Rd·hole | | | | | | | | | | 1.47e-10 (7.6e-10) |
| Lnasset | 28.68*** (3.897) | 28.44 (3.893) | 23.45*** (2.813) | 17.33*** (1.776) | 28.42*** (3.880) | 22.73*** (6.262) | 29.25*** (4.067) | 27.91*** (3.894) | 22.75*** (6.294) | 27.90*** (3.908) |
| Boardsize | 8.07*** (2.279) | 7.80*** (2.280) | 4.42*** (1.405) | 4.82* (1.180) | 7.85*** (2.281) | 5.73** (2.847) | 7.85*** (2.278) | 7.43*** (2.287) | 5.75** (2.851) | 7.86*** (2.280) |
| Indr | 46.42 (57.670) | 40.65 (57.669) | -4.38 (32.39) | 52.64* (31.533) | 41.16 (57.855) | 3.98 (64.269) | 42.71 (57.594) | 37.42 (57.606) | 4.82 (64.256) | 41.80 (57.674) |
| Owner | 5.05 (3.217) | 4.98 (3.216) | 1.29 (1.727) | 1.74 (2.002) | 4.83 (3.231) | 4.54 (3.280) | 4.99 (3.206) | 5.17 (3.208) | 4.54 (3.280) | 5.06 (3.214) |
| Region | 7.35 (4.958) | 7.32 (4.950) | 7.59 (6.136) | 3.16 (2.018) | 7.27 (4.900) | (omitted) | 7.20 (4.950) | 7.11 (4.947) | (omitted) | 7.25 (4.947) |
| Constant | -696*** (86.420) | -687*** (86.405) | -529*** (64.267) | -424*** (39.427) | -686*** (86.145) | -526*** (140.844) | -703*** (88.480) | -674*** (86.474) | -527*** (141.330) | -671*** (86.937) |
| Observations | 345 | 345 | 345 | 345 | 345 | 345 | 345 | 345 | 345 | 345 |
| $R^2$ | 0.1105 | 0.1129 | 0.0857 | 0.2696 | 0.1162 | 0.1078 | 0.1143 | 0.1158 | 0.1075 | 0.1138 |

可以看出，只有董事会权力层级多样性在5%的水平上对研发投入与创新产出的关系有显著的正向调节作用，而董事会来源多样性和董事会知识经验多样性对二者关系的调节作用不显著，即假设H3不成立(当专利为发明时)。模型(6)至模型(10)分别为以连锁高管网络各项指标，即点度中心度、接近中心度、中介中心度、特征向量中心度及结构洞作为调节变量的模型。从回归结果可以发现，只有接近中心度和结构洞在5%的水平上对研发投入与创新产出的关系有显著的正向调节作用，即假设H5部分成立(当专利为发明时)。

表6-7中的模型(1)是只含有控制变量的模型。从模型(1)可以看出，企业的资产规模、董事会规模和董事会的独立性对创新产出(实用新型数量)有显著的正向影响，企业的所有权性质及企业所处的区域位置则对创新产出没有显著影响；模型的解释力为0.2657。模型(2)中只加入了自变量。从模型(2)可以看出，企业的研发投入在10%的水平上显著正向影响实用新型数量，假设H1b成立。模型(3)至模型(5)分别为以董事会来源多样性、董事会知识经验多样性及董事会权力层级多样性作为调节变量的模型。从回归结果可以看出，董事会来源多样性在10%的水平上及董事会知识经验多样性在5%的水平上对研发投入与创新产出的关系有显著的负向调节作用，假设H3不成立(当专利为实用新型时)。模型(6)至模型(10)分别为以连锁高管网络各项指标，即点度中心度、接近中心度、中介中心度、特征向量中心度及结构洞作为调节变量的模型。从回归结果可以发现，各项连锁高管网络指标均对研发投入与创新产出的关系有显著的正向调节作用，即当专利为实用新型时假设H5成立。

表6-8中的模型(1)是只含有控制变量的模型。从模型(1)可以看出，企业的资产规模、董事会规模和董事会的独立性对创新产出(外观设计数量)有显著的正向影响，显著性水平为1%、1%、10%，企业的所有权性质及企业所处的区域位置则对创新产出没有显著影响；模型的解释力为0.1302。模型(2)中只加入了自变量。从模型(2)可以看出，企业的研发投入在10%的水平上显著正向影响外观设计数量，假设H1c成立。模型(3)至模型(5)分别为以董事会来源多样性、董事会知识经验多样性及董事会权力层级多样性作为调节变量的模型。从回归结果可以看出，只有董事会来源多样性在5%的水平上对研发投入与创新产出的关系有显著的正向调节作用，而董事会知识经验多样性和董事会权力层级多样性对二者关系的调节作用不显著，假设H3不成立(当专利为外观设计时)。模型(6)至模型(10)分别为以连锁高管网络各项指标，即点度中心度、接近中心度、中介中心度、特征向量中心度及结构洞作为调节变量的模型。从回归结果可以发现，各项连锁高管网络指标均对研发投入与创新产出的关系无显著调节作用，即当专利为外观设计时假设H5不成立。

表6-7　企业研发投入对实用新型数量的影响及董事会多样性的调节作用

| 变量 | (1) Utility | (2) Utility | (3) Utility | (4) Utility | (5) Utility | (6) Utility | (7) Utility | (8) Utility | (9) Utility | (10) Utility |
|---|---|---|---|---|---|---|---|---|---|---|
| Rd | | 1.97e-9* (1.86e-9) | -5.40e-9** (2.47e-9) | 8.93e-10 (1.05e-9) | 1.27e-9 (2.44e-9) | -7.56e-9*** (2.87e-9) | -9.67e-9*** (2.93e-9) | -9.60e-9*** (2.93e-9) | -6.64e-9** (2.73e-9) | -9.62e-9*** (3.13e-9) |
| Sepration | | | -1.03 (4.005) | | | | | | | |
| Rd·S | | | -1.85e-8* (8.71e-9) | | | | | | | |
| Variety | | | | -1.31 (1.772) | | | | | | |
| Rd·V | | | | -1.18e-8** (4.81e-9) | | | | | | |
| Disparity | | | | | 2.65 (1.987) | | | | | |
| Rd·D | | | | | -3.5e-9 (5.8e-9) | | | | | |
| Degree | | | | | | 0.46 (0.364) | | | | |
| Rd·deg | | | | | | 4.27e-10*** (1.56e-10) | | | | |
| Closeness | | | | | | | 18.12 (42.365) | | | |
| Rd·clos | | | | | | | 2.87e-7*** (7.95e-8) | | | |
| Betweenness | | | | | | | | 889.05 (734.246) | | |

续 表

| 变量 | (1) Utility | (2) Utility | (3) Utility | (4) Utility | (5) Utility | (6) Utility | (7) Utility | (8) Utility | (9) Utility | (10) Utility |
|---|---|---|---|---|---|---|---|---|---|---|
| Rd·bet | | | | | | | | 1.05e-6*** (3.01e-7) | | |
| Eigenvector | | | | | | | | | 0.38 (0.261) | |
| Rd·eig | | | | | | | | | 2.74e-10** (1.09e-10) | |
| Structural hole | | | | | | | | | | 1.20 (1.450) |
| Rd·hole | | | | | | | | | | 2.07e-9*** (6.20e-10) |
| Lnasset | 21.48*** (1.897) | 21.24*** (1.902) | 21.65*** (1.987) | 15.43*** (1.385) | 21.28*** (1.890) | 12.48** (4.918) | 14.11*** (5.197) | 13.61*** (4.759) | 12.22** (4.945) | 16.30*** (5.687) |
| Boardsize | 4.80*** (1.281) | 4.75*** (1.277) | 3.75*** (1.295) | 5.14*** (1.117) | 4.66*** (1.274) | 5.87*** (2.236) | 5.83*** (2.233) | 5.80*** (2.230) | 5.77*** (2.240) | 6.84*** (2.477) |
| Indr | 72.47** (36.34) | 71.35** (36.329) | 48.36*** (35.578) | 49.50* (27.909) | 70.37* (36.317) | 37.8 (50.476) | 36.80 (50.416) | 37.97 (50.289) | 39.24 (50.48) | 37.25 (58.040) |
| Owner | 1.83 (2.412) | 1.84 (2.421) | 2.10 (2.294) | 2.51 (1.626) | 1.95 (2.432) | 1.17 (2.576) | 1.06 (2.570) | 1.24 (2.568) | 1.15 (2.577) | 1.11 (2.84) |
| Region | -1.4 (1.956) | -1.41 (1.940) | -1.17 (2.086) | -0.10 (2.430) | -1.41 (1.920) | (omitted) | (omitted) | (omitted) | (omitted) | (omitted) |
| Constant | -515*** (41.174) | -509*** (41.351) | -496*** (43.656) | -379*** (41.405) | -513*** (41.169) | -322*** (110.617) | -354*** (115.112) | -343*** (107.995) | -319*** (111.05) | -413*** (127.80) |
| Observations | 1380 | 1380 | 1380 | 1380 | 1380 | 1380 | 1380 | 1380 | 1380 | 1380 |
| $R^2$ | 0.2657 | 0.2705 | 0.2371 | 0.2725 | 0.2695 | 0.2104 | 0.2276 | 0.2145 | 0.2079 | 0.1732 |

表 6-8 企业研发投入对外观设计数量的影响及董事会多样性的调节作用

| 变量 | (1) Design | (2) Design | (3) Design | (4) Design | (5) Design | (6) Design | (7) Design | (8) Design | (9) Design | (10) Design |
|---|---|---|---|---|---|---|---|---|---|---|
| Rd | | 1.06e-9* (6.8e-10) | 2.61e-9** (1.1e-9) | 2.00e-9** (8.16e-10) | 1.79e-9** (8.88e-10) | 1.41e-9 (9.7e-10) | 4.52e-10 (9.8e-10) | 1.74e-9* (9.9e-10) | 1.16e-9 (9.2e-10) | 1.74e-9* (1.05e-9) |
| Sepration | | | 1.08 (1.65) | | | | | | | |
| Rd·S | | | 9.0e-9** (3.6e-9) | | | | | | | |
| Variety | | | | −1.14 (1.31) | | | | | | |
| Rd·V | | | | −1.38e-9 (4.01e-9) | | | | | | |
| Disparity | | | | | 0.68 (0.73) | | | | | |
| Rd·D | | | | | 2.22e-9 (2.10e-9) | | | | | |
| Degree | | | | | | 0.25** (0.10) | | | | |
| Rd·deg | | | | | | −2.49e-11 (5.39e-11) | | | | |
| Closeness | | | | | | | 2.74 (11.94) | | | |
| Rd·clos | | | | | | | 2.34e-8 (2.74e-8) | | | |
| Betweenness | | | | | | | | 619.66*** (222.37) | | |

续 表

| 变量 | (1)<br>Design | (2)<br>Design | (3)<br>Design | (4)<br>Design | (5)<br>Design | (6)<br>Design | (7)<br>Design | (8)<br>Design | (9)<br>Design | (10)<br>Design |
|---|---|---|---|---|---|---|---|---|---|---|
| Rd · bet | | | | | | | | $-1.11e-7$<br>(1.05e-7) | | |
| Eigenvector | | | | | | | | | 0.13*<br>(0.08) | |
| Rd · eig | | | | | | | | | $-5.02e-12$<br>(3.77e-11) | |
| Structural hole | | | | | | | | | | 0.78*<br>(0.42) |
| Rd · hole | | | | | | | | | | $-1.75e-10$<br>(2.16e-10) |
| Lnasset | 5.00***<br>(0.76) | 4.96***<br>(0.75) | 5.16***<br>(0.80) | 4.33***<br>(0.81) | 4.95***<br>(0.74) | 4.55***<br>(0.76) | 4.95***<br>(0.77) | 4.74***<br>(0.75) | 4.66***<br>(0.77) | 5.27***<br>(0.83) |
| Boardsize | 1.71***<br>(0.50) | 1.71***<br>(0.49) | 1.71***<br>(0.52) | 2.83***<br>(0.58) | 1.70***<br>(0.49) | 1.62***<br>(0.49) | 1.71***<br>(0.49) | 1.53***<br>(0.50) | 1.55***<br>(0.50) | 1.77***<br>(0.53) |
| Indr | 25.60*<br>(13.70) | 25.54*<br>(13.7) | 24.51*<br>(14.53) | 51.87***<br>(16.75) | 25.19*<br>(13.75) | 24.60*<br>(13.72) | 25.71*<br>(13.74) | 23.84*<br>(13.71) | 24.95*<br>(13.74) | 25.64<br>(15.14) |
| Owner | 0.76<br>(0.86) | 0.74<br>(0.88) | 0.66<br>(0.95) | 0.47<br>(1.24) | 0.72<br>(0.88) | 0.77<br>(0.88) | 0.74<br>(0.88) | 0.77<br>(0.88) | 0.75<br>(0.88) | 0.81<br>(0.97) |
| Region | $-0.33$<br>(0.80) | $-0.34$<br>(0.78) | $-0.31$<br>(0.82) | 0.15<br>(0.83) | $-0.35$<br>(0.77) | $-0.34$<br>(0.78) | $-0.34$<br>(0.79) | $-0.42$<br>(0.88) | $-0.33$<br>(0.78) | $-0.50$<br>(0.82) |
| Constant | $-127$***<br>(16.45) | $-126$***<br>(16.3) | $-132$***<br>(17.45) | $-131$***<br>(17.88) | $-127$***<br>(16.18) | $-119$***<br>(16.51) | $-127$***<br>(16.51) | $-121$***<br>(16.32) | $-121$***<br>(16.60) | $-137$***<br>(18.10) |
| Observations | 1380 | 1380 | 1380 | 1380 | 1380 | 1380 | 1380 | 1380 | 1380 | 1380 |
| $R^2$ | 0.1302 | 0.1439 | 0.1553 | 0.2111 | 0.1489 | 0.1547 | 0.1438 | 0.1621 | 0.1498 | 0.1668 |

　　第二,企业创新产出对财务绩效的影响及董事会内部多样性和外部多样性的调节作用。

　　表 6-9 中的模型(1)是只含有控制变量的模型。从模型(1)可以看出,董事会规模和董事会独立性对企业财务绩效有显著的正向影响,显著性水平均为 1%,而企业的所有权性质和企业所处的区域位置对企业财务绩效没有显著影响;模型(1)的解释力度为 0.1131。模型(2)为加入自变量创新产出(专利总数)的模型。从回归结果可以看到,创新产出(专利总数)正向显著影响企业财务绩效,显著性水平为 1%,而且模型的解释力度上升至 0.1736,增加了 0.0605,假设 H2 成立。模型(3)至模型(5)分别为以董事会来源多样性、董事会知识经验多样性及董事会权力层级多样性作为调节变量的模型。从回归结果可以看出,董事会内部多样性的 3 项指标对创新产出与企业财务绩效的关系均无显著的调节作用,假设 H4 不成立。模型(6)至模型(10)分别为以连锁高管网络各项指标,即点度中心度、接近中心度、中介中心度、特征向量中心度及结构洞作为调节变量的模型。从回归结果可以发现,连锁高管网络的各项指标对创新产出和企业财务绩效之间的关系均存在显著的负向调节作用,且显著性水平都为 1%。

　　表 6-10 中的模型(1)是只含有控制变量的模型,从模型(1)可以看出,董事会规模和董事会独立性对企业财务绩效有显著的正向影响,显著性水平均为 1%,企业所处的区域位置在 5% 的水平上对企业财务绩效有正向影响,而企业的所有权性质对企业财务绩效没有显著影响;模型(1)的解释力度为 0.1131。模型(2)中加入了自变量创新产出(发明数量)。从回归结果可以看出,创新产出(发明数量)正向显著影响企业财务绩效,显著性水平为 1%,而且模型的解释力度上升至 0.1406,增加了 0.0275,假设 H2a 成立。模型(3)至模型(5)分别为以董事会来源多样性、董事会知识经验多样性及董事会权力层级多样性作为调节变量的模型。从回归结果可以看出,董事会知识经验多样性对创新产出与企业财务绩效的关系存在显著的负向调节作用,显著性水平为 10%;而董事会来源多样性和董事会权力层级多样性的调节作用不显著,则假设 H4 成立(当专利为发明时)。模型(6)至模型(10)分别为以连锁高管网络各项指标,即点度中心度、接近中心度、中介中心度、特征向量中心度及结构洞作为调节变量的模型。从回归结果可以发现,连锁高管网络的各项指标对创新产出和企业财务绩效的关系均存在显著的负向调节作用,且显著性水平都为 1%。

　　表 6-11 中的模型(1)是只含有控制变量的模型。从模型(1)可以看出,董事会规模和董事会独立性对企业财务绩效有显著的正向影响,显著性水平均为

表6-9 专利总数对财务绩效的影响及董事会多样性的调节作用

| 变量 | (1) Lneva | (2) Lneva | (3) Lneva | (4) Lneva | (5) Lneva | (6) Lneva | (7) Lneva | (8) Lneva | (9) Lneva | (10) Lneva |
|---|---|---|---|---|---|---|---|---|---|---|
| Patent | | 0.002*** (0.0003) | 0.001*** (0.0003) | 0.003*** (0.0006) | 0.002*** (0.0003) | 0.003*** (0.0004) | 0.002*** (0.0003) | 0.003*** (0.0003) | 0.003*** (0.0004) | 0.002*** (0.0005) |
| Sepration | | | 0.04 (0.17) | | | | | | | |
| Patent·S | | | 0.001 (0.002) | | | | | | | |
| Variety | | | | 0.14 (0.14) | | | | | | |
| Patent·V | | | | −0.001 (0.0008) | | | | | | |
| Disparity | | | | | −0.10 (0.07) | | | | | |
| Patent·D | | | | | −0.001 (0.0004) | | | | | |
| Degree | | | | | | 0.02*** (0.009) | | | | |
| Patent·deg | | | | | | −0.0001*** (0.00004) | | | | |
| Closeness | | | | | | | 4.10*** (1.07) | | | |
| Patent·clos | | | | | | | −0.02*** (0.005) | | | |
| Betweenness | | | | | | | | 35.68* (19.89) | | |

续 表

| 变量 | (1) Lneva | (2) Lneva | (3) Lneva | (4) Lneva | (5) Lneva | (6) Lneva | (7) Lneva | (8) Lneva | (9) Lneva | (10) Lneva |
|---|---|---|---|---|---|---|---|---|---|---|
| Patent·bet | | | | | | | | -0.24*** (0.06) | | |
| Eigenvector | | | | | | | | | 0.02*** (0.007) | |
| Patent·eig | | | | | | | | | -0.0001*** (0.00003) | |
| Structural hole | | | | | | | | | | 0.10*** (0.04) |
| Patent·hole | | | | | | | | | | -0.0004*** (0.0001) |
| Boardsize | 0.24*** (0.04) | 0.18*** (0.04) | 0.18*** (0.04) | 0.15*** (0.06) | 0.19*** (0.04) | 0.16*** (0.04) | 0.16*** (0.04) | 0.17*** (0.04) | 0.15*** (0.04) | 0.15*** (0.04) |
| Indr | 3.55*** (1.32) | 2.81** (1.30) | 3.00** (1.37) | 0.15 (1.78) | 2.91* (1.30) | 2.34* (1.29) | 2.29* (1.29) | 2.44* (1.28) | 2.35* (1.28) | 2.03 (1.37) |
| Owner | 0.13 (0.09) | 0.11 (0.09) | 0.20** (0.10) | -0.01 (0.13) | 0.10 (0.09) | 0.13 (0.09) | 0.11 (0.09) | 0.14 (0.09) | 0.13 (0.09) | 0.15 (0.10) |
| Region | 0.14 (0.06) | 0.12** (0.06) | 0.12** (0.06) | 0.15** (0.07) | 0.13** (0.06) | 0.13** (0.06) | 0.13** (0.06) | 0.13** (0.06) | 0.13** (0.06) | 0.11* (0.06) |
| Constant | 13.46*** (0.71) | 14.18*** (0.71) | 14.04*** (0.78) | 14.28*** (0.98) | 14.29*** (0.71) | 14.24*** (0.70) | 14.01*** (0.70) | 14.31*** (0.70) | 14.21*** (0.70) | 14.50*** (0.75) |
| Observations | 1380 | 1380 | 1380 | 1380 | 1380 | 1380 | 1380 | 1380 | 1380 | 1380 |
| $R^2$ | 0.1131 | 0.1736 | 0.1486 | 0.1928 | 0.1770 | 0.2017 | 0.2001 | 0.2085 | 0.2106 | 0.1590 |

表6-10 发明数量对财务绩效的影响及董事会多样性的调节作用

| 变量 | (1) Lneva | (2) Lneva | (3) Lneva | (4) Lneva | (5) Lneva | (6) Lneva | (7) Lneva | (8) Lneva | (9) Lneva | (10) Lneva |
|---|---|---|---|---|---|---|---|---|---|---|
| Invention | | 0.001*** (0.0004) | 0.001 (0.0004) | 0.007*** (0.001) | 0.001 (0.0004) | 0.004*** (0.0007) | 0.002*** (0.0005) | 0.005*** (0.0007) | 0.005*** (0.001) | 0.006*** (0.001) |
| Sepration | | | 0.08 (0.180) | | | | | | | |
| Invention·S | | | 0.005 (0.005) | | | | | | | |
| Variety | | | | 0.12 (0.136) | | | | | | |
| Invention·V | | | | -0.004* (0.002) | | | | | | |
| Disparity | | | | | -0.09 (0.074) | | | | | |
| Invention·D | | | | | 0.0002 (0.0006) | | | | | |
| Degree | | | | | | 0.02*** (0.009) | | | | |
| Invention·deg | | | | | | -0.004*** (0.00008) | | | | |
| Closeness | | | | | | | 4.09*** (1.078) | | | |
| Invention·clos | | | | | | | -0.04*** (0.010) | | | |
| Betweenness | | | | | | | | 36.32* (19.927) | | |

续　表

| 变量 | (1) Lneva | (2) Lneva | (3) Lneva | (4) Lneva | (5) Lneva | (6) Lneva | (7) Lneva | (8) Lneva | (9) Lneva | (10) Lneva |
|---|---|---|---|---|---|---|---|---|---|---|
| Invention·bet | | | | | | | | −0.50*** (0.093) | | |
| Eigenvector | | | | | | | | | 0.02*** (0.007) | |
| Invention·eig | | | | | | | | | −0.0002*** (0.00005) | |
| Structural hole | | | | | | | | | | 0.09** (0.037) |
| Invention·hole | | | | | | | | | | −0.002*** (0.0003) |
| Boardsize | 0.24*** (0.040) | 0.21*** (0.041) | 0.21*** (0.043) | 0.17*** (0.128) | 0.22*** (0.041) | 0.19*** (0.041) | 0.18*** (0.040) | 0.18*** (0.041) | 0.17*** (0.042) | 0.16*** (0.043) |
| Indr | 3.55*** (1.323) | 3.21** (1.316) | 3.41** (1.387) | 2.74 (1.769) | 3.32** (1.313) | 2.65** (1.293) | 2.64** (1.296) | 2.61** (1.293) | 2.64** (1.290) | 2.03 (1.375) |
| Owner | 0.13 (0.092) | 0.11 (0.092) | 0.21** (0.098) | −0.002 (0.128) | 0.11 (0.092) | 0.13 (0.091) | 0.12 (0.090) | 0.15 (0.091) | 0.13 (0.091) | 0.15 (0.010) |
| Region | 0.14** (0.059) | 0.13** (0.059) | 0.12** (0.061) | 0.14** (0.071) | 0.13** (0.058) | 0.12** (0.057) | 0.13** (0.057) | 0.11* (0.057) | 0.12** (0.057) | 0.09 (0.060) |
| Constant | 13.46*** (0.714) | 13.82*** (0.715) | 13.62*** (0.795) | 14.12*** (0.971) | 13.91 (0.717) | 13.97*** (0.700) | 13.71*** (0.704) | 14.21*** (0.704) | 13.98*** (0.700) | 14.41*** (0.748) |
| Observations | 1380 | 1380 | 1380 | 1380 | 1380 | 1380 | 1380 | 1380 | 1380 | 1380 |
| R² | 0.1131 | 0.1406 | 0.1201 | 0.1974 | 0.1400 | 0.1904 | 0.1825 | 0.1896 | 0.1985 | 0.1451 |

1%，而企业的所有权性质和企业所处的区域位置对企业财务绩效没有显著影响；模型(1)的解释力度为 0.1131。模型(2)中加入了自变量创新产出(实用新型数量)。从回归结果可以看出，创新产出(实用新型数量)正向显著影响企业财务绩效，显著性水平为 1%；模型的解释力度上升至 0.1967，增加了 0.0836，则假设 H2b 成立。模型(3)至模型(5)分别为以董事会来源多样性、董事会知识经验多样性及董事会权力层级多样性作为调节变量的模型。从回归结果可以看出，董事会权力层级多样性对创新产出与企业财务绩效的关系在 5%的水平上有显著的负向调节作用，董事会来源多样性、董事会知识经验多样性对创新产出与企业财务绩效关系的调节作用不显著，即当专利为实用新型时假设 H4 成立。模型(6)至模型(10)分别为以连锁高管网络各项指标，即点度中心度、接近中心度、中介中心度、特征向量中心度及结构洞作为调节变量的模型。从回归结果可以发现，点度中心度和特征向量中心度对创新产出和企业财务绩效的关系存在显著的负向调节作用，而接近中心度、中介中心度及结构洞对创新产出和企业财务绩效之间关系的调节作用不显著。

表 6-12 中的模型(1)是只含有控制变量的模型。从模型(1)可以看出，董事会规模和董事会独立性对企业财务绩效有显著的正向影响，显著性水平均为 1%。而企业的所有权性质和企业所处的区域位置对企业财务绩效没有显著影响；模型(1)的解释力度为 0.1131。模型(2)中加入了自变量创新产出(外观设计数量)。从回归结果可以看出，创新产出(外观设计数量)正向显著影响企业财务绩效，显著性水平为 1%，而且模型的解释力度上升至 0.1466，增加了 0.0335，则假设 H2c 成立。模型(3)至模型(5)分别为以董事会来源多样性、董事会知识经验多样性及董事会权力层级多样性作为调节变量的模型。从回归结果可以看出，董事会内部多样性的 3 项指标对创新产出与企业财务绩效之间的关系均无显著的调节作用，假设 H4 不成立。模型(6)至模型(10)分别为以连锁高管网络各项指标，即点度中心度、接近中心度、中介中心度、特征向量中心度及结构洞作为调节变量的模型。从回归结果可以发现，只有中介中心度对创新产出和企业财务绩效之间的关系有显著的正向调节作用，其他指标的调节作用均不显著。

第三，创新产出(发明数量、实用新型数量、外观设计数量及专利总数)对研发投入与企业财务绩效关系的中介作用。

中介效应可以使用 STATA 软件中的 sgmediation dv, mv iv 指令验证。表 6-13 为 STATA 的汇总结果。

表 6-11　实用新型数量对企业财务绩效的影响及董事会多样性的调节作用

| 变量 | (1) Lneva | (2) Lneva | (3) Lneva | (4) Lneva | (5) Lneva | (6) Lneva | (7) Lneva | (8) Lneva | (9) Lneva | (10) Lneva |
|---|---|---|---|---|---|---|---|---|---|---|
| Utility | | 0.005*** (0.0007) | 0.005*** (0.001) | 0.006*** (0.001) | 0.006*** (0.001) | 0.006*** (0.001) | 0.005*** (0.001) | 0.005*** (0.001) | 0.006*** (0.001) | 0.005*** (0.001) |
| Sepration | | | 0.03 (0.17) | | | | | | | |
| Utility·S | | | 0.003 (0.004) | | | | | | | |
| Variety | | | | 0.15 (0.14) | | | | | | |
| Utility·V | | | | -0.001 (0.002) | | | | | | |
| Disparity | | | | | -0.12* (0.07) | | | | | |
| Utility·D | | | | | -0.003** (0.001) | | | | | |
| Degree | | | | | | 0.02*** (0.009) | | | | |
| Utility·deg | | | | | | -0.0001** (0.0001) | | | | |
| Closeness | | | | | | | 4.36*** (1.06) | | | |
| Utility·clos | | | | | | | -0.02 (0.01) | | | |
| Betweenness | | | | | | | | 33.43* (20.08) | | |

续　表

| 变量 | (1) Lneva | (2) Lneva | (3) Lneva | (4) Lneva | (5) Lneva | (6) Lneva | (7) Lneva | (8) Lneva | (9) Lneva | (10) Lneva |
|---|---|---|---|---|---|---|---|---|---|---|
| Utility·bet | | | | | | | | -0.11 (0.17) | | |
| Eigenvector | | | | | | | | | 0.02*** (0.007) | |
| Utility·eig | | | | | | | | | -0.001* (0.0001) | |
| Structural hole | | | | | | | | | | 0.10*** (0.04) |
| Utility·hole | | | | | | | | | | -0.001 (0.0004) |
| Boardsize | 0.24*** (0.04) | 0.18*** (0.04) | 0.18*** (0.04) | 0.16*** (0.06) | 0.19*** (0.04) | 0.17*** (0.04) | 0.16*** (0.04) | 0.17*** (0.04) | 0.15*** (0.04) | 0.15*** (0.04) |
| Indr | 3.55*** (1.32) | 2.60** (1.29) | 2.84** (1.36) | 2.71 (1.79) | 2.60** (1.29) | 2.27* (1.29) | 2.15* (1.28) | 2.46* (1.29) | 2.29* (1.28) | 2.03 (1.37) |
| Owner | 0.13 (0.09) | 0.11 (0.09) | 0.21** (0.10) | -0.02 (0.13) | 0.11 (0.09) | 0.13 (0.09) | 0.12 (0.09) | 0.12 (0.09) | 0.13 (0.09) | 0.14 (0.10) |
| Region | 0.14 (0.06) | 0.14** (0.06) | 0.14** (0.06) | 0.15** (0.07) | 0.14** (0.06) | 0.14** (0.06) | 0.15** (0.06) | 0.14** (0.06) | 0.15*** (0.06) | 0.12** (0.06) |
| Constant | 13.46*** (0.71) | 14.21*** (0.70) | 14.08*** (0.77) | 14.15*** (0.99) | 14.39*** (0.70) | 14.23*** (0.69) | 13.99*** (0.70) | 14.30*** (0.70) | 14.23*** (0.69) | 14.52*** (0.75) |
| Observations | 1380 | 1380 | 1380 | 1380 | 1380 | 1380 | 1380 | 1380 | 1380 | 1380 |
| $R^2$ | 0.1131 | 0.1967 | 0.1962 | 0.1792 | 0.1943 | 0.2062 | 0.2048 | 0.2065 | 0.2131 | 0.1588 |

表6-12　外观设计数量对企业财务绩效的影响及董事会多样性的调节作用

| 变量 | (1) Lneva | (2) Lneva | (3) Lneva | (4) Lneva | (5) Lneva | (6) Lneva | (7) Lneva | (8) Lneva | (9) Lneva | (10) Lneva |
|---|---|---|---|---|---|---|---|---|---|---|
| Design | | 0.01*** (0.002) | 0.01*** (0.002) | 0.02*** (0.004) | 0.01*** (0.003) | 0.008** (0.004) | 0.007* (0.003) | 0.009*** (0.003) | 0.007** (0.003) | 0.008*** (0.003) |
| Sepration | | | 0.01 (0.17) | | | | | | | |
| Design·S | | | −0.003 (0.01) | | | | | | | |
| Variety | | | | 0.14 (0.14) | | | | | | |
| Design·V | | | | 0.005 (0.008) | | | | | | |
| Disparity | | | | | −0.10 (0.07) | | | | | |
| Design·D | | | | | −0.002 (0.003) | | | | | |
| Degree | | | | | | 0.02** (0.01) | | | | |
| Design·deg | | | | | | 0.0003 (0.0004) | | | | |
| Closeness | | | | | | | 4.76*** (1.15) | | | |
| Design·clos | | | | | | | 0.12 (0.09) | | | |
| Betweenness | | | | | | | | 27.14 (20.22) | | |

续　表

| 变量 | (1) Lneva | (2) Lneva | (3) Lneva | (4) Lneva | (5) Lneva | (6) Lneva | (7) Lneva | (8) Lneva | (9) Lneva | (10) Lneva |
|---|---|---|---|---|---|---|---|---|---|---|
| Design·bet | | | | | | | | 1.14* (0.66) | | |
| Eigenvector | | | | | | | | | 0.02*** (0.007) | |
| Design·eig | | | | | | | | | 0.0003 (0.0002) | |
| Structural hole | | | | | | | | | | 0.09** (0.04) |
| Design·hole | | | | | | | | | | 0.002 (0.001) |
| Boardsize | 0.24*** (0.04) | 0.21*** (0.04) | 0.20*** (0.04) | 0.20*** (0.05) | 0.21*** (0.04) | 0.19*** (0.04) | 0.18*** (0.04) | 0.18*** (0.04) | 0.17*** (0.04) | 0.15*** (0.04) |
| Indr | 3.55*** (1.32) | 3.40*** (1.30) | 3.53*** (1.36) | 3.95** (1.78) | 3.49*** (1.30) | 3.23** (1.30) | 2.91** (1.30) | 3.18** (1.30) | 3.19** (1.30) | 2.58* (1.37) |
| Owner | 0.13 (0.09) | 0.12 (0.09) | 0.22** (0.10) | 0.01 (0.13) | 0.12 (0.09) | 0.12 (0.09) | 0.12 (0.09) | 0.11 (0.09) | 0.12 (0.09) | 0.13 (0.10) |
| Region | 0.14 (0.06) | 0.12** (0.06) | 0.14** (0.06) | 0.15** (0.07) | 0.14** (0.06) | 0.14** (0.06) | 0.14** (0.06) | 0.13** (0.06) | 0.14** (0.06) | 0.12** (0.06) |
| Constant | 13.46*** (0.71) | 13.72*** (0.70) | 13.69*** (0.77) | 13.37*** (0.97) | 13.83*** (0.71) | 13.73*** (0.70) | 13.51*** (0.70) | 14.00*** (0.71) | 13.83*** (0.70) | 14.35*** (0.75) |
| Observations | 1380 | 1380 | 1380 | 1380 | 1380 | 1380 | 1380 | 1380 | 1380 | 1380 |
| $R^2$ | 0.1131 | 0.1466 | 0.1540 | 0.1501 | 0.1464 | 0.1546 | 0.1463 | 0.1519 | 0.1569 | 0.1413 |

表6-13　创新产出的中介效应

| 中介变量 | Coef | P | 中介效应是否显著 | 完全中介/部分中介 | 中介效应占比 |
|---|---|---|---|---|---|
| Invention | 0.014 | 0.0130 | 显著 | 部分中介 | 0.201 |
| Utility | 0.024 | 0.0010 | 显著 | 部分中介 | 0.363 |
| Design | 1.900 | 0.0002 | 显著 | 部分中介 | 0.399 |
| Patent | 0.021 | 0.0015 | 显著 | 部分中介 | 0.326 |

2.验证结果

(1)回归结果汇总。

回归结果如表6-14所示。

表6-14　假设检验结果汇总

| 假　　设 | 是否成立 |
|---|---|
| H1:企业研发投入正向影响企业创新产出 | 成立 |
| H1a:企业研发投入正向影响发明数量 | 成立 |
| H1b:企业研发投入正向影响实用新型数量 | 成立 |
| H1c:企业研发投入正向影响外观设计数量 | 成立 |
| H2:企业创新产出正向影响企业财务绩效 | 成立 |
| H2a:企业发明数量正向影响企业财务绩效 | 成立 |
| H2b:企业实用新型数量正向影响企业财务绩效 | 成立 |
| H2c:企业外观设计数量正向影响企业财务绩效 | 成立 |
| H3:董事会内部多样性正向调节研发投入与创新产出之间的关系 | 不成立 |
| H4:董事会内部多样性正向调节创新产出与企业财务绩效之间的关系 | 部分成立 |
| H5:企业连锁董事网络正向调节研发投入与创新产出之间的关系 | 部分成立 |
| H6:企业连锁董事网络正向调节创新产出与企业财务绩效之间的关系 | 不成立 |
| H7:创新产出在研发投入对企业财务绩效的影响中起到中介作用 | 成立 |

(2)结果讨论。

假设H1探讨的是企业研发投入(特指资金方面的投入)对创新产出(发明数量、实用新型数量及外观设计数量)的正向作用。回归分析结果表明,假设H1及假设H1a、H1b及H1c均得到证实。这说明资金的确是企业产生创新成果不可或缺的资源,就像上战场不能没有弹药一样,企业之间进行创新方面的竞赛也要舍得花钱买"装备"。

假设H2探讨的是企业创新产出对企业财务绩效的正向作用。企业之间的创新竞赛说到底是为了产生经济效益,是为了领跑或者至少是紧跟市场节奏。上述回归分析结果表明,假设H2及假设H2a、H2b及H2c均得到验证。

这说明,不同创新程度的创新成果均对企业最终的财务绩效存在正向作用,创新的确能够带动经济效益。

假设 H3 探讨的是董事会内部多样性对研发投入和创新产出之间关系的调节作用。回归分析结果表明,假设 H3 未得到证实。从董事会内部多样性对企业研发投入与创新产出之间关系的调节来看,董事会来源多样性、董事会知识经验多样性与董事会权力层级多样性均无显著的调节作用,可能的原因是不同创新程度的创新成果受到董事会的重视程度有所不同。具体地,董事会权力层级多样性对企业研发投入与发明数量的关系存在正向调节作用,其中董事会权力层级多样性越高,说明权力越集中。实证研究表明,董事会权力越集中,越有利于提高探索阶段的研发效率,这与本章的研究假设相悖;董事会权力越集中,董事会在进行创新决策(当创新方向为发明)时的效率越高,说明在创新决策情境下,企业进行创新活动"宜早不宜迟",一定程度上的快速决策反而比全面正确的决策更有效率。此外,从董事会相对权力的角度考虑,在股权集中的情况下,控股股东更能为董事会行使监督职能提供支持。股权越集中,董事会相对权力越大,就越容易掌控管理层,防止管理层在创新成果的探索阶段为自身牟取私利,从而保障了企业创新成果探索阶段的效率。董事会来源多样性及董事会知识经验多样性对企业研发投入与实用新型数量之间的关系存在负向的调节作用。人们一般认为,董事会来源及知识经验越丰富,越有利于其进行全面广泛的讨论,使董事会更能够做出正确的决策;然而实证研究表明,董事会来源多样性及董事会知识经验多样性越高,越不利于提高探索阶段的研发效率(当创新方向为实用新型时),这同样说明了决策速度在创新决策中的重要性。同时,经实证研究表明,董事会来源多样性对企业研发投入与外观设计专利的关系具有显著的正向调节作用。外观设计被认为是创新程度最低的创新成果,虽然受到专利法、商标法等法律保护,但一般极少受到董事会层面的重视。但众所周知,苹果公司作为最成功的企业之一,其前任掌舵者乔布斯就相当重视产品的外观设计。苹果手机独特的外观为其品牌做出的贡献丝毫不亚于其他创新成果,并且其具有持续的品牌传播价值。实证研究亦表明,董事会对外观设计的充分讨论,有利于提高外观设计的研发效率。在品牌经营日益重要的今天,外观设计表达的是品牌的理念和价值,值得董事会充分重视。

假设 H4 探讨的是董事会内部多样性对创新产出与企业财务绩效之间关系的调节作用。回归分析结果表明,假设 H4 得到部分证实。与创新成果探索阶段类似,由于专利成果的性质及创新程度不同,董事会内部多样性对企业总的创新成果与财务绩效的关系不存在显著的调节作用。具体地,董事会知识经验多样性对发明数量与企业财务绩效的关系有负向调节作用，说明创新成果市场化对决策速度有要求，董事会由于其知识背景及经验不一样，容易在决策过程中产生争论，影响决策的效率进而影响专利的市场化进程。此外，董事会权力层级多样性对实用新型数量与企业财务绩效的关系具有负向调节作用，实证结果与李维安等（2014）的研究结论不一致。李维安等（2014）研究认为，在股权集中的情况下，董事会相较于管理层的权力越大，越不容易被管理层控制，从而不致成为其获取私利的工具，因而公司的产品市场竞争力越大。而本章研究发现，股权集中会影响创新成果的利用效率，可能的原因是创新成果的落地注重其执行层面，董事会在决策过程中容易忽视执行层面的因素，而管理层的权力相较于董事会权力越小，越不利于其发挥主观能动性，从而影响创新成果的利用效率。

假设 H5 探讨的是董事会外部多样性（即连锁董事网络）对研发投入和创新产出之间关系的调节作用。回归分析结果表明，假设 H5 得到部分证实，即部分或全部网络中心度及结构洞指标正向调节研发投入与创新产出（发明数量、实用新型数量及外观设计数量）之间的关系。这说明社会网络作为一种社会资本，的确能够为企业带来珍稀的信息资源，从而提升企业的研发效率。本章的研究结论说明信息在企业创新活动中的重要作用，在两个层面上给企业以启示：一是在连锁董事的选择上，可以在考虑合理的董事会结构（性别、专业、独立性等）的基础上尽可能地选择连锁董事；二是应该在其他维度上更多地接触与企业经营领域相关的技术及创新动态信息，从而更好地提升企业的创新效率。

假设 H6 探讨的是董事会外部多样性对创新产出和企业财务绩效之间关系的调节作用。回归分析结果表明，假设 H6 没有得到证实。可能的原因是社会网络在为企业带来信息资源的同时也会带走本企业的创新相关信息，信息被越多人掌握其价值就越被削弱，因而在市场上的反应也会变差。本章的研究结论说明企业对创新成果保护的重要性及连锁董事在任职中受到合理监督的重要性。

假设 H7 探讨的是创新产出在研发投入对企业财务绩效的影响中起到的中介作用。实证研究结果表明，假设 H7 得到证实，即企业在创新活动中需产生有价值的创新成果，然后才能保障后续产生经济效益。

<h1 style="text-align:center">四、研究结论与启示</h1>

## （一）研究结论

董事会多样性是董事会结构的重要维度，以往研究董事会多样性往往从人口统计学指标分散的几个点着手，未能全面地将其纳入完整的框架中进行分析。本章借鉴 David 对多样性的划分，将董事会多样性划分为董事会来源多样性、董事会知识经验多样性及董事会权力层级多样性，同时将连锁高管网络纳入董事会外部多样性。

研究结果表明，在不区分专利的创新程度时，董事会内部多样性在创新成果的产出阶段及创新成果的绩效转化阶段的调节作用均不显著。但是在考虑专利的创新程度之后可以发现，董事会权力层级多样性对发明专利的产出具有正向调节作用，说明股权集中更有利于董事会做出快速的创新战略决策，从而抢占先机，提高企业研发活动探索阶段的效率。董事会来源多样性及董事会知识经验多样性对实用新型专利的产出有负向调节作用。实用新型专利通常被称为小发明，是对产品的形状、构造提出的偏向实用的技术方案，其特点是能够迅速解决现有产品的痛点。董事会多样性越高，往往越偏向于做出更全面的战略决策，通常也会耗费更长的决策时间。同时，由于董事会成员不同的利益诉求及不同的认知背景，他们在决策中容易产生争议，从而使企业在竞争中失去先机。在创新成果的绩效转化阶段，董事会知识经验多样性对发明专利的绩效转化有负向调节作用，董事会权力层级多样性对实用新型专利的绩效转化有负向调节作用。李维安等（2014）在对董事会相对权力与公司产品市场竞争力的研究中发现，董事会相对权力与产品竞争力有正向关系。创新成果的市场化阶段需要企业有敏捷的行动力，因而权力相对分散的情况不利于企业进行高效决策。

就连锁高管网络而言，其在创新成果的产出阶段有正向的调节作用，而在创新成果的绩效转化阶段则存在负向调节作用。任兵等（2008）研究发现，存在连锁董事的企业更容易产生创新，更容易发生战略模仿及形成企业间联盟。连锁董事机制在其中充当了有关商业知识和实践的传播机制，企业因其而形成一张商业网络，富有价值的信息流动其间。沈梦婕（2017）研究发现，连锁董事网络与产品市场竞争程度存在替代效应，当产品竞争程度较高时，经理人为了降低清算的风险会努力提升企业财务绩效。连锁董事网络作为一张商业信息网络,积极影响和消极影响并存。在创新成果的绩效转化阶段,消息的扩散会引发相关企业的产品模仿行为,从而降低企业创新产出的市场价值。

综上所述,本章的研究结论中有以下3点有价值的发现。

第一,企业的股权集中度在企业创新活动的探索阶段和利用阶段具有不同的表现:在探索阶段,企业股权集中有利于保障决策效率及董事会对高管团队的监督,从而帮助企业抢占研发时机,防止经理人私利行为,进而提高创新成果的产出效率;而在利用阶段,管理层则有可能因为受到董事会决策的牵制,未能充分发挥执行阶段的主观能动性,进而影响创新成果的转化效率。

第二,连锁高管网络是把"双刃剑"。连锁高管网络具备丰富的商业资源,而连锁高管既有可能作为信息的流入渠道,亦有可能作为信息的流出渠道。在探索阶段,连锁高管网络对企业研发投入与创新产出的关系有正向调节作用;而在利用阶段,连锁高管网络对创新产出与企业财务绩效的关系有负向调节作用。

第三,创新活动要求企业有更快的决策效率。研究表明,董事会来源多样性及董事会知识经验多样性在创新活动的探索阶段有负向调节作用,董事会权力层级多样性在创新活动的探索阶段有正向调节作用,这与本章预想的结果背道而驰,说明企业创新活动对于决策速度的要求高于对于决策完善度的要求。

## (二)管理启示

第一,构建企业创新交流孵化平台。本章通过实证研究发现,连锁高管网络在创新成果的产出阶段存在显著的正向调节作用。本章认为,连锁高管网络是传播商业信息和创新动态的商业网络,对创新成果的产生有重要影响。究其本质,企业的创新活动不能闭门造车,企业需要与外界环境进行沟通交流,时刻把握市场需求和发展动态。因此,为了更好地促成创新活动及创新成果的产出,有必要构建企业之间创新交流的平台,提供企业之间深度交流、信息互换的平台,以提高企业创新投资的准确性和高效性。

第二,连锁高管应恪守职业道德,发挥积极作用。本章通过实证研究发现,连锁高管网络在创新成果的绩效转化阶段有显著的负向调节作用。这揭开了连锁高管网络的消极面。作为一种非正式的商业网络和传播机制,现有的公司治理制度很难控制这张由连锁高管联系起来的网络之中流动的信息是怎样的。如果其间流动的是关于创新活动前期的想法和碰撞就会给企业带来益处,而一旦是创新产出的市场信息就会在无形中给企业带来经济损失。因此,连锁高管应恪守职业道德,不利用自己在商业网络中的地位做出有损任职企业利益的行为,且要对任职的两家及以上企业有明确的分界,不可混淆不同企业的利益。除了道德层面的自控,人的理性行为离不开法律和制度的约束。连锁高管作为公司治理的普遍现象,除了给企业带来宝贵的资源,也日益暴露出一些不合理的寻租效应,因此亟须出台相关法律和制度对连锁高管的行为进行约束,从而扬长避短,保障企业健康的发展环境。

第三,董事会应视创新目标的特性设计不同的决策节奏。本章通过实证研究发现,董事会多样性在发明专利的产出阶段有显著的正向调节作用,在实用新型专利的产出阶段有显著的负向调节作用。本章认为,应视专利的创新及重要程度的不同事先设计决策方式及决策节奏,确保不因漫长的决策过程影响创新活动进程,亦不因仓促武断的决策方式影响创新活动方向。对于发明这类本身研究过程较长、资金和人员投入较大的专利,企业在决策中需要尽量谨慎,保障研发方向的正确性(重大的创新投入应符合企业未来几年的战略发展方向)。而对于实用新型、外观设计这类相对能够快速市场化的专利,董事会应保障决策效率,避免在繁杂的决策过程中错失市场良机。此外,本章在研究中发现,股权结构在不同的决策阶段具有不同的表现,启示企业应设置合理的决策制度(根据不同的决策需要设置相应的决策机制),从而做到扬长避短,提高企业决策效率。

### (三)研究不足与研究展望

#### 1.研究不足

第一,未能考虑潜在的连锁高管网络。本章的连锁高管网络只根据当年的连锁情况构建,未能考虑连锁高管的存续状态。比如 A 在甲公司任董事并在乙公司任总经理,如果在某一年 A 辞去了乙公司的总经理职位,根据本章的连锁高管网络构建方式则认定 A 不再是连锁高管。而现实情况很有可能是,A 与乙公司的其他高管还存在私下沟通,这就使得本章构建的连锁高管网络比实际潜在的连锁高管网络范围更窄,从而在一定程度上影响了本章的研究结论。

第二,未能考虑企业前期技术积累对知识吸收和转化能力的影响。Zahra et al. (2002)研究提出,吸收能力的两个维度在企业创新中有着不同的作用,实际吸收能力是通过知识的应用帮助企业直接获得竞争优势,潜在吸收能力则是通过获取和消化外部知识帮助企业维持竞争优势。这两个维度对创新绩效的作用既独立又互补。实际吸收能力通过产生创新绩效获得企业竞争优势,潜在吸收能力则通过增强资源的使用柔性来维持企业竞争优势。本章在研究中未能考虑企业已有的技术积累,而技术能力的高低与企业的实际吸收能力紧密相关,从而对企业的研发效率有较为重要的影响。

第三,未能考虑企业的区域网络联结的权重。本章虽然在研究中将企业所处的区域位置作为控制变量,但主要是出于控制市场竞争程度的目的。考虑到连锁高管网络区域权重因素的现实意义在于,可能某上市公司在由全部A股上市公司构成的高管连锁网络中处于非核心位置,但是其在一个小范围的区域中却处于相对核心的位置。考虑到产业聚集的效应,这种小范围区域网络的核心位置对于创新活动的信息获取可能有更加重要的意义。

### 2.研究展望

第一,扩展连锁高管网络的研究范围。在未来的研究中应充分考虑连锁高管网络的存续状态,将一定年限内离职的高管纳入连锁高管网络的范畴中。

第二,考虑企业的技术能力和人员投入。在未来的研究中应该考虑企业已有的技术积累和人员投入的情况。企业已有的技术积累对研发效率有较大的影响。另外,除了企业的资金投入,研发队伍的建设同样重要,应充分考虑企业参与创新活动的人员的专业素质、技术背景等。

第三,增加区域间企业连锁高管网络的权重。在未来的研究中应该考虑区域在连锁高管网络中的权重,如果可以,应在A股上市公司连锁高管网络的基础上进一步构建诸如长三角、珠三角、京津冀等具有区域性质的连锁高管网络,从而深入研究连锁高管网络对企业研发效率的影响。

# 第七章 | 网络化视角下董事会治理对企业多元化的影响研究：机理与实证

## 一、问题提出

### （一）现实问题

企业间联结使得公司治理机遇与挑战并存。一方面，连锁高管的存在使企业与企业之间形成了一种非正式的合作形式，担任联结的个体是企业获取外部资源和异质信息的重要渠道；另一方面，个体拥有丰富的资源和异质信息，但针对这种非正式合作目前还未形成规范的管理制度，个体可能会利用组织内外的资源和异质信息谋取个人利益，尤其是当企业高管之间互相联系时，且其具有相似的职业背景、共同的管理目标，并且面临相同的问题时，往往容易凝聚成一个精英阶层（Burt，1980），若这种特殊阶层或利益团体利用组织来促进个人或团体目的的实现，公司就会变成管理层实现自身利益的工具。

连锁高管普遍存在，网络研究逐渐兴起。在全球化进程不断加快的今天，任何一个企业都不可能单独存在与发展。关于企业能力和发展及企业资源等方面的研究，越来越多的学者已经将研究视角从企业内部延伸到企业间网络。早在 1998 年，Keister(1998)就发现，在 40 家大型企业中 40％的企业存在连锁董事，并且平均每个企业有 15.9％的董事会成员是连锁董事。任兵等（2001）对 1988 年和 1999 年沪深两市的上市公司进行研究发现，有超过 1/3 的企业拥有连锁董事。从 1999 年到 2007 年，我国 A 股上市公司中拥有连锁董事的企业比例从 46.34％增加到 84.32％，这意味着几乎全部 A 股上市公司的董事会已经因为连锁董事而形成一个网络（卢昌崇等，2009）。

连锁董事的普遍性和重要性已经引起西方学者的广泛关注,其在理论和实证上均取得了较好的研究成果,而我国对连锁董事的研究才刚刚起步。国内外对于连锁董事的有效性研究虽形成了广泛讨论,但是结论仍存在诸多争议,且忽略了连锁网络作用于企业的机理和实现路径,因此本书引入多元化战略和董事会多样性两大因素,对相关议题做进一步探讨,以期能从微观层面为企业的战略选择提供一定的参考。

### (二)理论困境

根据国外学者的经验,与发达国家相比,发展中国家的连锁董事现象更为普遍和突出,连锁董事的运用效果也与发达国家有所不同(Kevin et al.,2000)。自古以来,关系就深深根植于我国的制度文化中。我国传统文化的重要特征之一就是重视非正式的社会关系和非正式的制度安排(樊纲,1995)。改革开放以后,中国作为一个处于转型时期的特殊经济体,制定基于关系网络的战略是企业实现成长的重要方式,关系往往作为正式制度的替代,甚至成为企业成功的关键因素(Vanhonacker,2000)。因此,需要采用针对性的研究思路和方法对连锁董事在我国的发展和意义进行全面系统的分析。但连锁高管网络治理的领域尚待探索。高管是经济社会的一分子,处在错综复杂的网络中,其所处的社会网络的差别自然会影响自身公司的治理行为。以往的研究大多在连锁高管与企业绩效之间建立直接联系,将企业绩效作为因变量,研究连锁高管或者连锁网络对企业价值的影响,但未能通过统一结论给企业提供有效参考。本书试图从微观层面解开连锁高管网络对于企业战略选择的影响之谜,给企业提供有效参考。因此,本书将社会网络理论运用于组织研究,并分析网络关系如何影响企业战略选择,这是主流连锁网络研究和主流战略领域研究的重要补充(Granovetter,1985)。

多元化悖论和新的战略管理研究方向。多元化经营是一种普遍现象,也是很多企业重要的战略选择,企业如何获取持续的竞争优势是战略管理的重要课题。国内外学者在理论和实证方面对多元化经营进行了广泛研究,这些研究往往集中于 3 个方面,即企业战略选择、多元化的动因、多元化对企业绩效的影响。20 世纪 90 年代以后,关于多元化的经济后果成为学者们研究的重点,相关研究主要集中于对多元化是折价还是溢价进行论证,但对多元化是否对企业有利仍未得到统一的结论。目前,对多元化动因的研究较少,特别是相关实证分析研究比较匮乏,现有研究主要以高阶理论为基础,视角较为简单。社会网络理论认为,任何一名高管都镶嵌于一定的社会网络之中,企业存在着包括连锁高管在内的大量组织间网络,网络中蕴藏着丰富的资源和信息,而这些资本都是关系企业发展的关键因素。随着组织间联结的加强和社会网络理论的发展，企业间网络逐渐成为新的战略组织形式（Jarillo，1988），因此从企业间网络的角度去研究多元化战略将是对现有理论的有益拓展。

董事会多样性对于战略选择的影响不容忽视。董事会作为公司的核心治理团队，是企业中做出战略决策的重要部门，董事会的有效运作是企业有效运行的保障。董事会团队的治理结构对于战略选择至关重要，当企业在连锁高管网络中占据有利位置，能够获得丰富的信息与资源时，高效的董事会团队能够帮助企业进行战略选择。多样性既会为团队带来多元化的视角，拓宽团队视野，增强合作与沟通，提高决策质量，也可能引起冲突，阻碍沟通交流，降低凝聚力，降低决策效率。本章将董事会多样性纳入研究框架，但董事会人口特征多样性对于多元化战略的选择的调节作用到底是加强还是削弱，需要进一步验证。

以往对于连锁董事、董事网络的研究只考虑了董事之间的联系，而没有将监事和高管纳入研究范畴。也有学者将连锁董事网络定义为因董事、监事、高管的兼任而形成的网络，但是其名称仍为董事网络。现有的关于连锁董事的相关研究主要聚焦于连锁董事的有效性，往往选择企业绩效指标来检验连锁网络是否能够提升企业价值，而忽略了连锁网络如何对企业产生影响，以及连锁网络作用于企业的机理和实现路径。本书拓展延伸了董事网络的定义，并清晰地定义了连锁高管网络，有利于学者们对连锁高管网络的进一步认识及日后的深入研究。本章将战略选择纳入研究框架，构建了"连锁高管网络—企业多元化战略"的模型，实证检验了连锁高管网络对于企业多元化战略的影响，并从微观层面研究了连锁高管网络对企业的战略选择的影响，给连锁高管网络研究及战略研究提供了新思路。同时，引入了董事会多样性的研究框架，研究董事会多样性带来的团队的冲突或者团队的凝聚力对连锁高管网络与多元化的调节作用，将组织外部的资源获取与组织内部的资源利用相结合，丰富了连锁高管网络的研究，也扩展了多元化动因理论的研究。

## 二、连锁高管网络对企业多元化的影响机理研究

### （一）连锁高管网络对多元化战略的影响

早在 1988 年，Jarillo（1988）就指出，企业间的网络关系对于企业的战略决策有重要意义。中国自古以来就注重关系，传统文化中有个很重要的特质即重视非正式的社会关系和非正式的制度安排（樊纲，1995），正式制度安排在中

国市场的约束力比较弱,连锁高管网络关系作为一种非正式的社会关系,对于公司治理十分重要(罗家德,2010)。连锁高管网络是社会网络的一种表现形式,在公司治理研究中是一种不可忽略的社会关系网络,是影响企业经济活动的重要因素之一,对企业的治理行为及治理结果会产生重大影响(谢德仁等,2012)。Mizruchi(1996)认为,若连锁董事现象值得讨论,则连锁董事对企业行为的影响就更有必要讨论,且指出,目前对连锁董事对企业经济行为的影响的相关研究主要聚焦于企业间的模仿、并购、薪酬及公司治理等方面。对于决策者而言,在一个充斥着不确定性的环境中,他们可能难以明确知晓其利益何在,以及该如何行动,这时他们所处的商业社区通过影响认知或输送社会资源,便有可能改变他们的行为(陈仕华,2009)。

路径依赖理论指出,组织将进行的战略选择会受到过去战略的影响;同理,决策者将来的行为也会受到过去决策经验的影响。通常来说,组织往往习惯于采用与过去的战略决策相似或者对过去战略进行延伸的方法(Amburgey et al.,1999)。随着连锁高管网络的规模变大,企业可以联系到的网络中其他已经采取了多元化战略的企业越来越多,相对于专一化的经营而言,多元化经营需要接收更多种类型的企业的信息和激励系统(Arden et al.,2002)。连锁高管在别的董事会工作的经历可以帮助目标企业得到重要信息(Richardson,1987),他们通过浏览商业动态和提供建议来帮助目标企业解决决策过程中的复杂问题及不确定性(Useem,1984),在战略制定和实施中分享更加具体的想法(Podolny,2001)。

拥有连锁董事的企业更倾向于在进行战略决策时互相模仿,连锁董事容易受到其他组织已有战略的影响,并且会做出是否效仿该战略的决策(Bandyra,1986;Westphal et al.,2001),因为连锁董事有利于目标企业浏览商业环境,从而使目标企业容易学习和效仿联结企业已取得成功的经济行为(Useem,1984)。企业之间并购、投资活动、交易所牌价等决策行为都能够在连锁董事网络中传播(Bizjak et al.,2009)。李敏娜等(2014)研究发现,连锁董事网络对企业的成长性有正向促进作用,并且连锁董事网络有利于企业与网络中的其他企业进行薪酬方式的模仿,从而影响企业的薪酬方式。另外,连锁高管在其他单位的多元化战略选择经历会减少他们对多元化的惧怕,并且无意识地将其已有的经验用在目标单位的战略选择中。因此,随着企业联结的网络中的组织越来越多,它实施多元化战略的可能性也逐渐变大。

连锁高管网络可以提供企业扩展业务所需要的资源。资源依赖理论认为,外部环境对组织的发展会产生一定的约束力,异质性资源是影响组织发展的关键要素。中国正处于特殊的转轨时期,市场环境和监管机制正发生巨大改变,企业需要更多的资源来实现自身的快速发展,因而往往采取外部获取的方式快速获得更多更稀缺的资源。此时,发展网络关系便成为许多企业的选择,网络承载着知识和信息并提供了知识和信息传递的平台(Davis,1991)。企业利用网络关系从其他组织中,如同行业竞争者、上下游供应商、客户和研究机构等,获取人力资本、管理经验、异质信息、关键技术等,良好的网络有利于企业得到发展所需要的资源。连锁高管网络作为一种社会网络,能让董事从中获得对企业有利的各种资源(Farina,2009;陈运森等,2012)。

有关多元化的研究有很多,而其中多数关注多元化的动因,忽视了动因的落实需要资源的保证。根据资源依赖理论,企业的战略选择是有弹性的,企业资源较多,尤其是可以实现跨行业的转移时,企业更容易实施多元化战略(Matsusaka,2001;刘冰等,2011),通过多元化提高资源利用率,实现范围经济。对于处于成熟期甚至衰退期的企业来说,往往有大量剩余资源得不到充分利用,加上高昂的资源交易成本和无形资源的转让困难,企业也会偏向于采取多元化战略以达到资源的充分利用。

在连锁高管网络中,位于中心位置的组织有着较多的信息渠道,更容易获得异质资源和实现知识共享,能够充分获得网络中蕴藏的各种资源,更容易发现质优量多的资源供给方(任兵等,2007)。较高集中度意味着企业拥有网络的多个信息通道(Useem,1984),借此与大量其他企业保持联系,能够帮助该企业及时关注环境变化,并迅速做出反应,因此,该企业更有可能最先采用得到广泛认可的标准化实践或创新(Burt,1983)。Lin(2002)认为,网络中心位置越好的企业,越能够得到较多的资源和信息。王宇露等(2009)发现,网络位置中心性是影响组织进行学习的关键要素。Koka et al.(2008)认为,位于网络中心位置的组织接触重要且有价值的信息的机会更多,并能得到更多竞争优势和战略优势,因为它们与网络中的许多节点有直接联系,方便获取有价值的信息和资源。Hoskisson et al.(1993)认为,网络中组织之间的信息与知识的交换使产品差异化表现得更加明显,这有利于多元化企业降低运营成本。同时,网络中占据结构洞较多的企业更有可能有着稀疏的网络结构,并且充当着网络中不同群体的中介,起到信息沟通和交流的作用,从而掌握信息的流动与传递,以及商业机会,从中获取中介利益;同时,企业可以通过了解业务扩展所需要的背景知识和行业信息,开展多元化业务。

因此,本书提出如下假设:

H1a:连锁高管网络的中心度与企业多元化程度正相关。

H1b:连锁高管网络的结构洞与企业多元化程度正相关。

## (二)董事会多样性的调节作用

董事会是企业进行战略决策的重要部门,现代组织理论认为,相比监督职能,决策职能才是董事会工作的重心,因此董事会应该通过明确目标、科学分工、明确职责来保障决策的科学性。董事会应在战略的提出、制定、实施等多方面积极参与,通过直接参与企业战略决策,提出明确的指导方针来明确董事会在有关战略方面的角色和责任(李维安,2001)。多元化作为企业的重要的战略选择之一,连锁高管网络的位置特征对于多元化的作用自然会受到董事会多样性的影响和制约。另外,董事网络的位置特征反映的是外部资源的丰富程度及资源获取的难易程度,既忽略了对资源的获取、理解、转换和应用等连续过程(钱锡红等,2010),也忽略了网络中各个行动者之间运用知识的能力的差异(Giuliani et al.,2005)。

根据高阶理论,团队多样性可以反映一个团队的创新性水平、知识和观点的多元性,进而影响到团队职能的发挥。成员的年龄差异会带来不同的行为和思考问题的方式,造成对战略的不同偏好,团队成员年龄差异越大,团队的知识结构越丰富,信息覆盖面越广;而性别会影响团队的认知风格、团队和谐和管理风格(Krishnan et al.,2005),有利于团队内部沟通,调动成员的工作积极性和表现欲。基于社会统一理论,多样性给团队带来不同的认知角度和水平、丰富的信息和多元的思维,帮助组织提高决策质量。多样性可以形成角色互补,增强组织内部的凝聚力(陈忠卫等,2004),增强团队识别和筛选信息的能力,提高解决问题的能力及进行战略决策的质量和效率(Bantel et al.,1989)。当企业处于复杂的环境中,面对客户的不同要求,团队成员的多元化职能背景尤为关键(Hambrick,1992),多元化水平高的企业,其团队更需要具备多样化专业背景的成员。有学者认为,通过扩大董事会的规模和提高董事会多样性,可以帮助企业更好地与外界环境进行互动,更好地调动社会资源。

本书认为,董事会多样性增强了组织对于网络中资源的调动与运用的能力,多样性的团队视野增加了企业将资源运用在各行业中的可能性,董事会成员角色互补增强了成员间的凝聚力,带来了更多解决问题的方案,使企业可以有效应对在多元化经营中业务扩张时所面临的管理复杂性和不确定性,提升决策效率。

因此,本书提出以下假设:

H2a:董事会多样性对连锁高管网络的中心度与企业多元化的关系具有正向调节作用。

H2b:董事会多样性对连锁高管网络的结构洞与企业多元化的关系具有正向调节作用。

### (三)理论模型构建

本章从社会网络视角出发,基于资源依赖理论,研究连锁高管网络对企业多元化战略选择的影响,并引入高阶理论,对董事会多样性对于连锁高管网络与多元化之间关系的调节作用做进一步探讨。本章提出的理论模型如图7-1所示。连锁高管网络是自变量,多元化战略是因变量,董事会多样性是调节变量。连锁高管网络对于多元化有直接的影响效果,而董事会多样性可以改变连锁高管网络与多元化之间的关系。

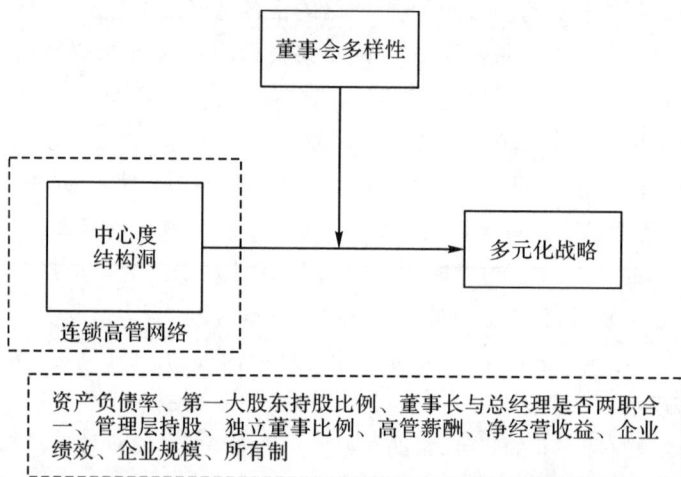

**图 7-1 网络化视角下董事会治理对企业多元化的影响的概念模型**

## 三、连锁高管网络对企业多元化的影响实证研究

### (一)研究设计

#### 1. 样本和数据来源

本章使用的数据样本为全部 A 股上市公司在 2010—2014 年间的相关资料和统计数据,并且按照以下原则对样本进行筛选:①剔除金融类的公司;②剔除对董事会成员个人资料披露不完整的公司;③剔除被标识为 ST 的公司;④剔除分行业收入统计数据缺失的上市公司;⑤剔除财务数据不完整的上市公司。最终,获得了 1761 家上市公司的数据。

本章的数据主要来源于国泰安 CSMAR 数据库和色诺芬 CCER 数据库,其中董事会成员的任职信息及控制变量的数据均来源于国泰安 CSMAR 数据库,而衡量多元化经营的营业收入数据则来源于色诺芬 CCER 数据库。本章数据处理涉及的软件主要有 EXCEL、UCINET、SPSS 和 STATA。

2.变量定义与测量

表 7-1 列出了模型的解释变量、被解释变量、调节变量及控制变量,以及它们的测量方法。

表 7-1　模型的变量列表

| 变量类别 | 变量名称 | 变量符号 | 变量定义 |
|---|---|---|---|
| 被解释变量 | 熵 | Entropy | $E(s)=\sum_{i=1}^{n}S_i\ln(1/S_i)$ |
| 解释变量 | 中心度 | Degree | 网络中心度指标 |
| | 结构洞 | Constraint | $C_{ij}=\left(p_{ij}+\sum_q p_{iq}p_{qj}\right)^2$ |
| 调节变量 | Blau 指数 | Bi | 董事会成员年龄、性别的多样性 |
| 控制变量 | 资产负债率 | Lev | 负债总额/资产总额 |
| | 第一大股东持股比例 | Top1 | 第一大股东持股比例 |
| | 董事长与总经理是否两职合一 | Dual | 两职合一为 1,否则为 0 |
| | 管理层持股 | Pman | 高管人员持股总额/总股本 |
| | 独立董事比例 | Compo | 独立董事人数占董事会总人数的比例 |
| | 高管薪酬 | Mc | 前三名高管薪酬总额 |
| | 净经营收益 | Noi | 营运收入减所得税及少数权益 |
| | 企业绩效 | ROA | 净利润/资产总额 |
| | 企业规模 | Lnsize | 总资产的自然对数 |
| | 所有制 | Owner | 企业终极控制人性质 |

(1)解释变量。

①连锁高管网络中心度指标测量。

中心度是企业竞争优势的关键代表指标,也是社会网络分析的研究重点,中心度表明了组织在网络中占有的位置的优劣程度,中心度高的组织处于优势地位,中心度越高,则组织越能够接触到丰富的资源和多元的信息。

连锁高管网络是社会网络的一种表现形式,连锁高管是网络中的节点,高管与高管之间的关系是纽带(谢德仁等,2011)。本章通过搜集上市公司高管的任职信息,对高管姓名与所在董事会进行标记,构建了反映高管与高管之间联结关系的一模矩阵 $C_{a,\beta}$[1,如果高管α和β至少在同一个董事会任职]。由于其是 0—1 矩阵,若两个高管同时在两家或超过两家的董事会任职,他们的关系为 1。需要指出的是,本章在计算网络指标时,并没有剔除金融类企业及 ST 企业,这样构建的网

络边界相对完整。若剔除这些企业，就相当于人为地将全部 A 股上市公司的
网络切断了，实证结果可能会产生偏差。在搜集上市公司高管的任职信息时，
对董事进行了除重名处理，以准确构建一模矩阵。将构建好的一模矩阵导入
UCINET 软件，计算中心度指标，该指标的计算方法如下：度数中心度 $Degree_i =$
$\dfrac{\sum_j X_{ji}}{g-1}$，式中 $i$ 为某高管；$j$ 为除 $i$ 以外的高管；$X_{ji}$ 为联结关系，假如高管 $i$ 与高
管 $j$ 在一个或者一个以上公司的董事会任职，则为 1，反之为 0；$g$ 为企业当年
董事会成员总数，由于不同年份的企业，其董事会成员数量不同，用 $(g-1)$ 来
消除规模差异。度数中心度代表高管在其所处的网络中通过企业联系而产生
的直接联系数量的总和，假如某高管与别的许多高管直接产生联系，本章就认
为该高管有着较高的度数中心度。

②连锁高管网络结构洞指标测量。

伯特的结构洞指标主要包括 4 种：①有效规模（Effective size）；②效率
（Efficiency）；③限制度（Constraint）；④等级度（Hierarchy）。其中，限制度指标
是最重要也是最常用的指标。

本章采用限制度指标 Constraint 来衡量结构洞。该指标的计算方法为
$C_{ij} = \left( p_{ij} + \sum_q p_{iq} p_{qj} \right)^2$，还可表述为 $C_{ij} =$ 直接投入 $p_{ij}$ + 间接投入 $\sum_q p_{iq} p_{qj}$。
其中，$p_{ij}$ 是在行动者 $i$ 的所有关系中，投入 $j$ 的关系所占的比例；$\sum_q p_{iq} p_{qj}$ 是
行动者 $i$ 通过 $q$ 对 $j$ 的间接投入。当 $j$ 与其他节点不相连的时候，$C_{ij}$ 取最小
值，为 $p_{ij}$ 的平方；当 $j$ 是 $i$ 的唯一联系人时，$C_{ij}$ 取最大值 1。因此，指标值越
大，结构洞数量越少。该指标衡量的是个体在网络中运用结构洞的能力。

（2）被解释变量。

本章用熵 Entropy 来衡量多元化。该指标的计算公式为 $E(s) = \sum_{i=1}^n S_i \cdot$
$\ln(1/S_i)$，其中 $S_i$ 为第 $i$ 个行业的收入占总收入的比值，当企业的收入均来源
于同一个行业时，$S_i$ 为 1，Entropy 指标的值为 0，所以 Entropy 值越大，多元化
程度越高。对于分业务收入的判定依据是：第一，分行业收入数据均来源于色
诺芬 CCER 数据库，对于划分不明确的业务，将其归类为其他业务；第二，对于
调整项目、平衡项目、内部抵销项目等，按比例平摊到各个业务。

（3）调节变量。

本章采用 Blau 指数来衡量董事会多样性（Blau，1977；Westphal et al.，
1995；Zhu，2015）。该指标的计算方式为 $B_i = 1 - \sum (P_i)^2$，其中 $P_i$ 表示第 $i$ 种
分类占高管总人数的比例。Hambrick et al.（1984）指出，教育背景也许可以反

映一个人的社会经济状态、心理动机、认知特征、风险偏好和其他心理特征,但人口统计学特征会比纯粹的心理测量指标更具有价值。而高管的年龄和性别是最基本也是最重要的人口特征指标。年龄多样性高的团队拥有的知识结构更完善,信息覆盖面广,能够提高团队的决策质量(Jehn,1997);性别多样性有利于内部沟通(姚振华等,2010),增强团队的凝聚力。在战略决策中,性别多样性会影响团队的风险偏好,导致战略关注点不同,已有研究发现,性别多样性对企业的多元化战略有影响(陈传明等,2008)。

因此,本章通过董事会性别多样性和年龄多样性两个维度来表示董事会多样性。特别地,对于年龄多样性,本书采用年龄的标准化系数来衡量,其中男性高管赋值为0,女性高管赋值为1,这种方法在连续型变量中运用比较广泛(Westphal et al.,1995;Zhu,2015)。最后,将年龄多样性和性别多样性的Blau指数相加,得出董事会多样性的Blau指数$B_i$。Blau指数越大,说明董事会多样性程度越高。

(4)控制变量。

①企业规模。企业规模是影响企业行为和决策的重要属性(Nadler et al.,1988),企业规模越大,其掌握的资源和信息往往越多,业务范围也会比较广泛,则倾向于实施多元化战略。相对于小企业来说,大企业通常拥有更多的资源来支持多元化业务。所以大企业的多元化程度往往比小企业更高。此外,企业规模也对企业连锁董事网络中心度的测量有影响(段海艳等,2008),本章用企业总资产的自然对数作为企业规模的测量指标。

②所有制。企业性质不同,对战略决策的影响也不同。贾定良等(2005)的实证研究表明,我国企业在战略决策时较西方发达国家更强调政府政策和制度因素。本章将上市公司根据所有制的不同分为3种类型,引入虚拟变量,1为国有企业,2为民营企业,3为外资企业。本部分根据各公司的控股股东进行编码,数据来源于国泰安CSMAR数据库。

本章的其他控制变量还有资产负债率、第一大股东持股比例、董事长与总经理是否两职合一、管理层持股、独立董事比例、高管薪酬、净经营收益、企业绩效等,具体如表7-1所示。

### (二)实证分析

本章实证分析的过程如下:①利用EXCEL将数据处理成二乘二的矩阵,然后将矩阵导入UCINET软件进行网络中心度指标的计算及结构洞指标的计算;②利用SPSS软件进行数据的描述性统计分析、各变量间的相关性分析;③构建回归模型,运用STATA软件进行多元回归分析,验证连锁高管网络特征对企业多元化程度的影响的主效应；④加入中心化处理后的自变量与中心化处理后的调节变量的交互项，通过回归分析，验证董事会多样性对连锁高管网络与多元化关系的调节作用。

1. 实证分析结果

(1)描述性统计分析。

本章通过描述性统计的平均值、标准差和最值反映数据的集中度和变异度，有利于我们从整体上掌握数据特点。变量的描述性统计情况如表 7-2 所示。表 7-2 中对企业连锁高管网络、董事会多样性及业务多元化等主要指标进行了描述。从中心度指标可以看出，连锁高管网络中的各节点在网络中的位置分布不均匀，有些企业占据有利位置，而有些企业位于网络的边缘位置。从董事会多样性指标也可以看出，有些企业的董事会多样性程度高，有些企业的董事会多样性程度低，企业之间多样性程度差别较大。从多元化指标可以看出，企业平均多元化水平不高，并且水平参差不齐，有些企业高度多元化，而有些企业选择专一化经营。

表 7-2　变量的描述性统计

| 变量 | (1)<br>总样本数 | (2)<br>平均值 | (3)<br>标准差 | (4)<br>最小值 | (5)<br>最大值 |
|---|---|---|---|---|---|
| 中心度 | 8 589 | 0.213 | 0.146 | 0 | 0.908 |
| 董事会多样性 | 8 798 | −0.051 6 | 1.491 | −3.923 | 12.05 |
| 交互项 | 7 989 | −0.010 4 | 0.098 8 | −1.568 | 1.592 |
| 结构洞 | 10 222 | 0.623 | 0.268 | −0.184 | 1 |
| 熵 | 8 713 | 0.368 | 0.441 | 0 | 2.340 |
| 独立董事比例 | 8 766 | 0.371 | 0.055 5 | 0.125 | 0.800 |
| 董事长与总经理<br>是否两职合一 | 8 709 | 1.770 | 0.421 | 1 | 2 |
| 资产负债率 | 8 805 | 0.443 | 0.378 | 0.007 08 | 29.49 |
| 高管薪酬 | 8 796 | 1.736e+06 | 1.640e+06 | 29 970 | 3.100e+07 |
| 净经营收益 | 8 800 | 0.415 | 9.572 | −71.23 | 872.0 |
| 企业绩效 | 8 805 | 0.046 3 | 0.246 | −5.298 | 22.01 |
| 第一大股东持股比例 | 8 800 | 36.67 | 15.65 | 3.620 | 95.95 |
| 管理层持股 | 8 670 | 5.118 | 16.24 | −97 | 953.5 |
| 企业规模 | 8 805 | 21.86 | 1.242 | 15.60 | 28.28 |
| 所有制 | 8 763 | 2.709 | 1.512 | 1 | 5 |

(2)Person 相关系数分析。

相关系数分析可以考察变量之间相互影响、相互作用的可能性,但并不能代表变量之间存在因果关系,我们可以通过 Person 相关性检验,初步判断所提出的假设和构建的模型的合理性。本章利用 STATA 软件,对各主要变量进行相关性检验。从表 7-3 可以看出,本章模型的各主要变量之间关联性较好,连锁高管网络的两个指标与多元化指标在不同程度上存在显著正相关性,初步验证了我们的假设。

(3)回归分析与假设检验。

为了探究连锁高管网络对企业多元化经营的影响,本章用 STATA 软件对 2010—2014 年连续 5 年的面板数据进行处理,首先检验连锁高管网络的两个指标对企业多元化经营是否产生影响,其次对董事会多样性的调节效应进行分析,并对相关假设进行验证。

第一,连锁高管网络中心度对多元化的影响及董事会多样性的调节作用。

本部分主要检验网络中心度对多元化是否有促进作用,以及董事会多样性对网络中心度与多元化的关系是否有正向调节作用。模型(1)用来检验假设 H1a,模型(2)用来检验假设 H2a。从表 7-4 可以看出,模型(1)中的中心度指标 Degree 与业务多元化的熵值 Entropy 在 5％的水平上显著正相关。该回归结果说明,连锁高管网络中心度越高,企业越偏向于多元化经营,假设 H1a 得到支持。这说明,企业在连锁高管网络中直接联系的其他组织数量越多,占据的位置越有利,越能获取更多的资源和信息,从而促进企业的多元化经营。在检验假设 H2a 之前,首先将中心度指标与董事会多样性指标进行去中心化处理,再相乘得到交互项,在模型(2)中加入调节变量及度数中心度与董事会多样性的交互项。回归结果表明,主效应仍然显著,并且交互项在 5％的水平上显著,说明董事会多样性对于连锁高管网络与多元化的关系有显著的正向调节作用,假设 H2a 得到支持。

第二,连锁高管网络结构洞对多元化的影响及董事会多样性的调节作用。

本部分主要检验网络结构洞对多元化是否有促进作用,以及董事会多样性对于网络结构洞与多元化的关系是否有正向调节作用。模型(1)用来检验假设 H1b,模型(2)用来检验假设 H2b。从表 7-5 可以看出,模型(1)中的结构洞指标 Constra 与业务多元化的熵值 Entropy 在 5％的水平上显著负相关,即 Constra 指标越小,结构洞数量越多,假设 H1b 没有得到验证。在检验假设 H2b 之前,首先将结构洞指标与董事会多样性指标进行去中心化处理,再相乘得到交互项,在模型(2)中加入调节变量及结构洞与董事会多样性的交互项。回归结果表明,主效应仍然显著,但交互项不显著,说明董事会多样性对连锁高管网络结构洞与多元化的关系没有调节作用,假设 H2b 没有得到验证。

表7-3 Person 相关系数分析

| | Entropy | Degree | Compo | Dual | Lev | Mc | Noi | ROA | Top1 | Pman | Lnsize | Owner | Bi |
|---|---|---|---|---|---|---|---|---|---|---|---|---|---|
| Entropy | 1 | | | | | | | | | | | | |
| Degree | 0.0679* | 1 | | | | | | | | | | | |
| Compo | 0.0036<br>0.7371 | -0.0278*<br>0.0101 | 1 | | | | | | | | | | |
| Dual | 0.0658*<br>0 | 0.0749*<br>0 | -0.0923*<br>0 | 1 | | | | | | | | | |
| Lev | 0.0741*<br>0 | 0.0668*<br>0 | 0.0162<br>0.13 | 0.0886*<br>0 | 1 | | | | | | | | |
| Mc | 0.0616*<br>0 | 0.2237*<br>0 | 0.0063<br>0.5565 | 0.0248*<br>0.0208 | 0.0693*<br>0 | 1 | | | | | | | |
| Noi | -0.0005<br>0.962 | -0.0005<br>0.9516 | 0.0327*<br>0.0022 | 0.0099<br>0.3548 | 0.0159<br>0.1347 | -0.0181<br>0.0895 | 1 | | | | | | |
| ROA | -0.0166<br>0.1223 | -0.0024<br>0.8261 | 0.0012<br>0.0914 | -0.0216*<br>0.0437 | -0.2175*<br>0 | 0.0285*<br>0.0074 | -0.0049<br>0.644 | 1 | | | | | |
| Top1 | 0.005<br>0.6397 | 0.0198<br>0.0661 | 0.0615*<br>0 | 0.0689*<br>0 | 0.0641*<br>0 | 0.0404*<br>0.0002 | -0.0114<br>0.2831 | 0.0048<br>0.6544 | 1 | | | | |
| Pman | -0.0923*<br>0 | -0.0660*<br>0 | -0.0602*<br>0 | -0.3495*<br>0 | -0.1372*<br>0 | -0.0575*<br>0 | -0.0083<br>0.4422 | -0.0230*<br>0.0325 | -0.0266*<br>0.133 | 1 | | | |
| Lnsize | 0.1374*<br>0 | 0.2221*<br>0 | 0.0452*<br>0 | 0.1918*<br>0 | 0.2495*<br>0 | 0.4367*<br>0 | 0.0018<br>0.865 | -0.0311*<br>0.0035 | 0.2485*<br>0 | -0.1841*<br>0 | 1 | | |
| Owner | -0.1387*<br>0 | -0.1514*<br>0 | -0.0283*<br>0.0081 | -0.2434*<br>0 | -0.1866*<br>0 | -0.1019*<br>0 | 0.0062<br>0.5607 | 0.0077<br>0.4684 | -0.1802*<br>0 | -0.2518*<br>0 | -0.3264*<br>0 | 1 | |
| Bi | -0.0623*<br>0 | -0.1270*<br>0 | 0.0367*<br>0 | -0.1647*<br>0 | -0.0885*<br>0 | -0.0968*<br>0 | 0.0028 | 0.0148 | -0.0834*<br>0 | 0.1138*<br>0 | -0.2813*<br>0 | 0.2911*<br>0 | 1 |

表 7-4　假设 H1a 与假设 H2a 的回归结果

| 变量 | (1) Entropy | (2) Entropy |
|---|---|---|
| Degree | 0.120** (0.048 3) | 0.120** (0.048 3) |
| Bi | | −0.003 31 (0.003 89) |
| De · bi | | 0.583** (0.271) |
| Compo | 0.005 38 (0.084 8) | 0.010 9 (0.084 8) |
| Dual | 0.018 7* (0.011 2) | 0.018 7* (0.011 2) |
| Lev | 0.023 0** (0.009 28) | 0.023 6** (0.009 29) |
| Mc | 0.010 0 (0.008 70) | 0.009 73 (0.008 70) |
| Noi | −0.000 180 (0.000 267) | −0.000 179 (0.000 267) |
| ROA | 0.010 5 (0.011 4) | 0.010 9 (0.011 4) |
| Top1 | −0.001 44*** (0.000 461) | −0.001 42*** (0.000 461) |
| Pman | 2.92e-05 (0.000 217) | 2.54e-05 (0.000 217) |
| Lnsize | 0.038 5*** (0.00 604) | 0.037 9*** (0.006 08) |
| Owner | −0.009 17*** (0.003 26) | −0.009 01*** (0.003 27) |
| Constant | −0.567*** (0.152) | −0.554*** (0.152) |
| Observations | 7 653 | 7 649 |
| Number of stock | 1 707 | 1 707 |

表 7-5　假设 H1b 和假设 H2b 的回归结果

| 变量 | (1) Entropy | (2) Entropy |
|---|---|---|
| Constra | −0.029 4** (0.011 9) | −0.029 3** (0.012 0) |
| Bi | | −0.003 12 (0.003 68) |
| Cn · bi | | 0.043 1 (0.141) |

续 表

| 变量 | (1)<br>Entropy | (2)<br>Entropy |
|---|---|---|
| Compo | 0.017 2<br>(0.080 7) | 0.019 5<br>(0.080 7) |
| Dual | 0.015 8<br>(0.010 6) | 0.015 8<br>(0.010 6) |
| Lev | 0.023 4***<br>(0.008 69) | 0.023 5***<br>(0.008 71) |
| Mc | 0.008 03<br>(0.008 10) | 0.008 00<br>(0.008 10) |
| Noi | −0.000 140<br>(0.000 266) | −0.000 138<br>(0.000 266) |
| ROA | 0.010 7<br>(0.010 9) | 0.010 9<br>(0.010 9) |
| Top1 | −0.001 38***<br>(0.000 444) | −0.001 38***<br>(0.000 444) |
| Pman | 2.29e-05<br>(0.000 213) | 2.73e-05<br>(0.000 213) |
| Lnsize | 0.035 2***<br>(0.005 77) | 0.034 6***<br>(0.005 80) |
| Owner | −0.007 06**<br>(0.003 01) | −0.006 96**<br>(0.003 02) |
| Constant | −0.477***<br>(0.144) | −0.466***<br>(0.145) |
| Observations | 8 359 | 8 354 |
| Number of stock | 1 729 | 1 729 |

## 2. 实证结果讨论

(1)实证结果汇总。

本章运用多元回归分析法,使用 STATA 软件对连锁高管网络指标对多元化的影响进行了检验,结果表明,部分假设得到了支持,具体情况如表 7-6 所示。

表 7-6 假设检验汇总表

| 研究假设 | 检验结果 |
|---|---|
| H1a:连锁高管网络的中心度与企业多元化程度正相关 | 支持 |
| H1b:连锁高管网络的结构洞与企业多元化程度正相关 | 不支持 |
| H2a:董事会多样性对连锁高管网络的中心度与企业多元化的关系具有正向调节作用 | 支持 |
| H2b:董事会多样性对连锁高管网络的结构洞与企业多元化的关系具有正向调节作用 | 不支持 |

(2)结果讨论。

假设 H1a 和 H1b 探讨了连锁高管网络对多样化的正向作用。回归分析结果表明，假设 H1a 得到证实，说明在连锁高管网络中，处于中心位置的组织有着更多的信息渠道，从而能够得到异质信息并实现知识共享，能够充分获取网络中蕴藏的各种资源，从而找到质优量多的资源供给方(任兵等，2007)。中心度越高，企业联结的网络中的组织越多，企业更倾向于实施多元化战略；而占据结构洞较多的企业，可以掌控异质信息和资源的流动与传递，通过浏览了解企业业务扩展所需的背景知识和行业信息，开展多元化经营(Koka et al.，2008)。

假设 H2a 和 H2b 探讨了董事会多样性对于连锁高管网络对多元化的影响的调节作用。回归结果表明，假设 H2a 得到验证，说明董事会多样性带来了更多的决策视角、更宽的团队视野、更广泛的观点(Mcleod，1996；Nemeth，1992)，增强了团队识别和筛选信息的能力，提高了战略决策的质量，信息决策理论得到证实。

而假设 H2b 没有得到验证，可能的原因是，董事会多样性带来的团队能力提升或者团队冲突加剧对于流经结构洞的信息与资源没有作用，因此，无论是基于信息决策理论还是社会统一理论，无论董事会多样性水平是高还是低，网络结构洞都将不会改变对企业多元化的影响。

# 四、研究结论与启示

## (一)研究结论

我国正处于特殊经济时期，非正式的连锁高管网络关系对于企业的发展至关重要。连锁高管网络是一种社会网络的表现形式，对于企业的战略决策有重要意义。连锁高管网络的普遍性和重要性已经引起西方学者的广泛关注，但我国学者对其的研究起步较晚，对于连锁高管网络对企业的影响研究主要集中于有效性研究，且尚未得出统一结论。从逻辑上讲，连锁高管网络首先影响企业的战略选择，然后通过战略选择对绩效产生影响。但关于连锁高管网络对战略的影响的研究相对较少，这为本书提供了思路。本书以全部 A 股上市公司为样本，实证研究了连锁高管网络对企业多元化选择的影响，以及董事会多样性对连锁高管网络与业务多元化关系的调节作用。研究发现，连锁高管网络的中心度位置对企业多元化有正向影响，即连锁高管网络中心度越高,结构洞越多,业务多元化程度越高;董事会多样性对于连锁高管网络中心度与多元化之间的关系有着正向调节作用。因此,企业应该充分认识到连锁高管网络的重要性,明白网络位置能给企业带来丰富的资源和信息,且要适当调整董事会成员构成,保持董事会年纪和性别的多样性,从而提高团队的凝聚力和应对风险的能力及企业对于网络中的信息与资源的利用能力,帮助企业提高决策的质量。

## (二)管理启示

本章在学者们以往研究的基础上,讨论了连锁高管网络对于企业多元化经营的影响,以及董事会多样性对连锁高管网络与多元化之间关系的调节作用,所得到的研究结果对于多元化战略选择、完善董事会人员结构及董事会建设有一定的帮助。

第一,加强董事会团队建设。本章实证检验了董事会多样性指标对于连锁高管网络与多元化之间关系的调节效应,发现董事会多样性确实能够正向调节连锁高管网络与多元化的关系。因此,企业在选聘 TMT 的时候,应该注意把握董事会多样性的水平。一方面,可以成立董事会内部的互助机制。企业在做出多元化战略选择时有一定的风险和不确定性,互助机制有利于董事会成员之间互相交流学习,分享经验、知识与信息。另一方面,要完善董事会的冲突协调管理机制。董事会成员之间因年龄、性别等个人特质的差异造成对自身角色定位及组织目标的认知和把握不同,董事会多样性在带来多样化视角的同时也会带来团队冲突和矛盾,而这些冲突与矛盾假如没有得到恰当及时的调解,团队的执行力必将下降,团队决策效率也会降低,因此,企业有必要完善董事会的冲突协调机制,帮助董事会处理冲突问题。

第二,完善董事会团队结构。本章实证检验了连锁高管网络对于企业多元化的影响,实证结果证明了连锁高管网络对多元化有正向促进作用,即企业的连锁高管网络的中心度越高,占据的结构洞越多,越有利于企业多元化。企业在进行多元化的战略决策时,应当充分考虑董事会人员结构的影响,当企业的多元化能够实现企业的迅速扩张,帮助企业占据有利市场,或者提高企业价值时,企业可以调整董事会人员的任职,选聘其他企业的董事会人员或者对相关企业派驻董事会人员,通过加强与网络中其他企业的联结,特别是加强与已经进行多元化经营的企业的联结关系,提高企业在整个连锁高管网络中的地位,从而帮助企业实施多元化战略。当企业的多元化经营与企业的目标不相符,不利于企业经营绩效的提升时,企业更多地希望进行专一化经营,以将资源全部投入相对低风险高收益的行业中;企业也可以通过减少对目标企业派驻的董事会人员数量,避免聘任同时在多家企业兼任的董事会人员来控制企业中连锁高管的人数,以及连锁高管的规模,减少企业通过连锁高管联结到的网络中的其他企业的数目,控制企业的网络中心位置与中介位置,从而降低企业的多元化经营水平。

# 第八章　连锁高管网络对股东激励有效性的调节效应研究

## 一、问题提出

企业经营管理面临的最普遍问题是企业剩余控制权和剩余索取权之间匹配的问题。当企业经营出现剩余时,如何进行分配?是分配给企业的所有者(股东),还是分配给企业的控制人(TMT)?按照法律的原则倾向于分配给股东,但这种分配方式不符合高管的意愿。因为股东拥有剩余索取权,可以按照股份进行分红。企业控制人的佣金有限,他们倾向于通过剩余控制权来解决此问题。按照"理性经济人"的假设,高管倾向于不把企业剩余以股利分红的方式分配给股东,而是将其转化为研发投入,通过培养企业的核心能力,扩大再生产,使得企业资产增值,从而扩大其"掏空"的空间。上述问题是企业经营管理中的传统问题,但考虑到网络的外部因素时,情况可能会发生变化。当传统的企业内部的纷争和格局中出现网络结构时,不仅企业内部所有人与控制人之间博弈的代理成本问题,而且已经形成的契约关系都有可能发生变化。

从董事网络到 TMT 连锁网络,在目前的公司治理的研究中,网络的特征特别突出。遵从价值投资规律,股东的投资应该有一个合理的回报,从而激励股东做持续性的投入,这是资本市场的一个合理趋势。然而,在相对复杂的网络特征下,企业的现有股东政策是否实现了该目的,值得进一步探讨。所以本章从股东长期激励和短期激励有效性角度研究 TMT 连锁网络的调节效应。针对上述单独的内外每个环节,现有的研究已经很普遍,但在复杂的社会网络结构下,网络的调节效应如何,以及这种网络对传统的公司治理理论会产生怎样的冲击和影响,目前的研究很少涉及,值得深入研究。

本章立足 TMT 连锁网络对企业发展可能产生的两种效应,以 2012—

2014 年中国生物医药行业上市公司连锁高管网络为研究样本,实证检验 TMT 连锁网络对于股东长期激励和短期激励有效性的影响,系统地定量识别、测评连锁高管网络对企业绩效的影响,进而探索其影响的特征、机制,并以此为基础提出治理优化策略,其具有较为广阔的应用前景。

# 二、网络化视角下董事会激励机制异化的影响机理研究

## (一)TMT 连锁网络在公司治理中的作用

企业的社会资本和经济行为嵌入社会网络结构之中,并通过网络中的成员进行传播、协调、控制和相互影响而发挥作用。高管是公司的重要组成部分,承担着维护公司日常经营和战略发展的重要作用,除了在公司担任董事、监事和管理层职位外,还扮演着多种社会角色,如政府官员、行业协会领导、高校教师、各种老乡会和校友会成员等,身兼多种社会角色的高管自然也拥有多种社会网络联结关系。但是对于企业而言,最重要的还是由高管在其他企业兼任管理职位所形成的企业之间的联结关系。

连锁高管是企业经营发展中的重要成员之一,经过对相关数据的统计研究,我们发现现阶段在中国上市的所有企业中,有 90% 以上的企业通过连锁高管与其他企业发生关系,其中 2014 年有连锁高管的企业占到了企业总数的 95.71%。连锁高管网络是一个庞大的社会群体,也是中国社会"圈子"现象的重要体现。以往的网络治理文献关注的范围主要集中于连锁董事及其在公司治理中的影响及作用,而对于连锁高管网络的研究较少。基于连锁高管网络在当前企业发展中的重要地位,以及其内含的各种关系和资源对企业行为和公司治理效率可能带来的不同影响,本章将在前人研究的基础上,探讨连锁高管网络在我国企业治理方面的作用。

### 1. 对企业资本配置效率的影响

社会资本是嵌入社会网络中的一种关系资源,其具有生产性、不可转让性和公共物品的特点。连锁高管网络是社会资本的重要载体,Lin(2001)指出,社会网络中纵横交错的联系是不可模仿的,是创造资源的手段和获得资源与信息的重要途径。连锁高管网络对企业资本配置效率的影响主要体现在对网络中社会资本的凝聚和整合方面,企业通过连锁高管与外界产生联系,不仅可以有效降低信息不对称程度和环境的不确定性,还可以促进资本流动和信息传递,提高企业经营管理效率。

Putnam et al. (2011)认为,连锁高管网络有助于企业获得更多更有效的信息,连锁高管能通过社会资本凝聚为企业带来不同的信息、资源和经验,进而影响企业的多元化投资和公司治理效率。另有学者通过研究发现,位于网络中心位置的董事,可能因为在其他公司参与过类似投资项目的决策,或者与其他董事在接触过程中有过同类型投资项目的经验交流,会更了解企业所投资项目的优势、变化趋势、监管制度和投资风险等信息,从而做出更加理智的分析和决策,避免出现因投资失误而带来不必要的损失的情况。高管在网络中所处的位置不同,其接收的信息、掌握的资源、吸收的知识及经验的广度和深度也会有所不同,高管在网络中所处的位置越靠近中心,其对企业资本配置效率和决策行为的影响也越大。

企业通过连锁高管网络可以整合和调动各种资源,协调各种关系和获取各种信息,提高对资源和商业机会的掌控力,同时,通过社会性嵌入和对资本的配置,可以将连锁高管网络塑造成一个互动的商业关系网,通过影响企业的战略决策和投资行为,促进整个经济系统和国民经济的快速发展。

## 2.对企业行为的影响

在资源逐渐成为制约企业发展的重要因素的今天,连锁高管网络可以通过其所拥有的社会资源和关键性信息影响企业的经济行为。Deutsch et al. 指出,在连锁网络中企业可以相互利用资源、协调关系,在网络中越接近中心位置的企业越能获取更多的资源和信息。因此,企业通过连锁高管网络可以更多地了解外界的信息,这有助于企业更好地采取有利的战略决策,提高经济效益。

但是,不是所有与外界有联系的连锁高管网络都会对企业产生积极影响,连锁高管通过嵌入社会网络在给企业带来收益的同时也会使企业承担一定的成本。一方面表现为"嵌入惰性",即由于关系的黏滞性,连锁高管网络的发展呈现路径依赖的特征,造成网络的封闭性和排他性,在网络中的高管由于没有与外界进行更多的信息交换,而使知识、信息来源单一化,此时容易出现"锁定效应",不利于企业的多元化发展。另一方面则表现为"嵌入寻租",相比于"嵌入惰性",连锁高管网络的"嵌入寻租"给企业带来的负面影响更加明显。一是在连锁高管层面,若企业的内部治理机制和外部环境的监管体系不完善,容易促使高管利用其手中的资源和权力谋取私利,通过关联交易、内幕交易、利益输送等机会主义行为损害股东的利益,提高企业的代理成本;二是在联结企业层面,容易使企业通过串谋而形成"卡特尔",即在某产品或行业内形成垄断市场,获取高额利润,影响市场的正常竞争秩序。

　　把社会关系网络引入公司治理的研究在学术界刚刚起步。把社会网络的理论和分析方法融入公司治理领域,并拓展连锁董事到连锁高管的边界,不仅丰富了公司治理研究,同时也有利于我们更进一步理解连锁高管网络及其在当今中国企业发展中所起的重要作用。目前关于社会网络在公司治理中的研究主要关注微观层面,即从个人或企业的角度探讨连锁董事对企业的影响,且主要集中在某一行业(如高新技术行业)或民营企业上。

### (二)研究假设

　　戴相龙等主编的《中华金融词库》将股东利益界定为股东根据其拥有的股份从发行公司获得的各种回报,投资者的利益目标是通过股票投资获得最大的收益。投资者的收益由两部分构成:一是上市公司派发的股息与红利;二是通过在证券市场买卖股票所赚取的差价收入。

　　股东的短期利益诉求,使其倾向于追逐短期的股利分红。本章中,将短期的股利分红视作对股东的短期激励,选取股利政策作为股东短期激励的测量变量,选取现金股利与企业绩效之间的关系作为股东短期激励有效性的判断依据。目前对于现金股利政策如何影响企业绩效,部分学者认为,现金股利支付能够提高公司绩效。例如 Mohamed et al.(2010)通过研究第一次派发股利的市场反应发现,上市公司首次派发股利,能够得到市场的强烈反应,使股票价格上升;赵春光等(2000)、连艺菲等(2009)、龚光明等(2009)、孔德兰等(2011)都发现,支付现金股利对提高公司绩效具有积极效应。如果企业的收益可以保持在某个水平上,公司派发现金股利,必然会使公司的经理有更少的现金可供支配,使企业的资金筹集更加有效,使公司内部经理受到较少的监管,并减少了公司内部的代理成本,进一步使经理在公司发展中的道德风险控制在一定的水平,最终能够使股东的财富达到最优,从而使公司股东的福利水平得到有效的提升。基于此,本章提出如下假设:

　　H1:股东短期激励有效性显著。

　　连锁高管网络可以通过其拥有的社会资源和关键性信息影响企业的经济行为。在连锁网络中,企业可以相互利用资源、协调关系,在网络中越接近中心位置的企业越能获取更多的资源和信息。因此,企业通过连锁高管可以更多地了解外界的信息,这有助于企业更好地采取有利的战略决策,提高经济效益。在当前,由于信息没有较高的对称性,所以在一般情况下这些优势的信息都会掌握在高管手中,投资者并不能充分了解这些信息。公司如果派发现金股利,就能够向投资者传递公司运营良好的信号。基于以上分析,本章提出研究假设 H2:

H2：TMT 连锁网络中心度对股东短期激励有效性具有正向调节效应。

股东的长期价值诉求，倾向于把企业做成百年老店，企业基业长青也是股东对企业长期发展的一种期望，可以通过增加研发投入、扩大企业规模、培养企业核心能力来实现。本章中，将增加研发投入带来的企业价值增值视作对股东的长期激励，用研发投入产出比作为股东长期激励的测量变量，用研发投入产出比与企业绩效之间的关系作为股东长期激励有效性的判断依据。假如企业有很强的竞争力，能够在激烈的行业竞争中获利，那么股东在一定时期内便可以获得较高回报，潜在股东就有意愿转变为现实股东；反之，对于不具备竞争力的企业，潜在股东会避而远之。所以，从这一逻辑上讲，企业的竞争力决定股东回报的高低，股东回报是企业竞争力的最直接体现。

Zhen（2002）用企业获得的专利数作为企业研发投入的替代变量，用企业股票的报酬作为企业绩效的替代变量，并得出相应结论：研发投入与企业绩效呈显著正相关关系。同时，其对美国企业进行研究发现，美国企业的专利数量（研发密度）对股票绩效的提高有显著的正向促进作用。Scoete（1979）收集了1967年和1975年两年间700家美国企业的研究开发投资数据，并用企业研发费用来衡量企业的研发投资，研究表明，随着企业规模的逐渐扩大，企业的研发投入也会增加。Camer et al.（2002）分别研究了企业研究开发投资金额与企业研究开发速度之间的关系及企业的研究开发投资金额与企业业绩之间的关系，发现企业的研究开发投资金额会对企业研究开发速度产生影响，企业研究开发速度与企业绩效有正相关关系。国内部分学者也认为研究开发投入与企业绩效显著正相关。程宏伟（2006）对我国96家公司的数据进行研究发现，我国公司的技术创新投资强度与公司业绩的正相关关系显著，并且技术创新投资与公司业绩的相关性随着年限的增加而减弱；李映照等（2005）对沪深股市10家医药行业上市公司和107家电子信息行业上市公司的数据进行研究发现，研发投入与企业绩效之间呈正相关关系，但是相关性并不十分显著；梁莱歆等（2006）以深圳证券交易所的上市公司为研究样本，将研发费用支出作为解释变量指标，将企业的无形资产、技术资产、主营业务收入和主营业务利润率等作为被解释变量，同时加入企业盈利能力和发展能力两个控制变量，建立多元线性回归模型，研究结果为研发投入与公司技术资产和主营业务收入增长存在正相关关系。基于此，本章提出以下假设：

H3：股东长期激励有效性显著。

连锁高管网络可以通过其拥有的社会资源和关键性信息影响企业的经济行为。在连锁网络中，企业可以相互利用市场资源、技术资源和金融资源，在网络中越接近中心位置的企业越能获取更多的资源和信息，对研发投入与企业绩效之间的关系起到正向调节效应。首先,高管、精英团队或董事会成员通过连锁关系的形式在本行业的其他企业、组织或行业协会中任职,可能带来与本行业市场发展相关的信息,这对于企业及时把握市场前沿动态,规避市场风险,建立创新发展机制,提高产品研发能力至关重要。其次,高管、精英团队或董事会成员通过连锁关系的形式在其他企业任职能为其他企业提供技术支持,或者其他企业的技术专业人员通过在本企业担任董事或监事等高层管理职位也能为本企业服务。最后,企业的研发活动需要大量的资金投入,若能与其他企业建立良好的关系,则有利于解决企业的融资问题,帮助企业获取外部资金。根据资源基础观,这些连锁高管的金融资源是企业可持续竞争优势的来源,能为研发投入提供强有力的资金保障。然而并不是所有与外界联系的连锁高管网络都对企业产生积极影响,连锁高管通过嵌入社会网络在给企业带来收益的同时也会承担一定的成本。其一方面表现为"嵌入惰性",另一方面表现为"嵌入寻租"。在 TMT 网络中的高管如果没有与外界进行更多的信息交换,而使知识、信息来源单一化,容易出现"锁定效应",不利于企业之间的知识扩散和传播,企业也不会重视研发投入和价值增值。基于以上分析,本章提出以下假设:

H4:TMT 连锁网络中心度对股东长期激励有效性具有负向调节效应。

### (三)理论模型构建

#### 1.理论模型

遵从价值投资规律,股东的投资应该有一个合理的回报,从而激励股东做持续性的投入,这是资本市场的一个合理趋势。本章在社会网络视角下,实证检验 TMT 连锁网络对股东激励有效性的影响。

综上所述,就短期而言,股东的短期利益诉求使其倾向于追逐短期的股利分红。就长期而言,股东的价值诉求倾向于把企业做成百年老店。

现在的资本市场里 TMT 连锁网络对股东激励有效性可能会产生两种不同的效应:一是短期内股东间对股利攀比的利益诉求,相互之间的高管圈子可能会加剧这种攀比效应,通过抬高股价或其他财务指标等方式引发财富攀比效应,如图 8-1 上半部分所示;二是从长期角度而言,股东间对企业的价值增值的诉求,相互之间的高管圈子会加剧这种竞赛效应,促使企业将股利分红投入研发环节,注重长期的能力建设和企业核心竞争力的培养,引发知识竞赛效应,如图 8-1 下半部分所示。

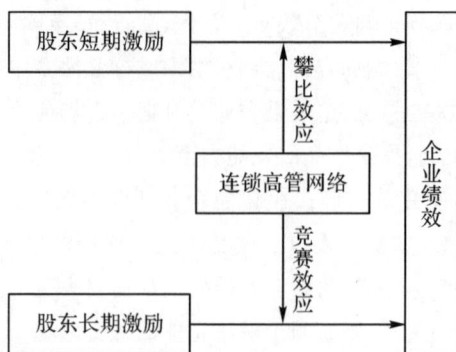

图 8-1 理论模型图

**2. 回归模型**

根据研究假设,本章建立如下回归模型:

$$ROA = \alpha_0 + \alpha_1 Cash + \alpha_2 DCB \cdot Cash + \alpha_3 RD + \alpha_4 DCB \cdot RD +$$

$$\alpha_5 DCB + \sum Controller + \varepsilon \tag{8-1}$$

$$Tobin's\ Q = \alpha_0 + \alpha_1 Cash + \alpha_2 DCB \cdot Cash + \alpha_3 RD + \alpha_4 DCB \cdot RD +$$

$$\alpha_5 DCB + \sum Controller + \varepsilon \tag{8-2}$$

# 三、网络化视角下董事会激励机制异化的实证研究

## (一)研究设计

### 1. 数据来源与样本选择

本章以 2012—2014 年 A 股生物医药行业上市企业为初始研究样本,共计 214 家样本企业,共获 642 个数据。为了保证数据的质量,本章对这些研究样本进行了预处理,剔除了以下样本:①财务数据异常的 ST、＊ST 公司;②部分指标缺失的公司。经整理,最终研究样本为 195 家企业,共 585 个数据。

首先,从巨潮咨讯数据库中导出生物医药行业上市公司年报,把从年报中搜集的上述公司的所有高管任职资料作为基础信息。其次,必须确保高管的网络关系是真实的,对所有同名的高管进行检查,区分出是否为同一个人(如果不是同一个人,只是同名,那么计算就是错误的),赋予每一个高管独一无二的 ID。再次,构建"公司—高管"二模矩阵,如果高管 $i$ 在公司 $j$ 任职,那么矩阵 $(i,j)$ 的值为 1,否则为 0。将"公司—高管"二模矩阵转置处理后,形成"公司—公司"一模矩阵。先使用 EXCEL 2010 进行数据的初步处理,再使用

UCINET 6.576 对 TMT 连锁网络进行分析,计算出 3 个网络中心度指标[度数中心度(Degree)、接近中心度(Closeness)、中介中心度(Betweenness)],进而构建公司层面的连锁高管网络中心度指标。最后,使用计量分析软件 STATA 13.0 进行描述性统计、相关性分析和多元回归分析。

2.变量定义与测量

(1)被解释变量。

国际上通用的度量公司绩效的指标是总资产收益率(ROA),本章以 ROA 来衡量企业的短期绩效。一些研究指出,投资于连锁关系的收益具有滞后性,难以在当期显露,会计数字反映的是历史信息,只记录企业的绝对盈利,不包含风险,不能表达企业的未来盈利。而且财务指标容易受到操纵,会计准则本身的弹性也会导致会计数字不能准确反映连锁关系的经济价值(田高良等,2011)。因此,本章同时选择了涵盖风险,能从经济价值角度反映企业绩效,并且不会受会计操纵的托宾 Q 值(Tobin's Q)来衡量企业的长期绩效。

(2)解释变量。

股东短期激励,用股利政策作为测量变量。总的来说,股利是公司以股东的持股份额为基础向股东分配的利润,股利政策则是公司向股东分配股利时所采用的支付水平和分配方式的总称。严格地说,股利分配形式主要包括现金股利和股票股利,相应的股利政策研究也包括这两个方面。本章的研究对象主要是现金股利,采用一个绝对的支付水平(Cash),单位是万元。

股东长期激励,用研发投入产出比作为测量变量。参照已有的国内外研究,本章选用公司的研发投入与营业收入之比(RD)作为公司研发投入产出比的替代变量,这主要是以高管的角度进行考虑,尤其是新任高管主要基于公司经营收入来确定公司当期的研发投入。

(3)调节变量。

本章主要考察 TMT 连锁网络对股东激励有效性影响的两种效应,即研发竞赛和股利攀比,以 TMT 连锁网络中心度指标为切入点,因此本章主要选择以 TMT 连锁网络为基础形成的企业网络中心度指标进行实证研究。参考任兵(2005)、曲亮等(2014)的做法,本章用度数中心度(Degree)、接近中心度(Closeness)、中介中心度(Betweenness)三者的乘积(用 DCB 表示)来衡量 TMT 连锁网络的中心度。

TMT 连锁网络是基于公司董事、监事、高管在不同企业相互兼任而形成的企业间的连锁网络,这一网络相比于董事网络的优势在于网络节点更完整。本章在前人研究的理论和分析方法的基础上,采用 UCINET 社会网络分析软件和 EXCEL 数据处理软件,构建中国生物医药行业上市公司的连锁高管网络,该网络的构建对于人们进一步从社会网络角度研究公司治理问题有重要的意义,具体的构建步骤如下(以 2014 年为例)。

第一步:从国泰安 CSMAR 数据库的"中国上市公司治理结构研究数据库"中导出生物医药行业上市公司的高管信息(包括性别、年龄、职务等),对于数据缺失的,通过下载、查阅上市公司年报进行补足,并将其导入 EXCEL 表中,如表 8-1 所示。

表 8-1    生物医药行业上市公司高管信息(截取)

| 000661 | 000705 | 000739 | 000756 | 000766 | 000788 | 000790 | 000908 |
|---|---|---|---|---|---|---|---|
| 长春高新 | 浙江震元 | 普洛药业 | 新华制药 | 通化金马 | 北大医药 | 华神集团 | 景峰医药 |
| 杨×× | 金×× | 张×× | 曹×× | 许××有 | 李×× | 周×× | 李×× |
| 周×× | 袁×× | 徐×× | 郭×× | 张×× | 易×× | 曾×× | 李×× |
| 安×× | 金×× | 葛×× | 杜×× | 高×× | 黄×× | 凌×× | 程×× |
| 金×× | 李×× | 胡×× | 李×× | 于×× | 赵×× | 权×× | 李×× |
| 王×× | 李×× | 吴×× | 侯×× | 张×× | 黄×× | 汤×× | 何×× |
| 吴×× | 周×× | 祝×× | 张×× | 贾×× | 谢×× | 谭×× | 余×× |
| 毛×× | 宋×× | 徐×× | 陶×× | 刘×× | 张×× | 刘×× | 唐×× |
| 张×× | 阮×× | 韩×× | 扈×× | 刘×× | 伍×× | 刘×× | 李×× |
| 李×× | 戚×× | 潘×× | 王×× | 王×× | 余×× | 柴×× | 叶×× |
| 乔×× | 吴×× | 张×× | 窦×× | 李×× | 陈×× | 辛×× | 魏×× |
| 李×× | 贺×× | 厉×× | 杜×× | 昝×× | 张×× | 伯×× | 李×× |
| 朱×× | 俞×× | 任×× | 贺×× | 董×× | 黄×× | 汤×× | 简×× |

第二步:为了确保每一个高管的身份都是唯一的,对所有高管进行去除同名处理,区分出名字相同但并非同一人的高管(如果不是同一个人,只是同名,那么计算就是错误的),赋予每一个高管独一无二的 ID(见表 8-2)。具体操作是以每个高管的性别和年龄为基础,结合上市公司年报中披露的高管个人简历信息进行判断。

表 8-2    高管和公司坐标信息(截取)

|  | 国农科技 | 国药一致 | 海王生物 | 丰原药业 | 英特集团 | 东阿阿胶 |
|---|---|---|---|---|---|---|
| 江×× | 1 | 0 | 0 | 0 | 0 | 0 |
| 李×× | 1 | 0 | 0 | 0 | 0 | 0 |
| 孙×× | 1 | 0 | 0 | 0 | 0 | 0 |
| 苏×× | 1 | 0 | 0 | 0 | 0 | 0 |

续　表

|  | 国农科技 | 国药一致 | 海王生物 | 丰原药业 | 英特集团 | 东阿阿胶 |
|---|---|---|---|---|---|---|
| 王×× | 1 | 0 | 0 | 0 | 0 | 0 |
| 吴×× | 1 | 0 | 0 | 0 | 0 | 0 |
| 徐×× | 1 | 0 | 0 | 0 | 0 | 0 |
| 徐×× | 1 | 0 | 0 | 0 | 0 | 0 |
| 刘×× | 1 | 0 | 0 | 0 | 0 | 0 |
| 陈×× | 1 | 0 | 0 | 0 | 0 | 0 |
| 魏×× | 1 | 0 | 0 | 0 | 0 | 0 |
| 何×× | 1 | 0 | 0 | 0 | 0 | 0 |
| 陈×× | 1 | 0 | 0 | 0 | 0 | 0 |
| 杨×× | 1 | 0 | 0 | 0 | 0 | 0 |
| 施×× | 0 | 1 | 0 | 0 | 0 | 0 |
| 魏×× | 0 | 1 | 0 | 0 | 0 | 0 |
| 崔×× | 0 | 1 | 0 | 0 | 0 | 0 |
| 马×× | 0 | 1 | 0 | 0 | 0 | 0 |
| 姜×× | 0 | 1 | 0 | 0 | 0 | 0 |
| 闫×× | 0 | 1 | 0 | 0 | 0 | 0 |
| 何×× | 0 | 1 | 0 | 0 | 0 | 0 |
| 熊×× | 0 | 1 | 0 | 0 | 0 | 0 |

　　第三步：基于去除同名后的高管数据，构建"公司—公司"一模矩阵，矩阵显示出不同公司之间的联结关系（匹配过程通过自编程序完成），其中对角线上的数字表示该公司拥有高管的总人数，上三角与下三角中的数字对称，且每一位数字代表对应的两家公司拥有共同的连锁高管的人数。

　　第四步：将"公司—公司"一模矩阵导入 UCINET 6.576 中进行社会网络分析，计算出 3 个网络中心度（Centrality）和结构洞（Structural holes）指标，进而构建公司层面的 TMT 连锁网络指标。

　　TMT 连锁网络的测量如下所示：

　　第一，度数中心度衡量的是个体在网络中与所有其他节点联系的总数，反映该个体与网络中其他成员发生交往关系的能力。该个体认识的其他成员的数量越多，其在网络中的地位越重要，获得的信息和交易的机会也就越多。计算公式如下：

$$\text{Degree}_i = \frac{\sum_j X_{ji}}{g-1} \tag{8-3}$$

式中，$i$ 为某个高管；$j$ 为当年除了 $i$ 之外的其他高管；$X_{ji}$ 为一个网络联结，若高管 $i$ 和高管 $j$ 至少在一家公司担任高管职务则为 1，否则为 0；$g$ 为公司当年担任高管的总人数，由于公司每年担任高管的人数不同，为了消除规模变化的影响，用 $(g-1)$ 将其标准化。

第二，结构洞的关注点与中心度不同，中心度指标强调与自我直接联系的特性，而结构洞更关注与自我联系的企业之间的关系模式。在 TMT 连锁网络中占据结构洞位置的企业更具竞争优势，可以通过操控结构洞来获取信息利益和控制利益。

结构洞指标通常用以下 4 个指标进行测算：①有效规模，衡量结构洞节点的整体影响力；②效率，衡量结构洞中的节点对网络中其他相关节点的影响程度；③限制度，衡量某个节点与网络中其他节点联系的紧密程度，该数值越大，说明网络闭合性越高，结构洞越少；④等级度，衡量结构洞节点的部分特征，该数值越大，说明在某个节点的领域内，约束性集中在这个节点上。其中，限制度指标最重要，它是指企业在网络中拥有的运用结构洞的能力。行动者 $i$ 到行动者 $j$ 的限制度指标为

$$C_{ij} = (P_{ij} + \sum_q P_{iq}P_{qj})^2 \tag{8-4}$$

式中，$i$ 为某公司；$j$ 为网络中的其他公司；$q$ 表示除了 $i$、$j$ 外的另一个企业；$P_{ij}$ 为企业 $i$ 对网络中其他企业 $j$ 的直接关系投资；$P_{iq}$ 为企业 $i$ 和企业 $q$ 关系的比例强度；$P_{qj}$ 为企业 $q$ 和企业 $j$ 关系的比例强度；$\sum_q P_{iq}P_{qj}$ 表示企业 $i$ 对企业 $j$ 的间接关系投资；$C_i = \sum_j C_{ij}$ 则表示企业 $i$ 对企业 $j$ 的直接或间接投资的时间精力总和，即衡量企业 $i$ 因为企业 $j$ 而受到的约束程度。当企业 $j$ 和其他所有人之间没有联系的时候，$C_{ij}$ 取最小值 $P_{ij}^2$；若企业 $j$ 是企业 $i$ 的唯一联系人，则 $C_{ij}$ 取最大值 1。进一步地，令 $C_i$ 表示企业 $i$ 在网络中受到的约束总和。为了方便，学者们常用 1 与 $C_i$ 的差来衡量网络中结构洞的丰富程度 ($SH_i$)，即 $SH_i = 1 - C_i$，$SH_i$ 越大，则表示网络约束度越小，网络结构洞越丰富。

以上 4 种中心度指标各有优缺点：度数中心度最容易理解，为某高管直接与其他高管相联结关系的数量，体现了网络中个人的活跃度，但并没有考虑非直接的关系，且对每个节点都同等对待；中介中心度强调对连锁高管网络中不同联结关系的控制度；接近中心度衡量的是高管个人联系到高管网络中其他高管需要多少步，要考虑整个网络中潜在的接触；特征向量中心度用递归加权的方法 (Recursive Weighted Method) 衡量了联结数量的"质量"。Wasserman et al. (1994) 指出，上述 4 个指标都是中心度概念的一个方面，都有优势和效用，因此不应该单独地使用一个中心度指标来衡量中心度。不少学者对各个

中心度指标进行综合考虑,全面衡量社会网络的中心度。相关网络中心度和结构洞指标值均可通过 UCINET、PAJEK 等社会网络分析软件计算获取。

(4)控制变量。

根据以往研究,我们控制了对公司研发投入和股利政策可能造成影响的公司特征的相关变量,具体设计及说明如下。

第一,大股东持股比例(Ratio):控股股东的持股比例。

第二,公司规模(Lnsize):当年公司的总资产。

第三,公司所有制(Owner):虚拟变量,把民营企业赋值为1,国有企业赋值为2。(具体研究变量见表8-3)

### 表 8-3　变量情况

| 变量类别 | 变量名称 | 变量符号 | 变量定义 |
|---|---|---|---|
| 被解释变量 | 托宾 Q 值 | Tobin's Q 值 | 资本的市场价值与重置成本之比 |
| | 总资产收益率 | ROA | 衡量企业收益能力 |
| 解释变量 | 股东长期激励——以研发投入产出比为测量变量 | RD | 研发投入与营业收入之比 |
| | 股东短期激励——以股利政策为测量变量 | Cash | 公司发放现金股利总额 |
| 调节变量 | 度数中心度、中介中心度、接近中心度三者的乘积 | DCB | 衡量在网络中位置的中心度 |
| | 研发投入产出比与 DCB 的交乘项 | DCB・RD | |
| | 股利政策与 DCB 的交乘项 | DCB・Cash | |
| 控制变量 | 大股东持股比例 | Ratio | 控股股东持股比例 |
| | 公司规模 | Lnsize | 公司的总资产的自然对数 |
| | 公司所有制 | Owner | 民营企业赋值为1,国有企业赋值为2 |

## (二)实证分析

### 1.描述性统计

表 8-4 为各生物医药上市公司主要变量的描述性统计结果。从表 8-4 中可以看出,反映企业长期绩效的 Tobin's Q 值的平均水平为 3.396 147,最大值与最小值之间相差约为 101.16;反映企业短期绩效的总资产收益率(ROA)的平均水平为 0.068 619 7,最大值与最小值之间相差约为 2.58,说明中国生物医药上市公司的经营绩效之间差异较大。股东长期激励方面的观测变量研发投入产出比(RD)的最大值为 1.235 232,但均值仅为 0.013 967 3,说明目前 A 股生物医药上市公司营业收入中用作研发投入的比重依然很小,企业

应当增大研发投入的规模,注重培养核心竞争力,促进企业价值增值;股东短期激励方面的观测变量现金股利(Cash)的发放规模的最大值为 77 978.41,最小值为 0,并且均值仅为 7112.438,反映目前 A 股生物医药上市公司的现金股利发放规模差距较大。度数中心度(Degree)衡量的是个体在网络中与所有其他节点联系的总数,最大值是 16,均值为 2.758 974,说明目前 A 股生物医药上市公司之间已经基于 TMT 连锁网络形成了较为紧密的企业网络。

表 8-4 描述性统计结果

| 变量符号 | 均 值 | 标准差 | 最小值 | 最大值 | 样本量 |
|---|---|---|---|---|---|
| Tobin's Q | 3. 396 147 | 4. 793 92 | 0. 306 653 | 101. 4659 | 585 |
| ROA | 0. 068 619 7 | 0. 107 696 2 | −1. 987 682 | 0. 593 667 | 585 |
| Cash | 7 112. 438 | 118 39. 85 | 0 | 77 978. 41 | 585 |
| RD | 0. 013 967 3 | 0. 059 595 2 | 0 | 1. 235 232 | 585 |
| DCB | 226. 473 2 | 544. 695 4 | 0 | 4736. 667 | 585 |
| Degree | 2. 758 974 | 2. 539 758 | 0 | 16 | 585 |
| Closeness | 0. 127 943 5 | 0. 031 436 7 | 0. 071 428 6 | 0. 177 169 | 585 |
| Betweenness | 253. 564 1 | 437. 268 8 | 0 | 3 341. 914 | 585 |
| Ratio | 36. 420 71 | 15. 572 28 | 3. 89 | 81. 09 | 585 |
| Lnsize | 3. 87e+09 | 5. 79e+09 | 5. 15e+07 | 6. 43e+10 | 585 |
| Owner | 1. 268 376 | 0. 4434 936 | 1 | 2 | 585 |

## 2. 相关性分析

为了避免变量间的多重共线性问题影响模型的最终结果,本章对研究变量进行 Pearson 相关性分析的检验。在对相关结果的分析过程中,本章主要依据以下原则:若两个自变量之间的 Pearson 相关系数在双尾 t 检验下的 1%水平上显著大于 0.5,则分别建立模型,从而确保各变量具有较高的解释力和可信度,本章的 Pearson 相关系数矩阵如表 8-5 所示。

表 8-5 Pearson 相关系数矩阵

| 变 量 | Tobin's Q | ROA | Cash | RD | DCB | Ratio | Lnsize | Owner |
|---|---|---|---|---|---|---|---|---|
| Tobin's Q | 1 | | | | | | | |
| ROA | −0. 007 5<br>0. 857 1 | 1 | | | | | | |
| Cash | −0. 059 6<br>0. 149 6 | 0. 183 7<br>0 | 1 | | | | | |
| RD | −0. 010 5<br>0. 800 7 | −0. 014 4<br>0. 727 4 | −0. 050 9<br>0. 218 6 | 1 | | | | |

续　表

| 变　量 | Tobin's Q | ROA | Cash | RD | DCB | Ratio | Lnsize | Owner |
|---|---|---|---|---|---|---|---|---|
| DCB | −0.072 5<br>0.079 6 | −0.106 3<br>0.010 1 | 0<br>0.999 3 | −0.023 4<br>0.571 9 | 1 | | | |
| Ratio | −0.015 0<br>0.718 0 | 0.140 8<br>0.000 6 | 0.109 6<br>0.008 0 | −0.077 4<br>0.061 3 | 0.030 2<br>0.466 3 | 1 | | |
| Lnsize | −0.159 4<br>0.000 1 | −0.004 7<br>0.910 1 | 0.630 0<br>0 | −0.022 7<br>0.584 2 | 0.041 7<br>0.313 9 | −0.021 6<br>0.602 8 | 1 | |
| Owner | −0.148 2<br>0.000 3 | −0.185 2<br>0 | 0.047 7<br>0.249 2 | −0.076 0<br>0.066 2 | 0.278 8<br>0 | −0.011 8<br>0.775 3 | 0.232 9<br>0 | 1 |

从表 8-5 可知,除了股利政策和公司规模之间的相关系数相对高一些(0.630 0),其他变量之间的 Pearson 相关系数都小于 0.5(在双尾 t 检验下的 1% 水平上显著),说明不存在严重的多重共线性问题。

### 3. 回归分析

根据以上所定义变量,在收集的生物医药行业上市公司 2012—2014 年的面板数据中,剔除度数中心度为 0 和研发投入为 0 的数据,总共得到 221 个数据。

在利用面板数据进行回归分析前,需要确定模型的类别。本章使用 Hausman 检验来甄别所使用的研究模型是固定效应模型还是随机效应模型。表 8-6 列出了所有研究模型的 Hausman 检验结果,若 Prob>chi2<0.05,拒绝原假设,选择固定效应模型;若 Prob>chi2>0.05,接受原假设,选择随机效应模型。由表 8-6 可知,本章的研究模型均为固定效应模型。在选定具体的回归方法后,本章对研究样本进行回归分析。

表 8-6　回归模型的 Hausman 检验

| 模　型 | Hausman 检验结果 | 模型选择 |
|---|---|---|
| 模型 1 | Prob>chi2＝0.0034 | 固定效应模型 |
| 模型 2 | Prob>chi2＝0.0001 | 固定效应模型 |
| 模型 3 | Prob>chi2＝0.0000 | 固定效应模型 |
| 模型 4 | Prob>chi2＝0.0078 | 固定效应模型 |
| 模型 5 | Prob>chi2＝0.0000 | 固定效应模型 |
| 模型 6 | Prob>chi2＝0.0063 | 固定效应模型 |
| 模型 7 | Prob>chi2＝0.0003 | 固定效应模型 |
| 模型 8 | Prob>chi2＝0.0001 | 固定效应模型 |

(1)圈子特征对股东短期激励有效性的影响——以股利政策为例。

表 8-7 为股利政策和研发投入产出比对总资产收益率(ROA)的回归结

果。第一列(1)为现金股利发放规模对企业绩效的影响,从表中数据可以看出,现金股利发放规模在1%的显著性水平上对企业绩效产生正面影响,说明生物医药行业上市公司的股东短期激励有效性是显著的,假设H1得到验证。第二列(2)检验TMT连锁网络中心度对股东短期激励有效性的调节作用,数据结果表明,TMT连锁网络中心度在10%的显著性水平上促进了现金股利发放规模对企业绩效的影响,说明在生物医药行业上市公司之间,TMT连锁网络加强了股东短期激励的有效性,引发了财富攀比效应,假设H2得到了验证。第三列(3)检验现金股利发放规模和研发投入产出比对总资产收益率(ROA)的影响,数据结果表明,现金股利(Cash)在1%的显著性水平上正向影响总资产收益率,研发投入产出比对总资产收益率的影响不显著,说明现金股利发放规模对企业绝对盈利ROA的影响显著,而研发投入投资于连锁关系的收益具有滞后性,难以在当期显露。第四列(4)检验现金股利发放规模和研发投入产出比对总资产收益率的影响,以及TMT连锁网络中心度的调节作用,数据结果表明,仅现金股利发放规模对企业总资产收益率的影响显著。

表 8-7 股利政策和研发投入产出比对 ROA 的回归结果

| | (1)<br>ROA | (2)<br>ROA | (3)<br>ROA | (4)<br>ROA |
|---|---|---|---|---|
| Cash | 0.000 001 65\*\*\*<br>(0.000 000 320) | 0.000 001 34\*\*<br>(0.000 000 380) | 0.000 001 60\*\*\*<br>(0.000 000 322) | 0.000 001 35\*\*\*<br>(0.000 000 383) |
| DCB·Cash | | 9.67e-10\*<br>(5.72e-10\*) | | 7.35e-10<br>(6.03e-10) |
| DCB | | 0.000 015 5\*\*<br>(0.000 007 59) | | 0.000 010 9<br>(0.000 008 71) |
| RD | | | −0.0963<br>(0.096 1) | −0.0353<br>(0.107) |
| DCB·RD | | | −0.000 250<br>(0.000 232) | |
| Ratio | 0.000 512\*<br>(0.000 284) | 0.000 501\*<br>(0.000 279) | 0.000 507\*<br>(0.000 286) | 0.000 480\*<br>(0.000 281) |
| Lnsize | −1.45e-12\*\*<br>(6.59e-13) | −1.40e-12\*\*<br>(6.61e-13) | −1.45e-12\*\*<br>(6.58e-13) | −1.41e-12\*\*<br>(6.61e-13) |
| Owner | −0.0189\*\*<br>(0.009 53) | −0.0166\*<br>(0.009 86) | −0.0202\*\*<br>(0.009 69) | −0.0175\*<br>(0.009 99) |
| 常数列 | 0.0636\*\*\*<br>(0.0166) | 0.0661\*\*\*<br>(0.0166) | 0.0680\*\*\*<br>(0.0173) | 0.0693\*\*\*<br>(0.0172) |
| N | 221 | 221 | 221 | 221 |
| $R^2$ | 0.3561 | 0.4031 | 0.3419 | 0.3974 |

(2)圈子特征对股东长期激励有效性的影响——以研发投入产出比为例。

表 8-8 为股利政策和研发投入产出比对托宾 Q 值(Tobin's Q)的回归结果。第一列(5)为研发投入产出比对企业绩效的影响,从表中数据可以看出,研发投入产出比在 1% 的显著性水平上对托宾 Q 值产生正向影响,说明生物医药行业上市公司的股东长期激励有效性显著,假设 H3 得到验证。第二列(6)检验 TMT 连锁网络中心度对股东长期激励有效性的调节作用,数据结果表明,TMT 连锁网络中心度在 10% 的水平上抑制了股东的长期激励有效性,假设 H4 得到了验证,说明在生物医药行业上市公司之间,TMT 连锁网络之间没有因为声誉、面子等因素而引发知识竞赛效应,TMT 连锁网络中心度抑制了股东长期激励有效性。第三列(7)检验研发投入产出比和现金股利发放规模对托宾 Q 值的影响,数据结果表明,研发投入产出比在 1% 的显著性水平上正向影响企业托宾 Q 值,现金股利发放规模对托宾 Q 值的影响不显著,说明研发投入产出比对企业绝对涵盖风险因素、能从经济价值角度反映企业绩效并且不受会计操纵的企业长期绩效指标托宾 Q 的影响显著,但企业 TMT 关注的是企业短期绩效的提高,从而获得现金股利分红等短期收益,并不关注企业的长远价值和发展。第四列(8)检验研发投入产出比和现金股利发放规模对托宾 Q 值的影响,以及 TMT 连锁网络中心度的调节作用,数据结果表明,仅研发投入产出比对企业托宾 Q 值的影响显著,TMT 连锁网络中心度的调节效应显著。

表 8-8　股利政策和研发投入产业比对 Tobin's Q 的回归结果

| | (5) Tobin's Q | (6) Tobin's Q | (7) Tobin's Q | (8) Tobin's Q |
|---|---|---|---|---|
| RD | $16.01^{***}$ (3.505) | $18.94^{***}$ (3.896) | $16.03^{***}$ (3.493) | $19.14^{***}$ (3.903) |
| DCB·RD | | $-0.0135^{*}$ (0.007 90) | | $-0.0150^{*}$ (0.008 28) |
| DCB | | $-0.000\,024\,3$ (0.000 242) | | $0.000\,134$ (0.000 304) |
| Cash | | | $0.000\,016\,1$ (0.000 011 7) | $0.000\,021\,9$ (0.000 014 1) |
| DCB·Cash | | | $-2.03\mathrm{e}{-08}$ (2.25e-08) | |
| Ratio | $0.0214^{**}$ (0.009 84) | $0.0200^{**}$ (0.009 84) | $0.0202^{**}$ (0.009 76) | $0.0189^{*}$ (0.009 75) |
| Lnsize | $-5.51\mathrm{e}{-11}^{**}$ (2.32e-11) | $-5.56\mathrm{e}{-11}^{**}$ (2.31e-11) | $-7.09\mathrm{e}{-11}^{***}$ (2.49e-11) | $-7.30\mathrm{e}{-11}^{***}$ (2.50e-11) |

| | (5)<br>Tobin's Q | (6)<br>Tobin's Q | (7)<br>Tobin's Q | (8)<br>Tobin's Q |
|---|---|---|---|---|
| Owner | −0.838**<br>(0.328) | −0.750**<br>(0.345) | −0.790**<br>(0.323) | −0.666*<br>(0.341) |
| 常数列 | 3.010***<br>(0.591) | 2.975***<br>(0.592) | 2.936***<br>(0.580) | 2.810***<br>(0.591) |
| N | 221 | 221 | 221 | 221 |
| R2 | 0.278 9 | 0.293 6 | 0.314 0 | 0.333 1 |

(3)对比讨论。

TMT连锁网络对于股东激励有效性的影响是分长期和短期的。在本章中,对股东长期激励和短期激励有效性的研究,分别从自变量上和因变量上同时体现,逻辑上更加通顺。从股东短期激励角度来看,选取股东短期看重的现金股利分红作为观测变量,并从绩效指标里选择短期的总资产收益率(ROA)来衡量;从股东长期激励角度来看,选取促进企业长期价值增值的研发投入产出比(RD)作为观测变量,并从绩效指标中选择长期的企业成长性托宾Q值(Tobin's Q)来衡量。

通过实证分析发现,TMT连锁网络对股东激励有效性带来两种效应:股东注重短期的股利收益,TMT连锁网络成员加剧了股东短期激励的有效性,引发财富攀比效应,短期内通过抬高股价或其他财务指标等实现;但是,从长期角度而言,TMT连锁网络成员过于浮躁,不愿意增加研发投入进行能力建设和核心竞争力培养,TMT连锁网络对股东长期激励有效性有抑制作用。

**4. 分组检验**

进一步地,本章将按度数中心度(Degree)进行分组,并分组检验股东长期激励和短期激励的有效性,以期获得更稳定的研究结论。

(1)分组检验股利政策对总资产收益率(ROA)的影响。

按度数中心度分组检验股东短期激励的有效性(结果见表8-9),具体做法如下:总共585个数据,195家样本公司,按程度中心度进行分组。度数中心度为0,第1组,108个数据,36家公司;度数中心度为1—3,第2组,294个数据,98家公司;度数中心度为4—16,第3组,183个数据,61家公司。

从表8-9的数据可知,第1组中现金股利发放规模对总资产收益率的回归系数为0.000 001 46,在5%的显著性水平上显著;第2组中现金股利发放规模对总资产收益率的回归系数为0.000 002 12,在1%的显著性水平上显著;第3组中现金股利发放规模对总资产收益率的回归系数为0.000 002 54,在

5％的显著性水平上显著。图 8-2 和图 8-3 更直观地显示了第 1 组至第 3 组的回归系数的变化,说明随着度数中心度值的增大,现金股利发放规模对总资产收益率的回归系数在逐渐增大,从而更好地印证了前文的分析结果,即 TMT连锁网络中心度对股东短期激励有效性具有正向调节效应。

表 8-9　按度数中心度分组检验股东短期激励的有效性

| | 1 | 2 | 3 |
|---|---|---|---|
| | ROA | ROA | ROA |
| Cash | 0.000 001 46** <br> (0.000 000 602) | 0.000 002 12*** <br> (0.000 000 538) | 0.000 002 54** <br> (0.000 001 20) |
| Ratio | 0.001 35*** <br> (0.000 380) | 0.000 525* <br> (0.000 312) | 0.001 20 <br> (0.000 990) |
| Lnsize | $-1.20\mathrm{e}{-12}$ <br> (1.32e-12) | $-2.78\mathrm{e}{-12}$** <br> (1.09e-12) | 2.89e <br> 13(2.76e-12) |
| Owner | −0.001 61 <br> (0.029 8) | −0.032 6*** <br> (0.012 3) | −0.055 6** <br> (0.027 4) |
| 常数项 | 0.030 1 <br> (0.036 8) | 0.093 0*** <br> (0.020 1) | 0.060 0 <br> (0.049 9) |
| N | 108 | 294 | 183 |
| $R^2$ | 0.188 0 | 0.266 3 | 0.159 9 |

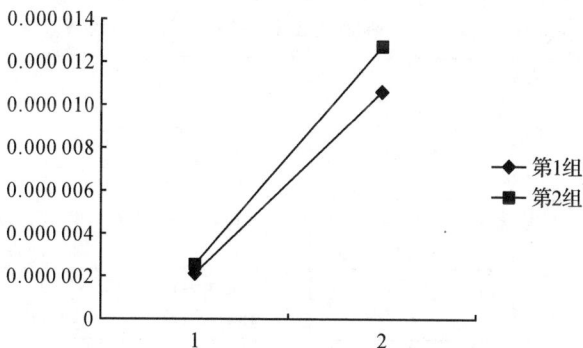

图 8-2　第 1 组与第 2 组比较图

(2)分组检验研发投入对托宾 Q 值的影响。

按度数中心度分组检验股东长期激励的有效性(结果见表 8-10),具体做法如下:剔除研发投入产出比为 0 的样本数据,共得到 241 个样本数据,再按度数中心度进行分组。度数中心度为 0,第 1 组,46 个数据;度数中心度为 1—3,第 2 组,121 个数据;度数中心度为 4—16,第 3 组,74 个数据。

从表 8-10 的数据可知,第 1 组中研发投入产出比对托宾 Q 值(Tobin's Q)

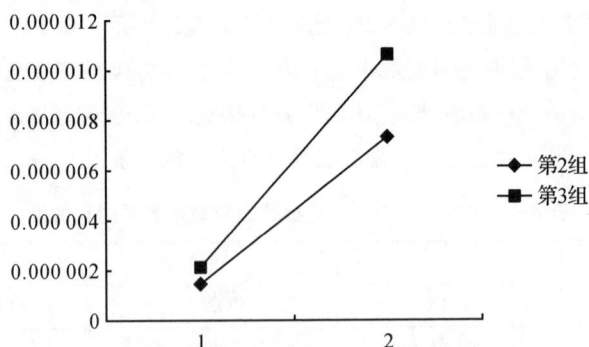

图 8-3　第 2 组与第 3 组比较图

的回归系数为 −0.0688，但不显著，这说明当企业高管与其他企业高管之间没有连锁关系时，高管之间不会受到声誉、地位等因素的影响而进行研发竞赛，研发投入产出比对企业绩效的影响不显著；第 2 组中研发投入产出比对托宾 Q 值的回归系数为 16.59，在 1% 的显著性水平上显著；第 3 组中研发投入产出比对托宾 Q 值的回归系数为 11.98，在 10% 的显著性水平上显著。图 8-4 更直观地显示了第 2 组和第 3 组的回归系数的变化，说明随着度数中心度值的增大，研发投入产出比对托宾 Q 值的回归系数在逐渐减小，从而也印证了前文的分析结果，即 TMT 连锁网络中心度对股东长期激励有效性具有负向调节效应。

表 8-10　按度数中心度分组检验股东长期激励的有效性

|  | 1<br>Tobin's Q | 2<br>Tobin's Q | 3<br>Tobin's Q |
|---|---|---|---|
| RD | −0.068 8<br>(1.585) | 16.59***<br>(4.279) | 11.98*<br>(7.159) |
| Ratio | 0.012 1<br>(0.026 4) | 0.022 8*<br>(0.013 3) | 0.015 2<br>(0.017 7) |
| Lnsize | −3.29e-10*<br>(1.73e-10) | −6.19e-11<br>(4.73e-11) | −5.38e-11**<br>(2.70e-11) |
| Owner | −1.660<br>(1.384) | −1.193**<br>(0.608) | −0.475<br>(0.510) |
| 常数项 | 5.832***<br>(1.980) | 3.545***<br>(0.991) | 2.628***<br>(0.831) |
| N | 46 | 121 | 74 |
| $R^2$ | 0.417 9 | 0.289 8 | 0.244 3 |

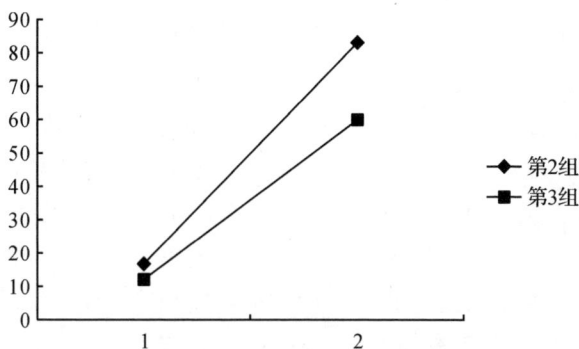

图 8-4　第 2 组与第 3 组比较图

### 5. 稳健性检验

本章在以下几个方面对结论进行了稳健性检验。

第一，应用方法方面。本章采用 3 年的面板数据对模型进行检验，分别对数据做了固定效应和随机效应检验，得到的结果基本一致。

第二，在股东长期激励有效性方面，使用股票红利代替现金股利，最终得到的实证结果无明显差异。

第三，在股东短期激励有效性方面对企业绩效的衡量使用净资产收益率（ROE）来代替总资产收益率（ROA），结论基本不变。

# 四、研究结论与启示

## （一）研究结论

本章在社会网络视角下，基于 2012—2014 年 A 股生物医药行业上市公司数据，实证检验 TMT 连锁网络对股东激励有效性的调节效应。经过实证分析发现，现实结论与假设的理想状况是不符的，目前 A 股生物医药行业上市公司的 TMT 连锁网络更倾向于对股东的短期激励，即股利的财富攀比效应大于研发的知识竞赛效应。具体结论如下。

### 1. 股东短期激励有效性显著

就短期而言，将短期的股利分红视作对股东的短期激励，用股利政策作为股东短期激励的测量变量，用现金股利发放规模与企业绩效之间的关系作为股东短期激励有效性的判断依据。从表 8-7 第一列（1）的数据可知，现金股利发放规模在 1% 的显著性水平上对企业绩效（ROA）产生正向影响，说明生物医药行业上市公司的股东短期激励有效性是显著的。

2.TMT 连锁网络中心度对股东短期激励有效性具有正向调节效应

短期内,股东们对股利的追逐,使相互之间的 TMT 连锁网络的攀比效应加剧,其通过抬高股价或其他财务指标实现短期股东利益最大化。从表 8-7 第二列(2)可知,TMT 连锁网络中心度在 10% 的显著性水平上促进现金股利发放规模对企业绩效的影响,说明在生物医药行业上市公司之间,TMT 连锁网络加强了股东短期激励的有效性,引发了财富攀比效应。表 8-9、图 8-2、图 8-3 的结果也表明,随着度数中心度值的增大,现金股利发放规模对总资产收益率的回归系数也在逐渐增大,并且回归系数都显著,从而更好地印证了 TMT 连锁网络中心度对股东短期激励有效性具有正向调节效应。

3.股东长期激励有效性显著

就长期而言,本章将增加研发投入带来的企业价值增值视作对股东的长期激励,用研发投入产出比作为股东长期激励的测量变量,用研发投入产出比与企业绩效之间的关系作为股东长期激励有效性的判断依据。从表 8-8 第一列(5)的数据可知,研发投入产出比在 1% 的显著性水平上对企业绩效(Tobin's Q)产生正向影响,说明生物医药行业上市公司的股东长期激励有效性显著。

4.TMT 连锁网络中心度对股东长期激励有效性具有负向调节效应

对于企业长期价值的增值,相互之间的 TMT 连锁网络抑制了股东对于企业长期价值增值的诉求,使企业不注重对长期能力的建设和核心竞争力的培养。从表 8-8 第二列(6)可知,TMT 连锁网络中心度在 10% 的水平上抑制了股东的长期激励有效性,说明在生物医药行业上市公司中,TMT 连锁网络之间没有因为声誉、面子等因素而引发知识竞赛效应,TMT 连锁网络中心度抑制了股东长期激励有效性。表 8-10 和图 8-4 的结果也表明,随着度数中心度值的增大,研发投入产出比对托宾 Q 值的回归系数在逐渐减小,即 TMT 连锁网络中心度对股东长期激励有效性具有负向调节效应。

## (二)管理启示

### 1.股东短期激励和长期激励相结合

随着全球经济竞争的不断深入,学术界和实务界在投资者利益保护的重要性上达成了共识:经济的繁荣必须有对投资者利益的合理有效保护机制。本章也得出股东长期激励和短期激励都是有效的研究结论,公司治理的本质之一就是投资者保护和回馈,这是基本原则。保护投资者利益不仅有利于减少公司的代理成本,提升公司价值,也有利于证券市场的健康发展,还有利于整个社会经济的和谐增长。

从一个社会发展的正常角度而言,股利政策和研发投入产出比对股东激励有效性的影响应该是同步的,如果一定要二者选其一,更应该关注股东的长远收益和企业的长期发展。股利分红增多意味着企业资源的减少,因此企业应当将一定比重的股利分红收益用于扩大再生产,比如投入企业研发,培养企业核心能力,使企业得到永续发展,股东获得永续的回报,这也符合资本市场的发展趋势。因此,高管、精英团队或董事会在进行利益分配时,或在制定投资者保护政策时,要兼顾股东的短期激励和长期激励,永远不进行股利分红肯定是不行的,短期内把利益都分光也不可取。更理想的状态是,兼顾股东的长期激励和短期激励,兼顾股利的发放和企业的研发投入,短期内可以进行适当的分红,但更主要的是长期的资本积累和能力建设,改变现在的不良局面。

**2. 重视社会网络和 TMT 连锁网络的影响**

从社会网络角度研究组织与管理问题正成为管理学研究中发展最快的领域之一,必须得到重视。企业之间由于董事、监事、高管兼职形成的连锁网络已经成为外部治理的新常态,对当前公司治理效率提出了巨大挑战。现有研究局限于对个体和组织跨层网络互动关系的复杂性的研究,难以揭示 TMT 连锁网络与公司治理绩效之间的微观传导机理,"黑箱"亟待打开。立足中国公司治理转型的本土管理情境,以个体层面和组织层面 TMT 连锁网络跨层传导机制为研究起点,以连锁网络与公司治理机制之间的互动演化为路径的分类治理研究思路是有可能形成突破的研究方向。

对于 TMT 连锁网络的研究应从网络规模控制和网络质量控制两个角度展开。从网络规模控制角度来说,应当限制 TMT 连锁网络中连锁高管的人数,设置 TMT 连锁网络中连锁高管人员甄选的门槛,按照不同行业、不同企业性质,鼓励或约束其 TMT 连锁网络的规模。从网络质量控制角度来说,企业在甄选非常重要的连锁高管时,是看重连锁高管拥有的关键性社会资源和信息并通过其搭建起一个完善的网络平台,还是看重连锁高管本身具有的核心能力,要进行判断。以往对于连锁董事的研究,针对独立董事聘任主要考虑的问题是是否合规,例如独立董事兼任的企业之间不能存在同业竞争和关联关系,但现在对于 TMT 连锁网络的研究,更多地关注连锁高管身后的社会资本。

**3. 具备分类治理的思想**

不同类型的企业,其股东短期激励和长期激励的策略应当有所不同。在本章中,对于 TMT 连锁网络对股东短期激励和长期激励有效性的调节效应,做了分组检验。本章按照 TMT 连锁网络的度数中心度从低到高进行分组，将样本数据分成 3 组，检验股东短期激励有效性和长期激励有效性。检验的结论一方面证明了前文的研究假设，另一方面发现了一些新的细微差别。在以后的 TMT 连锁网络和股东激励有效性的研究中，应当注重分类治理的思想，既要重视对 TMT 连锁网络内部网络结构的甄选，又要注意风险控制和监管机制。

### （三）研究不足与展望

#### 1. 行业局限性

本章仅仅对我国 A 股生物医药行业上市公司的 TMT 连锁网络对股东激励的有效性进行研究，得出的结论是否具有普遍适用性，是否能够将其延伸到所有行业的上市公司还有待验证。A 股生物医药行业上市公司有着独特的行业特征，而其他行业存在的情况往往跟生物医药行业有很大的不同。因此，后续的研究要对多个行业的上市公司的 TMT 连锁网络对股东激励有效性的调节效应进行对比分析。如果在对其他多个行业的研究中也得到了本章的结论，那么本章的结论才更具有普遍适用性；反之，对本章得出的结论需要做出谨慎的推断。

#### 2. 股东激励的测量方面

本章对股东激励的相关指数的具体内容阐述得不够详尽深入，仅仅从股利政策的短期利益诉求和研发投入产出比的长期价值诉求相关指标角度评价股东激励水平，对于内容丰富的股东激励研究只做出了浅层次的理解，并没有涵盖股东激励体系的全部内容。股东激励测量指标可能是多元的，进一步研究时可以考虑一些组合方式。比如本章的研究只检验了单支的股利政策和研发投入产出比，对于股利政策和研发投入产出比的组合策略效果，以及股利政策和研发投入产出比的交互效应并没有进一步研究，若能多角度考虑，内容及结果会更理想。

# 第九章 TMT 网络视角下管理层权力与高管薪酬

## 一、问题提出

自 2005 年上市公司高管薪酬公开披露以来,高管薪酬问题一直是公众关注的焦点,究其原因,主要是存在着"天价薪酬"与"零薪酬"等薪酬体系无序的现象,尤其是 2007 年平安银行的"天价薪酬"再一次把这一问题推上了风口浪尖。尽管我国分别于 2009 年和 2015 年出台了针对央企和国有银行的"限薪令",然而现实中效果并不明显(田妮等,2015)。《中国公司治理分类指数报告 NO.15(2016)》显示,我国国有企业高管平均薪酬由 2012 年的 68.61 万元增至 2015 年的 142.69 万元,年均增长 27.64%;非国有企业高管平均薪酬从 2012 年的 60.01 万元增至 2015 年的 485.15 万元,年均增长 100.70%(高明华,2016)。然而,在此期间,大部分上市公司的业绩增速远远没有这么快,甚至是下滑的。如果说公司业绩不是影响高管薪酬的主要因素,那么到底是什么决定了高管薪酬,如何去解释这种薪酬和业绩背离的现象?

很显然,传统的最优契约理论已无法解释以上异常现象,因为根据最优契约理论,高管薪酬体系作为一种解决代理问题的机制,应该与企业业绩正向挂钩,以实现股东和高管的激励相容(Jensen et al.,1976)。伴随着高管薪酬与业绩背离现象的日益明显,管理层权力理论逐渐开始被关注。该理论认为,当管理层权力足够大时,便可以在很大程度上影响董事会对高管薪酬的制定与执行,甚至凌驾于董事会之上,从而达到自定薪酬的目的(Bebchuk et al.,2002)。那么,根植于中国特有的经济背景和制度环境,管理层权力对高管薪酬有怎样的影响? 另外,在我国转轨经济条件下,由董事、监事、高管等通过在两家及以上企业兼任而形成的 TMT 网络已成为企业间的一种普遍现象,并且对高管薪酬有着显著的影响(Horton et al. , 2012；陈运森等,2012)。那么，TMT 网络是否影响了管理层权力与高管薪酬之间的关系？鉴于此,本章基于管理层权力理论和社会网络理论,采用 2010—2014 年我国 A 股上市公司数据,实证检验管理层权力对高管薪酬的影响及 TMT 网络对管理层权力与高管薪酬之间关系的调节效应。

本章可能的贡献在于:论证了管理层权力在中国特有制度环境下的适用性,为管理层权力理论在转轨之时国家的应用提供了依据；引入 TMT 网络这一现实且普遍的情境因素,在验证我国上市公司管理层权力对高管薪酬影响的同时,又验证了 TMT 网络的调节效应,其主要通过信息传递与弱化董事会独立性来影响管理层权力对高管薪酬的作用机制,为该问题的研究提供了增量证据。本章为上市公司抑制管理层权力的滥用、有效发挥高管薪酬的激励效应及完善上市公司的内外部治理环境提供了参考和借鉴。

# 二、理论假设与研究设计

## (一)理论假设

在界定高管薪酬的概念之前,先厘清高管的内涵。高管是公司高级管理人员的简称,国内外文献对高管的概念界定尚存在一定分歧。总体来说,国内学者主要有 3 种观点:一是指包括高级经理层、董事会、监事会成员在内的所有 TMT(魏刚,2000)；二是指以公司总经理为核心的执行层面的高级管理人员(吕长江等,2008)；三是指狭义的,仅包括公司董事长和总经理(李增泉,2000)。鉴于本书所要研究的高管薪酬是在委托代理框架下展开的,高管是代理人身份,是经营者,为避免概念模糊,我们把高管界定为公司执行层面的高级管理人员,包括总经理、副总经理、董事会秘书、财务总监等,不包括董事和监事层面的人员。高管薪酬包括货币薪酬、股权激励及在职消费等,本章的研究重点是高管货币薪酬。主要原因在于:首先,目前我国上市公司高管激励的形式比较单一,货币薪酬依然是高管激励的主要内容(姜付秀等,2011)；其次,不同于国外发达国家,我国股权激励尚处于初步发展阶段,相关制度还不够成熟和完善,很多企业股权激励力度小,普遍存在着"零持股"的情况(李增泉,2000)；最后,在职消费往往因其隐蔽性而难以计算,学者们主要采用直接从年报中查阅在职消费相关项目进行加总,以及用管理费用减去与在职消费不相关的项目等方法来进行测量,但都存在一定的差异(卢锐等,2008)。

国内外学者对管理层权力的界定亦莫衷一是,本章所指的管理层与上文中提到的高管内涵基本一致。Rabe 在 1962 年首次提出管理层权力的概念,并将其定义为高管达成自身意愿的能力。Finkelstein(1992)提出,管理层权力是综合能力的体现,并将其具体划分为专家权力、声望权力、结构权力和所有权权力。也有一些学者从薪酬的角度出发,认为管理层权力是对薪酬制定的影响力和薪酬谈判能力(Bebchuk et al. ,2003)。国内学者认为,国有企业改革等中国特有的制度背景导致了管理层权力的不断膨胀与失衡(权小锋等,2010)。从这个角度出发,管理层权力是在内外部治理机制尚不完善的情况下,管理层所彰显出的超越其特定权力范畴的对公司的控制权。综上所述,本章认为,管理层权力是在公司内部治理存在缺陷与外部监督约束机制缺乏的情况下,管理层所表现出的执行自身意愿的综合能力,其本质是公司剩余控制权的扩张,并对高管薪酬产生重要的影响。

### 1. 管理层权力对高管薪酬的影响

高管薪酬体系作为公司治理的核心机制,一直以来备受国内外学者关注,早期用来解释高管薪酬的理论是最优契约理论(Jensen et al. ,1976)。该理论认为,通过把高管薪酬与企业业绩挂钩可解决股东和管理层之间的信息不对称问题,进而缓解委托代理问题。国内外有不少学者也先后证实了最优契约理论的有效性。伴随着我国市场化改革的不断推进,我国上市公司高管薪酬与企业绩效也基本呈现了相关性的特征(辛清泉等,2009)。但是,近年来接连曝光的“天价薪酬”“零薪酬”及薪酬和业绩不匹配的乱象再一次对最优契约理论提出了挑战。最优契约理论的实现必须满足 3 个条件:市场条件发育成熟并且具有有效的约束性,董事会谈判的有效性,股东能够有效行使权力(Bebchuk et al. ,2003)。然而,在中国情境下,董事会的独立性得不到保障,导致董事不能完全站在股东的立场与管理层进行薪酬谈判,进而影响了薪酬谈判的有效性;市场机制发育尚不成熟,市场约束并不十分有效;股东行使权力的难度大、成本高。以上因素无疑影响了最优契约理论的有效性。而管理层权力理论似乎可以更好地解释高管薪酬问题。当管理层掌握公司控制权时,管理层可能会操控董事会而使之无法真正制订和执行高管薪酬契约,反而会出现高管和董事会共谋的现象。从某种程度上说,高管薪酬不再是缓解股东和高管之间代理问题的方法,而是一种新的代理问题的产生,即董事会与股东之间的代理问题(Bebchuk et al. ,2002)。管理层权力理论在我国具有很强的适应性。在中国企业改革过程中,政府权力不断下放,管理层权力日益彰显,国有企业在所有者缺位的情况下,衍生出严重的内部人控制问题(卢锐等,

2008);民营企业因受政府约束少,管理层的权力欲望也逐步得到释放。在我国企业内外部治理机制尚不完善、监督制衡机制薄弱的制度环境下,管理层权力不能得到有效的制约和规范,出于有限理性的考虑,管理层有进行权力寻租的动机。高管薪酬体系此时成了管理层为自身谋福利的正当理由和手段,管理层利用其在公司的绝对控制权,通过控制董事的提名、参与薪酬委员会等方式影响甚至操控董事会薪酬契约体系的制订,为自身谋取更高的薪酬水平。另外,管理者权力越大,其不仅可以影响高管薪酬契约的设计,还可以通过权力寻租增加和拓宽其获取收益的渠道,高管收益的形式将不仅仅局限于货币薪酬、持股收益,还包括更多的在职消费(张丽平等,2012),以及通过拓展企业规模而获取的其他收益。此时,管理者无须单纯依靠薪酬激励补偿来获得收益,自然薪酬激励管理者努力工作、提升企业绩效的效用就大大减弱,从而降低了高管薪酬业绩敏感度。综上所述,管理层权力越大,高管薪酬水平越高,高管薪酬业绩敏感度越低。据此,提出以下假设:

H1:管理层权力与高管薪酬水平呈正相关关系。

H2:管理层权力与高管薪酬业绩敏感度呈负相关关系。

2. TMT 网络对管理层权力与高管薪酬关系的调节作用

在我国正式制度约束尚比较弱的环境下,TMT 网络已成为我国企业间的一种普遍现象。毋庸置疑,TMT 网络在信息和知识的传递过程中发挥着重要的桥梁和传导作用(Cohen et al.,2008)。其中,知识包括显性知识和隐性知识,显性知识通常能以各种形式被表述出来,而隐性知识不易被表述,常隐藏于企业行为之中,相对于显性知识而言,隐性知识更加难以模仿和学习(李敏娜等,2014)。高管薪酬激励知识既包括薪酬水平、福利状况、奖金信息等显性知识,也包括薪酬设计过程和实施方案等隐性知识。通过 TMT 网络这种直接的联结关系,信息能够在企业间相互传递,并具有较高的准确性、及时性和影响力,尤其是不易通过公司公告、媒体披露等途径获得的隐性知识。高管薪酬契约作为一项重要且具有模糊性的决策,当管理层权力较大,可以自定薪酬时,模仿和攀比效应的存在会促使高管选择薪酬较高的企业作为参考对象,否则,高管会认为自身的市场价值没有得到充分认可而产生被剥削感(Douglas et al.,1992);同时,高管会模仿那些企业的薪酬设计方案和思想,制定符合自身利益需求的薪酬制度,造成高管薪酬业绩敏感度的降低。而高管从网络中获取薪酬相关信息和知识的丰富程度主要取决于网络规模,TMT 网络规模越大,其联结的企业和高管数量就越多,获取其他公司薪酬体系相关信息的可能性就越大,获得的知识也越丰富(Haunschild,1993)。另外,TMT 网络降低了董事会独立性,而独立性是董事会制订有效薪酬契约的必要条件(仲伟周等, 2008)。TMT 网络使得董事和经理层之间存在着千丝万缕的联系,他们之间相互依赖,领导精英圈子的存在促使董事更多地按照阶层利益思考问题,导致其在履职过程中变得宽容和中庸,丧失独立性,进而弱化了对管理层的监督。Larcker et al.(2005)研究发现,董事与高管之间相互兼任而形成的社会网络促使各成员之间相互依赖,进而影响了董事的独立性,削弱了其对管理层的监督效应,因而 CEO 的薪酬水平更高。因此,公司 TMT 网络规模越大,往往高管薪酬水平越高,薪酬业绩敏感度越低。据此,提出以下假设:

H3:TMT 网络规模强化了管理层权力与高管薪酬之间的正相关关系。

H4:TMT 网络规模强化了管理层权力与高管薪酬业绩敏感度之间的负相关关系。

### (二)研究设计

#### 1.模型构建

为验证假设 H1,构建如下多元回归模型:

$$Lnpay_{it} = \alpha_0 + \beta_1 Power_{it} + \beta_2 Perfo_{it} + \beta_3 Sup_{it} + \beta_4 Indr_{it} + \beta_5 Top1_{it} +$$
$$\beta_6 Growth_{it} + \beta_7 Lev_{it} + \beta_8 Lnsize_{it} + \beta_9 State_{it} + \sum Year +$$
$$\sum Industry + \varepsilon_{it} \tag{9-1}$$

为验证假设 H2,借鉴方军雄(2009)和谢仁德等(2012)学者的研究,构建如下多元回归模型:

$$Lnpay_{it} = \alpha_0 + \beta_1 Power_{it} + \beta_2 Perfo_{it} + \beta_3 Power_{it} \cdot Perfo_{it} + \beta_4 Sup_{it} +$$
$$\beta_5 Indr_{it} + \beta_6 Top1_{it} + \beta_7 Growth_{it} + \beta_8 Lev_{it} + \beta_9 Lnsize_{it} +$$
$$\beta_{10} State_{it} + \sum Year + \sum Industry + \varepsilon_{it} \tag{9-2}$$

式中,高管薪酬水平 $Lnpay_{it}$ 为被解释变量,管理层权力 $Power_{it}$ 为解释变量,$Perfo_{it}$ 为公司业绩,$Power_{it} \cdot Perfo_{it}$ 的系数表示管理层权力对高管薪酬业绩敏感度的影响,其余为控制变量。

为验证假设 H3,构建如下多元回归模型:

$$Lnpay_{it} = \alpha_0 + \beta_1 Power_{it} + \beta_2 Net_{it} + \beta_3 Net_{it} \cdot Power_{it} + \beta_4 Perfo_{it} +$$
$$\beta_5 Sup_{it} + \beta_6 Indr_{it} + \beta_7 Top1_{it} + \beta_8 Growth_{it} + \beta_9 Lev_{it} +$$
$$\beta_{10} Lnsize_{it} + \beta_{11} State_{it} + \sum Year + \sum Industry + \varepsilon_{it} \tag{9-3}$$

为验证假设 H4,构建如下多元回归模型:

$$Lnpay_{it} = \alpha_0 + \beta_1 Power_{it} + \beta_2 Net_{it} + \beta_3 Perfo_{it} + \beta_4 Power_{it} \cdot Perfo_{it} +$$

$$\beta_5 \, \text{Net}_{it} \cdot \text{Power}_{it} \cdot \text{Perfo}_{it} + \beta_6 \, \text{Sup}_{it} + \beta_7 \, \text{Indr}_{it} + \beta_8 \, \text{Top1}_{it}$$

$$+ \beta_9 \, \text{Growth}_{it} + \beta_{10} \, \text{Lev}_{it} + \beta_{11} \, \text{Lnsize}_{it} + \beta_{12} \, \text{State}_{it} + \sum \text{Year} +$$

$$\sum \text{Industry} + \varepsilon_{it} \tag{9-4}$$

在模型(3)中,以 $\text{Net}_{it} \cdot \text{Power}_{it}$ 的回归系数来表示 TMT 网络规模对管理层权力与高管薪酬水平之间关系的调节效应;在模型(4)中,以 $\text{Net}_{it} \cdot \text{Power}_{it} \cdot \text{Perfo}_{it}$ 的回归系数来表示 TMT 网络规模对管理层权力与高管薪酬业绩敏感度之间关系的调节效应。

2. 变量定义

第一,高管薪酬水平(Lnpay)。本书参照以往文献(辛清泉等,2007),选择上市公司年报中披露的薪酬最高的前 3 位高管人员(不包括董事和监事)的薪酬总额并取其对数作为测量指标。

第二,管理层权力(Power)。管理层权力指标难以直接测度,根据我国的具体情况,并借鉴 Grinstein et al. (2004)和权小锋等(2010)的研究,本章从 5 个方面 3 个维度来对管理层权力进行衡量。第一个维度是所有权权力,包括管理层持股与股权制衡。管理层持股,表明管理层在公司决策等方面具有一定的话语权和影响力,因此,若管理层持有公司股份,取值为 1,否则为 0。公司股权制衡度越高,则股东对管理层的监督越弱,管理层权力就越大(Bertrand et al. ,2001)。因此,当第一大股东持股比例除以第二至第十大股东持股比例之和小于 1 时,取值为 1,否则为 0。第二个维度是结构权力,包括两职合一与董事会规模。当总经理兼任董事长时,管理层对董事会的影响较大,则管理层权力就较大(吕长江等,2008),因此,两职合一时,取值为 1,否则为 0。董事会规模越大,则董事会内部权力越分散,相应地,董事会对管理层的监督效应就越弱,管理层权力就越大。因此,董事会规模超过平均样本时取值为 1,否则为 0。第三个维度是专家权力,主要指总经理任期。总经理任期越长,其经验越丰富,对公司的影响也越大,管理层权力就越大。因此,总经理任期超过样本均值时取值为 1,否则为 0。以上各个方面均从不同侧面反映了管理层权力,但管理层权力是一个综合指标,我们采用以上 5 个指标之和的均值来表征它,该平均值越大,说明管理层权力越大。

第三,企业绩效(Perfo)。借鉴相关文献,企业绩效采用会计绩效资产收益率(ROA)来表示,在稳健性检验中,用净资产收益率(ROE)来替代。

第四,TMT 网络规模(Net)。本章所指的 TMT 网络是指由董事、监事、高管之间相互兼任而形成的公司间网络关联关系。本书借鉴 Khwaja et al. (2008)的方法来计算公司的 TMT 规模,即与该公司所有 TMT 人员有直接连锁关系的公司数量。如图 9-1 所示,在 A、B、C、D 4 个公司中,1—8 为高管人员,由他们的兼任而形成的与 A 公司直接关联的公司数为 3,即 A 公司的 TMT 网络规模为 3。

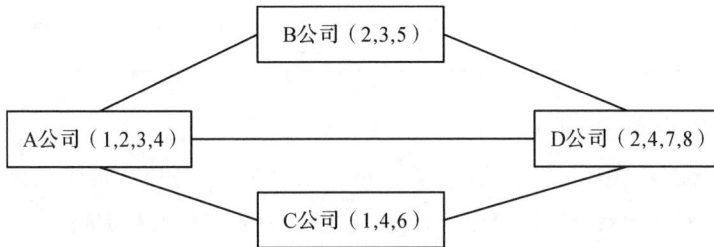

图 9-1　TMT 网络结构

第五,控制变量。在模型中,我们控制了公司特征变量,包括产权性质(State)、财务杠杆(Lev)、企业成长性(Growth)、公司规模(Lnsize),以及相关公司治理变量,包括监事会规模(Sup)、第一大股东持股比例(Top1)、独立董事比例(Indr);同时,控制了行业(Industry)和年份(Year)这两个虚拟变量。具体的变量定义如表 9-1 所示。

表 9-1　变量定义

| 变量名称 | 变量代码 | 变量定义 |
| --- | --- | --- |
| 高管薪酬 | Lnpay | 前 3 名高管薪酬的总额的对数 |
| 管理层权力 | Power | 5 种权力分别赋值后的均值 |
| 管理层持股 | | |
| 股权制衡 | | |
| 两职合一 | | |
| 董事会规模 | | |
| 总经理任职 | | |
| TMT 网络规模 | Net | 与公司高管人员直接相联结的公司数量 |
| 企业业绩 | Perfo | 资产收益率＝净利润/资产总额 |
| 监事会规模 | Sup | 监事会人数 |
| 独立董事比例 | Indr | 董事会中独立董事人数的比例 |
| 第一大股东持股比例 | Top1 | 第一大股东持股数/总股数 |
| 企业成长性 | Growth | 营业收入增长率 |
| 财务杠杆 | Lev | 公司期末资产负债率 |
| 公司规模 | Lnsize | 公司期末资产的对数 |

续　表

| 变量名称 | 变量代码 | 变量定义 |
|---|---|---|
| 产权性质 | State | 国有企业为1,非国有企业为0 |
| 年度 | Year | 虚拟变量 |
| 行业 | Industry | 虚拟变量 |

### 3.样本选取及数据来源

本章选取 2010—2014 年 A 股上市公司作为研究对象,剔除的样本为:①ST企业;②银行、证券等金融类企业;③公司高管资料及相关公司治理指标数据缺失的样本。另外,本章对主要连续变量上下 1% 的区间样本进行缩尾处理,以消除极端值对实证结果的影响,最终共获得 9045 个样本数据。这些样本数据主要来源于国泰安 CSMAR 数据库和上市公司年报。为获取 TMT 网络数据,本章通过 Excel 表格对样本企业董事、监事、高管构成的原始数据做汇总处理,并对他们的个人信息进行核对,包括年龄、学历、工作经历等,并且将统计信息中不同样本的同名高管进行剔除,最后构建董、监、高网络数据库。在实证分析过程中,本章采用 UCINETS 6.0 计算 TMT 网络规模,采用 STATA 14.0 进行多元回归分析。

# 三、实证分析

## (一)描述性统计

变量描述性统计结果如表 9-2 所示。高管薪酬的最大值为 17.302,最小值为 11.002,均值为 14.090,因采用的是高管薪酬的自然对数,其实际差距是比较大的。在样本数据中,薪酬最高的为 2012 年万科的前 3 位高管,薪酬总额为 3100 万元,最低的为 2011 年攀钢钒钛的前 3 位高管,薪酬总额为 0 元。这些数据均说明我国上市公司高管薪酬存在无序的现象。管理层权力的最大值为 1.000,最小值为 0,可见上市公司管理层权力存在着较大差异,说明研究管理层权力具有较强的意义。TMT 网络规模的最大值为 32.000,最小值为 1.000,均值为 7.872,说明 TMT 网络在我国上市公司中已比较盛行,但各企业之间的连锁数量相差较大。另外,我国上市公司监事人数的平均值为 3.703,独立董事比例的均值为 0.372,基本达到了证监会关于各上市公司监事不得少于 3 人及独立董事比例不得少于 1/3 的规定。从第一大股东持股比例来看,均值达到了 0.362,说明自股权分置改革以来,"一股独大"的现象在我国依然存在,并且在不同企业间差距较大。

表 9-2　描述性统计

| 变　量 | 均　值 | 标准差 | 最小值 | 最大值 |
|---|---|---|---|---|
| Lnpay | 14.090 | 0.693 | 11.002 | 17.302 |
| Power | 0.451 | 0.229 | 0 | 1.000 |
| Net | 7.872 | 3.843 | 1.000 | 32.000 |
| Perfo | 0.041 | 0.051 | −0.162 | 0.200 |
| Sup | 3.703 | 1.185 | 1.000 | 12.000 |
| Indr | 0.372 | 0.056 | 0.125 | 0.800 |
| Top1 | 0.362 | 0.155 | 0.022 | 0.894 |
| Growth | 0.208 | 0.497 | −0.552 | 3.588 |
| Lev | 0.446 | 0.223 | 0.044 | 0.964 |
| Lnsize | 21.074 | 2.141 | 8.107 | 29.017 |
| State | 0.245 | 0.352 | 0 | 1.000 |

## (二)相关性分析

在做回归分析之前要对变量进行相关性分析,结果如表 9-3 所示。被解释变量与解释变量、大部分控制变量均呈显著的相关关系。其中,管理层权力(Power)与高管薪酬(Lnpay)在 1% 的显著性水平上正相关,说明管理层权力越大,高管薪酬水平越高,假设 H1 得到初步验证;TMT 网络规模(Net)与高管薪酬(Lnpay)在 1% 的显著性水平上正相关,说明 TMT 网络规模越大,高管薪酬水平越高;公司业绩(Perfo)与高管薪酬(Lnpay)的相关系数为 0.033,并在 5% 的水平上显著,说明我国上市公司高管薪酬与企业业绩基本呈正相关关系。具体需在进一步的多元回归分析中进行验证。另外,可以看出,各自变量、控制变量之间的相关系数均不超过 0.5,说明不存在多重共线性问题,因而适合采用多元回归分析方法。

表 9-3　相关性分析

| | Lnpay | Power | Net | Perfo | Sup | Indr |
|---|---|---|---|---|---|---|
| Lnpay | 1.000 | | | | | |
| Power | 0.126*** | 1.000 | | | | |
| Net | 0.229*** | 0.024** | 1.000 | | | |
| Perfo | 0.033** | 0.021* | −0.005 | 1.000 | | |

续　表

| | Lnpay | Power | Net | Perfo | Sup | Indr |
|---|---|---|---|---|---|---|
| Sup | 0.070*** | −0.070*** | 0.155*** | −0.012 | 1.000 | |
| Indr | −0.007 | −0.165*** | −0.028*** | 0.003 | −0.091*** | 1.000 |
| Top1 | 0.089*** | −0.335*** | 0.053*** | −0.003 | 0.065*** | 0.066*** |
| Growth | −0.011 | 0.0003 | −0.002 | −0.0002 | −0.007 | −0.008 |
| Lev | −0.010 | −0.098*** | 0.043*** | −0.174*** | 0.081*** | 0.007 |
| Lnsize | 0.341*** | 0.255*** | 0.182*** | −0.022** | 0.139*** | 0.048*** |
| State | 0.053*** | −0.134*** | 0.113*** | 0.007 | 0.205*** | −0.017 |

| | Top1 | Growth | Lev | Lnsize | State |
|---|---|---|---|---|---|
| Top1 | 1.000 | | | | |
| Growth | 0.009 | 1.000 | | | |
| Lev | −0.0006 | 0.004 | 1.000 | | |
| Lnsize | 0.164*** | 0.003 | 0.019* | 1.000 | |
| State | 0.143*** | 0.025** | 0.046*** | 0.046*** | 1.000 |

### (三)多元回归分析

多元回归分析结果如表 9-4 所示。模型(1)的结果显示,管理层权力与高管薪酬在 1% 的水平上显著正相关,即由管理层持股、股权制衡、两职合一、董事会规模、总经理任期这 5 项指标合成的管理层权力越大,高管薪酬水平越高,假设 H1 得到验证。从模型(2)的结果可以看出,管理层权力、公司业绩与高管薪酬均在 1% 的水平上显著正相关,管理层权力与公司业绩的交互项与高管薪酬在 1% 的水平上显著负相关,即管理层权力越大,高管薪酬业绩敏感度越低,假设 H2 得到验证,说明管理层权力越大,董事会和控股股东越容易受控于高管,董事会成为"橡皮图章",高管通过操控董事会等方式来影响薪酬制度的制定与执行,从而获得更高的薪酬水平,且与公司业绩的挂钩程度更低。企业业绩在 1% 的显著性水平上促进了高管薪酬水平的提升,与预期相符;监事会规模、财务杠杆与高管薪酬呈显著的负相关关系,说明监事会能够抑制高管薪酬的过快增长,资产负债率高的企业的高管薪酬水平较低。企业规模、第一大股东持股比例均与高管薪酬呈显著的正相关关系,说明公司规模越大,各方面实力越雄厚,高管薪酬水平也相应较高;股权越集中,股东往往更有动力监督经理人,而高管的勤勉工作也为其带来了更高的薪酬回报。

从回归结果可以看出,模型(3)是在模型(1)的基础上引入 TMT 网络变量及 TMT 网络规模与管理层权力的交互项,TMT 网络规模在 1% 的显著性水平上促进了高管薪酬水平的提升,说明 TMT 网络规模越大,高管薪酬水平越高;同时,交互项与高管薪酬在 5% 的水平上显著正相关,说明 TMT 网络规模正向调节管理层权力与高管薪酬之间的正相关关系,假设 H3 得到验证。模型(4)的回归结果显示,在模型(2)的基础上引入 TMT 网络变量及 TMT 网络规模与管理层权力和企业业绩的交互项之后,交互项与高管薪酬在 1% 的水平上显著负相关,即 TMT 网络规模强化了管理层权力与高管薪酬业绩敏感度之间的负相关关系,假设 H4 得到验证,说明 TMT 网络规模越大,越有利于高管利用薪酬体系进行权力寻租,为自身谋取更高的薪酬水平、更低的薪酬和业绩挂钩程度。主要原因在于:一方面,TMT 网络有利于薪酬激励相关信息的传递和模仿;另一方面,TMT 网络降低了董事独立性,从而弱化了董事会对管理层的监督。这也说明 TMT 网络作为一种跨组织联结,虽然在市场交换和降低交易成本等方面发挥着重要作用,但也不可忽视其负面影响,因此需加强规范和监管。

表 9-4　多元回归分析结果

| 变　量 | Lnpay(1) | Lnpay(2) | Lnpay(3) | Lnpay(4) |
|---|---|---|---|---|
| Power | 0.376***<br>(11.00) | 0.398***<br>(11.34) | 0.280***<br>(5.22) | 0.369***<br>(10.57) |
| Net | | | 0.017***<br>(4.40) | 0.021***<br>(11.90) |
| Net·Power | | | 0.016**<br>(2.12) | |
| Perfo | 0.081***<br>(3.81) | 0.365***<br>(3.48) | 0.079***<br>(3.79) | 0.245**<br>(2.31) |
| Power·Perfo | | −0.528***<br>(−2.77) | | −0.775***<br>(−3.95) |
| Net·Power·Perfo | | | | −0.124***<br>(−5.00) |
| Sup | −0.017***<br>(−2.92) | −0.017***<br>(−2.93) | −0.024***<br>(−4.17) | −0.024***<br>(−4.11) |
| Indr | −0.167<br>(−1.41) | −0.164<br>(−1.38) | −0.127<br>(−1.09) | −0.115<br>(−0.98) |
| Top1 | 0.118**<br>(2.53) | 0.116**<br>(2.49) | 0.125***<br>(2.71) | 0.117**<br>(2.55) |
| Growth | 0<br>(−1.34) | 0<br>(−1.35) | 0<br>(−1.31) | 0<br>(−1.31) |
| Lev | −0.051***<br>(−3.90) | −0.043***<br>(−3.19) | −0.055***<br>(−4.25) | −0.047***<br>(−3.58) |

续　表

| 变 量 | Lnpay(1) | Lnpay(2) | Lnpay(3) | Lnpay(4) |
|---|---|---|---|---|
| Lnsize | 0.205***<br>(39.39) | 0.204***<br>(39.19) | 0.192***<br>(36.72) | 0.191***<br>(36.67) |
| State | −0.013<br>(−0.67) | −0.014<br>(−0.72) | −0.029<br>(−1.50) | −0.028<br>(−1.48) |
| _cons | 10.155***<br>(63.90) | 10.155***<br>(63.92) | 10.316***<br>(64.90) | 10.288***<br>(65.42) |
| N | 9045 | 9045 | 9045 | 9045 |
| Adj R² | 0.204 | 0.205 | 0.221 | 0.224 |

## (四)稳健性检验

为检验研究结果的稳健性,本章先对模型进行分行业、分年度回归,发现实证结果基本一致;其次,为了降低机械相关性和避免内生性问题,对主要的解释变量采用滞后一期处理,且对企业业绩指标,采用净资产收益率(ROE)替代资产收益率(ROA)进行回归分析,发现主要的回归结果没有实质性改变,说明研究具有较好的稳健性,检验结果如表 9-5 所示。

表 9-5　稳健性检验结果

| 变　量 | Lnpay(1) | Lnpay(2) | Lnpay(3) | Lnpay(4) |
|---|---|---|---|---|
| Power | 0.236***<br>(7.54) | 0.238***<br>(7.61) | 0.127**<br>(2.42) | 0.228***<br>(7.33) |
| Net | | | 0.010**<br>(2.51) | 0.018***<br>(10.26) |
| Net·Power | | | 0.018**<br>(2.37) | |
| Perfo | 0.001<br>(0.74) | 0.022**<br>(2.52) | 0.001<br>(0.75) | 0.018**<br>(2.07) |
| Power·Perfo | | −0.037**<br>(−2.47) | | −0.037**<br>(−2.46) |
| Net·Power·Perfo | | | | −0.002*<br>(−1.82) |
| Sup | −0.018***<br>(−3.04) | −0.017***<br>(−3.01) | −0.022***<br>(−3.82) | −0.022***<br>(−3.79) |
| Indr | −0.325***<br>(−2.77) | −0.326***<br>(−2.78) | −0.302***<br>(−2.58) | −0.303***<br>(−2.60) |
| Top1 | 0.018<br>(0.39) | 0.019<br>(0.41) | 0.021<br>(0.47) | 0.018<br>(0.40) |

续　表

| 变量 | Lnpay(1) | Lnpay(2) | Lnpay(3) | Lnpay(4) |
|---|---|---|---|---|
| Growth | 0<br>(−1.41) | 0<br>(−1.41) | 0<br>(−1.24) | 0<br>(−1.25) |
| Lev | −0.061***<br>(−4.69) | −0.060***<br>(−4.66) | −0.065***<br>(−5.03) | −0.063***<br>(−4.94) |
| Lnsize | 0.208***<br>(40.05) | 0.208***<br>(39.97) | 0.200***<br>(38.30) | 0.200***<br>(38.31) |
| State | −0.017<br>(−0.89) | −0.018<br>(−0.90) | −0.026<br>(−1.33) | −0.026<br>(−1.35) |
| _cons | 10.218***<br>(63.91) | 10.224***<br>(63.95) | 10.313***<br>(64.32) | 10.267***<br>(64.57) |
| N | 9043 | 9043 | 9043 | 9043 |
| Adj R² | 0.196 | 0.197 | 0.206 | 0.206 |

# 四、结论与建议

本章选取了 2010—2014 年 A 股上市公司数据为样本,结合管理层权力理论与社会网络理论,分析并实证验证了管理层权力对高管薪酬的影响,以及 TMT 网络对管理层权力与高管薪酬之间关系的调节效应。研究发现:①在我国特有的经济环境和制度背景下,管理层权力对高管薪酬有着显著的影响,管理层权力越大,高管薪酬水平越高,高管薪酬业绩敏感度越低;②TMT 网络规模越大,管理层权力与高管薪酬之间的正相关关系越强,管理层权力与高管薪酬业绩敏感度之间的负相关关系也越明显。

本章的研究结果对于我国上市公司抑制管理层权力,完善高管薪酬激励制度,规范高管之间的连锁和兼任行为有着重要的启示。①加强公司控制权的制衡,完善公司治理机制。切实发挥董事会的监督和决策职能,强化专业委员会的运作机制,避免董事会成为管理层俘虏的对象;完善董事的遴选机制,尽量避免管理层占据董事长、副董事长等重要职务,以及管理层占据董事会大部分席位的现象;健全外部经理人选拔机制,避免控股股东直接指派总经理的情况,减少管理层对公司的操控。②进一步完善上市公司高管薪酬激励机制。目前我国上市公司高管薪酬激励形式比较单一,长期激励力度不够,需引入多元化的考核激励方式,充分发挥每种激励机制应有的作用;进一步健全股权激励制度,发挥其长期激励作用,实现股东和管理层的激励相容,抑制管理层的自利动机和短视行为,促进高管关注企业的持续发展;继续推进高管薪酬信息披露机制,并通过媒体、公众等外部监督提高薪酬透明度,加大高管利用控制权为自身谋取私利的难度,压缩薪酬操控的空间。③监管部门需对高管之间的兼任行为进行规范化管理。在看到 TMT 网络为公司带来更多资源和信息的同时,还需关注其带来的负面效应。监管部门需对上市公司高管人员之间的兼任行为进行规范和约束,适当限制连锁的数量、地域和企业类型;明晰高管兼任的运行机制,对高管的工作进行制度化过程考核,以防其利用 TMT 网络谋取私利。

# 第十章 网络治理视角下管理者过度自信与非效率投资关系

## 一、问题提出

在现代企业所有权与管理权分离的制度设计下,人们大多只关注管理者自利导致的种种代理问题。但大量的研究证明,管理者不仅是自利的,还可能是过度自信的,管理者过度自信同样会带来非效率投资、盲目并购、盈余管理等一系列问题(Roll,1986)。过度自信是指人们普遍存在的认知偏差(Landier,2009),管理者由于其工作和经验等原因比一般人更容易产生过度自信心理,这会对企业经营决策产生重要影响。那么,过度自信是稳定且不可治理的吗?沈卓卿等(2009)研究指出,过度自信并非一项稳定的人格特质,其产生会受到情景的影响。以往研究侧重分析管理者过度自信的不良后果,而鲜有研究关注过度自信产生的原因和可能存在的"药方"。结合社会网络和认知心理学相关研究,本章发现,公司间的董事网络可能会对管理者过度自信产生治理作用:一方面,董事连锁任职在企业中已经十分普遍(郑方,2011),由此形成的连锁董事网络在企业间分布广泛且数量庞大,这成为董事网络可以作为公司治理机制的基础;另一方面,董事网络能够给网络中的个体带来大量的异质性信息和资源(Uzzi et al. ,2002;Farina,2009),这些信息和资源成为纠正管理者认知偏差、抑制管理者过度自信的重要因素。那么,董事网络对管理者过度自信是否有治理作用?其通过何种途径发挥作用?在国有企业的经营管理受政府干预的程度较深的背景下,董事网络治理作用的发挥是否会受到影响?

本章以我国 A 股上市公司 2007—2014 年的数据为样本数据,从企业非效率投资角度出发,实证检验董事网络对管理者过度自信的治理效果及作用路径。本章的贡献和意义在于:结合社会网络理论和认知理论,分析并实证检验了董事网络对管理者过度自信的治理效果和作用机制,丰富了抑制管理者过度自信机制研究的相关文献,促进了学科间的交叉融合;在此基础上,从董事会层面和连锁董事个体层面剖析了董事网络治理管理者过度自信的作用路径,进一步揭开了董事网络治理的黑箱,具有重要的理论研究价值。与此同时,本章的研究结果证实了董事网络能够有效治理管理者过度自信带来的非效率投资问题,帮助企业找到了抑制管理者过度自信问题的方法,对于企业完善董事网络治理机制、提升投资效率具有重要的现实指导意义。

# 二、理论假设与研究设计

## (一)理论假设

(1)董事网络对管理者过度自信与非效率投资关系的调节作用。

管理者过度自信会对企业投融资决策、股利政策、盈余管理等造成影响。其中,管理者过度自信对投资效率的影响受到学者们的广泛关注和探讨。Graham et al. (2013)研究表明,对于同一国家、同一行业、相同规模的企业,管理者的不同心理特质会导致截然不同的投资经营决策。过度自信作为人们普遍存在的心理特质,对管理者的投资决策有着重要影响。过度自信的CEO倾向于高估投资项目未来现金流,低估项目风险,过分相信自己对企业业绩的控制能力,造成非效率投资。Heaton(2002)首次利用理论模型证实了管理者过度自信对投资效率的影响:由于认知偏差产生的管理者过度自信会使项目的NPV(净现值)发生向上偏移,从而导致管理者在企业具备大量的现金流时盲目投资NPV为负的项目,造成投资过度;在企业现金流不足时,管理者则会认为企业的证券价值被低估,从而放弃NPV为正的项目,导致投资不足。无论是投资不足还是投资过度,都会造成投资效率下降,即皆为非效率投资。后续的学者虽然利用不同的模型和方法对此问题进行验证,但得出的结论基本相同:过度自信会导致非效率投资(Malmendier et al. ,2006;Ben-David et al. ,2008;Huang et al. ,2010;马润平等,2012;胡国柳等,2012),并体现为正向的相关关系。

(2)董事网络对企业投资具有事前抑制及事后补偿的机制。

事前抑制机制说明董事网络对过度自信管理者的非效率投资具有抑制作用,主要通过降低市场信息不对称性、帮助管理者纠正认知偏差来实现。研究表明,社会网络是重要的信息传导路径,信息可以通过网络加速传导,从而降低管理者信息搜寻的成本(Uzzi et al.,2002)。管理者决策时需要以及时、准确的信息为基础,如果缺乏有效的信息,管理者极有可能会形成认知偏差,从而产生过度自信心理。管理者对信息的获取一般来自企业内部员工及社交网络,但对于有连锁董事在本企业任职的管理者来说,连锁董事网络是管理者获取大量稀缺信息的重要渠道。

企业间可以通过多种方式形成关系网络,比如交叉持股、连锁董事、高管兼任等,其中连锁董事网络是主要形式,也是管理者获取外部异质性信息和稀缺信息的重要渠道。由于董事网络中的独立董事往往同时在多家企业任职,网络中的独立董事能够比企业内部的管理者更加及时和准确地了解市场中的关键信息,这些信息能够帮助管理者降低市场信息不对称程度,纠正管理者认知偏差,抑制管理者过度自信,降低管理者做出非效率投资决策的概率。Cai et al.(2012)发现,董事网络可以降低收购方和目标方的信息不对称程度,拥有董事会连带的公司间的收购兼并交易产生了更好的并购收益,这证明了董事网络在降低市场信息不对称方面的重要作用。与此同时,网络中的连锁董事同时任职的多家企业在业务上往往具有相似性和可比性,例如机械工程专业的连锁董事可能同时在多家汽车行业公司任职。这意味着董事网络提供的信息往往具有可参考性和针对性,董事网络中其他企业的投资经验能为本企业的管理者提供前车之鉴,这也能够事前抑制管理者由于认知偏差做出非效率投资决策行为。

事后补偿机制说明董事网络对过度自信管理者的非效率投资具有事后补偿作用,主要通过为管理者投资决策提供资源支持来发挥作用。董事网络之所以重要,在于镶嵌于网络中的各种社会资本能够为企业获取有利的各种资源。正如Farina(2009)提出,公司间的外部联系如连锁董事网络可以为公司获取关键性资源。董事网络能够为管理者投资决策提供必要的资源,如资金、技术支持等,且越处于网络中心的企业能够获得的资源越多。陈运森等(2011)研究发现,网络中心度越高,企业能够获取的信息与资源越多,投资效率越高。过度自信的管理者在做出决策之后,在项目实施遇到困难时,网络中的其他成员能够为其提供必要的资源与技术支持,帮助企业渡过难关,提高项目成功率。因此,董事网络能够通过事后补偿机制有效弥补管理者过度自信所带来的决策偏差。基于以上分析,本书提出以下假设:

H1:董事网络会减弱管理者过度自信与非效率投资的正相关关系。

同时,本章试图探讨在国有企业和非国有企业中,董事网络的这种治理效应是否存在差别。与非国有企业相比,国有企业选聘董事时往往带有行政色彩,这会削弱董事网络的治理效果。与此同时,国有企业管理者在制订投资决策时,不仅会受到个人心理特质的影响,还会受到来自政府的约束。很多研究发现,为了完成特定的政策目标,政府经常会干预国有企业管理者的投资决策(白俊等,2014;程仲鸣等,2008;张洪辉等,2010)。因此,政府的干预一定程度上会影响国有企业中董事网络治理作用的发挥。此外,国有企业比非国有企业受到更多的政府支持,比如在行业准入门槛、融资等方面,这意味着国有企业管理者获取的信息和资源更多地来自政府而非市场,这将导致董事网络的效用降低。相比于国有企业,非国有企业的董事选聘主要通过市场化流程进行,受到的政府干预较小,董事网络是管理者获取市场信息和资源的重要渠道,其所带来的信息和资源会被管理者充分考虑,从而减少因管理者过度自信而进行的非效率投资。因此在非国有企业中,董事网络的治理效应更为显著。因此,本书提出以下假设:

H2:相比于国有企业,非国有企业中董事网络的治理效应更显著。

## (二)研究设计

### 1.样本选择

本章以2007—2014年我国A股上市公司为样本。为了保证数据的有效性,本章剔除了部分公司样本:①财务数据异常的ST、*ST公司;②对过度自信的度量需要用到财务预测指标,因此剔除没有披露财务预测数据的公司;③金融类上市公司。经过整理,最终得到2712家公司的年度观测值。本章中董事兼职信息及其他公司治理数据来自国泰安CSMAR数据库中上市公司公开披露的数据,盈利预测数据来自RESSET数据库,一部分数据库中缺失的数据通过企业公开披露的年报手工搜集得到。

### 2.研究模型及变量选择

根据本章的研究内容和假设,本章设定以下研究模型:

$$\text{Inv}_{it} = \gamma_0 + \beta_1 \text{OC}_{i,t-1} + \sum \beta_j \text{Control}_{i,t-1} + \sum \text{Industry} + \sum \text{Year} + \varepsilon_{i,t-1} \tag{10-1}$$

$$\text{Inv}_{it} = \gamma_0 + \beta_1 \text{OC}_{i,t-1} + \beta_2 \text{Cen}_{i,t-1} + \beta_3 \text{OC} \cdot \text{Cen}_{i,t-1} + \sum \beta_j \text{Control}_{i,t-1} + \sum \text{Industry} + \sum \text{Year} + \varepsilon_{i,t-1} \tag{10-2}$$

$$\text{Inv}_{it} = \gamma_0 + \beta_1 \text{OC}_{i,t-1} + \beta_2 \text{Cen}_{i,t-1} + \beta_3 \text{OC} \cdot \text{Cen} \cdot \text{Soe}_{i,t-1} + \sum \beta_j \text{Control}_{i,t-1} + \sum \text{Soe} + \sum \text{Industry} + \sum \text{Year} + \varepsilon_{i,t-1} \tag{10-3}$$

模型(10-1)至(10-3)中,OC为解释变量过度自信,其包含两个指标OC_P和OC_S;Inv为被解释变量非效率投资水平;Cen为调节变量董事网络中心度;ε 为模型的残差;其他变量为控制变量。为了尽可能消除本期的影响,本章对自变量进行滞后一期的处理。与此同时,为了消除异常值对回归结果的影响,本章对所有连续变量进行上下浮动 1% 的缩尾处理。

模型(10-1)主要检验管理者过度自信是否会提高企业非效率投资水平;模型(10-2)在模型(10-1)的基础上加入董事网络中心度 Cen 及管理者过度自信与董事网络中心度的交互项 OC·Cen,用来检验董事网络是否会对由管理者过度自信而进行的非效率投资起到治理作用;模型(10-3)在模型(10-2)的基础上进一步检验产权性质对董事网络治理效果的影响。具体而言,本章采用分组回归的方式对这种影响进行检验。主要变量的情况如表 10-1 所示。

**表 10-1　主要变量定义**

| 变　量 | 符　号 | 变量定义 |
|---|---|---|
| 非效率投资 | Inv | Richardson 模型中 \|ε\| 的值,值越大代表非效率投资水平越高 |
| 解释变量 | OC_P | 采用盈利预测方法测度,如果 OC_P=1,则表示高管过度自信 |
| | OC_S | 采用持股变化法测度,如果 OC_S=1,则表示高管过度自信 |
| 调节变量 | Cen | 董事网络中心度,测度方法见上文 |
| 控制变量 | Indr | 独立董事比例,计算公式为独立董事数量/董事总数 |
| | Mshare | 管理层持股,年度内管理层持有的本公司股票份额 |
| | Duality | 两职合一,董事长和总经理为同一人,则该值为 1,否则为 0 |
| | Pay | 管理者薪酬水平,用前 3 名高管的薪酬总额代替 |
| | Cash | 现金流水平,通过年度内现金流净额/总资产计算得来 |
| | Growth | 净利润增长率 |
| | Adm | 管理费用/营业收入 |
| | Soe | 产权性质,国有企业为 1,非国有企业为 0 |
| | Lnasset | 公司总资产的自然对数 |
| | Industry | 企业所处的行业,并生成虚拟变量 |
| | Year | 年度虚拟变量 |

(1)非效率投资的度量。

本章参考 Richardson(2006)的方法来测度非效率投资,具体如下:$Inv_{it} = \gamma_0 + \gamma_1 Lnsize_{i,t-1} + \gamma_2 Lnage_{i,t-1} + \gamma_3 Gro_{i,t-1} + \gamma_4 Cash_{i,t-1} + \gamma_5 Lev_{i,t-1} + \gamma_6 R_{i,t-1} + \gamma_7 Inv_{i,t-1} + \sum Year + \sum Industry + \varepsilon$。

$Inv_{it}$ 值,由现金流量表中的数据计算得到,即分别将购置固定资产、无形资产和其他长期资产支出,对子公司净支出及对其他单位净支出累加起来,除以总资产平均值,用来衡量 $i$ 公司在 $t$ 期的投资支出;$Lnsize_{i,t-1}$,用总资产平均

值的自然对数衡量 $i$ 公司在 $t-1$ 期的规模;Lnage$_{i,t-1}$,用当前年度减去公司的上市年度加上 1 的自然对数衡量 $i$ 公司在 $t-1$ 期的上市年龄;Gro$_{i,t-1}$,用主营业务收入增长率衡量 $i$ 公司在 $t-1$ 期的成长水平;Cash$_{i,t-1}$ 由现金流量表中获取的现金及其等价物余额除以总资产平均值得出,表示在 $t-1$ 期的 $i$ 公司的现金比;Lev$_{i,t-1}$,用公司总负债与总资产之比衡量 $i$ 公司在 $t-1$ 期的负债率;R$_{i,t-1}$ 为 $i$ 公司在 $t-1$ 期的股票收益率;此外,还需综合考虑年度(Year)和行业(Industry)因素,进行分行业和分年度回归。如果$|\varepsilon|$大于 0,表示非效率投资。本章用$|\varepsilon|$的值测度 Inv$_{it}$,Inv$_{it}$ 值越大,代表非效率投资水平越高。

(2)过度自信的度量。

为了增加论证的可信度及减少变量内生性问题,本章采用两种方式对管理者过度自信进行度量。

首先,借鉴姜付秀(2009)的方法,采用乐观盈利预测法来测度管理者的过度自信。本章利用 2007—2014 年披露了盈利预测的上市公司数据,把满足以下 4 种情形之一的定义为过度自信:①预增,实际利润增长小于 50%;②略增,实际利润增长小于零;③续赢或扭亏,实际亏损;④略减,实际亏损大于 50%。每季度披露的盈利预测中,至少一次是乐观预测,则定义该公司的管理者存在过度自信,即 OC_P=1。如果预测信息披露的时间在报告期结束的前 3 周内,则定义为盈利预告而非盈利预测,从样本中剔除。

其次,利用持股变化法测量管理者过度自信。由于 CEO 在管理层中的特殊地位和影响,本章借鉴饶育蕾等(2010)的测度方法,将 CEO 持股变化作为管理者过度自信的替代变量。具体而言,如果本公司股价的增长幅度小于市场综合股价的增长幅度,而 CEO 仍然增持或者未减持本公司股票,则代表管理者存在过度自信心理,OC_S 赋值为 1,否则为 0。

(3)董事网络的度量。

中心度分析是社会网络分析中常用的方法,考虑到实际研究需要,本章最终采用程度中心度(Cen)指标对董事网络进行测度。程度中心度衡量的是直接与某董事相联结的其他董事数量之和,公式为 $\mathrm{Cen} = \sum_{}^{j} x_{ij}/(n-1)$,其中 $x_{ij}$ 代表董事 $i$ 与董事 $j$ 同时在一个公司任职而产生的直接联结数,$\sum_{}^{j} x_{ij}$ 为与董事 $i$ 存在直接联结的关系总和,同时为了消除不同年份网络规模不同的影响,将关系总和除以可能存在的最大直接联结数$(n-1)$。借鉴陈运森等(2011)的方法,本章利用社会网络分析软件 UCINET,首先构建了 A 股上市公司"董事—董事"网络矩阵,其次取公司中所有董事网络中心度的中位数作为公司层面的董事网络中心度。

(4)控制变量。

参考前人的研究,本章的控制变量包括管理层持股(Mshare)、现金流水平(Cash)、企业规模(Lnasset)、利润增长率(Growth)、管理者薪酬水平(Pay)、独立董事比例(Indr)、两职合一(Duality)、企业性质(Soe)及行业虚拟变量(Industry)和年度虚拟变量(Year)。

# 三、实证结果与分析

## (一)变量描述性统计

本部分对主要变量进行描述性统计,统计结果如表 10-2 所示。非效率投资(Inv)的均值为 0.626,标准差达到了 0.850,这说明样本企业间非效率投资水平存在较大差异;采用乐观盈利预测法测度的管理者过度自信(OC_P)的均值为 0.181,这说明样本企业中 18.1% 的管理者存在过度自信心理;采用持股变化法测度的管理者过度自信(OC_S)的均值为 0.127,与 OC_P 的值存在一点差异,这可能是由于我国管理层持股水平仍然较低,但对检验结果稳健性没有太大影响;董事网络中心度(Cen)的均值为 0.174,最小值为 0,最大值达到了 1.016,这说明样本企业间的董事网络存在一定的差异;在独立董事比例(Indr)方面,样本企业间无太大差别,基本都达到了证监会的 1/3 比例要求;样本企业中,31.9% 的企业存在董事长和总经理两职合一现象;管理者薪酬(Pay)方面,样本企业间存在较大差异,标准差达到了 2.869;其他指标都在合理范围内。

表 10-2　主要变量描述性统计结果

| 变　量 | 平均值 | 标准差 | 最小值 | p25 | 中位数 | p75 | 最大值 |
|---|---|---|---|---|---|---|---|
| Inv | 0.626 | 0.850 | 0 | 0.151 | 0.387 | 0.667 | 5.275 |
| OC_P | 0.181 | 0.385 | 0 | 0 | 0 | 0 | 1.000 |
| OC_S | 0.127 | 0.333 | 0 | 0 | 0 | 0 | 1.000 |
| Cen | 0.174 | 0.175 | 0 | 0.0570 | 0.124 | 0.227 | 1.016 |
| Soe | 0.199 | 0.399 | 0 | 0 | 0 | 0 | 1.000 |
| Indr | 0.372 | 0.0510 | 0.333 | 0.333 | 0.333 | 0.429 | 0.571 |
| Mshare | 2.733 | 0.272 | 1.433 | 2.634 | 2.865 | 2.910 | 3.066 |
| Duality | 0.319 | 0.466 | 0 | 0 | 0 | 1.000 | 1.000 |

续　表

| 变　量 | 平均值 | 标准差 | 最小值 | p25 | 中位数 | p75 | 最大值 |
|---|---|---|---|---|---|---|---|
| Pay | 13.33 | 2.869 | 0 | 13.420 | 13.910 | 14.330 | 15.610 |
| Cash | −0.118 | 0.318 | −1.437 | −0.247 | −0.069 | 0 | 1.171 |
| Growth | 0.288 | 9.097 | −41.600 | −0.781 | −0.041 | 0.813 | 55.750 |
| Adm | 0.115 | 0.115 | 0 | 0.056 | 0.088 | 0.132 | 0.832 |
| Lnasset | 21.33 | 1.013 | 18.750 | 20.690 | 21.250 | 21.840 | 24.550 |

注：描述性统计样本观测值为 2712。

## （二）回归结果与分析

本章利用统计软件 STATA 14.0 对样本进行统计分析。表 10-3 为管理者过度自信与非效率投资的关系及董事网络调节效应的回归结果。在模型（10-1）中，OC_P 的系数为 0.169 且通过了 1% 水平上的显著性检验，模型（10-3）中 OC_S 的系数为 0.142，同样通过了 1% 水平上的显著性检验。模型（10-1）和模型（10-3）的回归结果表明，管理者过度自信提高了企业非效率投资水平，与前人的研究结论一致。另外，本章检验了董事网络对管理者过度自信造成的非效率投资的治理效应。借鉴温忠麟等（2005）提出的调节效应检验方法，本章在模型（10-2）和模型（10-4）中分别加入了调节变量 Cen 与自变量 OC 的交互项 OC_P·Cen、OC_S·Cen，以此来测度董事网络是否对管理者过度自信与非效率投资之间的关系产生影响。模型（10-2）和模型（10-4）中，OC_P·Cen 与 OC_S·Cen 的系数分别为 −0.287 和 0.476，且均通过了 5% 水平上的显著性检验，这说明随着董事网络中心度的提高，管理者过度自信对非效率投资的影响在减弱。如前文所述，在管理者做出决策前，董事网络中的大量异质性信息和稀缺信息能够帮助管理者纠正认知偏差，抑制管理者的过度自信心理，从而避免管理者盲目做出投资决策；在管理者做出投资决策后，董事网络能够通过资源输送进行支持，防止产生投资不足问题。因此，假设 H1 得到了很好的支持。

表 10-3　过度自信与非效率投资关系及董事网络调节效应的回归结果

| 变量/模型 | 模型（10-1） | 模型（10-2） | 模型（10-3） | 模型（10-4） |
|---|---|---|---|---|
| 截距 | 0.539**<br>(2.01) | 0.984**<br>(2.13) | 0.575**<br>(2.03) | 1.019**<br>(2.25) |
| OC_P | 0.169***<br>(2.68) | 0.169***<br>(2.66) | | |
| OC_P·Cen | | −0.287**<br>(−1.99) | | |

续 表

| 变量/模型 | 模型(10-1) | 模型(10-2) | 模型(10-3) | 模型(10-4) |
|---|---|---|---|---|
| OC_S | | | 0.142*** <br> (2.79) | 0.142*** <br> (2.71) |
| OC_S・Cen | | | | −0.476** <br> (−2.03) |
| Cen | | −0.114** <br> (−2.33) | | −0.021* <br> (−1.72) |
| Indr | −0.378 <br> (−1.50) | −0.526* <br> (−1.83) | −0.371 <br> (−1.57) | −0.524* <br> (−1.90) |
| Mshare | 0.138** <br> (2.25) | 0.142** <br> (2.31) | 0.135** <br> (2.29) | 0.142** <br> (2.36) |
| Duality | 0.055* <br> (1.75) | 0.062* <br> (1.76) | 0.054* <br> (1.71) | 0.060* <br> (1.70) |
| Pay | −0.058*** <br> (−3.15) | −0.056** <br> (−2.21) | −0.057*** <br> (−3.13) | −0.055** <br> (−2.27) |
| Cash | 0.117** <br> (2.23) | 0.128** <br> (2.17) | 0.118** <br> (2.25) | 0.130** <br> (2.11) |
| Growth | 0.003** <br> (2.25) | 0.002 <br> (1.53) | 0.003** <br> (2.27) | 0.002 <br> (1.52) |
| Adm | 0.111 <br> (1.23) | 0.127 <br> (1.59) | 0.105 <br> (1.31) | 0.127 <br> (1.60) |
| Soe | −0.022 <br> (−1.57) | −0.001 <br> (−1.60) | −0.038 <br> (−1.52) | −0.001 <br> (−1.59) |
| Lnasset | 0.030* <br> (1.82) | 0.010 <br> (1.37) | 0.029* <br> (1.90) | 0.009 <br> (1.37) |
| Year/Industry | 控制 | 控制 | 控制 | 控制 |
| 调整 $R^2$ | 0.169 | 0.210 | 0.153 | 0.125 |
| 样本量 | 2712 | 2712 | 2712 | 2712 |

注:括号内为相应的 t 值,下同。

此外,模型(10-2)中董事网络(Cen)的系数为−0.114,且通过了5%水平上的显著性检验,这说明董事网络的存在会减弱企业的非效率投资水平;独立董事比例(Indr)的系数不显著,说明单纯依靠提高独立董事比例并不能抑制由管理者过度自信产生的非效率投资水平,还需要提高独立董事的质量,多引进具有良好声誉和拥有社会资源的独立董事;管理者持股比例(Mshare)与非效率投资水平显著正相关,这可能是股权激励导致管理者产生过度自信心理,从而造成非效率投资;两职合一(Duality)虽然与非效率投资正相关但没有通过5%水平上的显著性检验,这说明两职合一并非造成管理者非效率投资的关键因素;管理者薪酬(Pay)与非效率投资显著负相关,这可能是因为在薪酬与绩效挂钩的制度倾向下,管理者为了提高自己的薪酬水平会努力提高投资水平。

表10-4为不同产权性质下董事网络治理效果的回归结果。本部分对样本进行了分组检验,其中模型(10-1)和模型(10-2)为非国有企业样本回归结果,模型(10-3)和模型(10-4)为国有企业样本回归结果。在模型(10-1)和模型(10-2)中,指标 OC_P·Cen、OC_S·Cen 的系数依然显著为负,说明在非国有企业中,董事网络对管理者过度自信带来的非效率投资依然具有显著的治理作用;在模型(10-3)与模型(10-4)中,OC_P·Cen、OC_S·Cen 的系数均不显著,这说明在国有企业中,董事网络并没有对管理者过度自信与非效率投资的关系起到调节作用,治理效应不显著。如前文所述,国有企业的经营管理受政府干预较大,如董事任命、项目决策、绩效考核等都受到政府的限制,董事网络难以发挥其有效的治理作用;相反,在非国有企业中,企业经营受政府干预较小,企业可以根据实际情况聘请所需的连锁董事,并通过董事网络将外部的信息和资源输送到企业内部,充分发挥董事网络的治理作用。因此,假设 H2 得证。

值得注意的是,在对样本进行分组回归后,管理层持股水平(Mshare)、薪酬水平(Pay)及现金流(Cash)的系数和显著性在两组样本中产生了差异。在国有企业中,管理者持股比例系数显著为正,而在非国有企业中该系数不显著,这说明在国有企业中,管理者持股比例越大,投资效率越低,而在非国有企业中则不存在这种关系。一种可能的解释是,在非国有企业中,股权激励能够很好地发挥作用,管理者为了自身和企业长远的利益会倾向于努力提高投资效率。而国有企业中的股权激励并没有发挥很好的效果,反而激发了管理者的过度自信心理,降低了投资效率。在非国有企业样本中,管理者薪酬水平(Pay)的系数显著为负,而在国有企业中该指标不显著,这说明在非国有企业中,薪酬激励能够促使管理者提高投资效率,而在国有企业中由于限薪政策及绩效考核特殊性等,薪酬激励并没有带来投资效率的提升。

表 10-4  产权性质对董事网络治理效果影响的回归结果

| 变量/模型 | Soe=0 | | Soe=1 | |
|---|---|---|---|---|
| | 模型(10-1) | 模型(10-2) | 模型(10-3) | 模型(10-4) |
| 截距 | 2.189*** (3.57) | 2.241*** (3.60) | −2.130** (−2.42) | −2.178** (−2.31) |
| OC_P | 0.184*** (2.98) | | 0.341*** (2.66) | |
| OC_P·Cen | −0.653** (−2.07) | | −0.634 (−1.56) | |

续 表

| 变量/模型 | Soe＝0 | | Soe＝1 | |
|---|---|---|---|---|
| | 模型(10-1) | 模型(10-2) | 模型(10-3) | 模型(10-4) |
| OC_S | | 0.162\*\*\* | | 0.140\* |
| | | (2.90) | | (1.77) |
| OC_S·Cen | | −0.693\*\* | | −0.102 |
| | | (−2.01) | | (−1.57) |
| Cen | −0.151\*\* | −0.005\* | −0.015 | −0.001 |
| | (−2.31) | (−1.82) | (−1.53) | (−1.51) |
| Indr | −0.417 | −0.419 | −1.188 | −1.222 |
| | (−1.60) | (−1.59) | (−1.41) | (−1.50) |
| Mshare | 0.096 | 0.094 | 0.330\*\* | 0.350\*\* |
| | (1.58) | (1.51) | (2.20) | (2.27) |
| Duality | 0.061\* | 0.060\* | 0.116 | 0.097 |
| | (1.83) | (1.85) | (1.61) | (1.57) |
| Pay | −0.105\*\*\* | −0.105\*\*\* | 0.002 | 0.010 |
| | (−2.91) | (−2.92) | (1.59) | (1.65) |
| Cash | 0.144\*\* | 0.147\*\* | 0.021 | 0.033 |
| | (2.17) | (2.21) | (1.48) | (1.50) |
| Growth | 0.003 | 0.003 | 0.001 | 0.001 |
| | (1.60) | (1.60) | (1.47) | (1.46) |
| Adm | 0.027 | 0.024 | 0.527 | 0.482 |
| | (1.58) | (1.56) | (1.47) | (1.40) |
| Lnsize | −0.010 | −0.010 | 0.102\*\* | 0.100\*\* |
| | (−1.50) | (−1.51) | (2.23) | (2.20) |
| Year/Industry | 控制 | 控制 | 控制 | 控制 |
| 调整 $R^2$ | 0.162 | 0.154 | 0.090 | 0.151 |
| 样本量 | 2256 | 2256 | 456 | 456 |

## (三)稳健性检验

### 1. 变量度量的稳健性检验

第一,对管理者过度自信的度量。上文中对管理者过度自信的度量采用乐观盈利预测法和持股变化法两种方法,且回归结果一致,这初步证明本章检验结果具有稳健性。第二,对投资效率的度量。获得投资收益是上市公司进行投资的主要目的,因此本章借鉴李笑雪(2010)的测量方法,利用投资报酬率与资本成本的比值来对投资效率进行测度,回归结果与前文基本一致。第三,对董事网络的测量。网络中心度中除了程度中心度,还包括中介中心度、接近中心度及结构洞等。鉴于本章的研究内容,本章将中介中心度及结构洞作为程度中心度的替代变量进行回归检验,回归结果与前文一致。

2.关于内生性的稳健性检验

本章所研究的主要变量为管理者过度自信、非效率投资及董事网络,这些变量可能会共同受到公司某些特征及其他变量的影响,从而造成内生性问题。在变量度量的稳健性检验中,本章已经对文中主要变量进行了替代,以此来降低不同变量同时受到某些因素影响从而产生内生性问题的可能性。

为进一步减少变量间的内生性问题,本章利用二阶段回归法进行稳健性检验。管理者个人经验和特质会影响其过度自信心理,本章选取管理团队平均学历及拥有的高级职称数量两个变量作为工具变量,进行二阶段回归检验。结果显示,在第一阶段回归中,管理者过度自信与平均学历及拥有的高级职称数量显著正相关,这意味着学历高和拥有高级职称的管理者倾向于过度自信。随后利用第一阶段回归得到的管理者过度自信估计值(Overcon_E)进行第二阶段的回归,结果与上文基本一致,说明本章的检验结果具有稳健性。限于篇幅,本章所有稳健性检验未予列示。

## (四)进一步研究:董事网络治理管理者过度自信的作用路径

上文检验了董事网络对由管理者过度自信而产生的非效率投资的治理效果,但董事网络中的信息和资源是如何传递到管理者手中的?为了进一步揭开董事网络治理的"黑箱",本章选取了董事会会议次数(MNum)及连锁董事出席董事会会议次数(ANum)这两指标,从董事会和连锁董事个体两个层面进一步分析董事网络治理管理者过度自信的作用路径。

董事会会议次数是正式制度约束下董事履职强度的体现,反映了董事之间信息交换的频率。董事会会议次数越多,则连锁董事与企业内部管理者交流的机会越多,董事网络中的稀缺信息和资源传递到管理者手中的概率越大。董事会会议为连锁董事为外部信息和资源传递到管理者手中提供了途径,但如果连锁董事缺席董事会会议,则董事网络便失去了治理作用的直接载体。因此,连锁董事出席董事会会议对董事网络治理效用的发挥起到了至关重要的作用。为了进一步揭开董事网络治理的"黑箱",本章检验了董事会会议次数(MNum)及连锁董事出席董事会会议次数(ANum)对董事网络治理效果的影响。本章构建了管理者过度自信(OC)、董事网络中心度(Cen)及董事会会议次数(MNum)三者的交互项 OC_P·Cen·MNum 和 OC_S·Cen·ANum 分别加入模型(10-1)与模型(10-3)中,构建管理者过度自信(OC)、董事网络中

心度(Cen)及连锁董事出席董事会会议次数(ANum)三者的交互项 OC_P·
Cen·ANum 和 OC_S·Cen·ANum 分别加入模型(10-2)与模型(10-4)中,以
此来分别检验董事会会议次数及连锁董事出席董事会会议次数对董事网络治
理效果的影响(见表 10-5)。模型(10-1)和模型(10-3)中,OC_P·Cen·MNum
和 OC_S·Cen·MNum 的系数显著为正,这说明随着董事会会议召开次数的
增多,董事网络的治理效果增强;模型(10-2)与模型(10-4)中,OC_P·Cen·
ANum 和 OC_S·Cen·ANum 的系数同样显著为正,这说明连锁董事越勤
勉,出席董事会会议次数越多,董事网络的治理效果越强。

　　以上研究结果表明,董事会会议及连锁董事出席董事会会议是董事网络
发挥治理作用的重要路径,企业只有合理设计董事会会议制度及规范连锁董
事履职行为,才能充分发挥董事网络的治理作用,提高企业经营效率。

表 10-5　董事会会议次数及连锁董事出席董事会会议次数对董事网络治理效果的影响

| 变　量 | 模型(10-1) | 模型(10-2) | 模型(10-3) | 模型(10-4) |
|---|---|---|---|---|
| 截距 | 1.102** (2.03) | 1.096** (2.02) | 1.093** (2.27) | 1.083** (2.25) |
| OC_P | 0.156*** (2.81) | 0.153*** (2.79) | | |
| OC_P·Cen | −0.287** (−2.19) | −0.282** (−2.13) | | |
| OC_P·Cen·MNum | 0.024** (2.30) | | | |
| OC_P·Cen·ANum | | 0.005** (2.28) | | |
| OC_S | | | 0.118*** (3.67) | 0.112*** (3.61) |
| OC_S·Cen | | | −0.485* (−1.74) | −0.461* (−1.81) |
| OC_S·Cen·MNum | | | 0.016** (2.18) | |
| OC_S·Cen·ANum | | | | 0.008** (2.13) |
| 控制变量 | 控制 | | | |
| Year/Industry | 控制 | | | |
| 调整 $R^2$ | 0.152 | 0.201 | 0.136 | 0.182 |
| 样本量 | 2712 | 2712 | 2712 | 2712 |

# 四、研究结论与启示

## （一）主要研究结论

本章采用我国 A 股上市公司 2007—2014 年间的数据，基于企业非效率投资视角，理论分析并实证检验了董事网络对管理者过度自信的治理作用。研究结果表明，随着董事网络中心度的提高，管理者过度自信与非效率投资的关系显著减弱，这说明董事网络削弱了管理者过度自信对非效率投资的影响，具有治理效应；相比于国有企业，董事网络在非国有企业中的治理作用更显著；进一步地，董事会会议次数越多，连锁董事出席董事会会议次数越多，则董事网络的治理效果越好。本章的研究结果还表明，董事网络是治理管理者过度自信的有效"药方"，能够帮助企业削弱因管理者过度自信产生的非效率投资，研究结论具有重要的实践意义。与此同时，本章还从董事会层面和连锁董事个体层面剖析了董事网络的治理路径，揭开了董事网络治理的"黑箱"，弥补了相关领域研究的不足，具有重要的理论意义。

## （二）研究启示

在企业间董事网络普遍存在且日益成为公司重要的治理机制的背景下，本章揭示了董事网络治理管理者过度自信的效果和作用路径，对于企业完善董事网络治理机制、提高投资效率具有重要启示。

（1）充分发挥董事网络治理作用，提高投资决策水平。

企业间通过连锁董事形成了一张巨大的网，网络中每个个体都会受到网络中其他个体的影响，信息和资源通过网络可以在企业间快速流动，实现资源的再分配。以往企业对于董事的任命往往为了满足政策要求，如证监会要求的独立董事比例不少于 1/3，而忽略了董事可能带来的外部信息和资源。因此，企业对董事尤其是独立董事的选聘应该根据企业实际需求进行，引入拥有大量社会资本及具有较高声誉的连锁董事进入董事会，充分发挥其联结外部董事网络和企业内部管理者的纽带作用，为管理者提供稀缺信息和资源，抑制管理者过度自信心理，帮助管理者提高投资决策水平。具体到国有企业，在董事尤其是独立董事的选聘上应该尽量减少行政干预，尽可能通过市场化途径选聘高质量的董事，提高国有企业投资决策效率。

(2)优化董事会会议制度,增强连锁董事履职效果。

董事会会议经常被人诟病,原因在于很多董事会会议往往是企业经营不善的事后补救措施,没有起到完善经营决策的事前控制作用。但不可否认,董事会会议为连锁董事尤其是独立董事提供了为数不多的和管理者交流的机会,这能够帮助管理者及时获取外部信息和资源,提升董事网络的治理效果。因此,企业需要优化董事会会议制度,构建较完善的董事会会议运作、决策和反馈机制。企业重大决策要经过董事会反复开会讨论,不要拘泥于会议形式和次数,只为提高决策质量。与此同时,要规范连锁董事的履职行为,建立健全董事会问责制度,对于经常缺席董事会会议的连锁董事要予以通报,施加解雇压力和市场声誉压力,从而增强连锁董事履职效果及提高企业投资决策水平。

# 参考文献

[1] 安征,2016. 股权结构、董事会特征[D].西安:西北大学.

[2] 白宏盛,2014.集团控股上市公司高管纵向连锁对企业绩效的影响——基于沪市上市公司的经验研究[D].昆明:云南财经大学.

[3] 白俊,连立帅,2014.国企过度投资溯因:政府干预抑或管理层自利？[J].会计研究(2):41-48.

[4] 边燕杰,丘海雄,2000.企业的社会资本及其功效[J].中国社会科学(2):87-99.

[5] 蔡苏娟,2009.上市公司大股东对公司治理绩效的影响——基于大股东支持行为与掏空行为的实证检验[D].北京:北京师范大学.

[6] 曹红军,肖国团,2016.高管团队断层线对企业绩效的非线性影响——基于CEO权变管理的研究视角[J].科技和产业,16(1):131-140.

[7] 曹媛媛,冯东辉,2004.我国上市公司股利政策的信息内涵:基于股利政策稳定性的实证研究[J].系统工程,22(2):33-37.

[8] 曾德明,邹思明,张运生,2015.网络位置、技术多元化与企业在技术标准制定中的影响力研究[J].管理学报,12(2):198-206.

[9] 曾萍,邬绮虹,2012.女性高管参与对企业技术创新的影响——基于创业板企业的实证研究[J].科学学研究(5):773-781.

[10] 陈传明,陈松涛,2006.高层管理团队战略调整能力研究——认知的视角[C].江苏省哲学社会科学界学术大会.

[11] 陈传明,孙俊华,2008.企业家人口背景特征与多元化战略选择——基于中国上市公司面板数据的实证研究[J].管理世界(5):124-133.

[12] 陈德球,杨佳欣,2013.董事会多元化与公司治理效率问题研究[J].甘肃社会科学(5):197-200.

[13] 陈红,杨鑫瑶,王国磊,2013.上市公司终极控制权与大股东利益侵占行

为研究：基于中国 A 股市场的经验数据[J].当代经济研究(8):31-37.

[14] 陈孔军,张帆,2015.对外投资、公司绩效与董事会结构——基于上市公司的经验数据[J].财会通讯(27):62-64.

[15] 陈立梅,2007.高层管理团队(TMT)的异质性、冲突管理与企业绩效[J].现代管理科学(7):92-93.

[16] 陈利利,2013.构建型多样性、团队过程对团队创造力的影响研究[D].西安:西安电子科技大学.

[17] 陈璐,赵峥,井润田,2009.个人人际网络特征对虚拟团队成员绩效影响的实证研究[J].管理学报,6(9):1250-1256.

[18] 陈明,余来文,2006.动态环境下企业战略转移的主要影响因素及其对策[J].当代财经(6):67-70.

[19] 陈祺,2009.隧道掏空、积极作为与公司绩效[C].中国会计学会南方片区会计学会第二十四次学术研讨会.

[20] 陈仕华,2009.公司治理的社会嵌入性:来自连锁董事的启示[J].经济管理(4):50-56.

[21] 陈雅娜,2014.连锁高管与公司盈余管理行为的传染效应——来自中国上市公司的证据[J].财会通讯(15):61-64.

[22] 陈洋,2013.公司治理、制度环境与中国上市公司大股东的"掏空"[D].上海:复旦大学.

[23] 陈昀,贺远琼,2007.基于团队过程视角的董事会与企业绩效关系研究述评[J].外国经济与管理,29(8):51-57.

[24] 陈运森,谢德仁,黄亮华,2012.董事的网络关系与公司治理研究述评[J].南方经济,30(12):84-93.

[25] 陈运森,谢德仁,2012.连锁董事网络、独立董事治理与高管激励[J].金融研究(2):168-182.

[26] 陈运森,谢德仁,2011.网络位置、独立董事治理与投资效率[J].管理世界(7):113-127.

[27] 陈运森,2015.社会网络与企业效率:基于结构洞位置的证据[J].会计研究(1):48-55.

[28] 陈志红,周路路,陈志斌,2015.中国企业情境下团队多样性与决策质量的关系探究[J].江苏社会科学(5):73-79.

[29] 陈忠卫,常极,2009.高管团队异质性、集体创新能力与公司绩效关系的实证研究[J].软科学,23(9):78-83.

[30] 程兆谦,蒋璐,2008.知识团队成员多样性的管理策略:以中国文化为背

景[J].科学学与科学技术管理,29(4):179-184.

[31] 程仲鸣,夏新平,余明桂,2008. 政府干预、金字塔结构与地方国有上市公司投资[J].管理世界(9):37-47.

[32] 初旭,2013. 董事会治理对企业战略转型驱动及实施保障的影响研究[D].天津:南开大学.

[33] 崔爽,2017. 连锁董事网络对控制权收益的作用机理研究——基于上市公司股权相对集中样本的经验分析[D].杭州:浙江工商大学.

[34] 邓路,高连水,2009. 研发投入、行业内R&D溢出与自主创新效率——基于中国高技术产业的面板数据(1999—2007)[J].财贸研究,20(5):9-14.

[35] 邓新明,王惠子,朱登,等,2017. 动态竞争环境下高管团队社会网络、行动进攻性与企业绩效[J].经济与管理研究,38(2):125-137.

[36] 邓渝,2013. 企业员工多样性效应的跨层次作用机制研究[D].成都:西南交通大学.

[37] 丁楠,2010.高管团队社会网络、运作过程与绩效间关系研究——基于中国一拖的实证分析[D].镇江:江苏大学.

[38] 丁忠明,王振富,2008. 公司董事会治理研究:综述与启示[J].上海经济研究(1):100-106.

[39] 杜俊枢,郭毅,2013. 社会网络技术多样性与技术创新绩效关系——基于吸收能力的实证研究[C].第八届中国管理学年会技术与创新管理分会场.

[40] 段海艳,仲伟周,2012. 企业间连锁董事关系网络对CEO薪酬影响的实证[J].统计与决策(1):122-125.

[41] 段海艳,仲伟周,2007. 企业连锁董事的形成机理及其实证分析——基于我国160家上市公司的经验研究[J].生产力研究(24):68-70.

[42] 段海艳,2012. 连锁董事、组织冗余与企业创新绩效关系研究[J].科学学研究,3(4):631-640.

[43] 段海艳,2009. 连锁董事关系网络对企业绩效影响研究[J].商业经济与管理(4):38-44.

[44] 段海艳,2009. 中国企业间连锁董事关系网络特征研究[J].特区经济(7):249-251.

[45] 段云,王福胜,王正位,2011. 多个大股东控制下的董事会结构模型研究[J].预测,30(1):24-29.

[46] 段云,2012. 基于大股东视角的董事社会网络嵌入性与董事会有效性研

究[J].预测,31(6):13-20.

[47] 樊纲,1995. 中华文化与经济发展[J].文明与宣传(2):6-14.

[48] 樊利军,段海艳,2016. 连锁董事、公司治理与企业技术创新研究综述[J].合作经济与科技(5):88-91.

[49] 方军雄,2009. 我国上市公司高管的薪酬存在粘性吗?[J].经济研究(3):110-123.

[50] 费孝通,1998. 差序格局乡土中国:生育制度[M].北京:北京大学出版社.

[51] 冯海龙,2010. 企业战略转移的定义比较、测量述评及量表开发——兼对笔者原战略转移定义的修正与操作化[J].管理学报,7(4):499-508.

[52] 冯慧群,2016. 私募股权投资对控股股东"掏空"的抑制效应[J].经济管理(6):16-28.

[53] 冯子朔,2013. 技术创新、战略联盟与企业经营绩效关系研究[D].长春:吉林大学.

[54] 付凤丽,2003. 股利政策与企业绩效关系的实证研究[J].山东工商学院学报,17(5):54-61.

[55] 付敬,朱桂龙,2014. 知识源化战略、吸收能力对企业创新绩效产出的影响研究[J].科研管理,35(3):25-34.

[56] 付小华,2016. 战略柔性与企业绩效:高层管理团队异质性的调节机制研究[D].南京:南京大学.

[57] 傅继波,杨朝军,2006. 多元化经营与公司绩效——来自中国证券市场的证据[J].生产力研究(1):197-198.

[58] 傅家骥,施培公,1996. 技术积累与企业技术创新[J].数量经济技术经济研究(11):70-73.

[59] 傅贤治,2001. 多元化经营与企业扩张方式的选择[J].中国工业经济(8):71-75.

[60] 高雷,宋顺林,2007. 董事会、监事会与代理成本——基于上市公司2002～2005年面板数据的经验证据[J].经济与管理研究(10):18-24.

[61] 高明华,2016. 中国公司治理分类指数报告 No.15(2016)[M].上海:东方出版中心.

[62] 耿志民,2007. 大股东掏空上市公司的根源及其治理[J].管理现代化(1):35-37.

[63] 古家军,胡蓓,2008. TMT知识结构、职业背景的异质性与企业技术创新绩效关系——基于产业集群内企业的实证研究[J].研究与发展管理,20(2):28-33.

[64] 古家军,胡蓓,2008. 企业高层管理团队特征异质性对战略决策的影响——基于中国民营企业的实证研究[J].管理工程学报,22(3):30-35.

[65] 顾静,2016. 团队多样性、变革型领导与内部社会资本——基于项目团队的实证研究[J].领导科学(11):45-47.

[66] 顾俊惠,2010. 中国上市公司董事会权限对公司业绩的影响[D].上海:上海交通大学.

[67] 郭富青,2003. 从股东绝对主权主义到相对主权主义公司治理的困境及出路[J].法律科学(4):52-59.

[68] 韩洁,田高良,李留闯,2015. 连锁董事与社会责任报告披露:基于组织间模仿视角[J].管理科学,28(1):18-31.

[69] 韩立丰,王重鸣,2011. 自我验证与人际一致性:团队多样性利用的新视角[J].心理科学进展,19(1):73-84.

[70] 韩瑞铭,2012. 独立董事特征与公司绩效研究[D].济南:山东大学.

[71] 郝云宏,甘甜,林仙云,2014. 独立董事的身份对企业绩效的影响[J].管理学报,11(4):520-524.

[72] 郝云宏,谢在阳,曲亮,等,2016. 代理成本异化与国有企业绩效——基于中国上市公司的实证研究[J].浙江工商大学学报(6):67-75.

[73] 郝云宏,周翼翔,2010. 董事会结构、公司治理与绩效——基于动态内生性视角的经验证据[J].中国工业经济(5):110-120.

[74] 何铮,谭劲松,陆园园,2006. 组织环境与组织战略关系的文献综述及最新研究动态[J].管理世界(11):144-151.

[75] 贺远琼,杨文,2010. 高管团队特征与企业多元化战略关系的 Meta 分析[J].管理学报,7(1):91-97.

[76] 胡蓓,古家军,2007. 企业高层管理团队特征对战略决策的影响[J].工业工程与管理,12(5):89-94.

[77] 胡国柳,周遂,2012. 政治关联、过度自信与非效率投资[J].财经理论与实践,33(6):37-42.

[78] 胡佳艺,2017. CEO权力制衡、市场化进程与企业盈余管理[D].杭州:浙江财经大学.

[79] 胡望斌,张玉利,杨俊,2014. 同质性还是异质性:创业导向对技术创业团队与新企业绩效关系的调节作用研究[J].管理世界(6):92-109.

[80] 黄成节,周孝华,张燕,2017. 多样性匹配、向上影响行为及领导-成员交换——团队成员关系及行为选择影响的实证研究[J].科技与经济,30(3):65-69.

[81] 黄芳,马剑虹,张俊飞,2009. 跨职能知识共享对团队创新绩效的影响机制探索[J].应用心理学,15(4):339-346.

[82] 黄甲,2015. 董事会异质性、行业环境与企业战略转移[D].北京:北京工商大学.

[83] 黄莲琴,主富峰,2015. 产权性质、高管政治网络与公司资本配置效率[J].华东经济管理(2):89-96.

[84] 黄群慧,余菁,2013. 新时期的新思路:国有企业分类改革与治理[J].中国工业经济(11):5-17.

[85] 黄蜀秋,2013. 我国创业板董事会特征对大股东资金占用影响研究[D].广州:华南理工大学.

[86] 黄彤,2003. 监事会、董事会制度特征与会计信息质量——来自中国资本市场的经验分析[C].转型经济下的会计与财务问题国际学术研讨会论文集(下册).

[87] 黄旭,李卫民,王之莉,2011. 企业高层管理团队与企业战略关系研究述评[J].河北经贸大学学报,32(2):87-92.

[88] 黄旭,徐朝霞,李卫民,2013. 中国上市公司高管背景特征对企业并购行为的影响研究[J].宏观经济研究(10):67-73.

[89] 黄旭,2005. 中国企业战略转移理论与实践:PC 业上市公司实证研究[M].成都:西南财经大学出版社.

[90] 黄越,杨乃定,张宸璐,2011. 高层管理团队异质性对企业绩效的影响研究——以股权集中度为调节变量[J].管理评论,23(11):120-125.

[91] 黄志忠,2006. 股权比例、大股东"掏空"策略与全流通[J].南开管理评论,9(1):58-65.

[92] 黄志忠,2009. 所有权性质与高管现金薪酬结构——基于管理权力论的分析[J].当代会计评论(1):77-93.

[93] 贾慧捷,2016. 大股东掏空行为的董事会治理有效性研究[D].哈尔滨:哈尔滨工业大学.

[94] 江岩,张体勤,2011. 基于 DEA 的高层次创新型人才开发效率研究——以山东省泰山学者建设工程为例[J].山东社会科学(11):131-134.

[95] 姜付秀,黄继承,2011. 经理激励、负债与企业价值[J].经济研究(5):46-60.

[96] 姜付秀,刘志彪,陆正飞,2006. 多元化经营,企业价值与收益波动研究[J].财经问题研究(11):27-35.

[97] 姜付秀,伊志宏,苏飞,等,2009. 管理者背景特征与企业过度投资行为

[J].管理世界(1):130-139.

[98] 姜新蓬,2014.基于多代理人合作模型的董事会有效性研究[D].武汉:武汉理工大学.

[99] 蒋德权,章贵桥,俞俊利,2016.高管网络、产权性质与企业投资效率[J].山西财经大学学报,38(10):75-88.

[100] 蒋菡,2013.股权集中、股权制衡对我国上市商业银行的创新能力的影响[J].贵州商业高等专科学校学报,26(2):24-27.

[101] 康荣平,1999.企业多元化经营[M].北京:经济科学出版社.

[102] 况学文,彭迪云,林妮,2012.女性董事改善了公司财务绩效吗?——基于我国上市公司的经验证据[J].江西社会科学,32(4):218-223.

[103] 雷辉,杨丹,2013.基于创新投入的企业竞争战略对绩效的影响[J].系统工程(9):114-120.

[104] 李秉祥,张明,武晓春,2007.经理管理防御对现金股利支付影响的实证研究[J].中南财经政法大学学报(6):134-140.

[105] 李常青,赖建清,2004.董事会特征影响公司绩效吗?[J].金融研究(5):64-77.

[106] 李国栋,周鹏,2013.国际化战略管理中的董事会背景特征效用研究[J].现代管理科学(9):40-42+114.

[107] 李海萍,程新生,2011.董事会监督与合作行为的约束条件效果差异研究:经理类型与权力分配[C].第六届中国管理学年会.

[108] 李红梅,2013.公司治理结构对大股东掏空行为影响的实证研究[D].杭州:浙江工商大学.

[109] 李佳,2016.股权集中度、管理层过度自信与企业并购决策[J].金融论坛(9):45-56.

[110] 李敬宇,2013.行业协会网络特征、知识吸收与企业创新绩效的关系研究[D].成都:西南财经大学.

[111] 李乐旋,2013.组织性别多样性对专业技术人员社会网络的影响[J].中国人力资源开发(11):99-102.

[112] 李玲,陶厚永,2012.制度环境、股权制衡对企业创新绩效的影响机理——基于有调节的中介效应[J].技术经济,31(7):20-27.

[113] 李留闯,田高良,马勇,等,2012.连锁董事和股价同步性波动:基于网络视角的考察[J].管理科学,25(6):86-100.

[114] 李敏娜,王铁男,2014.董事网络、高管薪酬激励与公司成长性[J].中国软科学(4):138-148.

[115] 李平,刘利利,2017. 政府研发资助、企业研发投入与中国创新效率[J]. 科研管理,38(1):21-29.

[116] 李乾文,赵曙明,蒋春燕,2012. TMT社会网络、公司创业与企业绩效关系研究[J].财贸研究,23(3):99-104.

[117] 李乾文,赵曙明,2008. 企业创新战略、人力资源管理与绩效关系探析[J].外国经济与管理,30(4):17-24.

[118] 李树祥,梁巧转,杨柳青,2012. 团队认知多样性和团队沟通对团队创造力的影响研究[J].科学学与科学技术管理,33(12):153-159.

[119] 李维安,刘振杰,顾亮,等,2014. 基于风险视角的董事会相对权力与产品市场竞争力关系研究[J].管理学报,11(11):1622-1630.

[120] 李维安,刘振杰,顾亮,2014. 董事会异质性、断裂带与跨国并购[J].管理科学(4):1-11.

[121] 李维安,牛建波,宋笑扬,2009. 董事会治理研究的理论根源及研究脉络评析[J].南开管理评论,12(1):130-145.

[122] 李维安,齐鲁骏,2017. 公司治理中的社会网络研究——基于科学计量学的中外文献比较[J].外国经济与管理,39(1):68-83.

[123] 李维安,2014. 深化国企改革与发展混合所有制[J].南开管理评论,17(3):1-1.

[124] 李炜文,2006. 高层管理团队特征、战略变化和组织绩效[D]. 汕头:汕头大学.

[125] 李卫民,2009. 企业高管团队异质性与战略选择的实证研究[J].中外企业家(18):199-200.

[126] 李小青,2012. 董事会认知异质性对企业价值影响研究——基于创新战略中介作用的视角[J].经济与管理研究(8):14-22.

[127] 李笑雪,2010. 上市公司投资效率:证据、成因与对策[J].会计之友(18):23-23.

[128] 李妍锦,冯建,2016. 基于内生性视角的大股东掏空与公司绩效关系研究[J].财经科学(10):81-90.

[129] 李业,李权兵,2000. 企业战略转移的实例分析[J].中外管理(4):45-48.

[130] 李业,朱七一,梁经锐,2001. 企业战略转移的理论探讨[J].经济管理(6):29-35.

[131] 李映照,潘昕,2005. 高科技企业研发支出与经营绩效的关系实证研究[J].财会月刊(综合版)(2):47-48.

[132] 李有根,赵西萍,李怀祖,2001. 上市公司的董事会构成和公司绩效研究

[J].中国工业经济(5):48-53.

[133] 李煜,2001. 文化资本、文化多样性与社会网络资本[J].社会学研究(4):52-63.

[134] 李增泉,孙铮,王志伟,2004."掏空"与所有权安排——来自我国上市公司大股东资金占用的经验证据[J].会计研究(12):3-13.

[135] 李增泉,余谦,王晓坤,2004. 我国上市公司的并购绩效研究——基于掏空与支持理论的解释及经验证据[C]公司财务研讨会,2004:402-421.

[136] 李增泉,2000. 激励机制与企业绩效:一项基于上市公司的实证研究[J].会计研究(1):24-30.

[137] 李长娥,2017. 董事会多元化、创新战略对民营企业成长的影响——基于治理情境的跨层调节[D].济南:山东大学.

[138] 连燕玲,贺小刚,张远飞,等,2012. 危机冲击、大股东"管家角色"与企业绩效——基于中国上市公司的实证分析[J].管理世界(9):142-155.

[139] 梁莱歆,严绍东,2006. 中国上市公司 R&D 支出及其经济效果的实证研究[J].科学学与科学技术管理,27(7):34-38.

[140] 梁莱歆,张永榜,2006. 我国高新技术企业 R&D 投入与绩效现状调查分析[J].研究与发展管理,18(1):47-51.

[141] 梁巧转,刘珍,伍勇,2008. 多样性的类型、度量及主要研究方法[J].管理评论,20(11):51-56.

[142] 梁银飞,2014. 连锁董事网络位置变动对企业绩效影响[J].财会通讯(12):115-117.

[143] 廖丽娜,2015. 董事长和总经理任期交错、战略变革与企业绩效变化的关系研究[D].广州:华南理工大学.

[144] 林百珊,2007. 关于国有企业人才选聘工作的思考[J].新闻知识(2):46-47.

[145] 林景艺,2010. 派现:现金流控制还是掏空?——基于其他应收款的实证研究[D].北京:北京大学.

[146] 林泽炎,2003. 建立与社会主义市场经济相适应的国企经营者选聘体系——关于国有企业经营者选聘机制和技术的探讨[J].管理世界(4):136-138.

[147] 刘冰,符正平,邱兵,2011. 冗余资源、企业网络位置与多元化战略[J].管理学报,8(12):1792-1801.

[148] 刘秉欣,2013. 我国独立董事与大股东掏空的相关性的研究[D].呼和浩特:内蒙古财经大学.

[149] 刘春,李善民,孙亮,2015. 独立董事具有咨询功能吗？——异地独董在异地并购中功能的经验研究[J].管理世界(3):124-136.

[150] 刘和东,2011. 中国区域研发效率及其影响因素研究——基于随机前沿函数的实证分析[J].科学学研究,29(4):548-556.

[151] 刘衡,苏坤,2017. 连锁董事网络对公司风险承担的影响[J].经济学报(1):119-140.

[152] 刘洪,1997. 企业 R&D 投入与产出之间的非线性关系分析[J].科研管理(5):39-44.

[153] 刘嘉,许燕,2006. 团队异质性研究回顾与展望[J].心理科学进展,14(4):636-640.

[154] 刘军,2004. 社会网络分析导论[M].北京:社会科学文献出版社.

[155] 刘军,2009. 整体网分析讲义——UCINET 软件实用指南[M].上海:汉语大词典出版社.

[156] 刘钧,2013. 浅析整体上市、控制权与公司绩效的关系[J].东方企业文化(3):149-150.

[157] 刘力,1997. 多元化经营及其对企业价值的影响[J].经济科学(3):68-74.

[158] 刘明明,肖洪钧,蒋兵,2011. 企业战略转移理论研究述评:内涵、动因和测量方法[J].科技管理研究,31(8):195-198.

[159] 刘善敏,林斌,2011. 大股东掏空与经理人薪酬激励——基于资金占用的视角[J].中国会计评论(4):387-404.

[160] 刘淑莲,胡燕鸿,2003. 中国上市公司现金分红实证分析[J].会计研究(4):29-35.

[161] 刘树林,唐均,2004. 差异性、相似性和受教育背景对高层管理团队影响的国外研究综述[J].管理工程学报,18(2):90-93.

[162] 刘涛,朱敏,2009. 动态性环境中企业连锁董事与绩效关系的实证研究[J].软科学,23(6):93-97.

[163] 刘喜怀,葛玉辉,赵丙艳,2016. TMT 团队过程、团队自反性对决策绩效的影响[J].管理评论,28(1):130-140.

[164] 刘小元,李永壮,2012. 董事会、资源约束与创新环境影响下的创业企业研发强度——来自创业板企业的证据[J].软科学,26(6):99-104.

[165] 刘鑫,薛有志,严子淳,2014. 公司风险承担决定因素研究——基于两权分离和股权制衡的分析[J].经济与管理研究(2):47-55.

[166] 刘星,李豫湘,1998. 灰色关联度评价法在股利政策相关因素分析中的

应用[J].系统工程理论与实践,18(9):78-81.

[167] 刘绪光,李维安,2010. 基于董事会多元化视角的女性董事与公司治理研究综述[J].外国经济与管理(4):47-53.

[168] 刘颖,钟田丽,张天宇,2015. 连锁董事网络、控股股东利益侵占与融资结构关系——基于我国中小板上市公司的实证检验[J].经济管理(4):148-158.

[169] 刘运国,刘雯,2007. 我国上市公司的高管任期和R&D支出[J].管理世界(1):128-136.

[170] 刘振,2015. 董事会特征、研发投资强度与公司财务绩效[J].财会月刊(24):3-9.

[171] 刘志彪,姜付秀,卢二坡,2003. 资本结构与产品市场竞争强度[J].经济研究(7):60-67.

[172] 卢昌崇,陈仕华,JOACHIM S,2006. 连锁董事理论:来自中国企业的实证检验[J].中国工业经济(1):113-119.

[173] 卢昌崇,陈仕华,2009. 断裂联结重构:连锁董事及其组织功能[J].管理世界(5):152-165.

[174] 卢锐,魏明海,黎文靖,2008. 管理层权力、在职消费与产权效率——来自中国上市公司的证据[J]. 南开管理评论,11(5):85-92.

[175] 路可让,2004. 善用团队多样性[J].知识经济(7):58-59.

[176] 罗家德,王竞,2010. 圈子理论——以社会网的视角分析中国人的组织行为[J].战略管理,2(1):12-24.

[177] 罗家德,2010. 社会网分析讲义[M].北京:社会科学文献出版社.

[178] 吕长江,赵宇恒,2008. 国有企业管理者激励效应研究——基于管理者权力的解释[J]. 管理世界(11):99-109.

[179] 马超,陈仕华,2012. 连锁董事联结与会计师事务所选择[J].审计研究(2):75-81.

[180] 马富萍,郭晓川,2010. 高管团队异质性与技术创新绩效的关系研究——以高管团队行为整合为调节变量[J].科学学与科学技术管理,31(12):186-191.

[181] 马连福,张琦,王丽丽,2016. 董事会网络位置与企业技术创新投入——基于技术密集型上市公司的研究[J].科学学与科学技术管理,37(4):126-136.

[182] 马润平,李悦,杨英,等,2012. 公司管理者过度自信、过度投资行为与治理机制——来自中国上市公司的证据[J].证券市场导报(6):38-43.

[183] 迈克尔·波特,1997. 竞争战略[M].陈小悦,译.北京:华夏出版社.

[184] 倪旭东,季百乐,2017. 最终团队断裂带:团队多样性研究的新视角——从单一指标到多重指标[J].应用心理学(3):232-247.

[185] 倪旭东,薛宪方,2013. 基于知识异质性团队的异质性知识网络运行机制[J].心理科学进展,21(3):389-397.

[186] 纽曼,等,1986. 企业战略[M].武鸿麟,译.贵阳:贵州人民出版社.

[187] 潘安成,2009. 企业战略转移动因理论的述评与展望[J].预测,28(1):1-8.

[188] 潘耀明,段海艳,仲伟周,2007. 基于有限理性的连锁董事战略分析[J].上海金融学院学报(5):75-80.

[189] 彭灿,杨玲,2009. 技术能力、创新战略与创新绩效的关系研究[J].科研管理,30(2):26-32.

[190] 彭广强,2004. 团队多样性、团队过程对团队结果变量的作用[D].北京:北京师范大学.

[191] 彭建国,2015. 高新技术产业研发投入对创新绩效的影响研究[D].西安:西北工业大学.

[192] 彭正银,纪春明,2009. 基于任务复杂性的企业网络组织协同特征分析——扎根理论研究方法的运用[J].第四届中国管理学年会—组织与战略分会场论文集,71-80.

[193] 彭正银,廖天野,2008. 连锁董事治理效应的实证分析——基于内在机理视角的探讨[J].南开管理评论,11(1):99-105.

[194] 彭正银,2011. 企业网络治理:从关系嵌入到价值创造[J].现代财经:天津财经学院学报(10):F0002-F0002.

[195] 钱士茹,洪波,2016. 所有制结构异质性、董事会规模和企业绩效波动——以上市制造业企业为例[J].太原理工大学学报(社会科学版),34(6):34-40.

[196] 钱锡红,杨永福,徐万里,2010. 企业网络位置、吸收能力与创新绩效——一个交互效应模型[J].管理世界(5):118-129.

[197] 乔坤,吕途,2014. 强关系与弱关系的内涵重构——基于4家企业TMT社会关系网络的案例研究[J].管理学报,11(7):972-980.

[198] 邱东阳,2013. 企业创新与出口因果关系[D].大连:大连理工大学.

[199] 邱东阳,2002. 上市公司科技、R&D投入与业绩的实证研究[D].重庆:重庆大学.

[200] 曲亮,马帅,刘璇,2016. 分类治理背景下国企高管二元激励有效性研

究——基于 TMT 网络的调节效应分析[J].中南财经政法大学学报(6):134-142.

[201] 曲亮,任国良,2012. 高管政治关系对国有企业绩效的影响——兼论国有企业去行政化改革[J].经济管理(1):50-59.

[202] 曲亮,任国良,2014. "质"的耕耘还是"量"的拓展？——浙江上市公司连锁董事网络对企业绩效的非线性影响[J].浙江工商大学学报(4):90-103.

[203] 曲亮,沈伶俐,2017. 连锁董事网络对企业创新和绩效的影响机制研究——以长三角地区为例[J].南通大学学报(社会科学版),33(3):15-20.

[204] 曲亮,谢在阳,郝云宏,等,2016. 国有企业董事会权力配置模式研究——基于二元权力耦合演进的视角[J].中国工业经济(8):127-144.

[205] 权小锋,吴世农,文芳,2010. 管理层权利、私有收益与薪酬操纵[J].经济研究(11):73-87.

[206] 权小锋,吴世农,2010. CEO 权力强度、信息披露质量与公司业绩的波动性——基于深交所上市公司的实证研究[J].南开管理评论(4):142-153.

[207] 饶育蕾,王建新,2010. CEO 过度自信、董事会结构与公司业绩的实证研究[J].管理科学,23(5):2-13.

[208] 任兵,区玉辉,林自强,2001. 企业连锁董事在中国[J].管理世界(6):132-141.

[209] 任兵,区玉辉,彭维刚,2004. 连锁董事、区域企业间连锁董事网与区域经济发展——对上海和广东两地 2001 年上市公司的实证考察[J].管理世界(3):112-123.

[210] 任兵,区玉辉,彭维刚,2007. 连锁董事与公司绩效:针对中国的研究[J].南开管理评论 10(1):8-15.

[211] 任兵,魏立群,周思贤,2011. 高层管理团队多样性与组织创新:外部社会网络与内部决策模式的作用[J].管理学报,8(11):1630-1637.

[212] 任兵,阎大颖,张婧婷,2008. 连锁董事与企业战略:前沿理论与实证研究评述[J].南开学报(哲学社会科学版)(3):119-126.

[213] 任兵,2005. 连锁董事的企业间网络与公司治理[J].首都经济贸易大学学报,7(1):38-42.

[214] 任海云,师萍,张琳,2010. 企业规模与 R&D 投入关系的实证研究——基于沪市 A 股制造业上市公司的数据分析[J].科技进步与对策,27

(4):68-71.

[215] 任颋,王峥,2010. 女性参与高管团队对企业绩效的影响:基于中国民营企业的实证研究[J]. 南开管理评论,13(5):81-91.

[216] 邵少敏,吴沧澜,林伟,2004. 独立董事和董事会结构、股权结构研究:以浙江省上市公司为例[J]. 世界经济(2):66-78.

[217] 沈洁,2011. 董事会特征对大股东掏空行为的影响研究[D]. 成都:西南财经大学.

[218] 沈梦婕,2017. 连锁董事网络、产品市场竞争与公司绩效[D]. 杭州:浙江财经大学.

[219] 沈卓卿,董妍,俞国良,2009. 过度自信的信息差异理论模型[J]. 心理科学(6):1405-1407.

[220] 石大林,2014. 股权集中度、董事会特征与公司绩效的关系研究[J]. 东北财经大学学报(1):28-33.

[221] 石军伟,2002. 企业战略理论的逻辑比较[J]. 经济管理(8):47-53.

[222] 石文文,2016. 技术独立董事对技术创新绩效的影响研究[D]. 济南:山东财经大学.

[223] 石秀印,1998. 中国企业家成功的社会网络基础[J]. 管理世界(6):187-196.

[224] 宋增基,卢溢洪,张宗益,2009. 董事会规模、内生性与公司绩效研究[J]. 管理学报,6(2):213-221.

[225] 苏冬蔚,2005. 多元化经营与企业价值:我国上市公司多元化溢价的实证分析[J]. 经济学(季刊)(S1):135-158.

[226] 孙亮,2009. 上市公司掏空手段变化趋势及其与股权结构、公司绩效的关系[D]. 汕头:汕头大学.

[227] 孙园园,梁相,史燕丽,2017. 大股东掏空、管理层权力与高管薪酬——基于薪酬辩护理论视角的分析[J]. 财经问题研究 (6):86-92.

[228] 谈多娇,张兆国,刘晓霞,2010. 资本结构与产品市场竞争优势——来自中国民营上市公司和国有控股上市公司的证据[J]. 中国软科学(10):143-151.

[229] 唐建新,李永华,卢剑龙,2013. 股权结构、董事会特征与大股东掏空——来自民营上市公司的经验证据[J]. 经济评论(1):86-95.

[230] 田高良,韩洁,李留闯,2013. 连锁董事与并购绩效——来自中国A股上市公司的经验证据[J]. 南开管理评论,16(6):112-122.

[231] 田高良,李留闯,齐保垒,2011. 连锁董事、财务绩效和公司价值[J]. 管

理科学,24(3):13-24.

[232] 田妮,张宗益,2015."限薪令"会产生作用吗?——一个基于不完全契约视角的理论分析[J].管理评论(4):122-131.

[233] 田在兰,2009.企业集权度的影响因素及与企业绩效的关系研究[J].商场现代化(12):57-58.

[234] 佟健,宋小宁,2016.混合所有制改革与国有企业治理[J].广东财经大学学报,31(1):45-51.

[235] 万良勇,胡璟,2014.网络位置、独立董事治理与公司并购——来自中国上市公司的经验证据[J].南开管理评论,17(2):64-73.

[236] 万良勇,郑小玲,2014.董事网络的结构洞特征与公司并购[J].会计研究(5):67-72.

[237] 汪波,王凡俊,李国栋,2012.董事会金融关联与企业多元化经营绩效研究[J].天津师范大学学报,14-18.

[238] 汪建成,毛蕴诗,2006.中国上市公司扩展的业务、地域多元化战略研究[J].管理世界(2):152-153.

[239] 汪晓薇,2001.试探建立每股收益分析指标体系[J].新会计(12):36-37.

[240] 王斌,童盼,2008.董事会行为与公司业绩关系研究——一个理论框架及我国上市公司的实证检验[J].中国会计评论(3):255-274.

[241] 王飞,刘冬,李仁飞,2014.大股东"掏空"与公司绩效间内生性问题验证[J].商业时代(27):95-96.

[242] 王光荣,李建标,2015.技术连锁董事能促进技术创新吗——来自A股制造业上市公司的证据[J].贵州财经大学学报,33(5):69-81.

[243] 王海珍,刘新梅,张若勇,等,2009.国外团队断裂研究的现状及展望——团队多样性研究的新进展[J].管理学报,6(10):1413-1420.

[244] 王辉,姚明秀,2017.社会网络、股权集中度与大股东减持——基于A股市场民营上市公司的经验证据[J].会计之友(12):19-24.

[245] 王红霞,高山行,2008.基于资源利用的企业R&D投入与创新产出关系的实证研究[J].科学学研究,26(S2):567-572,517.

[246] 王建,刘冰,陶海青,2007.产业集群中企业家社会网络演化[J].科学学与科学技术管理,28(4):169-174.

[247] 王建秀,林汉川,黄永胜,2015.股权性质、连锁董事与公司绩效[J].财经理论与实践(4):51-56.

[248] 王凯,武立东,许金花,2016.专业背景独立董事对上市公司大股东掏空行为的监督功能[J].经济管理(11):72-91.

[249] 王齐琴,刘清军,2010. 股权制衡、董事会独立性与大股东"掏空"行为研究文献综述[J].北方经济(17):80-81.

[250] 王铁肩,陈震,2016. 内部控制、董事会结构与高管薪酬——业绩敏感性[J].会计之友(3):44-49.

[251] 王文周,施黎蒙,杨珂,2016. 高层管理团队多样性研究的回顾与展望[J].中国集体经济(18):33-35.

[252] 王雁飞,蔡如茵,林星驰,2014. 内部人身份认知与创新行为的关系——一个有调节的中介效应模型研究[J].外国经济与管理,36(10):40-53.

[253] 王一,2017. TMT 网络特征、双元创新与企业竞争优势的关系研究[D].长春:吉林大学.

[254] 王瑛,官建成,马宁,2003. 我国企业高层管理者、创新策略与企业绩效之间的关系研究[J].管理工程学报,17(1):1-6.

[255] 王玉春,郭媛嫣,2008. 上市公司 R&D 投入与产出效果的实证分析[J].产业经济研究(6):44-52.

[256] 王跃堂,赵子夜,魏晓雁,2006. 董事会的独立性是否影响公司绩效?[J].经济研究(5):62-73.

[257] 王哲,2017. 高管连锁网络对多元化战略的影响研究[D].杭州:浙江工商大学.

[258] 卫力,田亚萍,2016. 网络能力、网络位置对企业战略绩效影响实证分析[J].特区经济(6):151-153.

[259] 魏锋,石淦,2008. 多元化经营、研发投入与公司绩效[J].经济与管理研究(11):49-54.

[260] 魏刚,2000. 高级管理层激励与上市公司经营绩效[J].经济研究(3):32-40.

[261] 魏刚,2000. 中国上市公司股票股利的实证分析[J].证券市场导报(11):23-27.

[262] 魏钧,董玉杰,2014. 民族多样性对团队绩效的影响研究述评[J].外国经济与管理,36(2):65-72.

[263] 魏钧,李淼淼,2014. 团队知识转移:多样性与网络传递性的作用[J].科研管理,35(5):70-76.

[264] 魏乐,张秋生,赵立彬,2013. 连锁董事网络对企业并购影响的实证研究[J].西北农林科技大学学报(社会科学版),13(3):104-110.

[265] 魏立群,王智慧,2002. 我国上市公司高管特征与企业绩效的实证研究[J].南开管理评论,5(4):16-22.

[266] 魏志华,吴育辉,李常青,2012. 家族控制、双重委托代理冲突与现金股利政策:基于中国上市公司的实证研究[J].金融研究(7):168-181.

[267] 温军,冯根福,2012. 异质机构、企业性质与自主创新[J].经济研究(3):53-64.

[268] 温忠麟,侯杰泰,张雷,2005. 调节效应与中介效应的比较和应用[J].心理学报,37(2):268-274.

[269] 巫景飞,何大军,林(日韦),等,2008. 高层管理者政治网络与企业多元化战略:社会资本视角——基于我国上市公司面板数据的实证分析[J].管理世界(8):107-118.

[270] 吴红军,吴世农,2009. 股权制衡、大股东掏空与企业价值[J].经济管理(3):44-52.

[271] 吴晓波,韦影,2005. 制药企业技术创新战略网络中的关系性嵌入[J].科学学研究,23(4):561-565.

[272] 肖挺,刘华,叶芃,2013. 高管团队异质性与商业模式创新绩效关系的实证研究:以服务行业上市公司为例[J].中国软科学(8):125-135.

[273] 谢德仁,陈运森,2012. 连锁董事网络:定义、特征和计量[J].会计研究,(3):44-51.

[274] 谢德仁,林乐,陈运森,2012. 薪酬委员会独立性与更高的经理人报酬-业绩敏感度——基于薪酬辩护假说的分析和检验[J].管理世界(1):121-140.

[275] 谢凤华,姚先国,古家军,2008. 高层管理团队异质性与企业技术创新绩效关系的实证研究[J].科研管理,29(6):65-73.

[276] 谢盛纹,田莉,2014. CEO权力、审计行业专长与税收激进度[J].审计与经济研究,29(5):31-39.

[277] 谢小云,张倩,2011. 国外团队断裂带研究现状评介与未来展望[J].外国经济与管理(1):34-42.

[278] 谢永珍,2016. 公司治理2.0时代的董事会评价创新——由结构到文化、行为与绩效[J].清华管理评论(1):91-97.

[279] 谢志华,张庆龙,袁蓉丽,2011. 董事会结构与决策效率[J].会计研究(1):33-39.

[280] 辛清泉,林斌,王彦超,2007. 政府控制、经理薪酬与资本投资[J].经济研究(8):110-121.

[281] 辛清泉,谭伟强,2009. 市场化改革、企业业绩与国有企业经理薪酬[J].经济研究(11):68-81.

[282] 邢立娜,2004. 企业技术积累与核心能力形成[J]. 现代管理科学(1):
      48-49.

[283] 熊风华,彭珏,2008. 公司领导权结构与公司绩效——基于中国上市公
      司的实证分析[J]. 经济评论(3):78-82.

[284] 熊家财,2015. 股价信息含量的公司治理效应——基于董事会结构与
      CEO 变更的实证研究[J]. 经济与管理,29(5):49-58.

[285] 熊小舟,李仕明,李金,2008. 外部大股东、掏空行为与公司绩效——来
      自我国 IPO 公司的经验证据[J]. 系统工程,26(5):15-22.

[286] 徐伟,尹元甲,2011. 基于创新型企业的董事会与创新投入实证研究
      [J]. 科技管理研究,31(20):104-107.

[287] 徐细雄,万迪昉,淦未宇,2007. TMT 构成对组织产出影响的国外研究
      进展及对我国国企改革中高管团队构建的启示[J]. 管理工程学报,21
      (4):39-45.

[288] 徐向艺,汤业国,2013. 董事会结构与技术创新绩效的关联性研究——
      来自中国中小上市公司的经验证据[J]. 经济与管理研究(2):35-41.

[289] 徐向艺,徐宁,2010. 金字塔结构下股权激励的双重效应研究:来自我国
      上市公司的经验证据[J]. 经济管理(9):59-65.

[290] 徐欣,唐清泉,夏芸,2011. 我国企业高管股权激励与研发投资——基于
      内生性视角的研究[J]. 中国会计评论,27-48.

[291] 许昇,2016. 中国国有企业效率影响因素研究[D]. 杭州:浙江大学.

[292] 许施智,张峥,2007. 我国上市公司股利政策信息内涵的实证研究[J].
      对外经济贸易大学学报(4):42-47.

[293] 许召元,张文魁,2015. 国企改革对经济增速的提振效应研究[J]. 经济
      研究(4):122-135.

[294] 薛有志,李国栋,2009. 国际化战略实施与高层管理团队构成实证研究
      [J]. 管理学报,6(11):1478-1485.

[295] 严子淳,薛有志,2013. 基于董事会成员异质性视角下的公司多元化程
      度研究[C]. 中国管理学年会公司治理分会场.

[296] 杨蓓,张俊瑞,2011. 连锁董事、审计师选择与盈余管理[J]. 山西财经大
      学学报(12):117-124.

[297] 杨俊,田莉,张玉利,等,2010. 创新还是模仿:创业团队经验异质性与冲
      突特征的角色[J]. 管理世界(3):84-96.

[298] 杨林,2013. 高管团队异质性、企业所有制与创业战略导向——基于中
      国中小企业板上市公司的经验证据[J]. 科学学与科学技术管理(9):

159-171.

[299] 杨清香,俞麟,陈娜,2009. 董事会特征与财务舞弊——来自中国上市公司的经验证据[J]. 会计研究(7):64-70.

[300] 杨淑娥,王映美,2008. 大股东控制权私有收益影响因素研究——基于股权特征和董事会特征的实证研究[J]. 经济与管理研究(3):30-35.

[301] 杨卫东,2013. 国企改革与"再国有化"反思[J]. 华中师范大学学报人文社会科学版,52(1):23-37.

[302] 杨文娜,2011. 中小板上市公司研发投入强度与业绩相关性研究[D]. 济南:山东大学.

[303] 杨鑫,贾良定,蔡亚华,等,2013. 团队认知多样性和个体创造力的关系研究——以社会网络和关系性人口学为视角[J]. 科学学与科学技术管理,34(6):152-162.

[304] 杨鑫,2013. 团队认知多样性和个体创造力的关系研究[D]. 南京:南京大学.

[305] 杨洋,谢凤华,2004. 企业战略转移的理论体系探索[J]. 当代财经(1):82-84.

[306] 姚振华,孙海法,2010. 高管团队组成特征与行为整合关系研究[J]. 南开管理评论,13(1):15-22.

[307] 叶笛,林东清,2013. 信息系统开发团队知识整合的影响因素分析——基于相似吸引理论与社会融合的研究视角[J]. 科学学研究,31(5):711-720.

[308] 衣凤鹏,徐二明,2014. 企业与上下游企业的连锁董事对环境战略的影响研究[J]. 商业经济与管理(5):24-33.

[309] 蚁川,靖浩,2004. 董事会制度改革与企业治理结构的多样性[J]. 经济管理文摘(15):31-31.

[310] 尹开国,施婷婷,2016. 股权制衡、管理层持股与技术创新投入——基于医药行业上市公司面板数据的分析[J]. 财会月刊(2):125-128.

[311] 游家兴,邹雨菲,2014. 社会资本、多元化战略与公司业绩——基于企业家嵌入性网络的分析视角[J]. 南开管理评论,17(5):91-101.

[312] 于成学,2009. 我国企业研发投入与产出增长关系的实证研究[J]. 科技管理研究,29(10):315-317.

[313] 于东智,2003. 董事会、公司治理与绩效——对中国上市公司的经验分析[J]. 中国社会科学(3):29-41.

[314] 于晓红,李保刚,2010. 上市公司行业环境、资本结构与公司业绩研究

[J].东北师大学报(哲学社会科学版)(2):37-40.

[315] 俞俊利,金鑫,2015. 法律制度、高管网络与外部审计监督[J].重庆大学学报(社会科学版),21(5):82-93.

[316] 张必武,石金涛,2005. 董事会特征、高管薪酬与薪绩敏感性——中国上市公司的经验分析[J].管理科学,18(4):32-39.

[317] 张功富,师玉平,2017. 会计稳健性、高管社会网络与企业创新——来自中国上市公司的经验证据[J].财经理论与实践,38(3):84-90.

[318] 张汉飞,张汉鹏,2005. 国有商业银行公司治理改革问题研究[J].山西财经大学学报(3):83-88.

[319] 张洪辉,王宗军,2010. 政府干预、政府目标与国有上市公司的过度投资[J].南开管理评论,13(3):101-108.

[320] 张欢,2010. 基于竞争战略的财务杠杆与企业绩效关系的研究——以沪市制造公司为例[D].南京:南京理工大学.

[321] 张济建,李香春,2009. R&D 投入对高新技术企业业绩的影响[J].江苏大学学报(社会科学版),11(2):73-78.

[322] 张进华,2010. 高管团队人口特征、社会资本与企业绩效[D].武汉:华中科技大学.

[323] 张景焕,刘欣,任菲菲,等,2016. 团队多样性与组织支持对团队创造力的影响[J].心理学报,48(12):1551-1560.

[324] 张琨,杨丹,2013. 董事会性别结构、市场环境与企业绩效[J].南京大学学报(哲学·人文科学·社会科学版),50(5):42-52.

[325] 张黎明,2004. 论企业战略转移的原因与对策[J].经济体制改革(1):113-116.

[326] 张丽平,杨兴全,2012. 管理者权力、管理层激励与过度投资[J].软科学(10):107-112.

[327] 张敏,童丽静,许浩然,2015. 社会网络与企业风险承担——基于我国上市公司的经验证据[J].管理世界(11):161-175.

[328] 张娜,2011. 大股东控制对公司绩效的影响研究——来自中国制造业上市公司的数据[D].山东大学.

[329] 张平,2007. 高层管理团队的异质性与企业绩效的实证研究[J].管理学报,4(4):501-508.

[330] 张奇峰,2001. 浅议每股收益[J].时代财会(9):27-30.

[331] 张琴,吴娟鹏,2016. 研发投入对中小企业技术创新效率的影响研究——基于我国东部沿海 10 省市的数据[J].宁波大学学报(人文版),

29(5):86-91.

[332] 张书元,曲亮,徐祎珺,2017. 高管连锁网络对多元化战略管理的影响——以董事会多样性为调节变量[J].长沙大学学报,31(3):38-41.

[333] 张伟华,王斌,黄甲,2016. 董事会异质性、行业环境与调整[J].科学决策(5):50-74.

[334] 张祥建,郭岚,2014. 国外连锁董事网络研究述评与未来展望[J].外国经济与管理,36(5):69-80.

[335] 张小军,2008. 权力现象多样性探析——一个类型学的研究[J].宁夏社会科学(6):17-20.

[336] 张晓佳,2015. 团队多样性对团队绩效影响作用的研究[D].西安:西北大学.

[337] 张学洪,章仁俊,2011. 大股东持股比例、投资者保护与掏空行为——来自我国沪市民营上市公司的实证研究[J].经济经纬(2):76-81.

[338] 张彦,陈海声,2005. 研发投资、资本结构与企业竞争能力的相关性[C].中国会计学会高等工科院校分会 2005 年学术年会暨第十二届年会,139-142.

[339] 张燕,侯立文,2013. 基于变革型领导的职能多样性对团队内知识共享的影响研究[J].管理学报,10(10):1454-1461.

[340] 张耀伟,2010. 董事会治理评价、治理指数与公司绩效实证研究[J].管理科学(10):11-18.

[341] 张逸杰,王艳,唐元虎,等,2006. 上市公司董事会特征和盈余管理关系的实证研究[J].管理评论,18(3):14-19.

[342] 张永庆,刘清华,徐炎,2011. 中国医药制造业研发效率及影响因素[J].中国科技论坛(1):70-74.

[343] 张宇,2012. 东北地区上市公司大股东掏空行为影响因素研究[D].大连:东北财经大学.

[344] 张正堂,2007. 高层管理团队协作需要、薪酬差距和企业绩效:竞赛理论的视角[J].南开管理评论,10(2):4-11.

[345] 章卫东,张洪辉,邹斌,2012. 政府干预、大股东资产注入:支持抑或掏空[J].会计研究(8):34-40.

[346] 章振,张燕,侯立文,等,2012. 理解团队多样性:理论、机制与情境[J].南大商学评论(2):127-146.

[347] 章振,2011. 团队多样性对团队绩效和创造力的作用:一个社会网络的视角[D].北京:北京大学.

[348] 赵红,李换云,2011. 研发投入、FDI的R&D溢出与自主创新效率的研究——基于重庆制造业的面板数据(2000—2007)[J]. 科技管理研究(3):174-177.

[349] 赵慧群,陈国权,2010. 团队两种多样性、互动行为与学习能力关系的研究[J]. 中国管理科学,18(2):181-192.

[350] 赵娟,田冠军,2015. 高管结构、薪酬激励与企业业绩——基于中小板上市公司经验证据[J]. 财会月刊(8):29-32.

[351] 赵楠,2010. 团队断裂测度方法综述[J]. 现代商贸工业(18):133-134.

[352] 赵荣帅,2015. 上市公司银行借款、大股东掏空与公司经营业绩[D]. 大连:东北财经大学.

[353] 赵旭峰,温军,2011. 董事会治理与企业技术创新:理论与实证[J]. 当代经济科学,33(3):110-116.

[354] 赵正国,2009. 企业技术积累和技术创新的关系研究[D]. 北京:北京工业大学.

[355] 郑方,2011. 治理与战略的双重嵌入性——基于连锁董事网络的研究[J]. 中国工业经济(9):108-118.

[356] 郑国坚,林东杰,张飞达,2013. 大股东财务困境、掏空与公司治理的有效性——来自大股东财务数据的证据[J]. 管理世界(5):157-168.

[357] 钟军委,张祥建,钱有飞,2017. 连锁董事网络、社会资本与企业投资效率——来自A股上市公司的经验证据[J]. 产业经济研究(4):56-66.

[358] 钟琳,2012. 团队多样性对团队效能的影响研究[D]. 上海:华东理工大学.

[359] 仲伟周,段海艳,2008. 基于董事个体态度和行为的董事会效率研究[J]. 管理世界(4):177-178.

[360] 周冬华,2014. CEO权力、董事会稳定性与盈余管理[J]. 财经理论与实践,35(6):45-52.

[361] 周繁,2010. 独立董事背景与治理效果:基于中国上市公司的实证分析[M]. 北京:经济科学出版社.

[362] 周欢,2015. 分权制衡视角下的公司治理研究[D]. 武汉:华中科技大学.

[363] 周建,金媛媛,刘小元,2010. 董事会资本研究综述[J]. 外国经济与管理,32(12):27-35.

[364] 周建,李小青,2012. 董事会认知异质性对企业创新战略影响的实证研究[J]. 管理科学,25(6):1-12.

[365] 周建,罗肖依,张双鹏,2016. 独立董事个体有效监督的形成机理——面

向董事会监督有效性的理论构建[J].中国工业经济(5):109-126.

[366] 周建,任尚华,金媛媛,2011. 董事会资本对企业 R&D 支出的影响研究——基于中国沪深两市高科技上市公司的经验证据[C].第六届中国管理学年会公司治理分会场.

[367] 周建,袁德利,薛楠,等,2014. 市场化进程与董事会治理对公司绩效的联合影响——基于中国 A 股市场的经验证据[J].数理统计与管理,33(6):1021-1029.

[368] 周清杰,史岩,2008. 国有独资企业的董事会及其创新能力研究[J].国有资产管理(3):42-44.

[369] 周任远,2015. 上海高技术产业研发投入与创新效率实证研究[J].当代经济(25):12-14.

[370] 周泽将,2014. 董事会会议、过度投资与企业绩效——基于国有上市公司 2001~2011 年的经验证据[J].经济管理(1):88-100.

[371] 朱德胜,周晓珮,2016. 股权制衡、高管持股与企业创新效率[J].南开管理评论,19(3):136-144.

[372] 朱金菊,段海艳,2013. 连锁董事对中小企业技术创新影响研究[J].财会通(36):91-93.

[373] 朱丽,柳卸林,刘超,等,2017. 高管社会资本、企业网络位置和创新能力——"声望"和"权力"的中介[J].科学学与科学技术管理,38(6):94-109.

[374] 朱启明,邓鹏,2010. 董事会特征对控制权收益的影响研究[J].中国管理信息化,13(19):16-18.

[375] 朱卫平,伦蕊,2004. 高新技术企业科技投入与绩效相关性的实证分析[J].科技管理研究(5):7-9.

[376] 朱有为,徐康宁,2006. 中国高技术产业研发效率的实证研究[J].中国工业经济(11):38-45.

[377] AAYUB N, JEHN K A, 2010. The moderating influence of nationalism on the relationship between national diversity and conflict[J]. Negotiation & conflict management research, 3(3):249-275.

[378] ABOODY D, LEV B, 2000. Information asymmetry, R&D, and insider gains[J]. Journal of finance, 55(6): 2747-2766.

[379] ADAMS R B, FERREIRA D, 2007. A theory of friendly boards[J]. The journal of finance, 62(1):217-250.

[380] AGRAWAL A, CHADHA S, 2015. Corporate governance and accounting

scandals[J]. Journal of laws & economics,371-406.

[381] AHARONY J, SWARY I, 1980. Quarterly dividend and earnings announcements and stockholders' returns:an empirical analysis[J]. The journal of finance, 35(1):1-12.

[382] AHUJA G, 2000. Collaboration networks, structural hole,and innovation:a longitudinal study[J]. Administrative science quarterly, 45(3):425-455.

[383] ALI M, YIN L N, KULIK C T, 2014. Board age and gender diversity: a test of competing linear and curvilinear predictions[J]. Journal of business ethics,125(3):497-512.

[384] AMASON A C, SAPIENZA H J, 1997. The effects of top management team size and interaction norms on cognitive and affective conflict[J]. Journal of management, 23(4):495-516.

[385] AMBURGEY T L, MINER A S, 1990. Strategic momentum:the effects of product diversification,decentralization and history on merger activity [J]. Academy of management annual meeting proceedings (1):2-6.

[386] ANDERSON R C, REEB D M, UPADHYAY A, et al. , 2011. The economics of director heterogeneity[J]. Financial management, 40(1): 5-38.

[387] ANSOFF H I, 1957. Strategies for diversification[J]. Harvard business review, 35(5): 113-124.

[388] ARDEN G, LUIS R, 2002. Gomez-mejiab power as a determinant of executive compensation[J]. Human resource management review,3-23.

[389] ARGOTE L, INGRAM P, LEVINEJ M, 2000. Knowledge transfer in organizations: learning from the experience of others[J]. Organizational behavior & human decision processes,82(1): 1-8.

[390] AYUB N, JEHN K A, 2006. National diversity and conflict in multinational workgroups:the moderating effect of nationalism[J]. International journal of conflict management, 17(3):181-202.

[391] BAILEY T R,BELISLE L C, STUMP L K,1999. High entrance angle retroreflective article and method of making: U. S. Patent 5,880,885 [P].3-9.

[392] BAIXAULI-SOLER J S, BELDA-RUIZ M, SANCHEZ-MARIN G, 2015. Executive stock options,gender diversity in the top management team,and firm risk taking[J]. Journal of business research, 28(2):451-463.

[393] BAKER W E, IYER A V, 1992. Information networks and market behavior
　　 * [J]. Journal of mathematical sociology, 16(4):305-332.

[394] BALKUNDI P, KILDUFF M, HARRISON D A, 2011. Centrality and
　　 charisma:comparing how leader networks and attributions affect team
　　 performance. [J]. Journal of applied psychology,96(6):1209-22.

[395] BANTEL K A, JACKSON S E,1989. Top management and innovations
　　 in banking:does the composition of the top team make a difference? [J].
　　 Strategic management journal,10(S1):107-124.

[396] BARNEA A, GUEDJ I, 2009. Director networks,EFA 2007 Ljubljana
　　 meetings paper[J].

[397] BARNEY J B,1986. Strategic factor markets:expectations, luck, and
　　 business strategy[J]. Management science, 32(10):1231-1241.

[398] BARNEY L D,1991. The purchase of insurance by a risk-neutral firm
　　 for a risk-averse agent:an extension[J]. The journal of risk and insurance,
　　 655-659.

[399] BAYSINGER B, HOSKISSON R E,1990. The composition of boards of
　　 directors and strategic control: effects on corporate strategy[J]. Academy
　　 of management review, 15(1):72-87.

[400] BEBCHUK L A, 2012. Investing in good governance[J]. The new york
　　 times:deal book.

[401] BENARTZI S,MICHAELY R, THALER R, 1997. Do changes in dividends
　　 signal the future or the past? [J]. The journal of finance, 52(3):1007-1034.

[402] BERGER PG, OFEK E,1995. Divarication's effect on firm value[J].
　　 Journal of financial economics, 37(1):39-65.

[403] BIAN Y, 1997. Bring strong ties back in:indirect ties,networks bridges,and
　　 job searches in China[J]. American sociological review, 62:266-285.

[404] BIZJAK J, LEMMON M, 2009. Option backdating and board interlocks
　　 [J]. Review of financial studies, 22(11):4821-4847.

[405] BLAU P M,1960. Patterns of deviation in work groups[J]. Sociometry,
　　 23:245-261.

[406] BOLLEN K, LENNOX R, 1991. Conventional wisdom on measurement:a
　　 structural equation perspective [J]. Psychological bulletin, 110 (2):
　　 305-314.

[407] BOND M T, MOUGOUE M, 1991. Corporate dividend policy and the

partial adjustment model[J]. Journal of economics and business, 43(2):
165-178.

[408] BONILLA-SILVA E, 2006. Racism without racists: color-blind racism
and the persistence of racial inequality in the United States[M]. Rowman
& littlefield publishers.

[409] BRASS D J,GALASKIEWICZ J, GREVE H R, et al. , 2004. Taking
stock of networks and organizations:a multilevel perspective[J]. Academy
of management journal, 47(6):795-817.

[410] BURT R S, 1983. Corporate profits and cooptation:networks of market
constraints and directorate ties in the American economy[M]. Academic
Press.

[411] BURT R S, 1992. Structural holes:the social structure of competition
[M]. Cambridge,Mass: Harvard University Press.

[412] BURT R S,CHRISTMAN K P, KILBURN J R H C, 1980. Testing a
structural theory of corporate cooptation: interorganizational directorate
ties as a strategy for avoiding market constraints on profits[J]. American
sociological review, 821-841.

[413] BYRNE D, 1971. The attraction paradigm[M]. New York: Academic
Press.

[414] CAMPBELL D T, 1960. Blind variation and selective retention in creative
thought as in other knowledge processes[J]. Psychological review, 67:
380-400.

[415] CANNELA A, PARK J, LEE H, 2008. Top management team functional
background diversity and firm performance: examining the roles of team
member colocation and environmental uncertainty [ J ]. Academy of
management journal, 51(4):768-784.

[416] CATALYST, 2004. The bottom line:connecting corporate performance
and gender diversity.

[417] CATALYST , 2007. The bottom line:corporate performance and women's
representation on boards.

[418] CHILD J, 1974. Managerial and organizational factors associated with
company performance-part I[J]. Journal of management studies, 11(3):
175-189.

[419] CHIU P C,TEOH S H, TIAN F, 2013. Board interlocks and earnings

management contagion[J]. Accounting review, 88(3):915-944.

[420] CHULUUN T, PREVOST A K, PUTHENPURACKAL J, 2010. Board networks and the cost of corporate debt[J]. Available at SSRN 1573333.

[421] COLEMAN J S, 1988. Social capital in the creation of human capital [J]. American journal of sociology, 95-S120.

[422] CONGER J A, EEL I I I, 2009. Sharing Leadership on corporate boards:a critical requirement for teamwork at the top[J]. Organizational dynamics, 38(3):183-191.

[423] CONNOLLY R A, HIRSCH B T, HIRSCHEY M, 1986. Union rent seeking, intangible capital, and market value of the firm[J]. Review of economics & statistics, 68(4):567-77.

[424] CUKUROVA S, 2015. Interlocking directors and target selection in mergers and acquisitions[J]. Ssrn Electronic Journal.

[425] DACIN M T, VENTRESCA M J, BEAL B D, 1999. The embeddedness of organizations:dialogue & directions[J]. Journal of management, 25 (3):316-356.

[426] DAILY C M, DALTON D R, 1993. Board of directors leadership and structure: control and performance implications[J]. Entrepreneurship theory & practice (3):65-81.

[427] DAVIS G F, 1991. Agents without principles? the spread of the poison pill through the intercorporate network [J]. Administrative science quarterly, 583-613.

[428] DAVIS G F, GREVE H R, 1997. Corporate elite networks and governance changes in the 1980s[J]. American journal of sociology, 103(1):1-37.

[429] DAVIS J H, SCHOORMAN F D, MAYER R C, et al. , 2000. The trusted general manager and business unit performance:empirical evidence of a competitive advantage[J]. Strategic management journal, 21(5):563-576.

[430] DAVIS L, 1991. Handbook of genetic algorithms[J].

[431] DEMB A, NEUBAUER F, 1992. The corporate board:confronting the paradoxes[J]. Long range planning, 25(3):9.

[432] DESENDER K A, AGUILERA R V, CRESPI R, 2013. When does ownership matter? board characteristics and behavior [J]. Strategic management journal, 34(7):823-842.

[433] DEUTSCH Y, KEIL T, LAAMANEN T, 2011. A Dual agency view of

board compensation: the joint effects of outside director and CEO stock options on firm risk [J]. Strategic management journal, 32 ( 2 ) : 212-227.

[434] DOMHOFF G, WILLIAM, 1970. The higher circles: the governing class in America[J]. New York.

[435] DOOLEY P C, 1969. The Interlocking directorate[J]. American economic review,59(3):314-23.

[436] DOUCET L, JEHN K A, WELDON E, 2009. Cross-cultural differences in conflict management: an inductive study of Chinese and American managers [J]. International journal of conflict management,20(4):355-376.

[437] EISENHARDT K M, SCHOONHOVEN C B, 1990. Organizational growth: linking founding team, strategy, environment, and growth among U. S. semiconductor ventures, 1978—1988 [J]. Administrative science quarterly, 35(3):504.

[438] EVANS P B,JACOBSON H K, PUTNAM R D, 1993. Double-edged diplomacy: international bargaining and domestic politics [M]. Univ of California Press.

[439] FAMA E F, JENSEN M C, 1983. Agency problems and residual claims [J]. The journal of law & economics, 26(2):327-349.

[440] FARINA V, 2008. Banks' centrality in corporate interlock networks: evidences in Italy[J]. Ssrn electronic journal.

[441] FENNELL M L, ALEXANDER J A, 1989. Governing boards and profound organizational change in hospital[J]. Medical care review, 46(2):157-87.

[442] FICH E M, SHIVDASANI A, 2006. Are busy boards effective monitors? [J]. The journal of finance, 61(2):689-724.

[443] FLAP H, BULDER B, BEATE V, 1998. Intra-organizational networks and performance: a review[J]. Computational & mathematical organization theory, 4(2):109-147.

[444] FLIGSTEIN N, BRANTLEY P, 1992. Bank control, owner control, or organizational dynamics: who controls the large modern corporation? [J]. American journal of sociology, 280-307.

[445] FREEMAN L C, 1979. Centrality in social networks[J]. Social Networks.

[446] FRIEDMAN E, JOHNSON S, MITTON T, 2003. Propping and tunneling [J]. Nber working papers, 31(4):732-750.

[447] GALASKIEWICZ J, 2007. Has a network theory of organizational behavior lived up to its promises? [J]. Management and organization review, 3 (1):1-18.

[448] GELETKANYCZ M A, BOYD B K, 2011. CEO outside directorships and firm performance: a reconciliation of agency and embeddedness views [J]. Academy of management journal, 54(2):335-352.

[448] GEORGE J M, 1990. Personality, affect, and behavior in groups[J]. Journal of applied psychology,75(2):107-116.

[450] GIULIANI E, BELL M, 2005. The micro-determinants of meso-level learning and innovation: evidence from a Chilean wine cluster[J]. Research policy,34(1):47-68.

[451] GLASBERG DS, SCHWARTZ M, 1983. Ownership and control of corporations[J]. Annual review of sociology, 311-332.

[452] GOLDEN B R,ZAJAC E J, 2001. When will boards influence strategy? Inclination×power=strategic change[J]. Strategic management journal, 22(12):1087-1111.

[453] GOLL I, JOHNSON N B,RASHEED A, 2008. Top management team demographic characteristics, business strategy, and firm performance in the US airline industry[J]. Management decision, 46(2):201-222.

[454] GONEDES N J, 1978. Corporate signaling,external accounting,and capital market equilibrium: Evidence on dividends, income, and extraordinary items[J]. Journal of accounting research,1978:26-79.

[455] GOODSTEIN J, BOEKER W, 1991. Turbulence at the top: a new perspective on governance structure changes and strategic change[J]. Academy of management journal, 34(2):306-30.

[456] GOODWIN J, 1994. Toward a new sociology of revolutions[J]. Theory and society, 23(6):731-766.

[457] GRABOWSKI H G, MUELLER D C, 1978. Industrial research and development,intangible capital stocks,and firm profit rates[J]. The bell journal of economics, 328-343.

[458] GRAHAM J R, LEMMON M L, WOLF J G, 2002. Does corporate diversification destroy value? [J]. Journal of finance, 57(2):695-720.

[459] GRANOVETTER M, 1985. Economic action and social structure: the problem of embeddedness[J]. American journal of sociology, 481-510.

［460］GRANOVETTER M, 1985. Economic action, social structure, and embeddedness[J]. American journal of sociology, 2(9):1.

［461］GRANOVETTER M S, 1973. The strength of weak ties[J]. American journal of sociology, 1360-1380.

［462］GROSSMAN S J, HART O D, 1980. Takeover bids, the free-rider problem, and the theory of the corporation[J]. The bell journal of economics, 11(1):42-64.

［463］GULATI R, 1998. Alliances and networks[J]. Strategic management journal, 293-317.

［464］GULATI R, WESTPHAL J D, 1999. Cooperative or controlling? the effects of CEO-board relations and the content of interlocks on the formation of joint ventures[J]. Administrative science quarterly, 44(3):473-506.

［465］HALEBLIAN J, FINKELSTEIN S, 1993. Top management team size, ceo dominance, and firm performance: the moderating roles of environmental turbulence and discretion[J]. Academy of management journal, 36(4): 844-863.

［466］HAMBRICK D C, CHEN M J, 1996. The influence of top management team heterogeneity on firms' competitive moves[J]. Administrative science quarterly, 1996, 41(4):659.

［467］HAMBRICK D C, MASON P A, 1982. Upper echelons: the organization as a reflection of its top managers[J]. Academy of management annual meeting proceedings, 1982, 9(2):193-206.

［468］HARRISON D A, HUMPHREY S E, 2010. Designing for diversity or diversity for design? Tasks, interdependence, and within-unit differences at work[J]. Journal of organizational Behavior, 31(2-3):328-337.

［469］HARRISON D A, KLEIN K J, 2007. What's the difference? diversity constructs as separation, variety, or disparity in organizations[J]. Academy of management review, 32(4):1199-1228.

［470］HARRISON D A, PRICE K H, BELL M P, 1998. Beyond relational demography: time and the effects of surface- and deep-level diversity on work group cohesion[J]. Academy of management journal, 41(1):96-107.

［471］HARRISON D A, PRICE K H, GAVIN J H, 2002. Time, teams, and task performance: changing effects of surface - and deep-level diversity on group functions[J]. Academy of management journal, 45(5):1029-1045.

[472] HARRISON D A,SIN H P, 2005. What is diversity and how should it be measured? [M]. Workplace Diversity, Newbury Park:Sage,2005.

[473] HAUNSCHILD P R,1993. Interorganizational imitation:the impact of interlocks on corporate acquisition activity[J]. Administrative science quarterly, 564-592.

[474] HAUNSCHILD P R,BECKMAN C M, 1998. When do interlocks matter? alternate sources of information and interlock influence[J]. Administrative science quarterly, 815-844.

[475] HAYNES K T, HILLMAN A, 2010. The effect of board capital and CEO power on strategic change[J]. Strategic management journal, 31 (11):1145-1163.

[476] HEALY PM, PALEPU KG, 1988. Earnings information conveyed by dividend initiations and omissions[J]. Journal of financial economics, 21 (2):149-175.

[477] HEINKEL R, 1978. Dividend policy as a signal of firm value[J]. Essays on financial markets with imperfect information,Ph. D. dissertation,UC Berkeley.

[478] HERACLEOUS L, MURRAY J, 2001. Networks, interlocking directors and strategy: toward a theoretical framework[J]. Asia pacific journal of management, 18(2):137-160.

[479] HERMALIN B E,WEISBACH M S,1995. Endogenously chosen boards of directors and their monitoring of the ceo[R]. Working Papers, 88 (1):96-118

[480] HILLMAN A J, DALZIEL T, 2003. Boards of directors and firm performance: integrating agency and resource dependence perspectives [J]. Academy of management review, 28(3):383-396.

[481] HINSZ V B,TINDALE R S,VOLLRATH D A, 1997. The emerging conceptualization of groups as information processors[J]. Psychological bulletin, 121(1):43.

[482] HOMAN A C,GREER L,JEHN K A, 2010. Believing shapes seeing: the impact of diversity beliefs on the construal of group composition[J]. Group processes & intergroup relations, 13(4):477-493.

[483] HORTON J J, RAND D G, ZECKHAUSER R J, 2011. The online laboratory:conducting experiments in a real labor market[J]. Experimental

economics, 14(3):399-425.

[484] HOSKISSON R E, HITT M A, 1990. Antecedents and performance outcomes of diversification: a review and critique of theoretical perspectives[C]. 461-509.

[485] JACKSON S E, ALVAREZ E B, 1992. Working through diversity as a strategic imperative[C].

[486] JACKSON S E, JOSHI A, 2004. Diversity in social context: 8 multi-attribute, multilevel analysis of team diversity and sales performance[J]. Journal of organizational behavior, 25(6):675-702.

[487] JANIS I L, MANN L, 1977. Decision making: a psychological analysis of conflict, choice, and commitment[J]. New York: Free Press.

[488] JEFFERSON G H, HUAMAO B, XIAOJING G, 2006. R&D performance in Chinese industry[J]. Economics of innovation and new technology, 15 (4-5):345-366.

[489] JEFFREY PFEFFER, GERALD R, 1979. Salancik, The external control of organizations: a resource dependence perspective[J]. Organizational science, 12.

[490] JEHN K A, NORTHCRAFT G B, NEALE M A, 1999. Why differences make a difference: a field study of diversity, conflict, and performance in workgroups[J]. Administrative science quarterly, 44:741-763.

[491] JENSEN M C, 1986. Agency cost of free cash flow, corporate finance, and takeovers[J]. Corporate finance, and takeovers. american economic review, 76(2).

[492] JENSEN M C, MECKLING W H, 1976. Theory of the firm: managerial behavior, agency costs and ownership structure[J]. Journal of financial economics, 3(4):305-360.

[493] JEONG S H, HARRISON D, 2016. Glass breaking, strategy making, and value creating: meta-analytic outcomes of females as CEOs and TMT members[J]. Academy of management journal.

[494] JOHNSON S, PORTA R L, SHLEIFER A, 2000. Tunneling[J]. American economic review, 90(2):22-27.

[495] JONES C, BORGATTI S P A, 1997. General theory of network governance: exchange conditions and social mechanisms[J]. Academy of management review, 22(4):911-945.

[496] JR J W,ZEITHAML C P, 1992. Institutional and strategic choice perspectives on board involvement in the strategic decision process[J]. Academy of management journal,35(4):766-794.

[497] KANTER R M,1977. Some effects of proportion on group life: skewed sex ratios and response to token women[J]. American journal of sociology, 82(5):965-990.

[498] KEISTER L, 1998. Engineering growth: business group structure and firm performance in China's transitional economy[J]. The American journal of sociology[AJS].

[499] KILDUFF M, 1990. The interpersonal structure of decision making: a social comparison approach to organizational choice[J]. Organizational behavior and human decision processes, 47:270-288.

[500] KILDUFF M,TSAI W, 2003. Social networks and organizations[M]. Sage.

[501] KIM Y, 2005. Board network characteristics and firm performance in Korea[J]. Corporate governance an international review, 13(6):800-808.

[502] KLEIN K J,HARRISON D A, 2007. On the diversity of diversity:tidy logic,messier realities[J]. Academy of management executive, 21(4): 26-33.

[503] KOELLER C T,2005. Technological opportunity and the relationship between innovation output and market structure[J]. Managerial and decision economics,26(3):209.

[504] KOENING T, GOGEL R, SONQUIST J, 1979. Models of the significance of interlocking corporate directorates[J]. American journal of economics and sociology, 38(2):173-186.

[505] KOKA B R, PRESCOTT J E,2008. Designing alliance networks: the influence of network position,environmental change,and strategy on firm performance[J]. Strategic management journal,29(6):639-661.

[506] KUHNEN C M, 2009. Business networks, corporate governance, and contracting in the mutual fund industry[J]. The journal of finance, 64 (5):2185-2220.

[507] LA P R, LOPER-DE-SILANES F, SHLEIFER A, et al. , 2000. Investor protection and corporate governance[J]. Journal of financial economics, 58:3-27.

[508] LA P R,LOPES-DE-SILANES F,SHLEIFER A,et al. ,2000. Investor protection and corporate valuation[J]. Journal of finance,57(3):1147-1170.

[509] LANG L H P,STULZ R M,1993. Tobin's q corporate diversification, and firm performance[J]. Nber working papers, 49(3):1079-1080.

[510] LARCKER D F, RICHARDSOND S A, SEARY A, 2005. Back door links between directors and executive compensation[J]. Back door links between directors and executive compensation (February 2005).

[511] LARCKER D F,SO E C,WANG C C Y,2010. Boardroom centrality and stock returns[M]. Palo Alto: Graduate School of Business, Stanford University.

[512] LAU D J,MUMIGHAM J, 2005. Interactions within groups and subgroups: the effects of demographic faultline's[J]. Academy of management journal, 48(4):645-659.

[513] LIN N,2001. Social capital: a theory of social structure and action[M]. Cambridge: Cambridge University Press, 2001.

[514] MIZRUCHI M S, 1996. What do interlocks do? an analysis,critique,and assessment of research on interlocking directorates[J]. Annual review of sociology, 271-298.

[515] PEARCE J A,ZAHRA S A,1992. Board composition from a strategic contingency perspective[J]. Journal of management studies, 29(4):411-438.

[516] PETR H,ALAIN ST-PIERRE,2002. Effects of R & D spillovers on the profitability of firms[J]. Review of industrial organization,20(4):305.

[517] SCHOORMAN F D,BAZERMAN M H, ATKIN R S,1981. Interlocking directorates:a strategy for reducing environmental uncertainty[J]. Academy of management review, 6(2):243-251.

[518] SHLEIFER A, VISHNY R W, 1997. A survey of corporate governance [J]. The journal of finance, 52(2):737-783.

[519] SHROPSHIRE C, 2010. The role of the interlocking director and board receptivity in the diffusion of practices[J]. Academy of management review, 35(2):246-264.

[520] SILVA F, MAJLUF N, PAREDES R D, 2006. Family ties,interlocking directors and performance of business groups in emerging countries:the case of chile[J]. Journal of business research, 59(3):315-321.

[521] SKINNER M K, 2005. Regulation of primordial follicle assembly and development[J]. Human reproduction update, 11(5):461-471.

[522] SMITH K G, SCULLY J A, 1994. Top management team demography and process:the role of social integration and communication[J]. Administrative science quarterly, 39(3):412-438.

[523] STEPHAN W, STEPHAN C, 1985. Intergroup anxiety[J]. Journal of social issues,41:157-175.

[524] STEPHENSON K, ZELEN M, 1989. Rethinking centrality:Methods and examples[J]. Soc Netw.

[525] STOKMAN F N,ZIEGER R, SCOTT J, 1985. Networks of corporate power:a comparative analysis of ten countries[M]. OAI,147-165.

[526] SUNDARAM A K,JOHN T A, JOHN K, 1996. An empirical analysis of strategic competition and firm values the case of R & D competition [J]. Journal of financial economics, 40(3):459-486.

[527] SUTCLIFFE K M, 1994. What executives notice:Accurate perceptions in top management teams[J]. Academy of management journal,37(5): 1360-1378.

[528] TAJIFEL H, 1981. Human groups and social categories:studies in social psychology[M]. Cambridge:Cambridge University Press.

[529] TAN J, ZHANG H, WANG L, 2015. Network closure or structural hole? the conditioning effects of network-level social capital on innovation performance[J]. Entrepreneurship theory & practice, 39(5):1189-1212.

[530] TANIKAWA T, JUNG Y, 2016. Top management team (TMT) tenure diversity and firm performance:examining the moderating effect of TMT average age[J]. International journal of organizational analysis, 24(3): 454-470.

[531] TIHANYI L, ELLSTRANDLL A E, DAILY C M, 2000. Composition of the top management team and firm international diversification[J]. Journal of management, 26(6):1157-1177.

[532] TINE B, CHRISTOPHE B, PAU M, 2014. The impact of the top management team's knowledge diversity on organizational ambidexterity [J]. International studies of management & organization, 42(4):8-26.

[533] TSAI K H, HSU T, 2014. Cross-functional collaboration,competitive intensity,knowledge integration mechanisms,and new product performance:

a mediated moderation model[J]. Industrial marketing management, 43 (2):293-303.

[534] TSUI A S, ASHFORD S J, CLAIR L S, et al. , 1995. Dealing with discrepant expectations: response strategies and managerial effectiveness[J]. Academy of man-agement journal, 38:1515-1543.

[535] TURNER J C, 1985. Social categorization and the self-concept:a social cognitive theory of group behavior[J]. Advances in Group Processes, 2.

[536] TUSHMAN M L, VIRANY B,ROMANELLI E, 1985. Executive succession, strategie reorientations,and organization evolution[J]. 7(2-3):297-313.

[537] USEEM M, 1979. The social organization of the American business elite and participation of corporation directors in the governance of American institutions[J]. American sociological review, 553-572.

[538] USEEM M, 1984. The inner circle[M]. New York:Oxford University Press,1984.

[539] VAN K D,DE DREU C K, HOMAN A C, 2004. Work group diversity and group performance:an integrative model and research agenda[J]. Journal of applied psychology, 89(6):1008-22.

[540] VICTOR P, FRANCKEISS A,2002. The five dimensions of change:an integrated approach to strategic organizational change management[J]. Strategic change,11(1):35-42.

[541] VILLALONGA B, 2004. Diversification discount or premium? New evidence from the business information tracking series[J]. The journal of finance, 59(2):479-506.

[542] WAGNER W G,PFEFFER J, O'REILLY C A, 1984. Organizational demography and turnover in top-management group[J]. Administrative science quarterly, 29(1):74-92.

[543] WANG C L, RAFIQ M, 2014. Ambidextrous organizational culture, contextual ambidexterity and new product innovation:a comparative Study of UK and Chinese high-tech Firms[J]. British journal of management, 25(1):58-76.

[544] WANG H, ZHAO J, LI Y,2015. Network centrality, organizational innovation, and performance: a meta-analysis [ J ]. Canadian journal of administrative sciences, 32(3):146-159.

[545] WARKER G. Network position and cognition in a computer software firm

[J]. Administrative science quarterly,30:103-130.

[546] WASSERMAN S, FAUST K, 1994. Social network analysis:methods and applications[M]. Cambridge university press.

[547] WATTS R, 1973. The information content of dividends[J]. The journal of business,46(2):191-211.

[548] WELDON E, VANHONACKER W, 2000. Operating a foreign-invested enterprise in China:challenges for managers and management researchers — a strategy for future research[J]. Journal of world business, 34(1):94-107(14).

[549] WESTPHAL J D, ZAJAC E J, 1995. Who shall govern? CEO/board power,demographic similarity, and new director selection[J]. Administrative science quarterly, 40(1):60-83.

[550] WHITE H C, 1992. Identity and control:a structural theory of social action[M]. Princeton University Press.

[551] WHITED T M, 2001. Is It inefficient investment that causes the diversification discount? [J]. Journal of finance, 56(5):1667-1691.

[552] WIERSEMA M F, BANTEL K A, 1992. Top Management team demography and corporate strategic change[J]. Academy of management journal, 35(1):91-121.

[553] WIERSEMA M F, BIRD A,1993. Organizational demography in Japanese firms:group heterogeneity,individual dissimilarity,and top management team turnover[J]. Academy of management journal, 36(5):996-1025.

[554] WILLIAMS KY, III C,1998. Demography and diversity in organizations:a review of 40 years of research[J]. Research in organizational behavior, 20(3):77-140.

[555] WILLIAMS K Y, O'REILLY C A, 1997. The complexity of diversity: a review of forty years of research[C]//GRUENFELD D,NEALE M (eds. ),Research on Managing in Groups and Teams, 1,Greenwich,CT: JA I PRESS.

[556] WILLIAMS K Y, O'REILLY C A, 1998. Demography and diversity in organizations:a review of 40 years of re-search[J]. Research in organizational behavior, 20:77-140.

[557] WINCENT J, ANOKHIN S, ÖRTQVIST D, 2010. Does network board capital matter? a study of innovative performance in strategic SME networks

[J]. Journal of business research, 63(3):265-275.

[558] WITHERS M C,CORLEY K G, HILLMAN A J,2015. Stay or leave: director identities and voluntary exit from the board during organizational crisis[J]. Organization science, 23(23):835-850.

[559] YUAN X N,GUO Z, FANG E, 2014. An examination of how and when the top management team matters for firm innovativeness:the effects of TMT functional backgrounds[J]. Innovation,6(3):323-342.

[560] YAMIN S, 1999. Innovation index and its implications on organizational performance:a study of australian manufacturing companies[J]. International journal of technology management, 7(5):495-503.

[561] YANG L, WANG D, 2014. The impacts of top management team characteristics on entrepreneurial strategic orientation: the moderating effects of industrial environment and corporate ownership[J]. Management decision,52(2):378 - 409.

[562] YERMACK D, 2004. Remuneration, retention, and reputation incentives for outside directors[J]. Journal of finance,59(5):2281-2308.

[563] YIN X, ZAJAC EJ, 2004. The strategy/governance structure fit relationship: theory and evidence in franchising arrangements[J]. Strategic management journal, 25(4):365-383.

[564] YIU D W, LAU C M, 2008. Corporate entrepreneurship as resource capital configuration in emerging market firms[J]. Entrepreneurship theory & practice, 32(1):37-57.

[565] ZACK M H, 1999. Developing a knowledge strategy [J]. California management review,41(3):125-145.

[566] ZAHEER A, GOZUBUYUK R, MILANOV H, 2010. It's the connections: the network perspective in interorganizational research[J]. Academy of management perspectives, 62-77.

[567] ZAHRA S A, COVIN J G, 2010. Business strategy,technology policy and firm performance[J]. Strategic management journal,14(6):451-478.

[568] ZALD MN, 1969. The power and functions of boards of directors: a theoretical synthesis[J]. American journal of sociology,75(1):97.

[569] ZANDEF U, KOGUT B, 1995. Knowledge and the speed of the transfer and imitation of organizational capabilities:an empirical Test [J]. Organization science,6(1):76-92.

[570] ZEITLIN M, NEUMAN WL, RATCLIFF RE, 1976. Class segments: agrarian property and political leadership in the capitalist class of chile [J]. American sociological review,1006-1029.

[571] ZHAN W, CHEN R, 2013. Dynamic capability and IJV performance: the effect of exploitation and exploration capabilities[J]. Asia Pacific journal of management,30(2):601-632.

[572] ZHU D H, 2013. Group polarization on corporate boards: theory and evidence on board decisions about acquisition premiums[J]. Strategic management journal,34(7):800-822.

[573] ZHU D H, SHEN W, 2015. Why do some outside successions fare better than others? The role of outside CEOs' prior experience with board diversity [J]. Strategic management journal, 37(13):2695-2708.

[574] ZHU D H, SHEN W, 2015. Why do some outside successions fare better than others? The role of outside CEOs' prior experience with board diversity [J]. Strategic management journal,forthcoming.

[575] ZHU D H, SHEN W, HILLMAN A, 2014. Recategorization into the in-group: the appointment of demographically different new directors and their subsequent positions on corporate Boards[J]. Administrative science quarterly,59(2):240-270.

[576] ZHU D H, WESTPHAL J D, 2014, How directors' prior experience with other demographically similar CEOs Affects their appointments onto corporate boards and the consequences for CEO Compensation[J]. Social science electronic publishing,57(3):791-813.

[577] ZHU J, WANBERG C R, HARRISON D A, 2015. Ups and downs of the expatriate experience? understanding work adjustment trajectories and career outcomes[J]. Journal of applied psychology,101(4).

# 后 记

"生命因追求而精彩,追求因指引而成功,个体因团队而强大!"这句话很好地彰显了本书的创作历程,"学术专注"与"团队合作"是本书酝酿与写作过程最为生动的体现,更是浙江工商大学公司治理研究团队长期以来所践行的准则。

从 2002 年初次与李维安教授相识,认真聆听他对于公司治理研究的诠释,并正式将公司治理作为自己团队的研究主攻方向,至今已有 17 个年头。近 20 年的不懈摸索,已经让浙江工商大学工商管理学院拥有一个近 30 人的学术团队,立足大股东治理、网络治理、平台治理等一系列问题开展了持续不断的研究。其间一批批年轻教师不断成长,一届届硕博研究生不断毕业,大家都围绕公司治理不断探索和努力,我们的团队也在国内外的学术会议中崭露头角,发出自己的声音,贡献自己的力量,这些都是由专注和执着所造就的。

本书的形成有两个重要的意义:一方面,对于经典公司治理研究进行了有益的尝试。通过对大股东控制权配置的深入解读,我们逐渐发现了董事会治理的内生性问题,并对公司治理与社会责任之间的互动进行了较为深入的分析。与此同时,董事会中连锁董事的存在,将网络化的视角带入我们的研究范畴,董事会的外部联系所形成的内部影响也成为我们团队关注的核心。非常有意思的是,这两个研究路径有机地交汇融合了,形成了我们对董事会研究的更为系统的视角,也就是多样性和网络化结合视角。另一个方面,基于对董事会内外部属性的再认识,我们发现网络化和多元化的董事会逐渐将企业向一种新的组织形式引导,这就是平台组织。当网络化发展到一定程度时,多边的资源汇集与交易属性,就使得企业变成一个平台,此时公司治理的方式、边界及社会责任都有了新的变化,这样就推演出了我们团队一个更新的研究课题:平台治理。

本书是团队全体师生近 5 年研究工作的积淀和总结。作为本书的负责人,我承担了整体框架的设计、研究工作的组织,曲亮教授完成了关键模型的设计与验证,还有大量的具体工作是各位团队成员协作完成的。具体包括已经毕业的研究生郝洁、左雪莲、汪曦、沈伶俐、钱雅乐、王哲等,以及在读的研究生马帅、胡英杰、管济民、窦瑞喆、赵晓烨、曾林燕、刘世彦、陈翔、方慧敏、吴雅琴、吴君怡等,每个人都不同程度地参与了具体的研究环节,并完成了上万字的撰写工作,很多研究结论都是他们学术智慧的凝结。

同时,本书是作者主持的教育部人文社科重大项目"互联网经济视阈下流通产业协同治理问题研究"及浙江省自然科学基金项目"高管异质性网络视角下董事会二元权力配置与国有企业治理机制研究"的研究成果。

最后希望本书能为从事董事会研究的同行提供思路与方法上的帮助,并敬请同行多多批评指正。

浙江工商大学管理学部主任

郝云宏　教授

2019 年秋